Tiere sticken
leicht gemacht

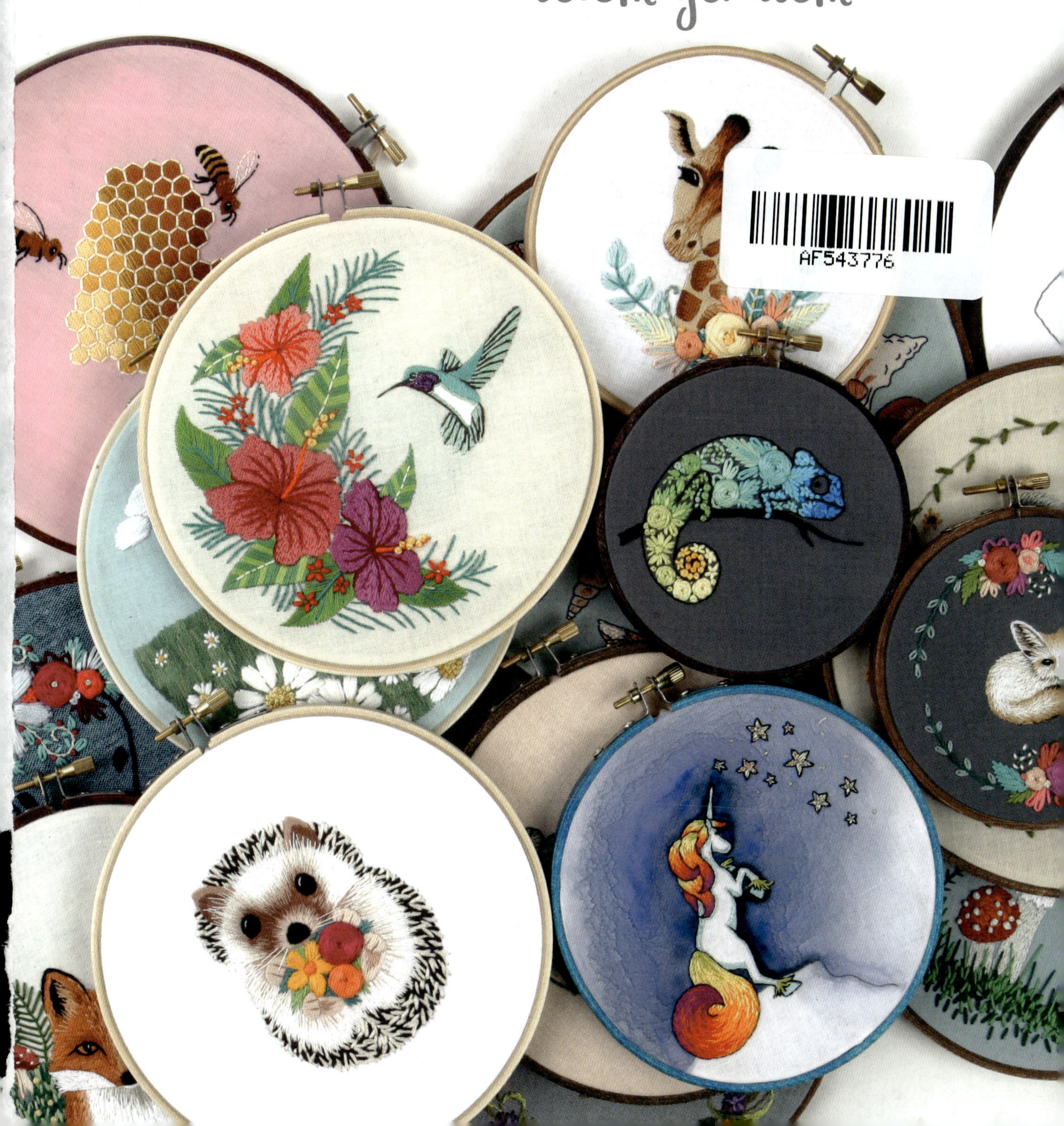

Für meine Häschen

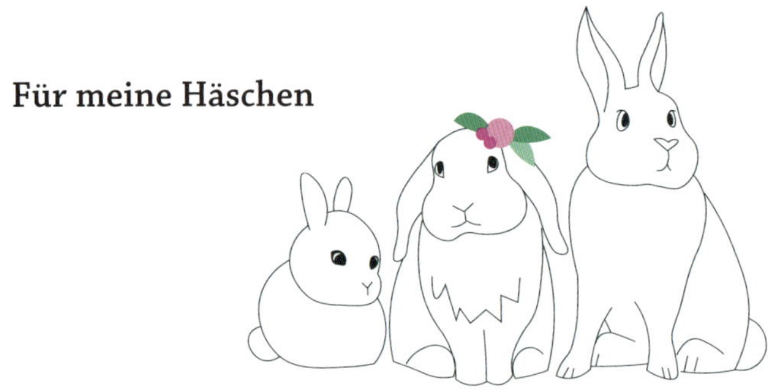

Erstmals erschienen unter dem Titel „Animal Embroidery Workbook“ bei Landauer Publishing, einem Imprint der Fox Chapel Publishing Company, Inc.

Diese Ausgabe wurde mit einer Lizenzvereinbarung mit Fox Chapel Publishers International Ltd. produziert.

Lektorat der englischen Originalausgabe: Colleen Dorsey, Katie Ocasio
Layout: Mary Ann Kahn
Schritt-für-Schritt-Fotografie: Jessica Long
Projektfotografie: Mike Mihalo
Register: Jay Kreider
Übersetzung aus dem Englischen: Anja Neudert, Leipzig
Redaktion der deutschen Ausgabe: Julia Niehaus, Berlin
Satz der deutschen Ausgabe: Dirk Brauns, Berlin

Gedruckt in der EU

Bibliografische Information der Deutschen Nationalbibliothek:

Die Deutsche Nationalbibliothek verzeichnet diese Publikation in der Deutschen Nationalbibliografie; detaillierte bibliografische Daten sind im Internet über http://dnb.dnb.de abrufbar.

ISBN 978-3-8307-2128-4

Wir produzieren unsere Bücher mit großer Sorgfalt und Genauigkeit. Trotzdem lässt es sich nicht ausschließen, dass uns in Einzelfällen Fehler passieren. Auf unserer Webseite finden Sie bei dem jeweiligen Titel eventuelle Hinweise und Korrekturen. Sollten Sie in diesem Buch einen Fehler finden, so bitten wir um einen Hinweis an verlag@stiebner.com. Für solche Hinweise sind wir sehr dankbar, denn sie helfen uns, besser zu werden.

www.stiebner.com

JESSICA LONG

Tiere sticken
leicht gemacht

Mit Vorlagen und Schritt-für-Schritt-Anleitungen

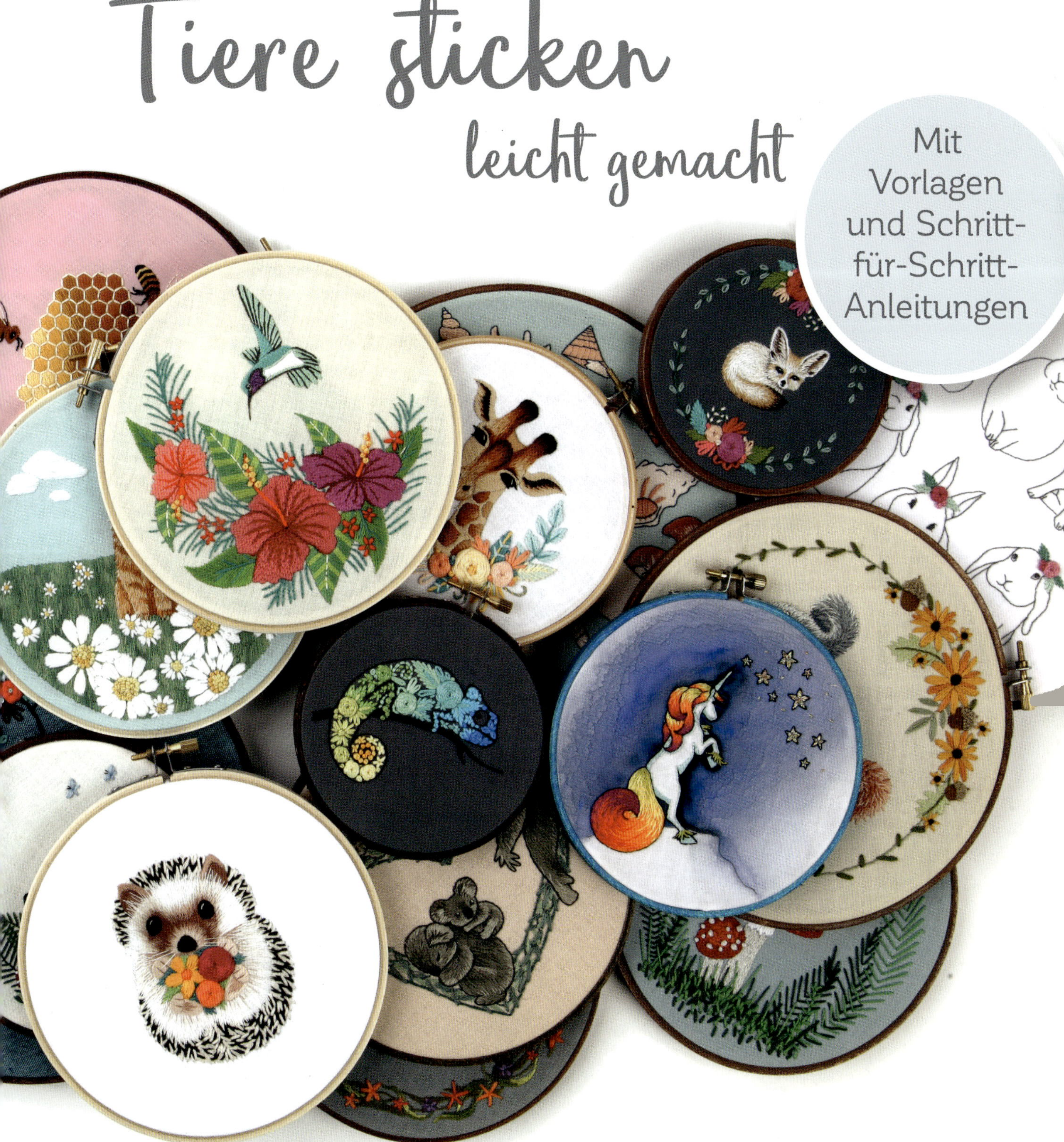

stiebner

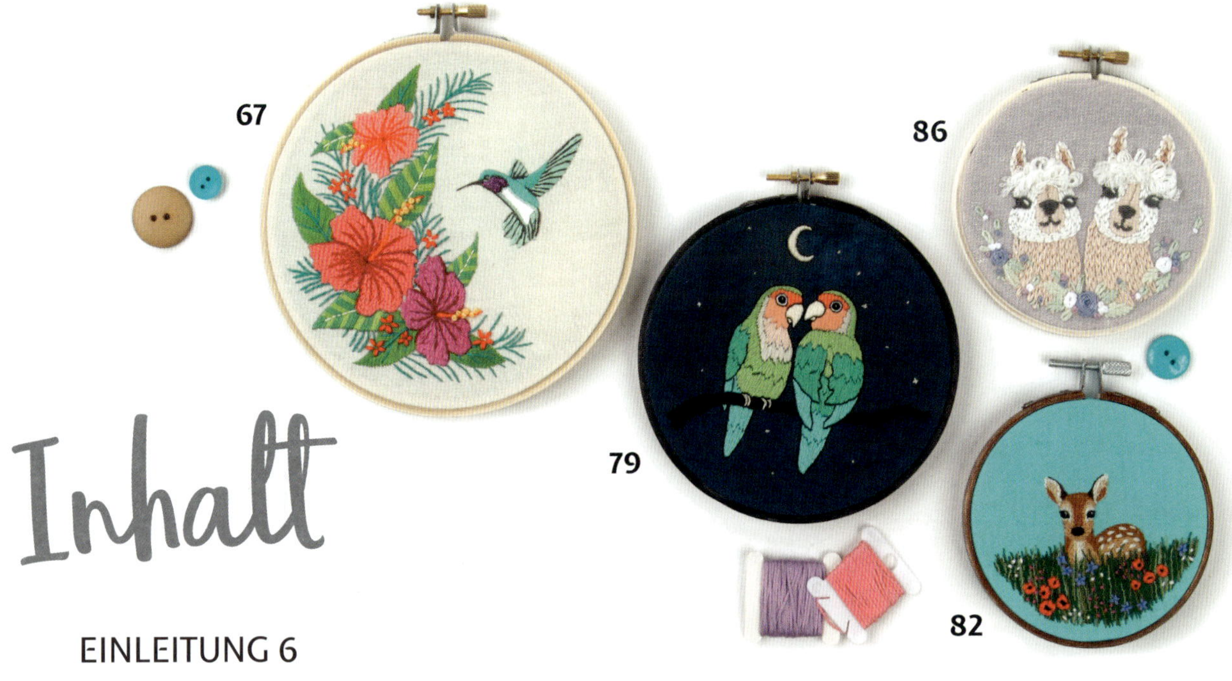

Inhalt

Teil 1: Was wir alles brauchen

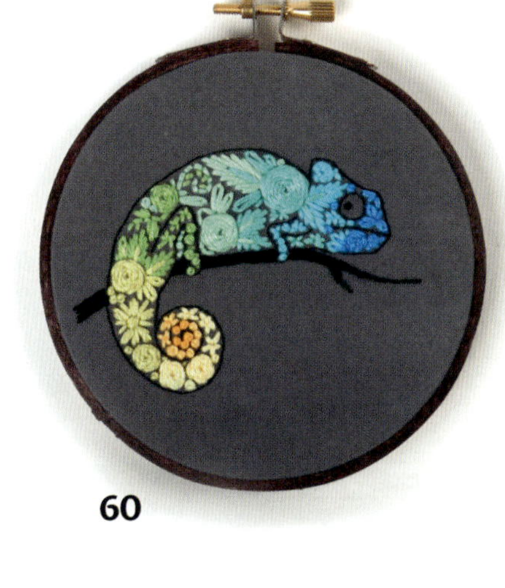

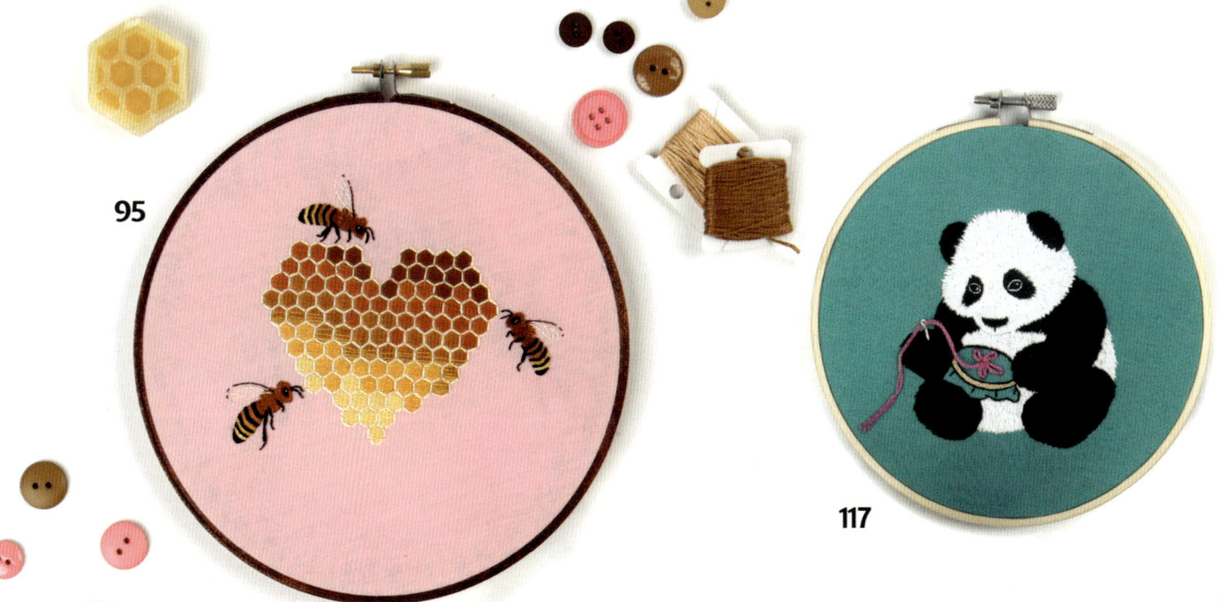

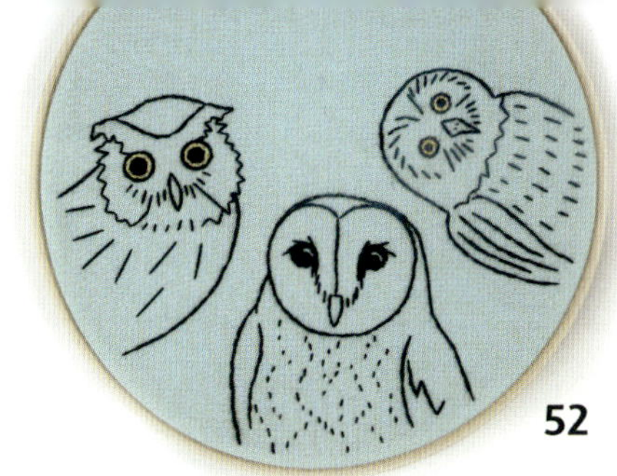
52

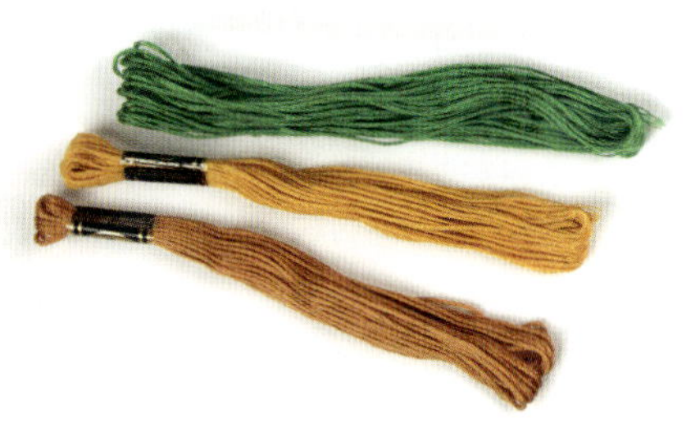

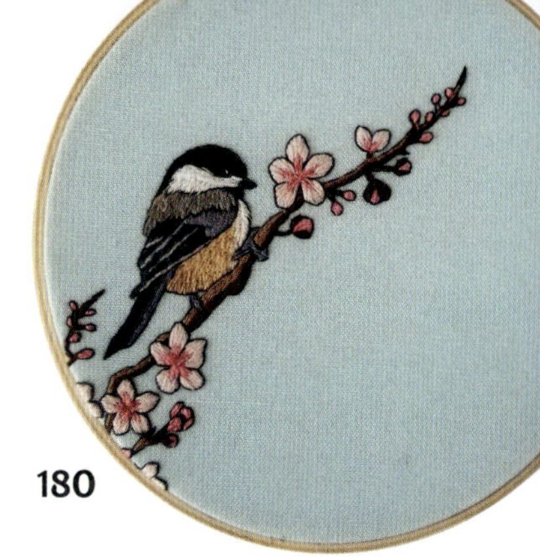
180

Teil 2: Projekte

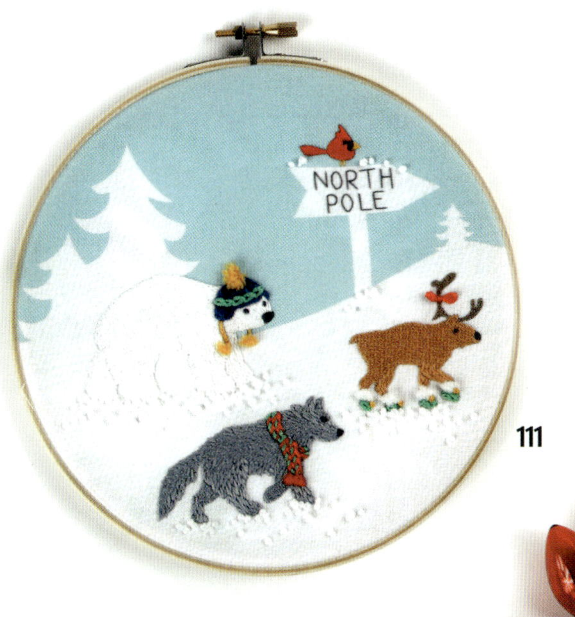

111

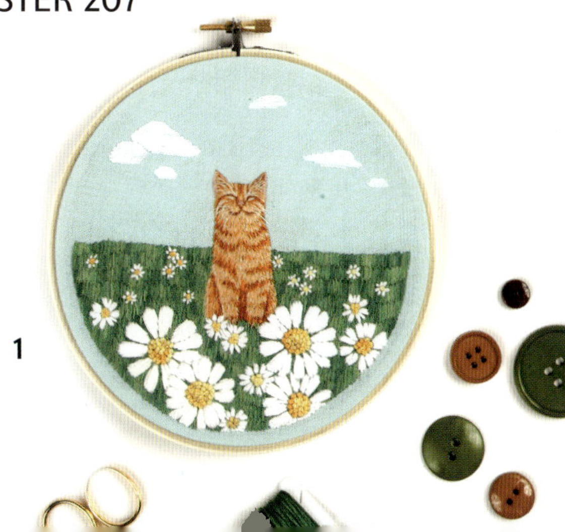
1

Einleitung

Es freut mich, dass du mit meinem Buch in die entspannende Kunst das Handstickens eintauchen möchtest. Das Sticken ist nach der Geburt meines Sohnes in mein Leben getreten, als ich etwas suchte, bei dem ich etwas mit den eigenen Hände schaffen und zugleich herunterfahren konnte. Künstlerische Betätigung hat mir schon immer gutgetan, aber in diesem Moment sprach mich das langsame, meditative und haptische Malen mit Nadel und Faden besonders an. Außerdem lassen sich Stickrahmen und Faden einfacher in der Wickeltasche mit zum Spielplatz nehmen als Staffelei und Ölfarben. Hoffentlich findest du genauso viel Freude am Handsticken!

Während des Studiums wollte ich naturhistorische Illustratorin werden. Am Ende wurde es eine etwas traditionellere Karriere in einem Biotechnologielabor, aber meine Liebe zur Natur blieb. In meinen Skizzen und Bildern spielten Flora und Fauna die Hauptrolle, und bei jeder Gelegenheit besuchte ich Naturkundemuseen und Zoos. Dank unerwarteter Wendungen, wie sie das Leben so bereithält, arbeite ich heute in Vollzeit als Handsticklehrerin und -designerin. So kann ich meine zwei Leidenschaften verbinden und den ganzen Tag Tiere zeichnen (und dann sticken)! Meine Lieblingsdesigns findest du in diesem Buch.

Wenn du noch nie gestickt hast, fange am besten mit einem kleinen, einfachen Motiv aus Kapitel 6 an, um erst einmal zu üben. Im Verlauf des Buches bekommst du Gelegenheit, nach und nach weitere Stickstiche auszuprobieren. In der zweiten Hälfte des Buches wird der sogenannte versetzte Plattstich eingesetzt, um mit Nadel und Faden Tiere zu „malen“. Ich habe ein paar einfache Nadelmalerei-Vorlagen entwickelt, damit du dich langsam zu den anspruchsvolleren Projekten am Ende vortasten kannst.

Ich versuche, Motive zu designen, die Menschen zum Lächeln bringen, und ich wünsche dir viel Spaß mit den Vorlagen, die du hier findest. Meine Tipps und Anregungen basieren auf meiner persönlichen Erfahrung. Nimm dir ruhig die Freiheit, dies oder jenes nach deinen Vorlieben abzuändern. Als ich mit dem Sticken angefangen habe, war ich wie gelähmt. Ich hatte Angst, das falsche Material zu verwenden, die falschen Stiche ... Vergiss nicht: Es ist nur Baumwollfaden – was soll passieren? Das Material ist erschwinglich und verzeiht vieles, also habe keine Angst vor Fehlern. Mach den Kopf frei von alten Vorstellungen über das Sticken. Probiere aus, experimentiere herum und lege eine Pause ein, wenn du frustriert bist. Mit genügend Zeit und Geduld wirst du herausfinden, was du magst und was für dich funktioniert. Das Handsticken ist eine langsame Kunst, die uns lehrt zu entspannen.

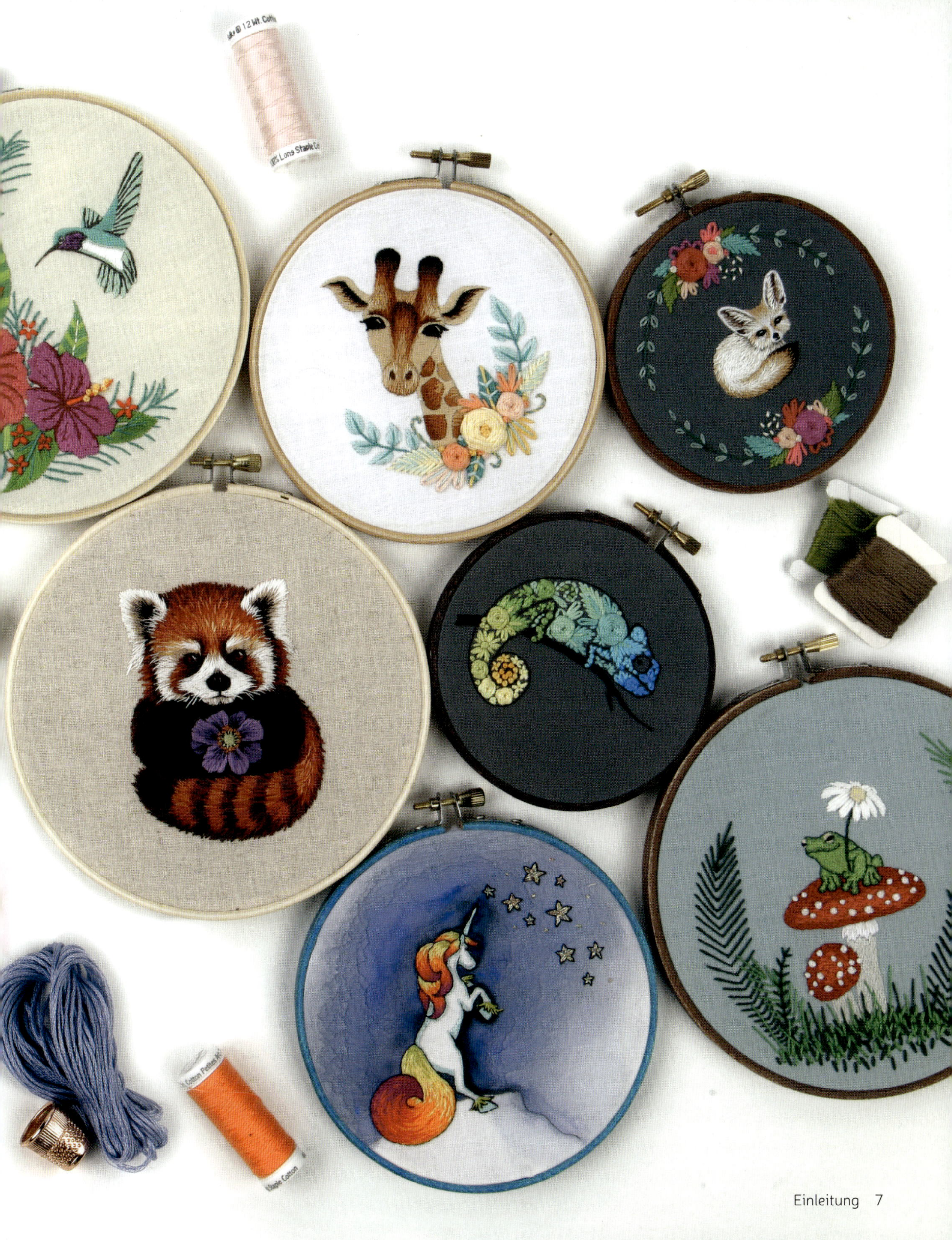

Teil 1

Was wir alles brauchen

Wenn Handsticken noch neu für dich ist, aber auch, wenn du schon einige Erfahrung hast, findest du in diesem Teil viele wichtige Informationen. Darin erkläre ich, welche Werkzeuge und Materialien du für die Projekte in diesem Buch brauchst und wie du die Vorlagen auf den Stoff überträgst. Außerdem zeige ich dir, was du mit deinen Stickarbeiten Tolles anstellen kannst – zum Beispiel Bügelbilder oder Anhänger daraus herstellen! Und zum Schluss lernst du die Stiche kennen, die angewendet werden. Sieh dir die nächsten Seiten in Ruhe an, bevor du mit deinem ersten Projekt loslegst.

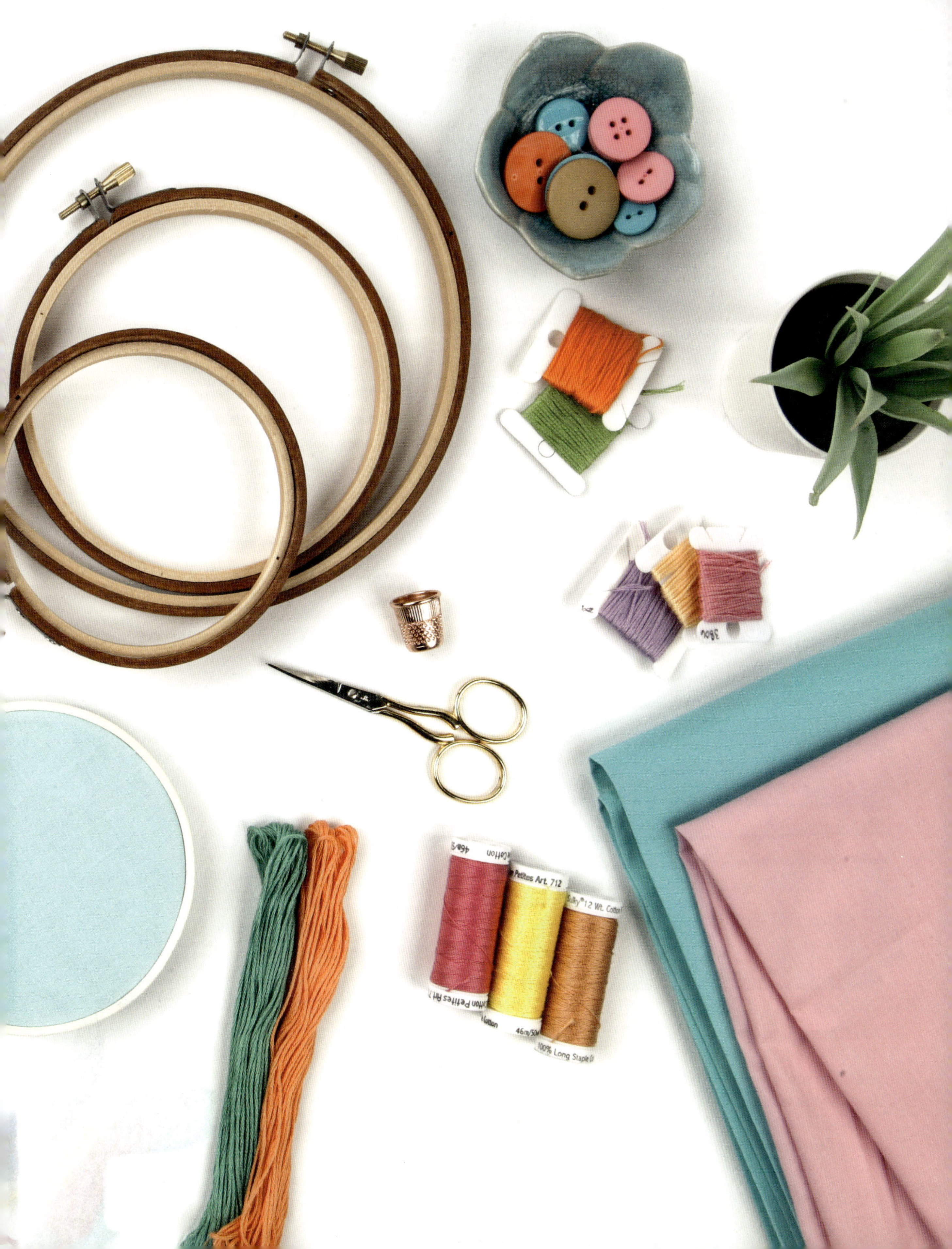

Petites Art. 712
12 Wt. Cotton
100% Long Staple
3806

Kapitel 1

Material und Zubehör

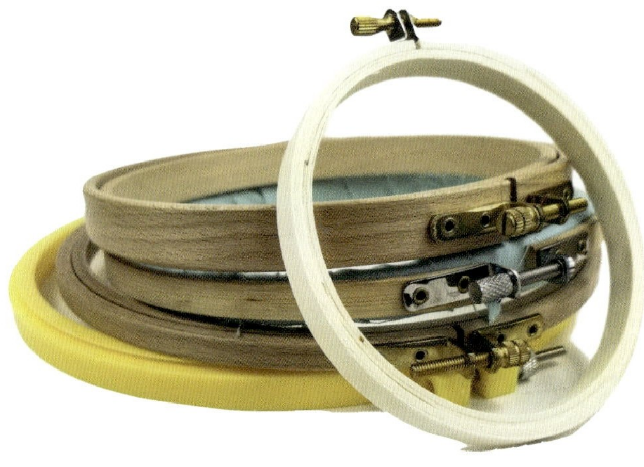

Stickrahmen gibt es in vielen Größen und Materialien. Von unten nach oben: Plastik, Buche, Holz mit stoffumwickeltem Innenring, Buche breit mit Schraubenschlitz, Holz klein.

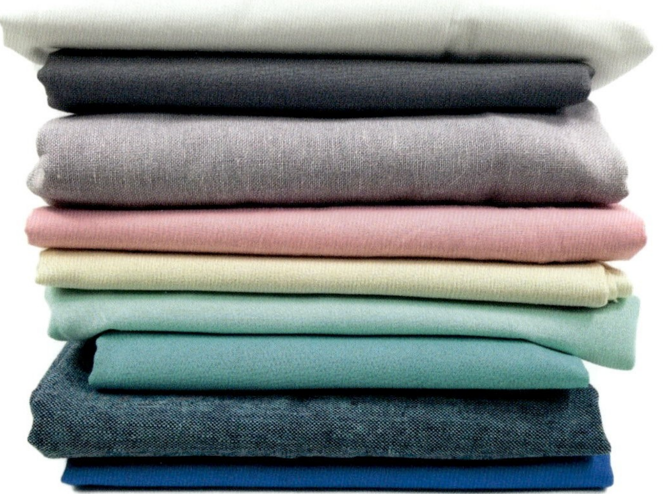

Verschiedenfarbige Stoffe für die Projekte in Teil 2 des Buches (ab Seite 38). Man erkennt die unterschiedliche Struktur: Die einfache Baumwolle ist sehr glatt, das Baumwoll-Leinen-Gemisch (der hellviolette und der türkis-dunkelblaue Stoff) deutlich gröber.

Stickrahmen

Je besser der Stoff gespannt ist, desto leichter fällt das Sticken und desto schöner wird das Ergebnis. Die kostengünstigste und einfachste Option sind klassische Handstickrahmen. Sie sind in vielen verschiedenen Größen und Materialien erhältlich. Mir sind Holzrahmen am liebsten, aber du kannst auch welche aus Plastik oder Metall ausprobieren. In der Anleitung ist oft angegeben, welche Größe benötigt wird, aber je nachdem, wie groß deine Hände sind, findest du eine andere vielleicht angenehmer. Kleinere Rahmen spannen den Stoff stärker. Größere Rahmen bekommen mehr Griff, wenn man den Innenring mit einem Stoffstreifen oder Schrägband umwickelt (mit einer Sicherheitsnadel oder ein paar Stichen fixieren und bei Bedarf auch den Außenring umwickeln). Gutes Spannen verhindert, dass der Stoff Falten wirft oder sich verzieht, und sorgt für einen stabilen Stickgrund. Zum Sticken habe ich in gute Buchenrahmen mit Messingschließe investiert. Die günstigeren Holzrahmen benutze ich als Rahmen für die fertigen Arbeiten.

Stickgrund

Der Stickgrund ist der Stoff, den wir besticken. Ich nutze am liebsten 100 % Baumwolle (z. B. von Kona®, in sehr vielen Farben erhältlich und nicht teuer), aber probiere auf jeden Fall unterschiedliche Webarten, Materialien und Farben aus. Sieh dich in Ruhe im Stoffgeschäft um und nimm mit, was dir gefällt – vielleicht Leinen, Seide, Filz oder Tüll? Vorsicht bei dehnbaren Stoffen – sie verziehen sich leicht, wenn sie nicht zusätzlich fixiert werden. Dünne oder helle Stoffe kannst du doppelt legen, wenn du etwas Stabileres in der Hand haben möchtest und die Fäden von der Rückseite nicht durchscheinen sollen.

Stickgarn

Für die Vorlagen in diesem Buch ist sechsfädiger Sticktwist vorgesehen. Er besteht aus sechs einzelnen Baumwollfäden und kann geteilt oder komplett verwendet werden. Es gibt ihn in hunderten Farben, darunter auch mehrfarbige Varianten, die bei einigen Motiven in diesem Buch zum Einsatz kommen. Ich persönlich mag das Stickgarn Mouline Spécial® von DMC® am liebsten, deshalb habe ich überall die genauen Farbnummern dieser Marke angegeben, falls du die Projekte exakt nacharbeiten möchtest. Du kannst aber auch beliebige andere Marken und Farben nutzen. Die DMC-Farbnummer steht jeweils auf der Banderole, die den Strang zusammenhält. Es gibt viele andere Marken (Anchor®, Rico Design) und interessante Materialien (Seide, Wolle, Leinen), mit denen du experimentieren kannst. Noch ein paar Tipps und Anmerkungen:

- Bei einigen Projekten kommt Metallicgarn zum Einsatz. Das besteht meist aus Polyester oder einer Polyestermischung, fühlt sich etwas steifer an und lässt sich nicht ganz so einfach verarbeiten. Nur kurze Fäden verwenden und gut sichern!

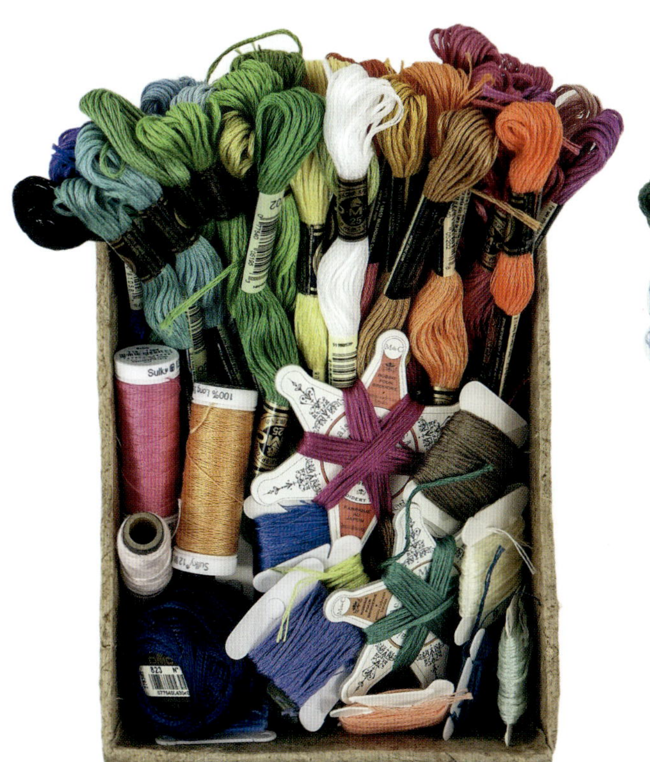

Für unsere Projekte verwenden wir sechsfädigen Baumwoll-Sticktwist. Er wird als Strang, Knäuel oder auf Spulen angeboten. Wickle dein Garn zur leichteren Aufbewahrung auf Gartenkarten auf.

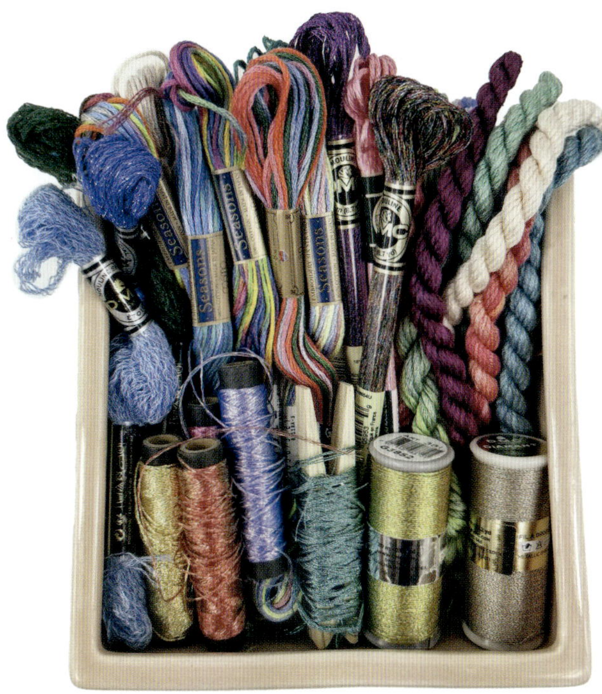

Das gewisse Etwas erhalten deine Projekte mit Spezialgarnen. In diesem Buch kommen auch meliertes Baumwollgarn und Metallicgarn zum Einsatz. Ebenfalls abgebildet: Metallicmischgarn, Satin- und Seidengarn.

- Wickle dein Stickgarn auf Garnkarten, so lässt es sich besser verstauen und verheddert sich nicht.

- Falls die Arbeit später gewaschen werden soll, musst du die Farbechtheit deines Garns prüfen. Rote Farbtöne und überfärbte Garne bluten oft aus. Wasche diese Garne, bevor du mit ihnen arbeitest, oder sorge dafür, dass später kein Wasser herankommt.

Sticknadeln

Sticknadeln gibt es mit spitzer und stumpfer Spitze. Für die Projekte in diesem Buch brauchen wir unbedingt spitze Nadeln, die den Stoff durchstechen können. Es gibt sie in den Größen 14 bis 28 (1 bis 10 im englischen System), wobei 14er bzw. 1er das größte Nadelöhr haben – ideal für viele Fäden oder dickes Garn – und 28er bzw. 10er extrem fein sind – für einzelne Fäden oder sehr dünnes Garn. Welche Größe die richtige ist, hängt vom Motiv, von den eingesetzten Sticharten und deinen persönlichen Vorlieben ab. Probiere aus, was sich für dich gut anfühlt.

HINWEIS ZU DEN FARBBEZEICHNUNGEN

Für die Projekte in diesem Buch habe ich 175 verschiedene Garnfarben verwendet! Jede hat eine eindeutige DMC-Farbnummer, aber wie bereits auf Seite 11 erwähnt, kannst du auch beliebige andere Marken (oder Farben) nutzen. Neben den Farbnummern gebe ich immer auch allgemeine Farbbezeichnungen an, die sich aber nur auf das jeweilige Motiv beziehen und nicht 1:1 den Nummern zuzuordnen sind. So kann beispielsweise „Mittelblau" bei Motiv A eine andere Farbnummer sein als bei Motiv B. Genauso kann ein und dieselbe Farbnummer unterschiedlich bezeichnet sein. Wie gesagt: Wenn du die Projekte exakt nacharbeiten möchtest, halte dich an die Farbnummern.

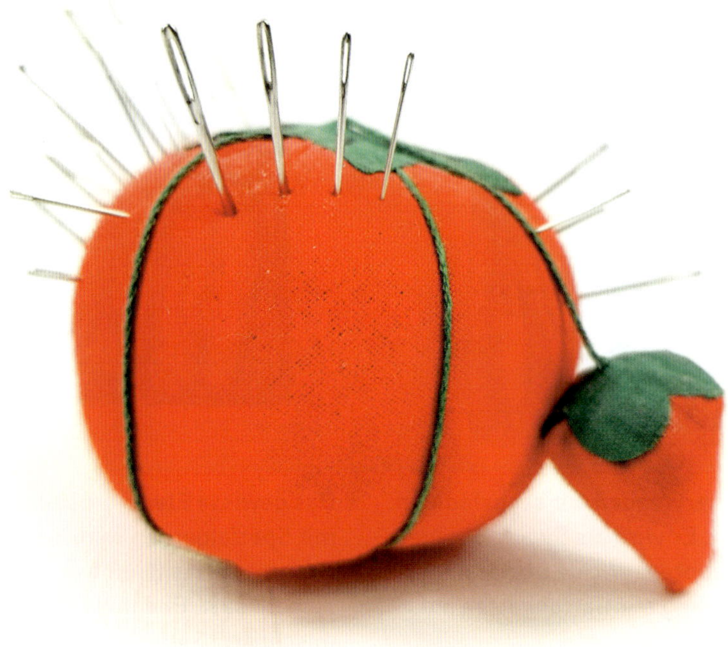

Ich sortiere meine Nadeln auf einem beschrifteten Nadelkissen. Hier sehen wir von links nach rechts Nadeln der Größe 1, 3, 5 und 9.

Dicke Nadeln hinterlassen ein größeres Loch im Stoff, mit dünnen lässt sich exakter arbeiten. Wenn du deine Fäden nicht durch das Öhr bekommst, nimm lieber eine größere Nadel, bevor du frustriert aufgibst.

Tipp: Wenn du keine Nadel hast, die groß genug für sechs Fäden ist, habe ich einen Trick: Das Garn in doppelter Länge zuschneiden und drei Fäden herausziehen. Diese einfädeln und mit dem gedoppelten, jetzt wieder sechsfädigen Garn sticken!

3 5 7 9

Lege dir ein Sortiment spitzer Sticknadeln der Größen 18–22 (3, 5, 7, 9 im englischen System) zu, damit kannst du alles sticken. Kommst du beim Sticken mit allen sechs Fäden oder nur einem nicht gut klar, kannst du dazu noch Nadeln in Größe 16 bzw. 24 kaufen.

Weitere Stickutensilien

Eine winzige Stickschere mit kurzen, scharfen Klingen braucht man, um das Stickgarn zurechtzuschneiden und Enden an der Rückseite einzukürzen. Mit einer großen Stoffschere lässt sich der Stickgrund mühelos zuschneiden. Eine Pinzette ist nützlich, um Stiche zu entfernen (Fehler passieren nun einmal), und bei einem Stickmarathon schütze ich meine Finger gern mit Silikonfingerhüten. Nadelkissen und ein magnetischer Nadelhalter dienen zur sicheren Aufbewahrung deiner Nadeln und sorgen dafür, dass du heruntergefallene nicht auf die schmerzhafte Art wiederfindest. Mit einem Einfädler bekommst du das Stickgarn auch durch die kleinsten Nadelöhre.

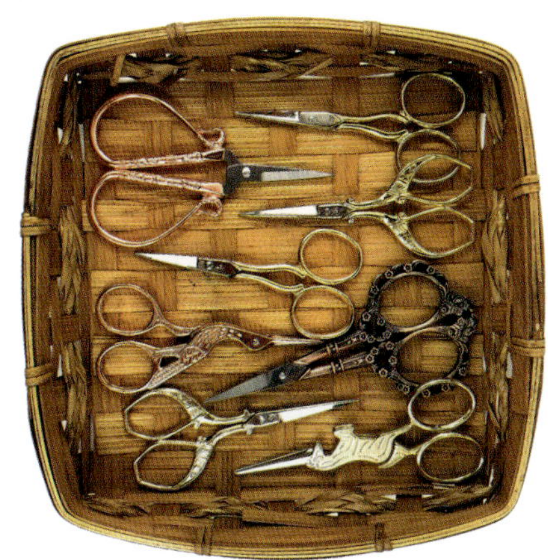

Schöne Scheren schneiden nicht besser, trösten aber, wenn einmal Fehler zu beseitigen sind.

Es gibt sehr hübsche magnetische Nadelhalter, die du am Stickgrund anbringen kannst. Wenn du eine Pause machst, legst du deine Nadel einfach schnell dort ab. Superpraktisch!

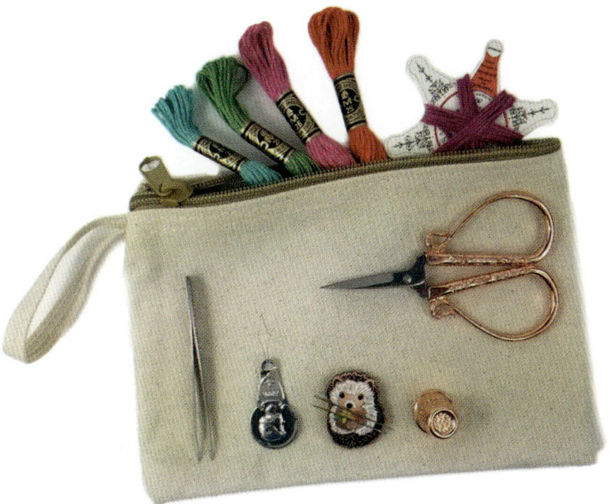

Denk an eine Sticktasche zum Mitnehmen! Wir haben das Glück, dass unser Material klein und leicht ist. Ein magnetischer Nadelhalter ist unterwegs ganz besonders praktisch.

Kapitel 2

Vorlagen übertragen

Die Grundlage für jedes erfolgreiche Projekt ist eine sorgfältig auf den Stoff übertragene Stickvorlage. Welche Übertragungsmethode am besten geeignet ist, hängt von verschiedenen Faktoren ab. Sieh dir dazu das Diagramm unten an. Oft gibt es mehrere Möglichkeiten, dann ist es nur eine Geschmacksfrage. Die hier genannten Hilfsmittel und Produkte findest du in Stoffgeschäften, aber ein Kuli aus der Kramschublade und ein helles Fenster tun es oft auch. Probiere auf jeden Fall vorher aus, wie gut die Methode funktioniert, für die du dich entscheidest, wie lange die Linien sichtbar bleiben und ob sie sich wieder entfernen lassen.

Widerstehe der Versuchung, diese eher langweilig klingende Vorbereitung auszulassen. Nimm dir genügend Zeit, lies die Anleitung für deine Übertragungsmethode aufmerksam durch und teste alle Produkte. Handsticken bedeutet

Die fett gedruckten Optionen sind meist nicht mehr entfernbar, aber es gibt Ausnahmen. Immer zuerst testen!

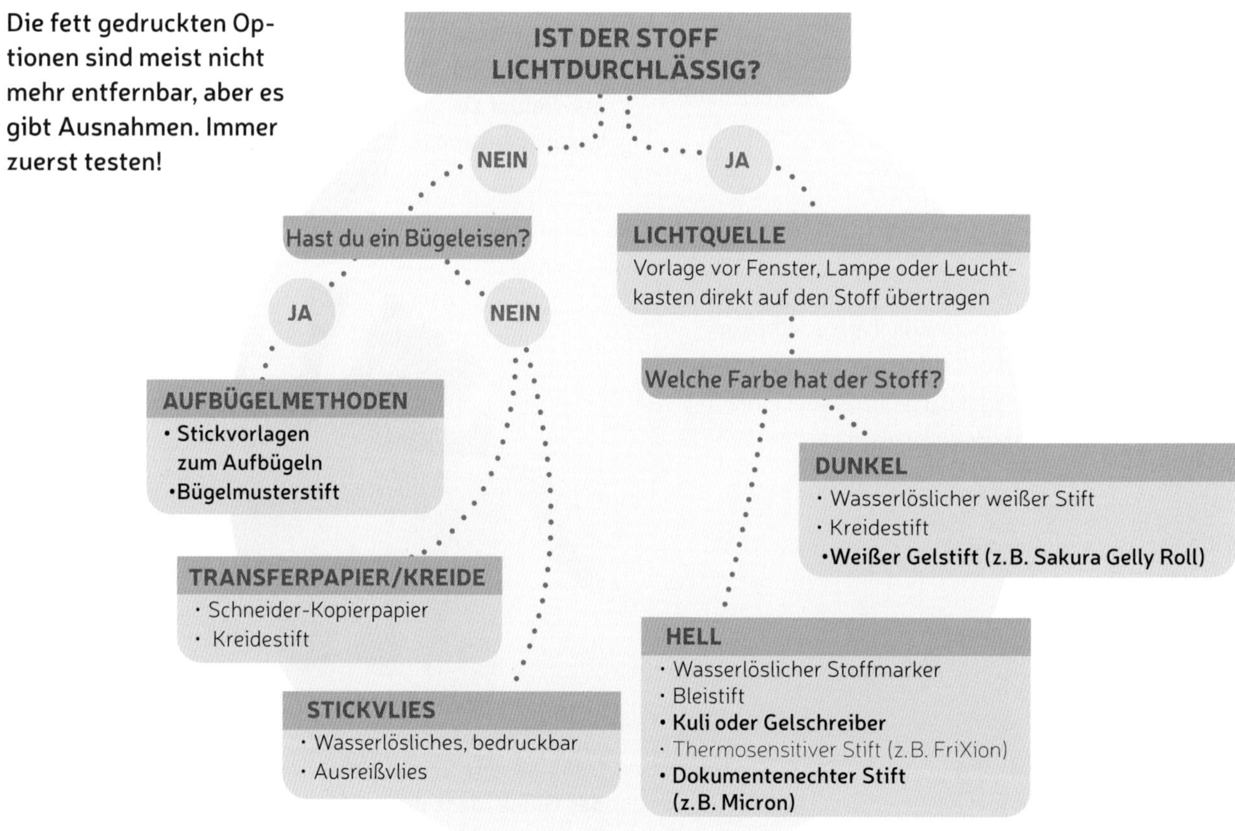

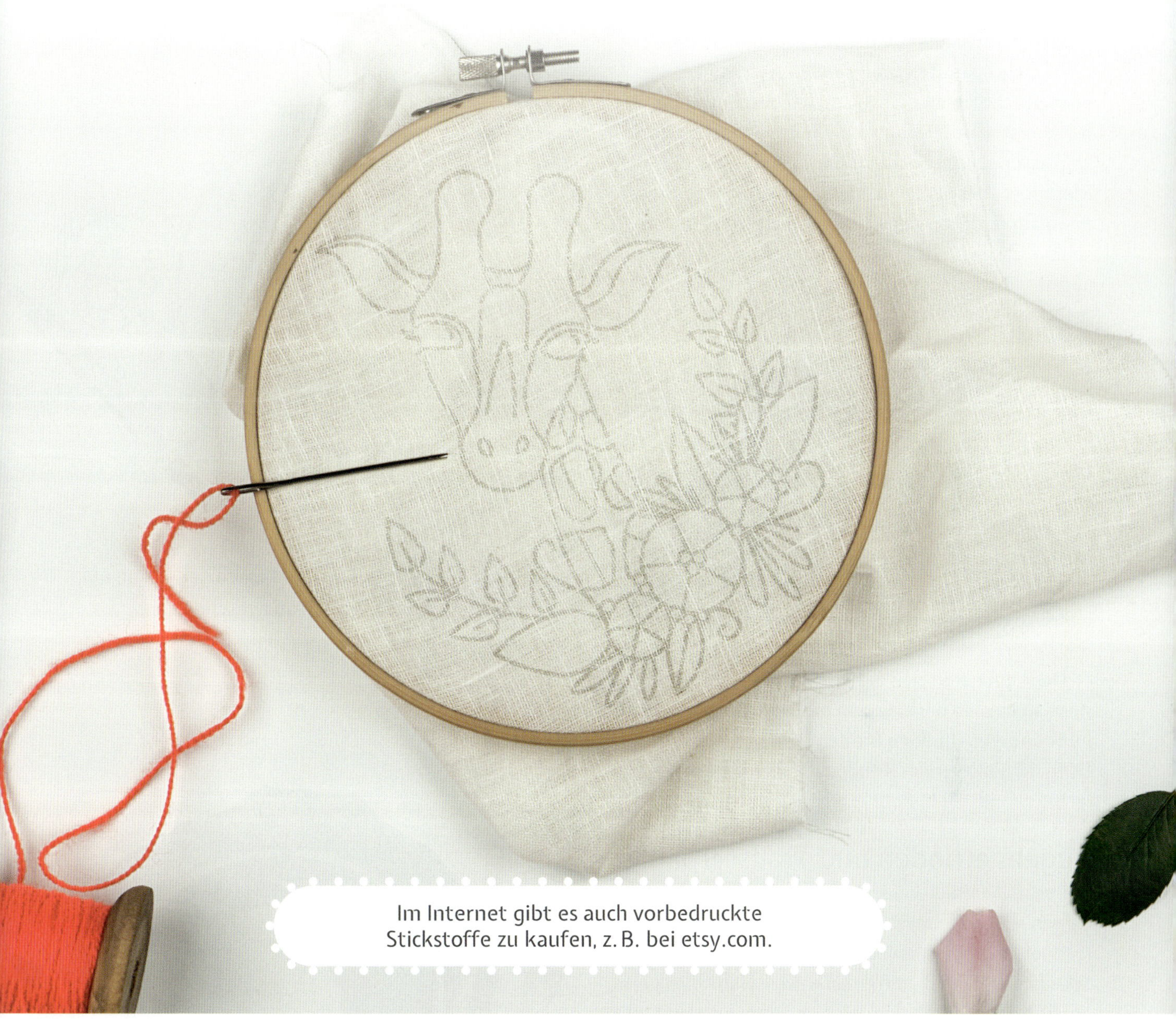

Im Internet gibt es auch vorbedruckte Stickstoffe zu kaufen, z. B. bei etsy.com.

stundenlange Arbeit, und du wirst es bereuen, diesen wichtigen Schritt überstürzt zu haben, wenn du ganz am Ende merkst, dass irgendetwas doch nicht funktioniert.

Durchzeichnen auf einer Lichtquelle

Diese Methode habe ich für alle Motive in diesem Buch verwendet. Mit dem Licht von einem hellen Fenster, einer Lampe oder einem Leuchtkasten kannst du die Vorlage auf deinen Stoff übertragen:

1. Vorlage ausdrucken und zurechtschneiden, sodass sie von hinten in den Stickrahmen passt.

2. Stoff einspannen (siehe „Einspannen" auf S. 17) und die Vorlage von hinten mit Klebeband daran befestigen. Der Stoff muss so straff gespannt sein, wie das Fell einer Trommel.

3. Den Stickrahmen vor eine Lichtquelle halten und die Vorlage langsam und sorgfältig nachzeichnen. Bei großen Motiven Pausen einlegen.

Alternativ kannst du die Vorlage und den noch nicht eingespannten Stoff direkt an einem Fenster oder Leuchtkasten befestigen. Ich bespanne aber lieber zuerst, damit sich nichts mehr verziehen kann.

Wasserlösliche Stoffmarker sind ideal für diese Methode, aber denke daran, dass deine Stickarbeit dann am Ende ausgespült werden muss. Wenn absehbar ist, dass alle Linien komplett vom Stickgarn abgedeckt werden, kannst du einen beliebigen Stift benutzen, der nicht verwischt.

Die Linien von thermosensitiven Stiften (wie dem FriXion®-Tintenroller von Pilot®) können später mit einem Föhn oder Bügeleisen entfernt werden. Diese Stifte sind aber nicht speziell für Stoffe gedacht, also probiere sie vorher aus. Da sie in vielen Farben angeboten werden, sind sie praktisch für kompliziertere Vorlagen mit vielen Komponenten oder zum Einzeichnen der Stichrichtung.

Säurefreie, dokumentenechte Tinte ist im Hinblick auf die dauerhafte Haltbarkeit deiner Stickarbeiten das Beste.

Das Durchzeichnen auf einer Lichtquelle funktioniert am besten bei hellen, lichtdurchlässigen Stoffen. Auf dünneren dunklen Stoffen (z. B. von Kona®) kannst du mit einem Kreidestift oder weißen Gelstift (z. B. Sakura® Gelly Roll®) zeichnen.

Bügelmethoden und Transferpapier

Für dunkle und dickere, lichtundurchlässige Stoffe eignen sich Bügelmethoden und Transferpapier (Schneider-Kopierpapier) gut. Dafür musst du Spezialpapiere und -stifte anschaffen. Halte dich genau an die beiliegende Anleitung. Die entstandenen Linien lassen sich manchmal nicht mehr entfernen, müssen also vollständig vom Garn abgedeckt werden.

Vliese

Bedruckbares Vlies ist auch eine gute Möglichkeit für dickere Stoffe und Kleidungsstücke. Du druckst die Vorlage mit dem Computer auf das Vlies und klebst es auf den Stoff. Bei großen, komplizierten Motiven – oder wenn du das Übertragen so gar nicht magst – spart diese Methode Zeit und Nerven. Auch bei dieser Methode gilt: Erst testen, denn es können schwer entfernbare Rückstände auf dem Stoff bleiben.

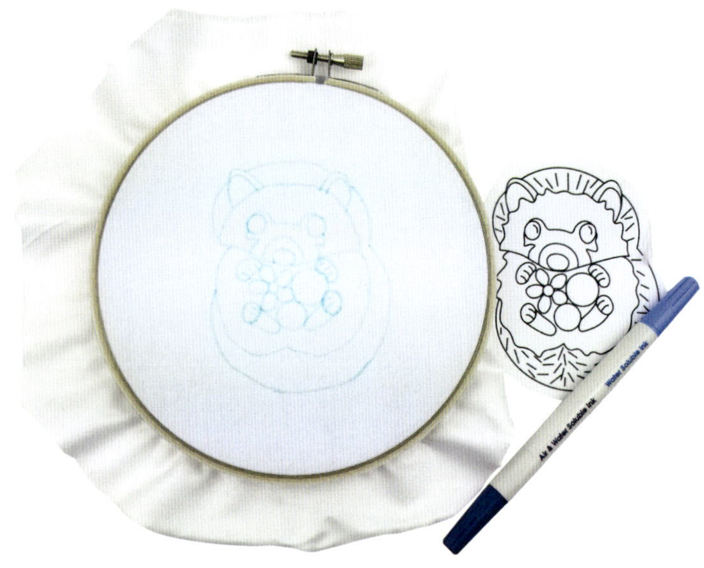

Ich übertrage am liebsten mit einem wasserlöslichen Stift, den ich danach einfach auswaschen kann.

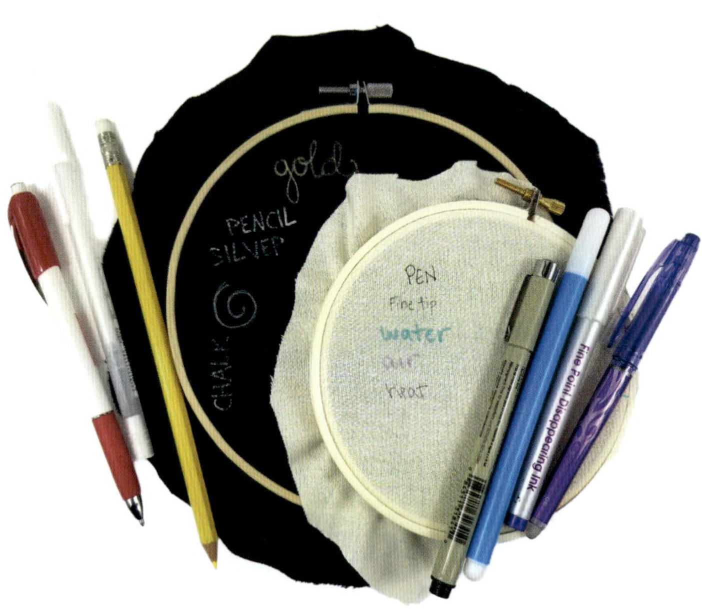

Für das Durchzeichnen mit Licht gibt es verschiedene Stifte und Marker, für helle und auch für dunkle Stoffe.

Kapitel 3

Es geht los

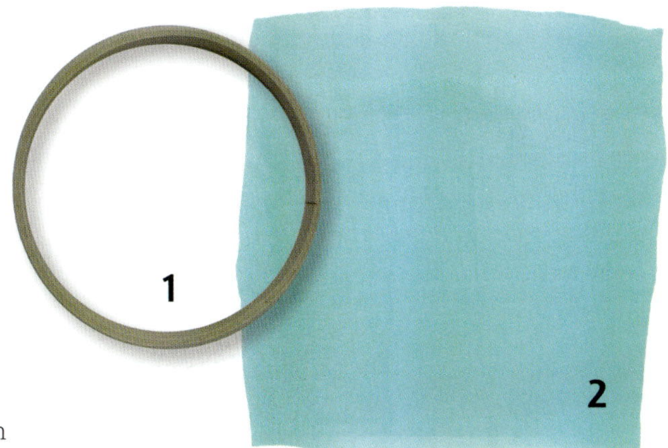

Pass auf dich auf

Sticke bei guter Beleuchtung, bei Bedarf mit Brille oder unter einem Vergrößerungsglas. Setz dich bequem hin. Bei Stickmarathons solltest du regelmäßig Pausen einlegen.

Einspannen

Wenn du deinen Stickrahmen später als „Bilderrahmen" für deine fertige Arbeit nutzen möchtest, lass rundherum 2,5 bis 5 cm Stoff überstehen, damit du ihn am Ende auf der Rückseite zusammenziehen kannst. Soll das Stickbild auf einen Keilrahmen oder eine Leinwand gespannt werden, musst du den Stoff ausreichend groß lassen. Wenn die Stickerei nicht im Stickrahmen bleiben soll, nimm sie heraus, wenn du gerade nicht daran arbeitest, damit keine bleibenden Falten entstehen.

1. Beim Einspannen wird der Stoff zwischen Innen- und Außenring geklemmt. Dafür zuerst den Innenring flach auf den Tisch legen.

2. Den Stoff mittig auf den Innenring legen.

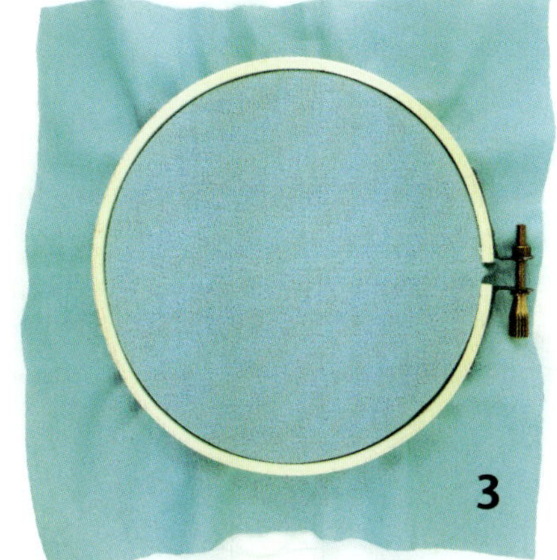

3. Den Außenring auflegen und herunterdrücken. Schraube anziehen und den Stoff gleichmäßig straffen, indem du ihn im Uhrzeigersinn gleichmäßig an den Rändern nach außen ziehst.

4. Wiederholen, bis die gewünschte Spannung erreicht ist. Schau dir an, wie der Rahmen aussieht, nachdem ich die Schraube mehrmals fester gedreht und den Stoff rundherum festgezogen habe. Es dürfen keine Falten mehr zu sehen sein. Der Stoff muss so straff gespannt sein wie das Fell einer Trommel.

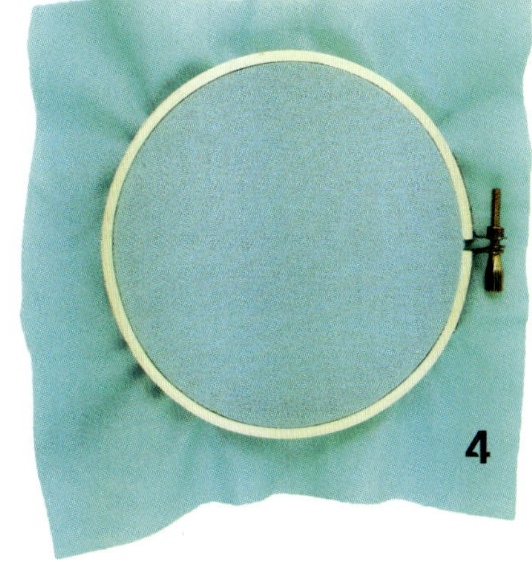

Einfädeln

Ziehe dein Garn an dem mit der Farbnummer beschrifteten Ende heraus. Schneide ein Stück ab, das nicht länger als 60 cm ist, damit sich nichts verheddert. In deiner Anleitung steht, wie viele Fäden du verwenden sollst – zwischen 1 und 6, je nach Motiv und Stil. Falls nötig, kannst du das Garn teilen, indem du die benötigte Anzahl Fäden einzeln nacheinander herausziehst, während du die restlichen Fäden locker in der anderen Hand hältst.

Mit angefeuchteten Lippen und einem Schnipp mit der Stickschere kannst du den Faden „anspitzen", damit er sich leichter einfädeln lässt. Verwende eine Nadel mit ausreichend großem Nadelöhr. Wenn du Probleme hast, versuche es mit einer größeren Nadel oder einem Einfädler.

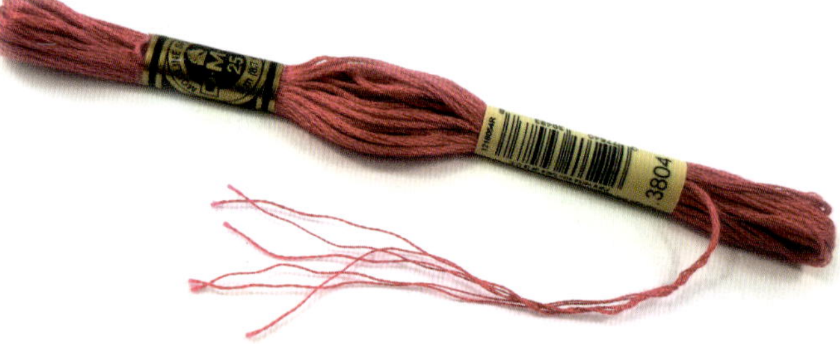

Hier siehst du die einzelnen Fäden des 6-fädigen Baumwoll-Sticktwists. In der Anleitung ist angegeben, wie viele Fäden du verwenden sollst. Schneide ein Stück Garn vom Strang ab, bevor du die Fäden voneinander trennst.

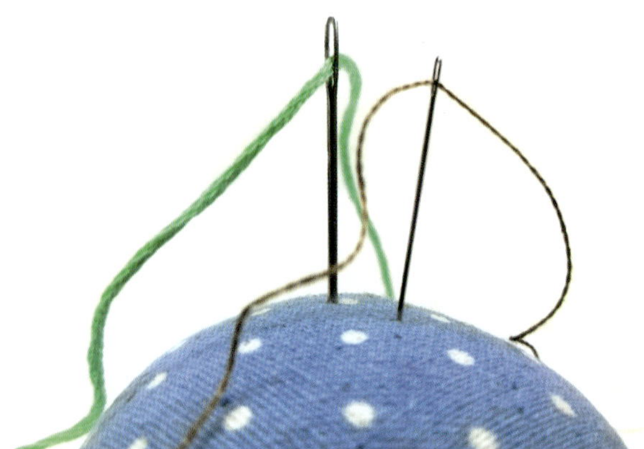

Wenn du mit allen 6 Fäden stickst, brauchst du eine größere Nadel.

FEHLER MACHEN

Fehler passieren jedem und sind kein Beinbruch. Scheue dich nicht, noch einmal von vorn anzufangen oder auch den Faden aus der Nadel zu ziehen und die misslungenen Stiche zu lösen, wofür du gleich die Nadelspitze nehmen kannst. Bei größeren Missgeschicken sind Pinzette und Stickschere sehr nützlich. Nicht ärgern, einfach weiter üben!

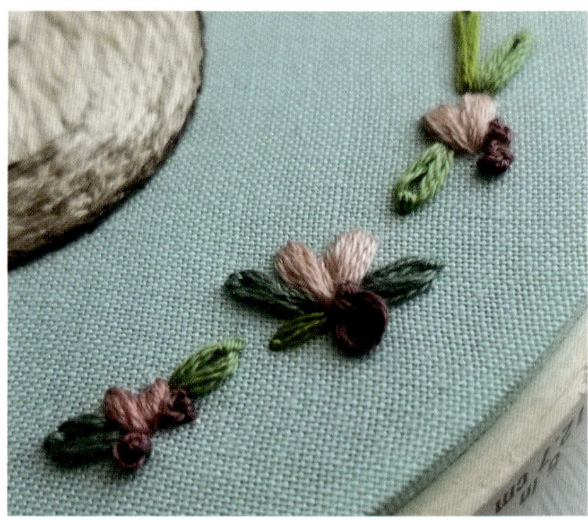

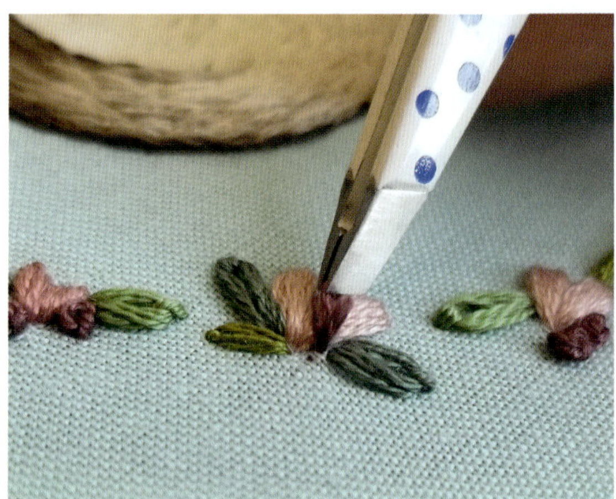

Bei diesem zu lockeren Knötchen waren chirurgische Fähigkeiten gefragt. Mit der Stickschere habe ich es aufgeschnitten, mit der Pinzette die Fäden herausgezogen.

Faden sichern

Zu verhindern, dass sich die Stickarbeit wieder auflöst, ist ganz wichtig, insbesondere, wenn der Stoff später stark beansprucht wird, zum Beispiel bei Kleidung. Wenn das Bild dagegen nur an die Wand gehängt werden soll, kann nicht viel passieren.

Eine klassische Sicherungsmethode beschreibe ich dir gleich Schritt für Schritt. Eine andere Möglichkeit ist z. B. der Doppelstich, oder du machst es dir einfach mit einem kräftigen Schneiderknoten am Fadenende.

1. An der Stelle des ersten Stiches von unten nach oben ausstechen. Den Faden nicht ganz durchziehen, sondern 2,5 bis 5 cm hängen lassen und mit den Fingern festhalten. (Das Foto und alle weiteren zeigen die Rückseite.)

2. Den Fadenanfang so legen, dass er von den nächsten Stichen umschlungen und festgehalten wird, und auf diese Weise sichern.

3. Wenn nur noch etwa 5 cm Faden auf der Nadel sind, dieses Fadenende an der Rückseite in den vorhandenen Stichen verweben. Auf eine möglichst saubere Rückseite achten und überstehende Enden zurückschneiden.

4. Die nächsten Fäden können einfach vor dem ersten Stich auf der Rückseite in den vorhandenen Stichen verwebt werden.

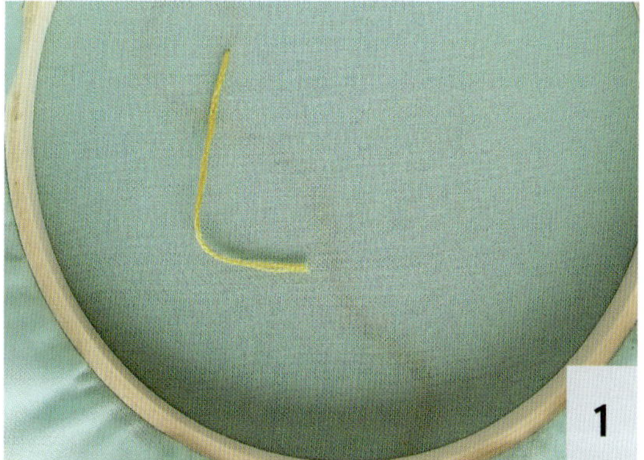

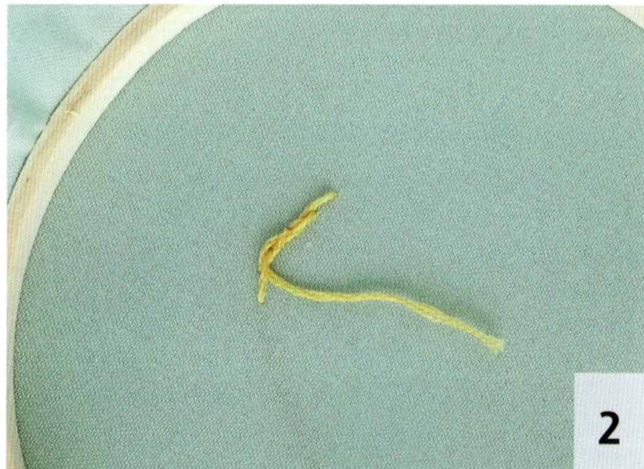

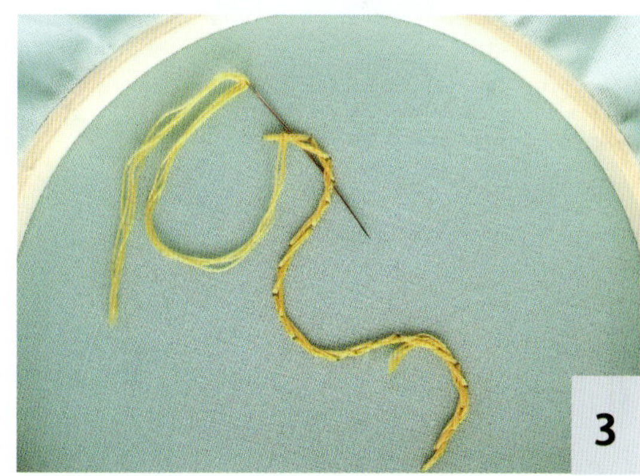

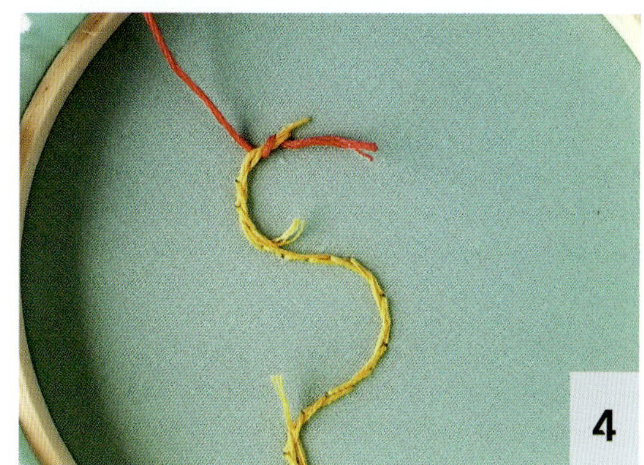

Kapitel 4

Der passende Rahmen

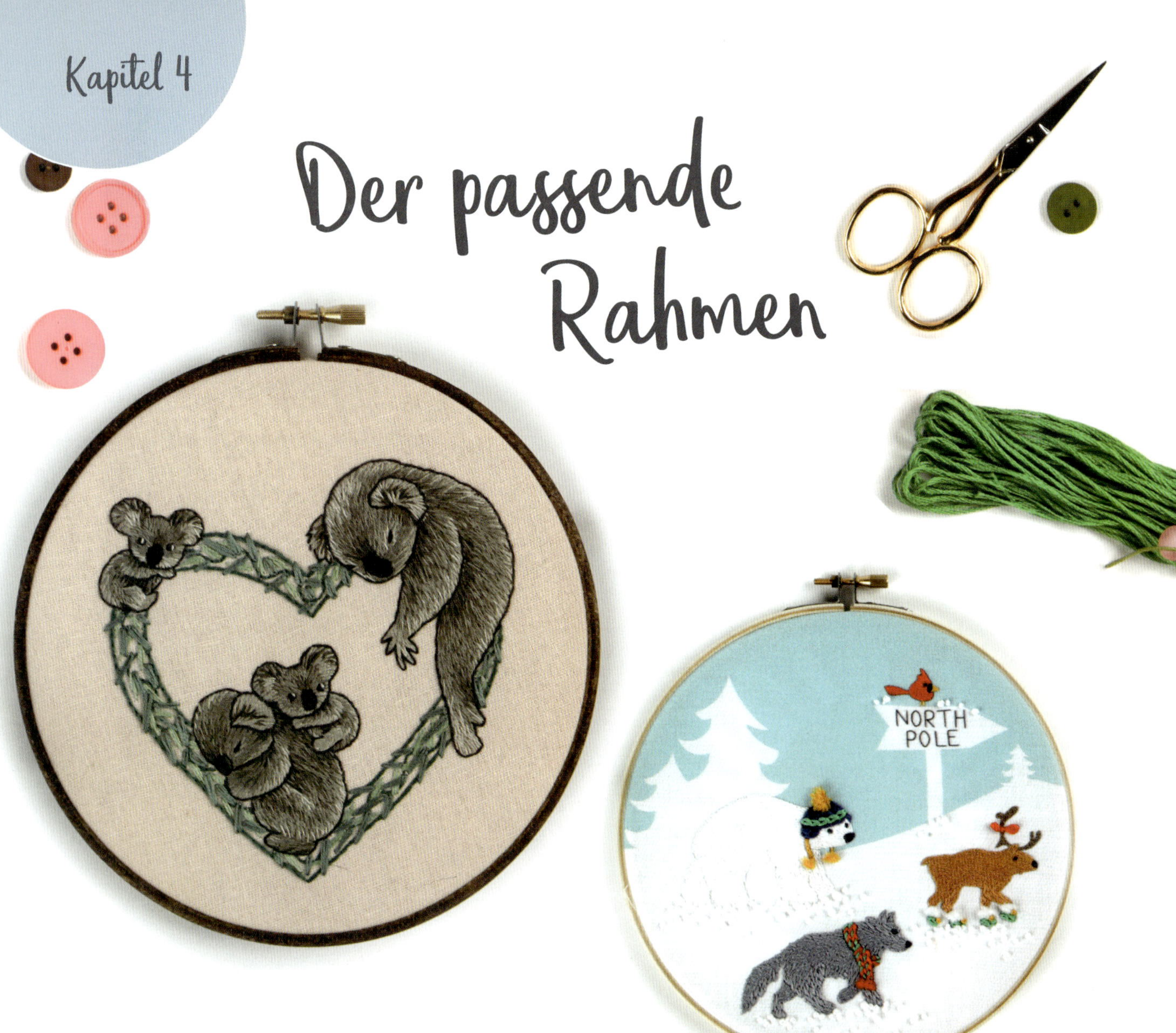

Mit Stickrahmen einrahmen

Die einfachste Methode, deine Stickarbeit in Szene zu setzen: mit einem Stickrahmen einrahmen und an die Wand hängen! Auf der gegenüberliegenden Seite siehst du, wie das geht.

Holzrahmen sehen naturbelassen schon sehr schön aus, du kannst sie aber auch lasieren, mit Acrylfarbe bemalen oder lackieren. Eine kleine Stickerei in einem bemalten Rahmen mit einem hübschen Band macht sich auch als Weihnachtsbaumanhänger gut. Besonders festlich wird es mit Glitzerkleber und Pailletten.

Als Alternative zum runden Stickrahmen kannst du die fertige Arbeit auch auf einen rechteckigen Keilrahmen spannen. Beklebe das Holz mit Papierklebeband und lege eine zusätzliche Stoffschicht unter, um deine Stickerei zu schützen. Spanne den Stoff mithilfe von Klemmen gleichmäßig auf den Rahmen und fixiere ihn dann mit einem Tacker, oder verschnüre die jeweils gegenüberliegenden Seiten mit 6-fädigem Stickgarn.

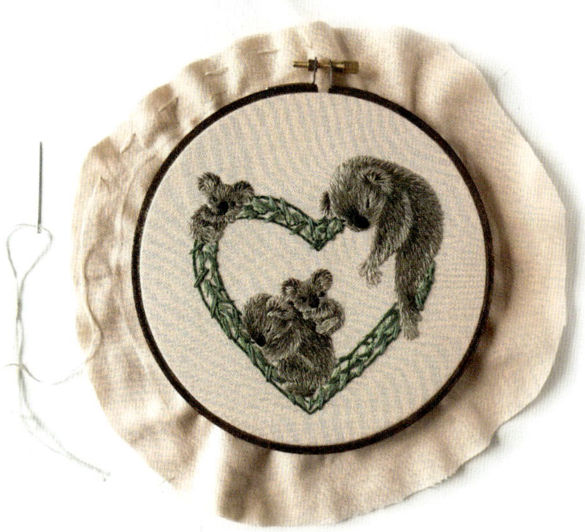

1. Stickarbeit sorgfältig mittig einspannen. Überschüssigen Stoff bis auf einen breiten Rand abschneiden. Mit sechsfädigem Sticktwist im Vorstich rundherum entlang der Stoffkante sticken.

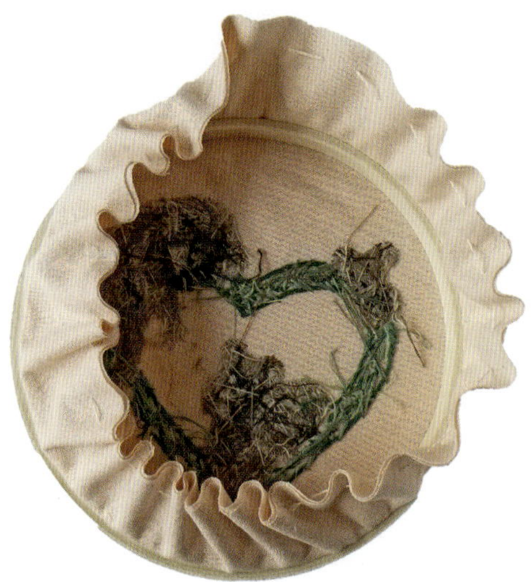

2. Wenn du wieder am Anfang angelangt bist, an beiden Fadenenden ziehen, um den Stoff zusammenzuziehen. Alternativ den Stoffrand mit säurefreiem Kleber an die Innenseite des Stickrahmens kleben.

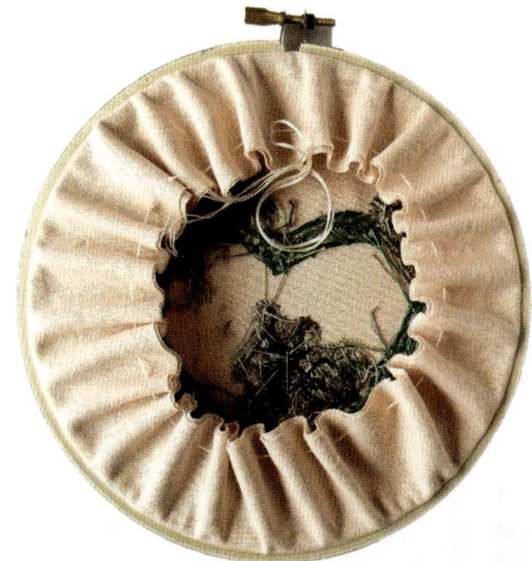

3. Fadenenden doppelt verknoten und zurückschneiden. Rückseite des Rahmens offen lassen, sodass man die Stiche sieht, oder mit Stoff, Filz oder Karton abdecken. Wenn du später noch etwas verändern oder die Arbeit anderweitig verwenden willst, einfach die Vorstichnaht aufschneiden.

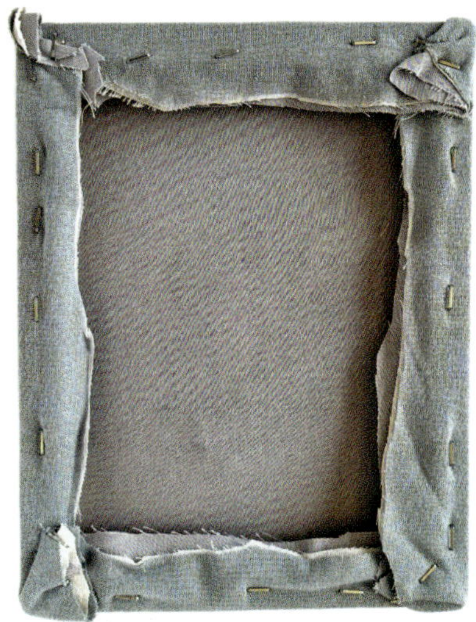

Keilrahmenleisten kannst du selbst herstellen oder im Künstlerbedarf fertig kaufen.

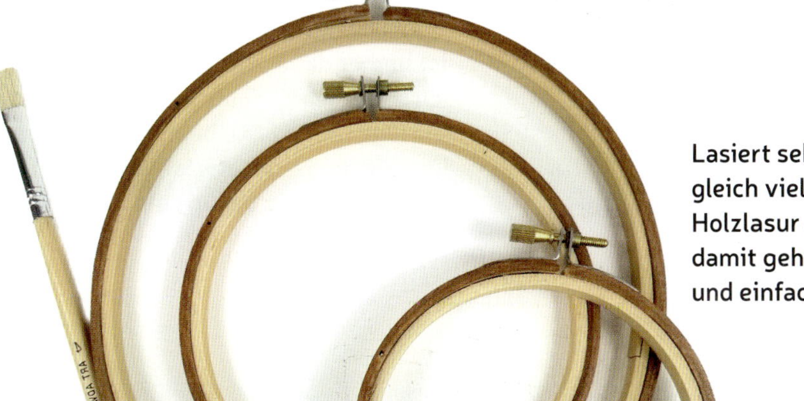

Lasiert sehen einfache Holzrahmen gleich viel edler aus. Neben normaler Holzlasur gibt es auch Lasurstifte, damit geht es besonders schnell und einfach.

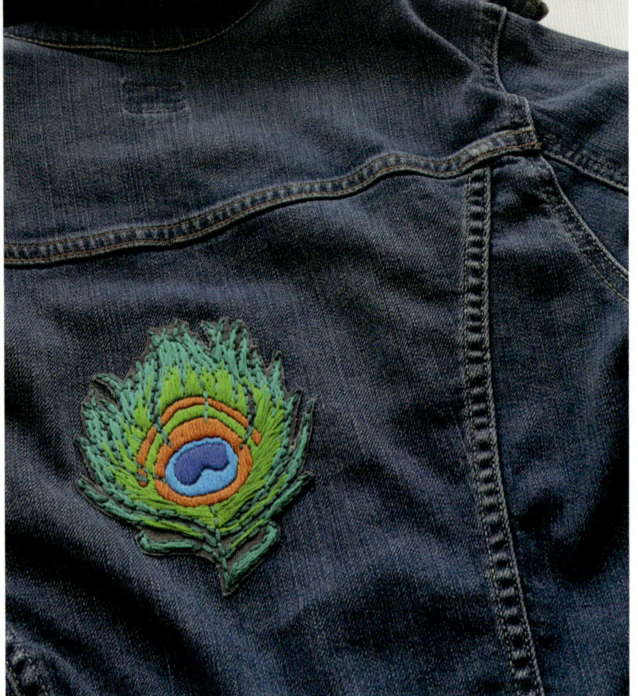

Kleidung verzieren

Mit Appliziervlies aus dem Stoffhandel entstehen aus Stickereien ganz einfach Bügelbilder, die auf Kleidung oder Taschen aufgebügelt und anschließend mit ein paar Stichen gesichert werden. Aus der Pfauenfeder (Seite 199) habe ich so eine Applikation für eine Jeansjacke hergestellt.

MATERIAL

- Fertige Stickerei
- Stift
- Bügeleisen und Bügelbrett
- Schere
- Appliziervlies (z. B. Vliesofix)

Direkt auf Kleidung zu sticken, ist oft schwieriger, als eine gestickte Applikation anzubringen: Dunkle, schwere Stoffe bereiten Probleme beim Übertragen des Motivs und lassen sich nicht so leicht durchstechen. Auf dehnbaren Stoffen kann sich das Motiv verziehen. An kleinen oder schlecht zugänglichen Stellen lässt sich außerdem der Stickrahmen nicht so gut anbringen, und du kommst vielleicht nur schlecht mit der Hand an die Rückseite. Eine Applikation zu sticken und dann aufzubügeln oder aufzunähen, ist hier eine gute Alternative.

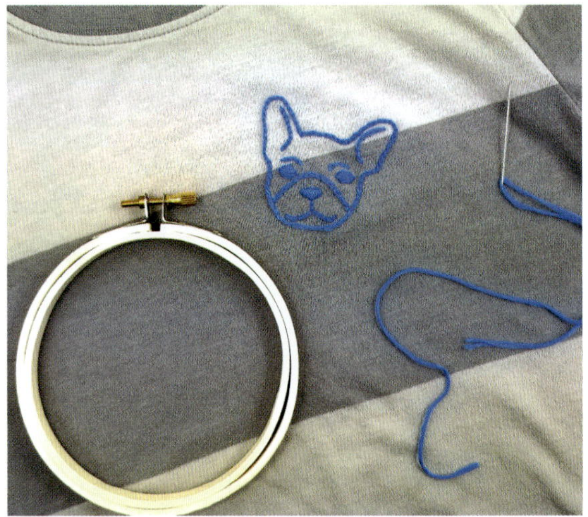

Diesen Hund aus der Hundebande (Seite 188) habe ich direkt auf ein T-Shirt meines Sohnes gestickt. Kleidungsstück und Stelle habe ich so ausgewählt, dass ich bequem sticken konnte. Ich habe den Faden besonders sorgfältig gesichert und auf farbechtes Garn geachtet.

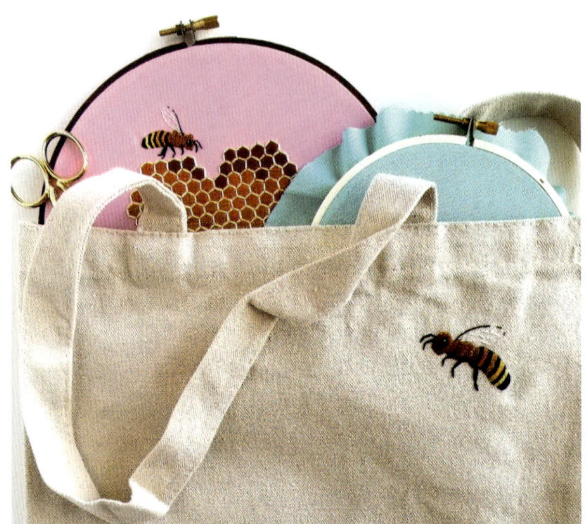

Hübsche deine Stoffbeutel auf! Diese Tasche ist immer dabei, wenn ich auf den Markt gehe. Ich habe sie mit einer Biene aus der Honigherz-Vorlage (Seite 200) bestickt. Das feste Material leistete der Nadel etwas Widerstand, war aber lichtdurchlässig genug zum Durchzeichnen.

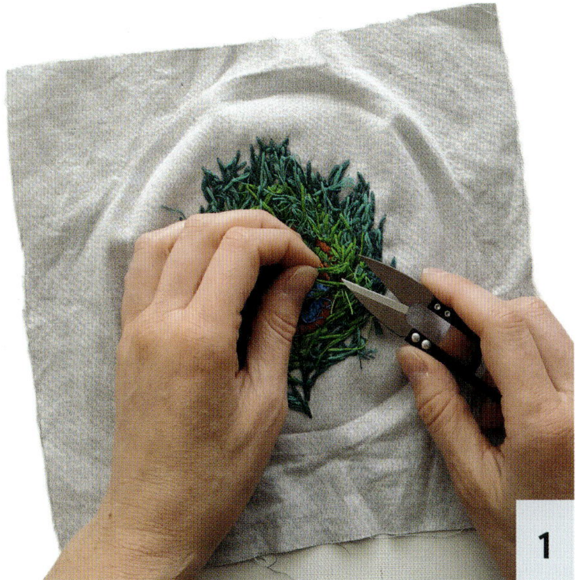

1

1. Stickarbeit vorbereiten. Auf der Rückseite den Umriss der Applikation einzeichnen und eventuelle Fadenenden abschneiden.

2. Applizliervlies anbringen. Applizliervlies so zuschneiden, dass es größer als das Motiv, aber kleiner als das bestickte Stoffstück ist. Stickarbeit mit der Vorderseite nach unten auf ein Bügelbrett legen und das Applizliervlies nach Packungsanweisung auf die Rückseite bügeln. Unregelmäßige Kanten mit der Spitze des Bügeleisens rundum gut andrücken.

3. Applikation ausschneiden. Nach dem Abkühlen überschüssigen Stoff abschneiden. Bei schwierigen Formen die Stickschere benutzen.

4. Applikation aufbügeln. Trägerpapier abziehen, die Applikation auf das Kleidungsstück legen und mit dem Bügeleisen fixieren. Die Hitze aktiviert den Kleber.

5. Sichern. Mit Nadel und Faden und dem Stich deiner Wahl die Applikation endgültig am Kleidungsstück befestigen. Ich habe einen Heftstich genutzt, noch stabiler wären der Rückstich oder der Langettenstich.

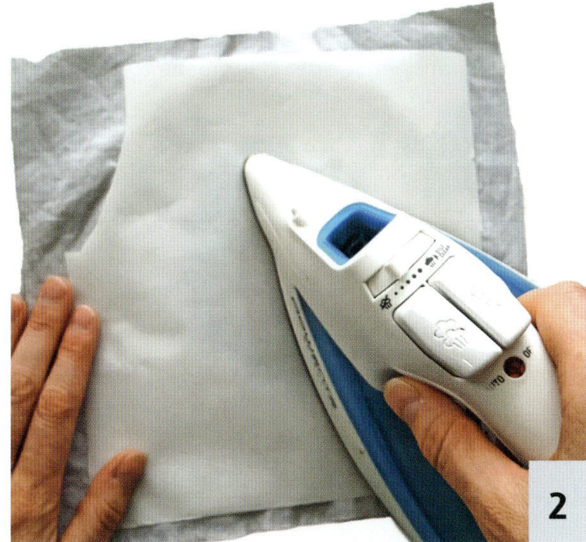

2

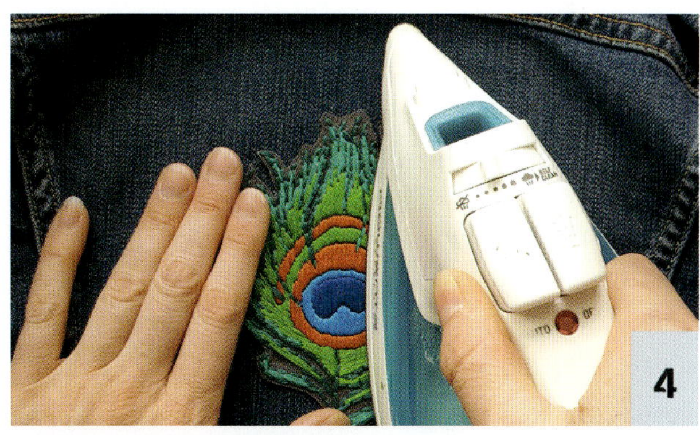

4

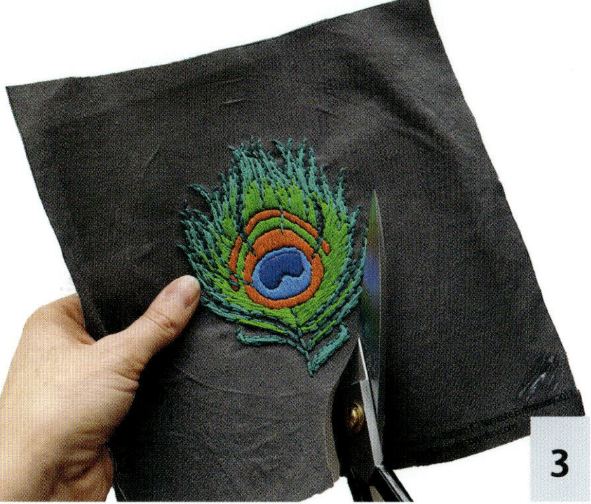

3

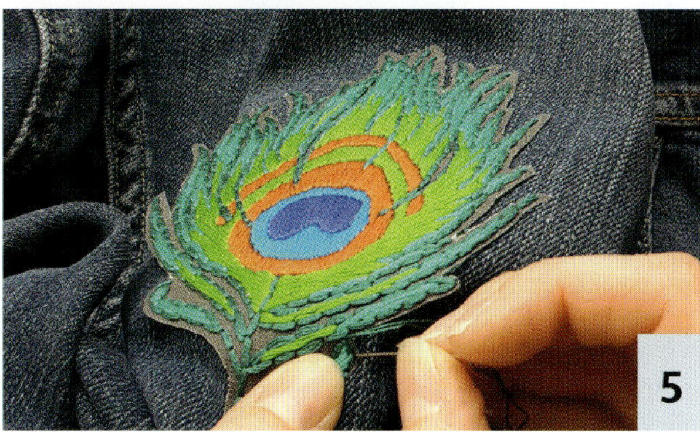

5

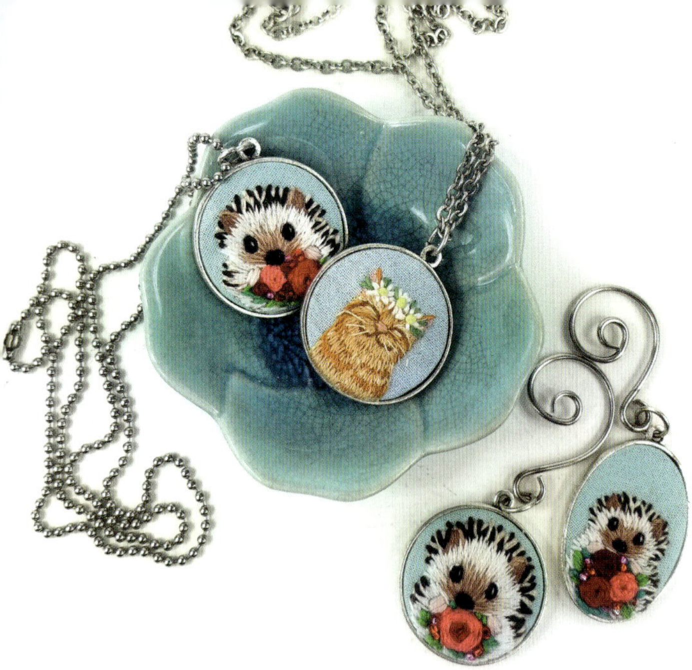

Ein schnell gemachtes Geschenk: Miniatur sticken und in einer Schmuckfassung rahmen.

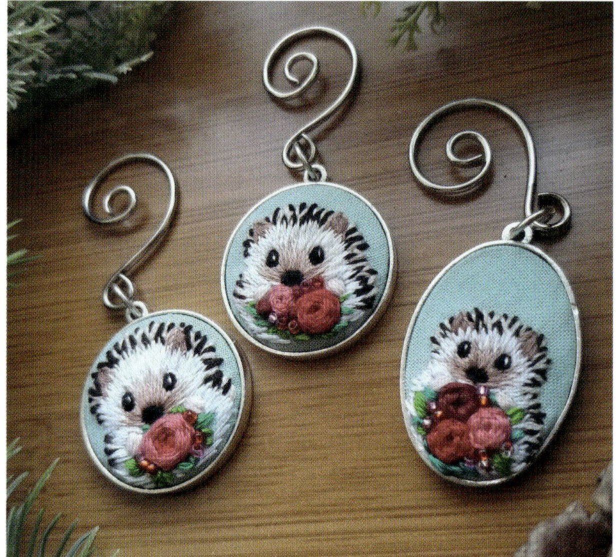

Die in Metall eingefassten Ministickereien eignen sich als Kettenanhänger oder Baumbehang.

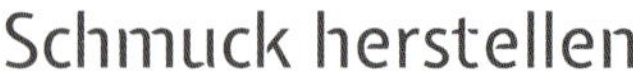

Schmuck herstellen

Du kannst jedes beliebige Motiv verkleinern und tragbare Stickkunstwerke erschaffen! Für meine Anhänger stickte ich zwei Vorlagen aus diesem Buch (Schnurrekatze, S. 150, Igel mit Blümchen, Seite 142) und besorgte spezielle Metallfassungen.

Bei beiden Motiven habe ich ein paar Details dazu improvisiert. Die Katze hat einen Kranz aus den Gänseblümchen der Originalvorlage bekommen. Die aus Garnresten gestickten Blümchen der Igel habe ich noch mit Rocailles veredelt. Für solche kleinen Projekte habe ich einen Vorrat farblich sortierter Garnreste.

MATERIAL

- Schmuck- oder Anhängersets für Stickereien (meine sind von Nunn Design)
- Stickvorlage/-motiv, auf die Größe des Schmucks verkleinert
- Wasserlöslicher Stoffmarker oder andere wiederentfernbare Übertragungsmethode
- Superstarker Kleber (z. B. E6000®) und Utensil zum Auftragen (Holzstab o. ä.)
- Stoffklammern

TIPP

Zuallererst die Schmuckfassung auf den eingespannten Stoff legen und den Umriss nachzeichnen. Wenn du mehrere Bilder auf den Stoff sticken möchtest, solltest du jeweils mindestens 2 cm Platz zwischen ihnen lassen.

1. Motiv übertragen. Vorlage (ggf. verkleinert) ausdrucken, ausschneiden und an der Rückseite hinter dem eingezeichneten Fassungsumriss befestigen. Stickrahmen vor eine helle Lichtquelle halten und das Motiv durchzeichnen. Anschließend die Vorlage entfernen.

2. Motiv sticken. Das Motiv nach Anleitung sticken. Bei stark verkleinerten Motiven musst du eventuell ein paar Details auslassen. Auf eine ordentliche Rückseite achten, Fadenenden zurückschneiden.

3. Stoff zurechtschneiden. Stoff aus dem Stickrahmen nehmen und die gestickten Bilder mit 0,5 bis 1 cm Abstand zum eingezeichneten Umriss ausschneiden. Linien entfernen.

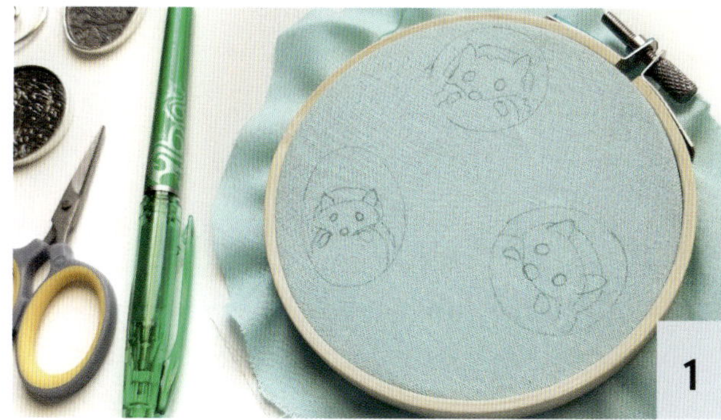

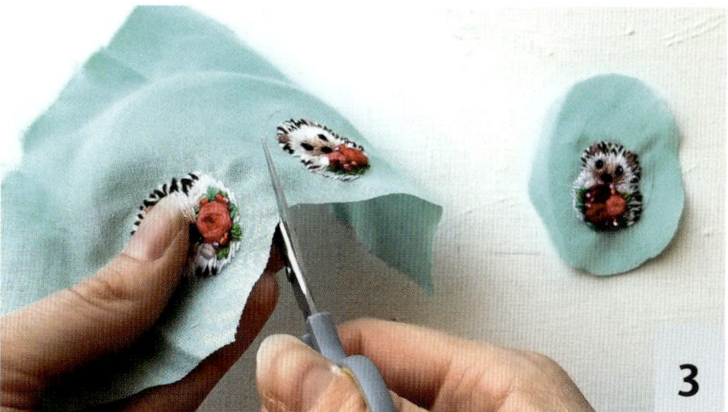

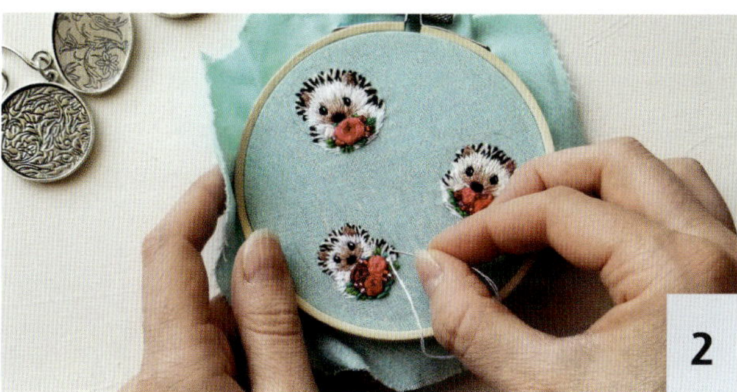

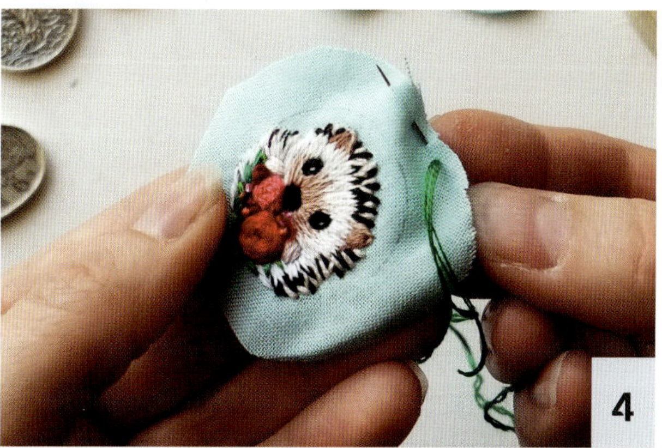

4. Rückseite zusammenziehen. Mit drei Sticktwistfäden beliebiger Farbe im Vorstich rundherum entlang der Stoffkante sticken, dabei an beiden Enden ca. 8 cm überstehen lassen – an diesen Enden ziehst du dann, um den Stoff auf die Metallscheibe zu spannen. Ist ein Stoff sehr hell oder dünn, kannst du in diesem Schritt eine zweite Stoffschicht festnähen, damit das Metall nicht durchscheint.

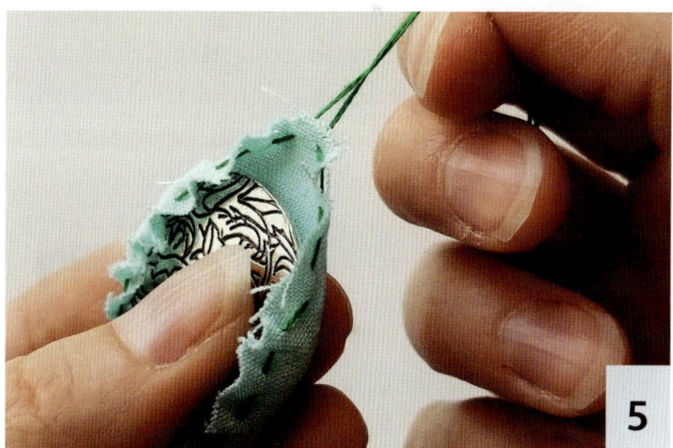

5. Metallscheibe befestigen. Stickarbeit umdrehen, Metallscheibe mittig auf die Rückseite legen, festhalten und an den zwei Fadenenden ziehen. Falls sich der Stoff verzieht oder nicht straff genug um die Scheibe spannen lässt, musst du vielleicht mit der Stoffrandbreite oder der Stichlänge experimentieren. Position des Motivs auf der Vorderseite überprüfen und dann die Enden doppelt verknoten. Garnenden und eventuelle Fransen zurückschneiden.

6. Fassung anbringen. Mit einem Wattestäbchen oder ähnlichem Kleber auf die leere Fassung auftragen. Die bespannte Metallscheibe ausrichten und fest hineindrücken. Mit Klammern fixieren, bis der Kleber getrocknet ist.

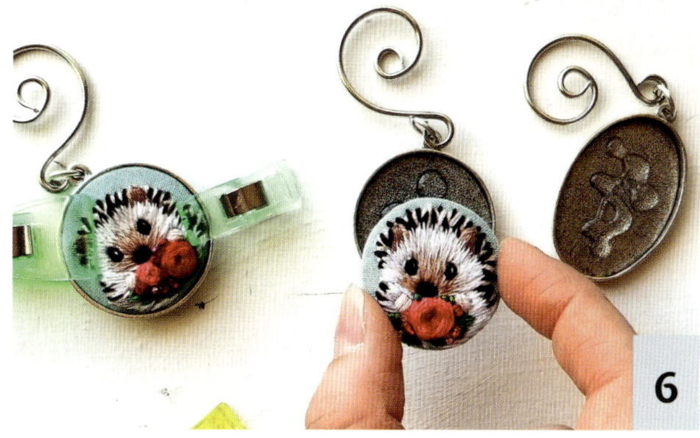

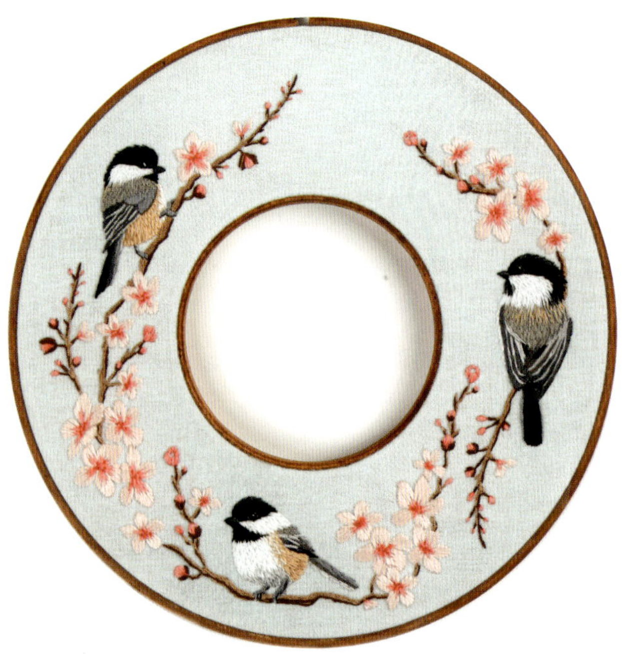

Kranz aus zwei Rahmen

Das letzte Projekt in diesem Kapitel ist eine Anleitung für einen aus zwei Stickrahmen gefertigten Kranz. Setze ihn auf jeden Fall zusammen, bevor du die Vorlage überträgt. Das Übertragen und Sticken kann in diesem Format schwieriger sein. Passe beim Anziehen deiner Stiche besonders auf, keine Falten zu erzeugen.

Solche Kränze können auch mit Rahmen anderer Größen hergestellt werden. Entscheidend ist nur ein Unterschied im Durchmesser von mindestens 5 cm. Auch die Stoffart ist wichtig. Mit 100 % Baumwolle ist mir bisher noch kein faltenfreies Ergebnis gelungen.

MATERIAL

- Stickrahmen Ø 10 cm
- Stickrahmen Ø 23 cm
- Leinenmischgewebe 30 × 30 cm
- Stickvorlage, ausgedruckt und ausgeschnitten
- Stoffschere
- Nadel und Garn
- Säurefreier Kleber und Zahnstocher (optional)

TIPP

Für eine besonders stabile Endbearbeitung den Stoff nicht einkürzen, sondern an der Rückseite mit Sticktwist verschnüren. Das dauert länger, ist aber sicherer und sieht auch beeindruckend aus.

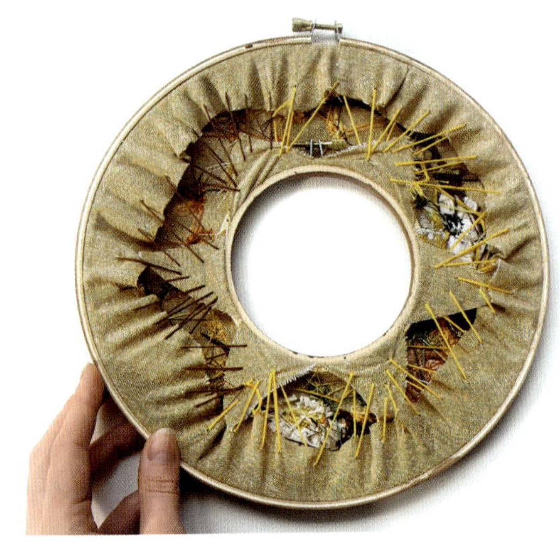

TIPP

Wenn der Stoff bei der Innenringschraube des kleinen Stickrahmens nicht straff anliegt, mit einem Zahnstocher etwas Leim auftragen und die Stelle bis zum Trocknen mit einer Klammer fixieren.

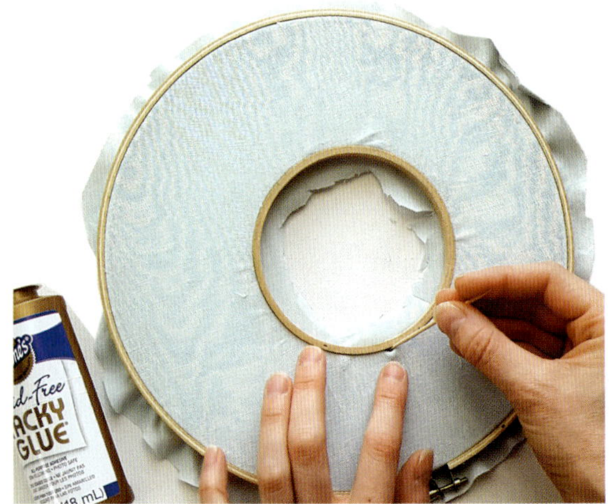

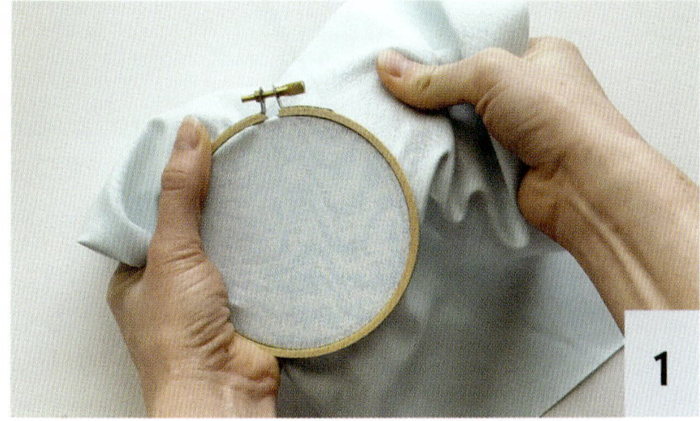

1

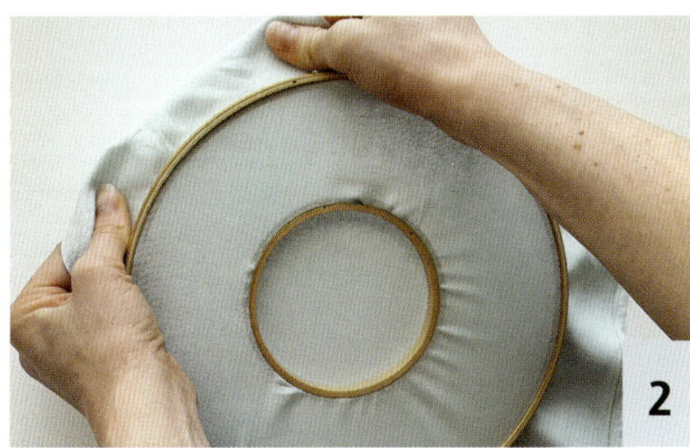

2

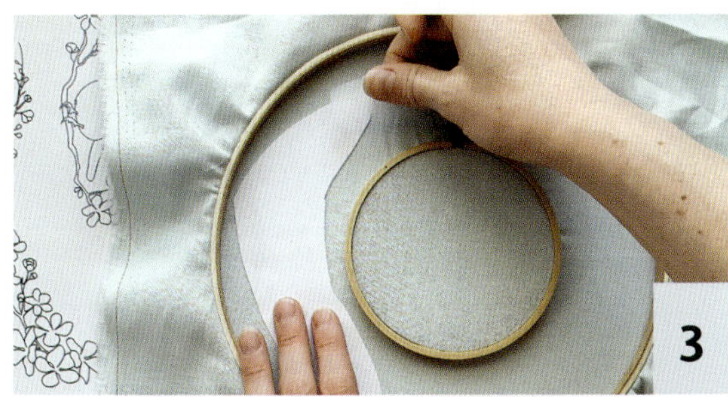

3

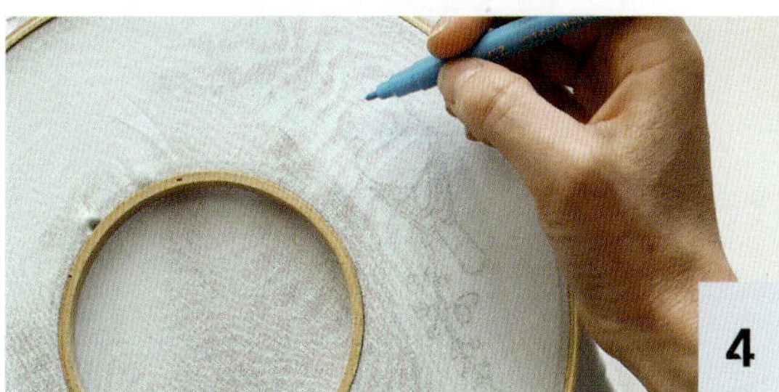

4

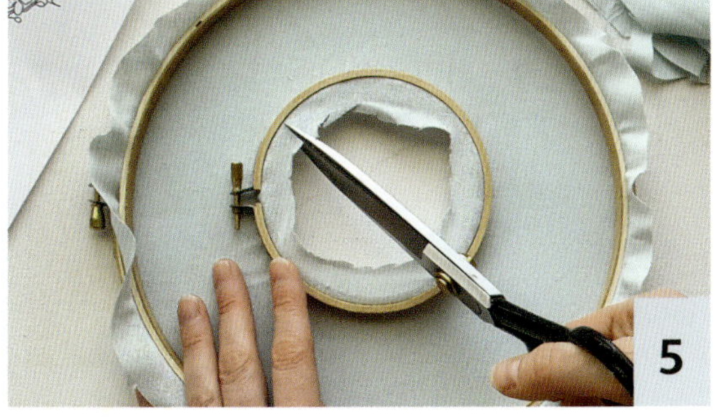

5

1. Inneren Rahmen bespannen. Innenrahmen mittig auf den Stoff legen und straff bespannen.

2. Äußeren Rahmen bespannen. Stoff umdrehen, sodass der Innenrahmen nach unten zeigt. Jetzt den größeren Rahmen so bespannen, dass der kleinere genau mittig liegt. Stoff gut straff ziehen – in jede denkbare Richtung, um alle Falten zu entfernen. Das kann etwas Geduld erfordern.

3. Vorlage anbringen. Ausgeschnittene Vorlage von hinten im Rahmen befestigen, dabei die Schraube des kleinen Rahmens aussparen, da diese später beim Sticken stören würde. Am einfachsten geht das Übertragen mit bedruckbarem Vlies – aber vorher ausprobieren, ob es sich restlos entfernen lässt!

4. Motiv durchzeichnen und sticken. Vorlage durchzeichnen, dann sticken. Bei einem flächendeckenden Motiv kannst du den Außenring des kleinen Rahmens vorsichtig lockern und drehen, um an die Stelle hinter der Schraube zu kommen.

5. Stoff zurückschneiden. Nach dem Sticken den Stoff am Innen- und Außenrahmen bis auf einen 2,5 cm breiten Rand zurückschneiden. Noch einmal prüfen, ob die Arbeit straff und genau mittig eingespannt ist. Den Stoffrand am Innenrahmen in gleichmäßigen Abständen einschneiden.

6. Festkleben. Stoffränder mit säurefreiem Kleber bestreichen und an den Rahmen kleben. Bis zum Trocknen mit Klammern fixieren.

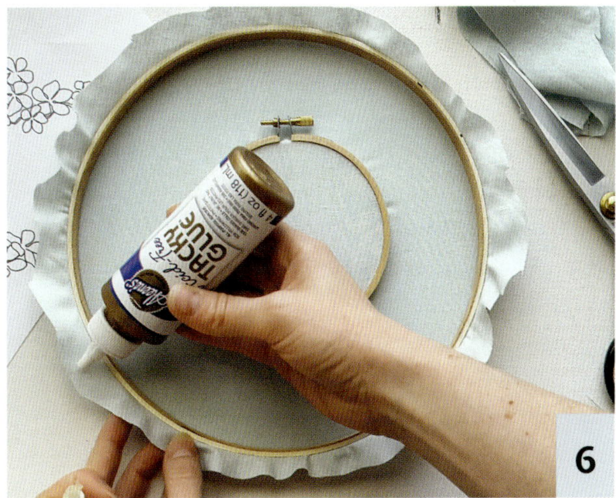

6

Kapitel 5

Stichlexikon

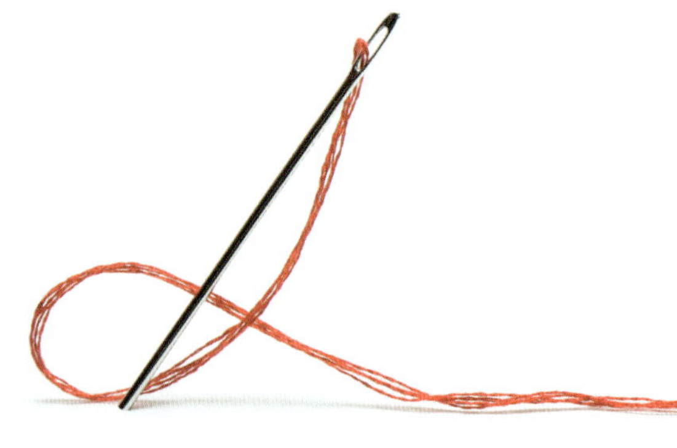

Die Grundstiche

Rückstich: Wird von rechts nach links gearbeitet und eignet sich gut für durchgehende Linien und Buchstaben. Bei geschwungenen Linien die Stichlänge verkürzen (auch bei anderen Linienstichen). Zum Füllen von Flächen mehrere Reihen nebeneinandersetzen oder vom Umriss aus spiralförmig nach innen sticken.

Eine Stichlänge neben dem Linienanfang bei A ausstechen und bei B (dem Linienanfang) einstechen. Wieder eine Stichlänge entfernt bei C ausstechen und bei A einstechen. Bei D wieder ausstechen und bei C einstechen. Dabei immer die gleichen Löcher (A, C usw.) nutzen, damit keine Lücken entstehen.

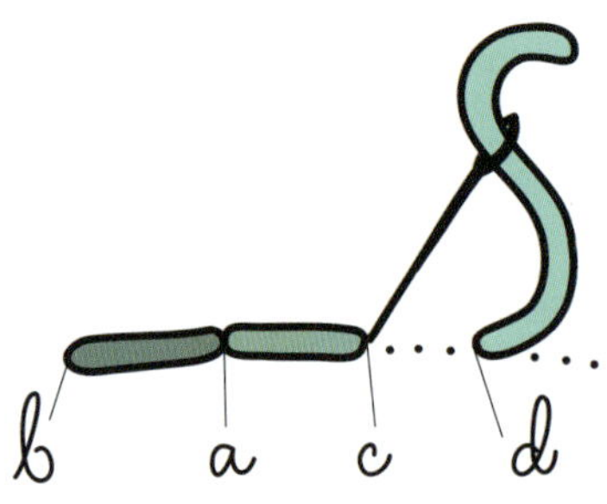

Rückstich

Umwickelter Rückstich: Eine Form des Rückstichs. Durch das Umwickeln entsteht eine gleichmäßige Linie, die Stichhügel werden ausgeglichen. Zum Umwickeln am Anfang der Rückstichlinie (A) ausstechen. Dann die Nadel nacheinander unter *jeden* Stich führen, bis zum Ende der Linie. Erst wieder bei B in den Stoff einstechen. Auch andere Linienstiche, z. B. Vorstich und Kettenstich, können umwickelt werden.

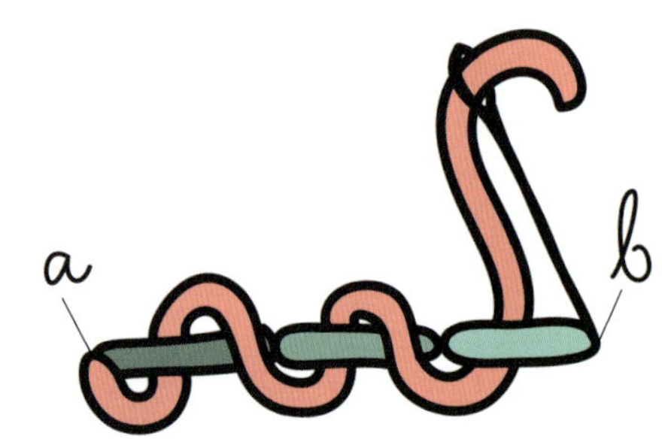

Umwickelter Rückstich

Langettenstich: Ein traditioneller Kantenstich. Ergibt eine Linie mit regelmäßigen senkrechten Stichen. An der Kante bei A ausstechen, bei B einstechen (etwas von der Kante entfernt, einen Stich versetzt), aber noch nicht durchziehen. Bei C ausstechen (eine Stichlänge neben A an der Kante), dabei die Schlaufe aufnehmen. Wieder oben einen Stich versetzt bei D einstechen und beim Ausstechen bei E die Schlaufe aufnehmen. Je weiter B und D von der Kante entfernt sind, desto länger werden die senkrechten Stiche.

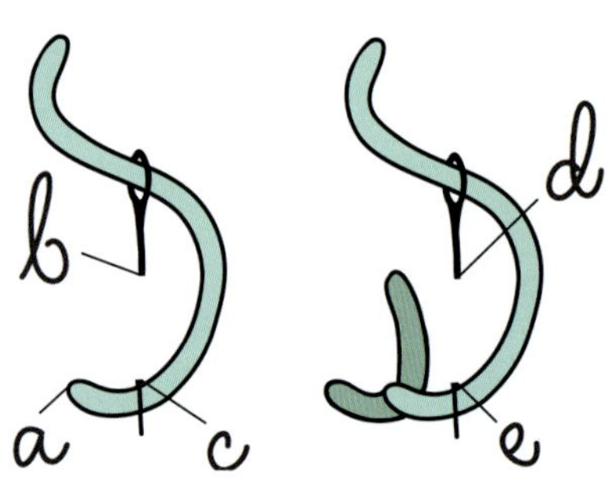

Langettenstich

Kettenstich: Ergibt eine schön plastische Linie und lässt sich vielfältig abwandeln. Am Linienanfang (A) ausstechen und wieder einstechen, dabei eine Schlaufe stehen lassen. Innerhalb der Schlaufe eine Stichlänge entfernt bei B ausstechen und je nach Wunsch straffziehen. Zum Beenden der Linie die letzte Schlaufe mit einem kleinen Stich fixieren. Auch gut geeignet für Buchstaben.

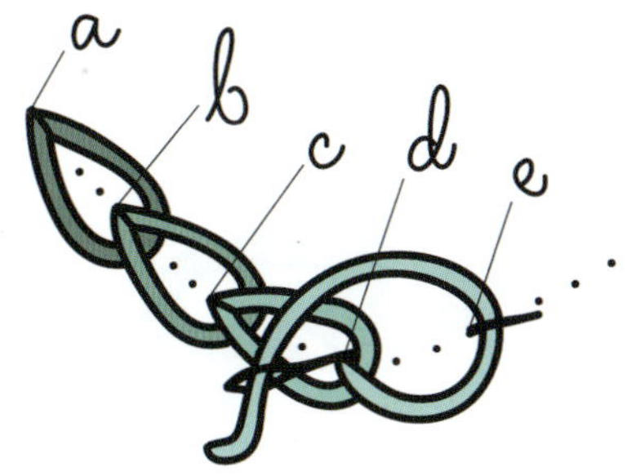

Kettenstich

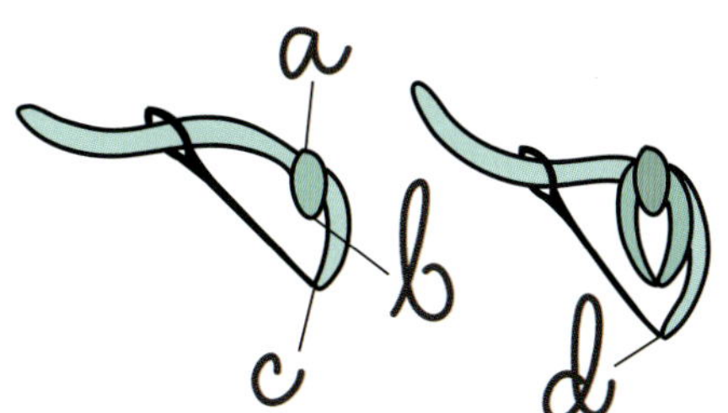

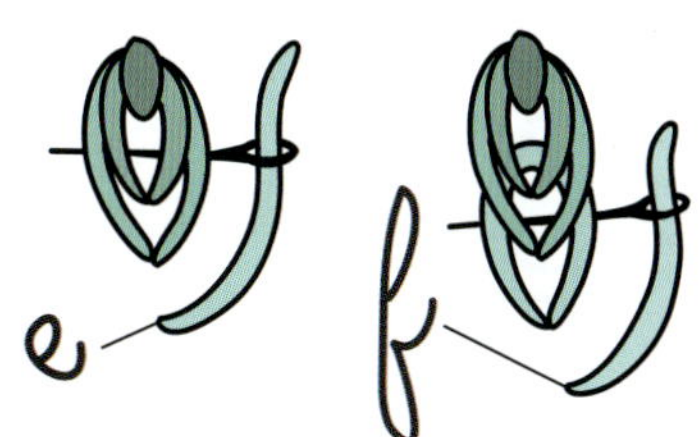

Dicker Kettenstich

Dicker Kettenstich: Eine dicke Version des rückwärtigen Kettenstichs (s. u.). Das erste Glied wie beim rückwärtigen Kettenstich sticken (A–C). Für das zweite Glied bei D ausstechen, Nadel durch den ersten kleinen Heftstich führen und bei D einstechen. Für das nächste Glied bei E ausstechen und Nadel durch die ersten zwei Glieder führen. Bei allen weiteren Stichen die Nadel immer durch die *letzten beiden* Glieder führen.

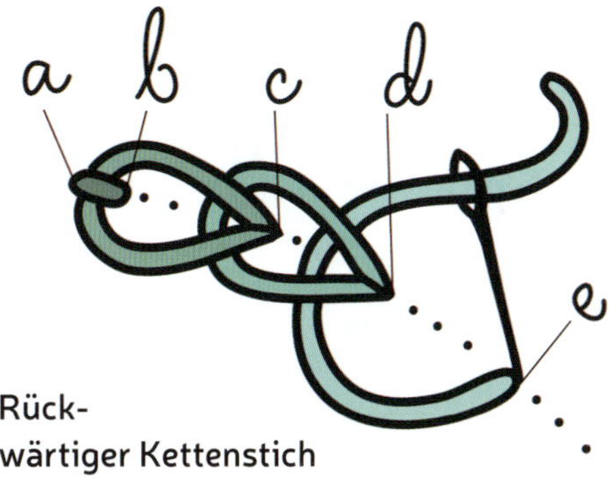

Rückwärtiger Kettenstich

Rückwärtiger Kettenstich: Beginnt am „Ende" der Kette mit einem kleinen Heftstich (A–B). Eine Stichlänge entfernt bei C ausstechen und Nadel durch den Heftstich führen (nicht in den Stoff stechen), dann wieder bei C einstechen. Kettenförmig fortsetzen.

Margeritenstich, auch einzelner Kettenstich: Eine schöne Methode, Blätter und Blüten zu sticken. Durch unterschiedliche Fadenspannung entstehen schmalere oder rundere Blätter. Hier stickst du mehrere einzelne Kettenglieder, die jeweils mit einem Heftstich gesichert werden.

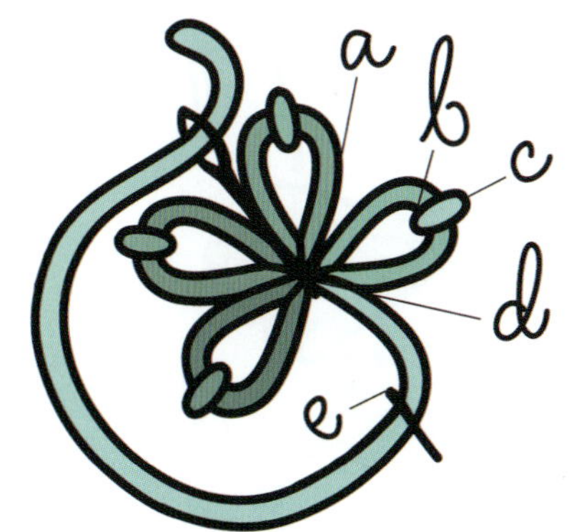

Margeritenstich

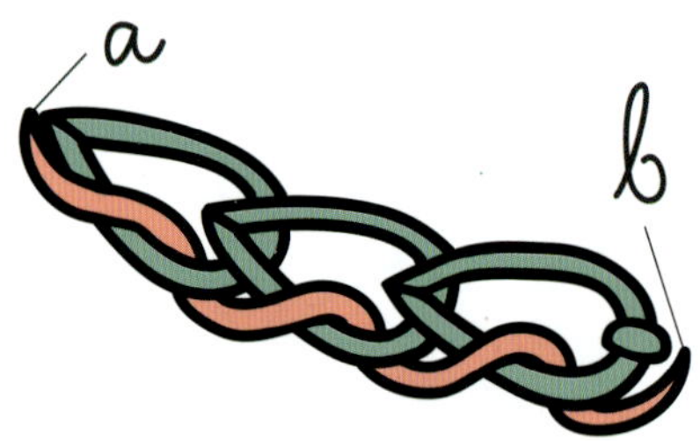

Umwickelter Kettenstich

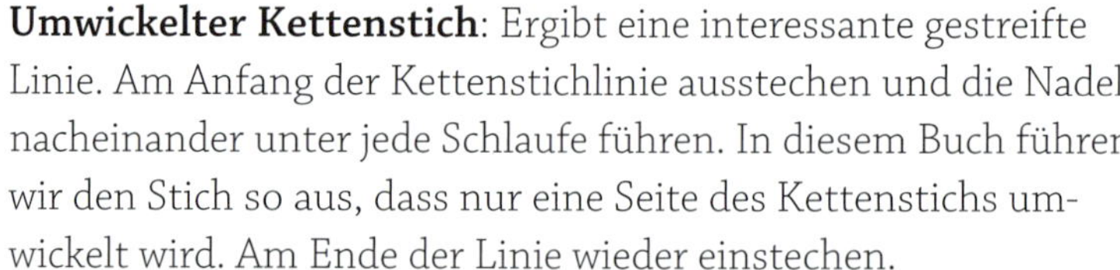

Umwickelter Kettenstich: Ergibt eine interessante gestreifte Linie. Am Anfang der Kettenstichlinie ausstechen und die Nadel nacheinander unter jede Schlaufe führen. In diesem Buch führen wir den Stich so aus, dass nur eine Seite des Kettenstichs umwickelt wird. Am Ende der Linie wieder einstechen.

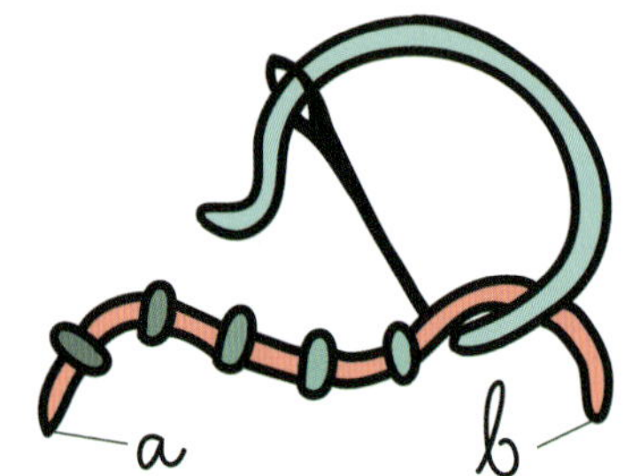

Anlegetechnik

Anlegetechnik: Ein toller Linienstich für Buchstaben, Stiele oder Ranken. Hier werden zwei Garne genutzt, die sich in Stärke (Fadenanzahl), Material und Farbe unterscheiden können. Mit dem anzulegenden Faden am Linienanfang (A) ausstechen und mit ausreichend Spiel am Ende (B) wieder einstechen. Mit dem Anlegefaden dann dem Linienverlauf folgend am Stoff fixieren. Am Ende der Linie beide Fäden sichern. Je mehr Anlegestiche, desto gleichmäßiger die Linie.

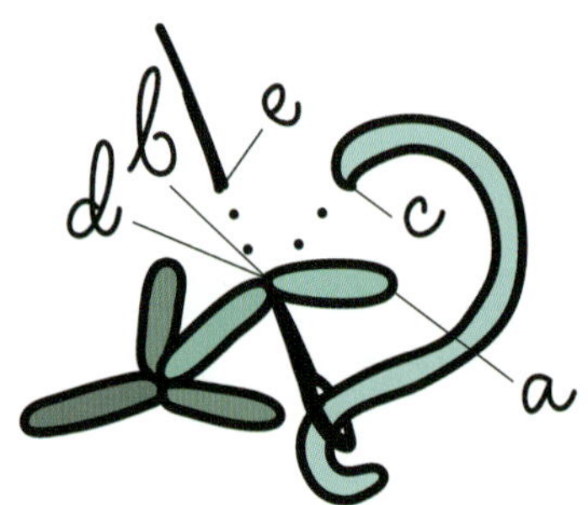

Bäumchenstich

Bäumchenstich: Eine hübsche Ergänzung zu Blumenmotiven. Einfach aus Rückstichen mehrere miteinander verbundene Y-Formen sticken.

Grätenstich: Die vielleicht schönste Methode zum Füllen von Blättern. An der Blattspitze beginnend nach unten vorarbeiten. Die Stiche werden oben ausgestochen und überkreuzen sich in der Mitte. Zur Orientierung am besten die Mittellinie einzeichnen.

Den Stichwinkel nach unten hin größer werden lassen, so entsteht eine natürliche Blattform. Je nachdem, wie steil die Stiche gesetzt werden, entsteht eine unterschiedliche Wirkung.

Beim Füllen geschwungener Blätter müssen die Stiche in der Innenkurve sehr eng stehen, während die Stiche in der Außenkurve weiter auseinandergesetzt werden.

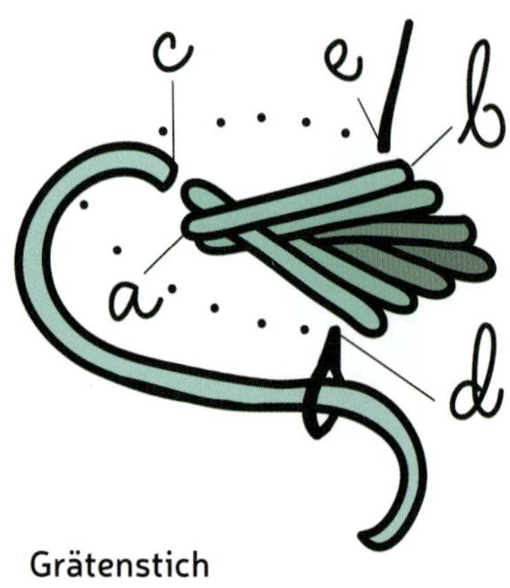

Grätenstich

In den Innenkurven die Stiche eng zusammensetzen.

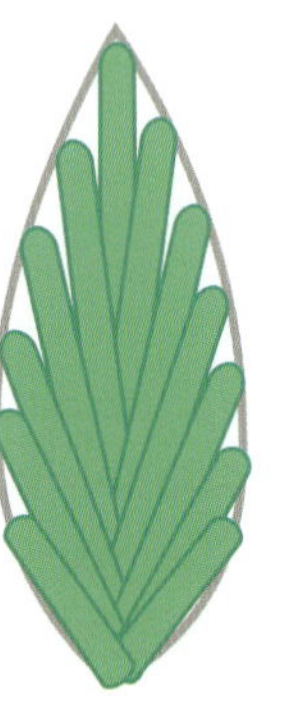

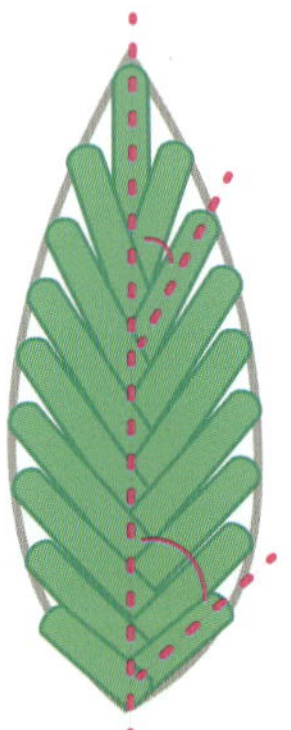

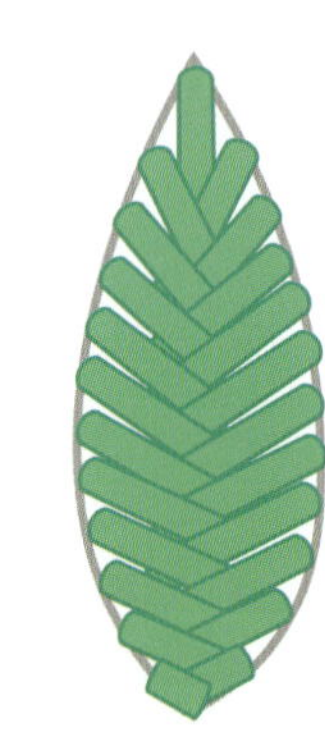

Von oben nach unten wird der Winkel größer. Mit unterschiedlichen Winkeln stickst du unterschiedlich aussehende Blätter.

Fliegenstich: Kann für U- oder V-förmige dekorative Akzente oder als Füllstich z. B. bei Blättern genutzt werden. Er ist im Grunde ein unten offener Schlingenstich. Ausstechen und eine Stichlänge daneben einstechen, dabei eine Schlaufe lassen. Bei C ausstechen und die Schlaufe fixieren. „Gestapelt" lassen sich damit Blätter füllen. Die aneinandergereihten Heftstiche wirken dann wie eine Blattader.

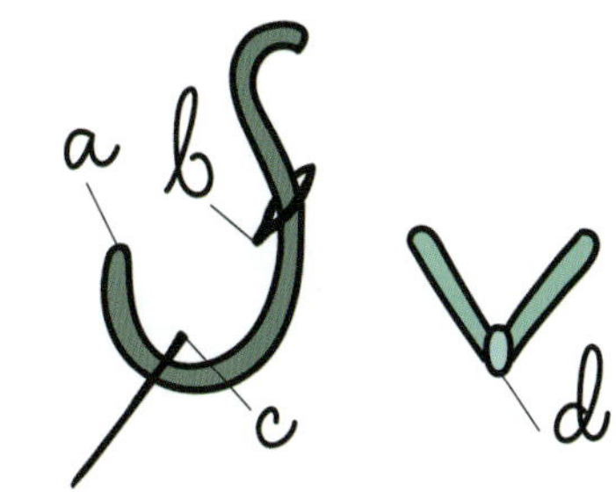

Fliegenstich

Knötchenstich: Ein klassischer, plastischer Füll- und Akzentstich. Durch ein- bis dreimaliges Umwickeln der Nadel entstehen Knötchen unterschiedlicher Größe. Wichtig ist, den Faden beim Durchziehen straff und den Knoten eng am Stoff zu halten.

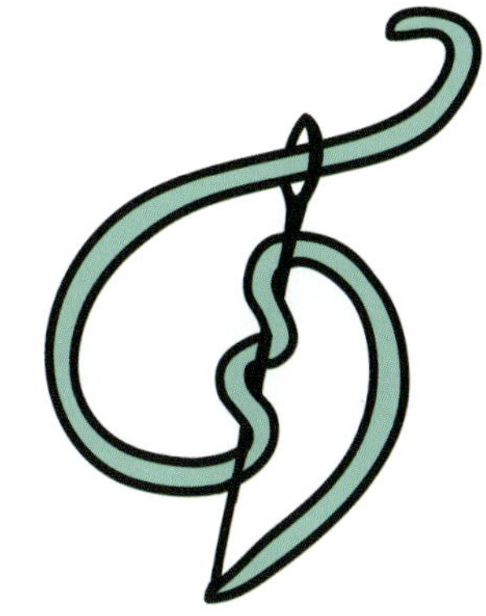

Knötchenstich

Körnchenstich: Ganz einfach übereinandergelegte Geradstiche. Bei A ausstechen, bei B wieder einstechen. Mit den gleichen Löchern mehrmals wiederholen, um einen voluminösen Strich zu erzeugen.

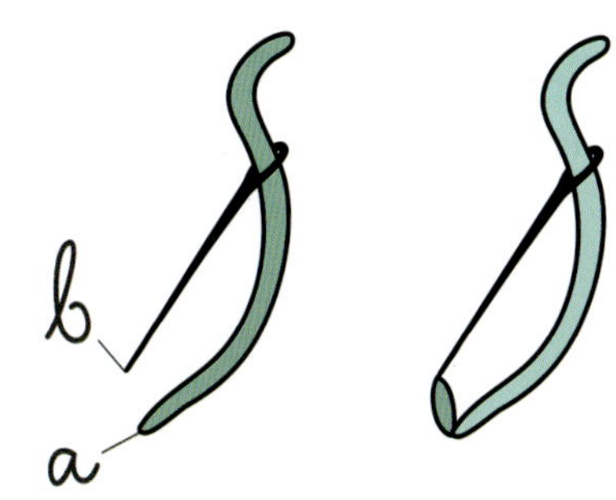

Körnchenstich

Austernstich: Eine komplizierte Abfolge von Stichen und Schlaufen. Ergibt einen dekorativen ovalen Knoten. Bei A ausstechen und bei B, ein kleines Stück links unterhalb von A, wieder ausstechen, aber eine Schlaufe lassen. Bei C ausstechen und durchziehen, dabei die Schlaufe aufnehmen. Dann die Nadel unter dem Faden bei Punkt A durchführen und anziehen. Den Faden entgegen dem Uhrzeigersinn locker um den Knoten legen und oben direkt unter A bei D einstechen. Unter dem Knoten bei E ausstechen und die Schlaufe aufnehmen. Durchziehen und durch Einstechen bei F die letzte Schlaufe fixieren.

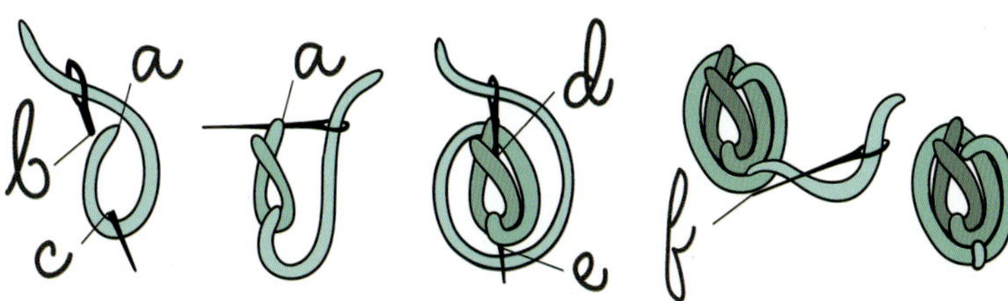

Austernstich

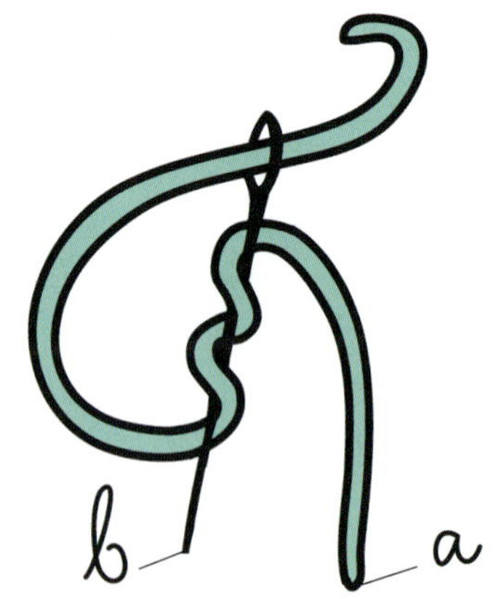

Stempelstich

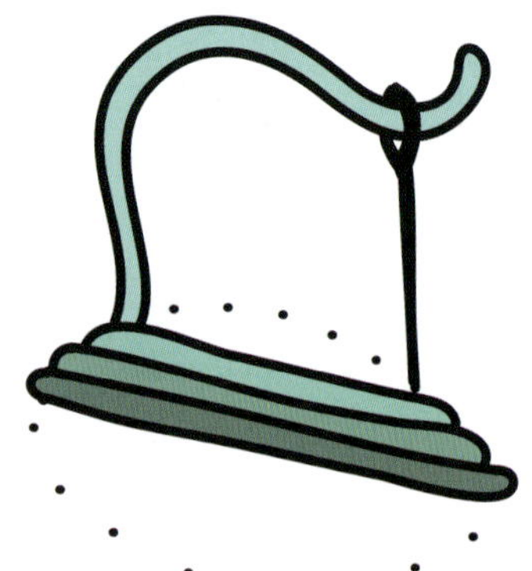

Plattstich

Stempelstich: Ein Knötchen mit Stiel. Bei A ausstechen und den Faden wie beim Knötchenstich um die Nadel wickeln, aber nicht direkt neben A wieder einstechen, sondern eine Stichlänge entfernt bei B. Zum Schummeln einfach einen Rückstich und einen Knötchenstich machen.

Plattstich: Ein sehr ebenmäßiger Füllstich. Für gleichmäßige Fadenspannung und ein perfektes Ergebnis sind Übung und Geduld gefragt.

Am glattesten wird der Plattstich, wenn du einfädig arbeitest. Da ich gern mit Strukturen spiele, wirst du im Buch aber auch andere Beispiele finden. Benutze ruhig so viele Fäden, wie du magst. Auf einem Extrastück Stoff kannst du mit verschiedenen Garnstärken experimentieren und schauen, was dir am besten gefällt.

Für eine plastischere Wirkung den Plattstich unterfüttern. Diesen „gehöhten" Plattstich benutze ich gern für Augen, damit sie schön zur Geltung kommen. Zuerst die Kontur mit einem Linienstich sticken (z. B. Rückstich), dann die Fläche dazwischen mit Plattstich oder einem anderen Füllstich füllen. Dann eine zweite Schicht Plattstich sticken, dabei die Kontur und die untere Schicht bedecken.

Versetzter Plattstich: Dazu gibt es ab Seite 35 einen eigenen Abschnitt.

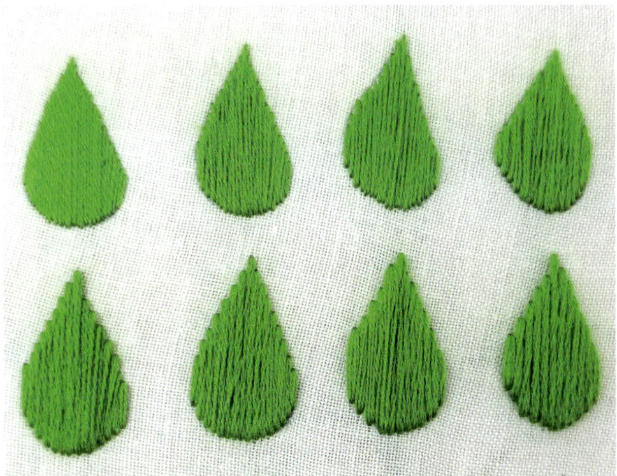

Von links oben nach rechts unten: 1 Faden, 2 Fäden, 3 Fäden, 4 Fäden, 5 Fäden, 6 Fäden, 6 Fäden mit Kontur, 6 Fäden gehöht.

ÜBUNGSVORLAGE

Lade meine kostenlose Vorlage herunter, um die verschiedenen Stiche an einem Blumenmuster zu üben, und sieh mir auf YouTube beim Sticken zu: *https://jessicalongembroidery.com/ pages/ free-patterns* (auf Englisch)

STICHRICHTUNG BEIM PLATTSTICH

Bei den meisten Vorlagen in diesem Buch ist die Stichrichtung angegeben, wenn Plattstich oder versetzter Plattstich zum Einsatz kommen. Fange mit dem Füllen von Formen in der Mitte an, dann fällt es leichter, eine gleichmäßige Stichrichtung beizubehalten. Du kannst dir die Richtung auch auf dem Stoff markieren.

Beim Plattstich bleibt die Richtung innerhalb einer Form meistens gleich, aber manchmal ändert sich der Winkel von einer Seite zur anderen. Bei Blättern mit zwei Hälften beispielsweise sollten die obersten Stiche zur Spitze zeigen. Auf dem Foto rechts habe ich die Lücken, die durch das Ändern der Stichrichtung entstanden wären, mit kürzeren Stichen aufgefüllt. Das ist besser, als noch einmal einen langen Stich durch das gleiche Loch zu sticken, da solche Stellen mit doppelt liegendem Faden auffallen und stören könnten.

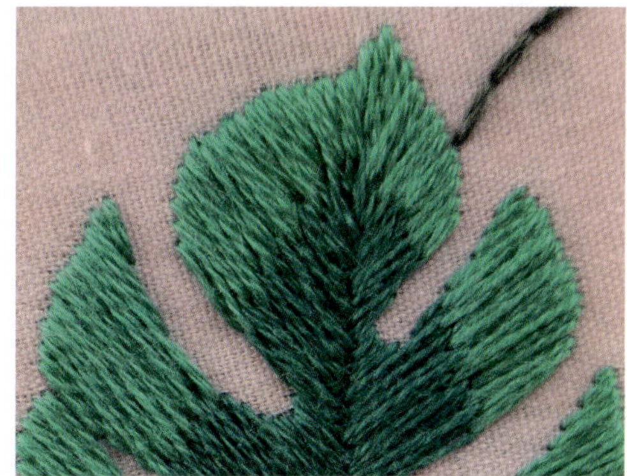

Hier siehst du, wie sich die Stichrichtung zur Blattspitze hin verändert. Für einen sanften Übergang kannst du entstehende Lücken mit kürzeren Stichen füllen.

Spaltstich: Wird von links nach rechts gearbeitet. Die Nadel spaltet (teilt) buchstäblich den vorherigen Stich. Der Spaltstich ergibt eine schön strukturierte Linie und eignet sich auch zum Füllen von Formen. Traditionell wird die Nadel von unten durch den vorherigen Stich geführt, aber von oben („rückwärts" gestickter Spaltstich) hast du mehr Kontrolle.

Stielstich: Ergibt eine seil- oder rankenähnliche Linie und wird von links nach rechts gearbeitet. Faden des vorherigen Stiches locker lassen und durch das Loch des vorherigen Stiches ausstechen. So landet die Nadel an der richtigen Stelle und die Linie wirkt noch stärker verzwirnt.

Geradstich: Ein einfacher einzelner Linienstich. Bei A ausstechen und bei B wieder einstechen. Diese einfachen Stiche finden bei Blütenblättern, Akzenten und Details Verwendung.

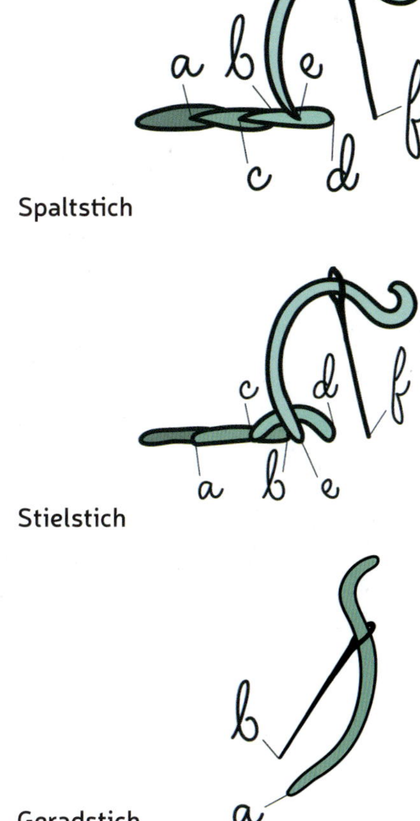

Spaltstich

Stielstich

Geradstich

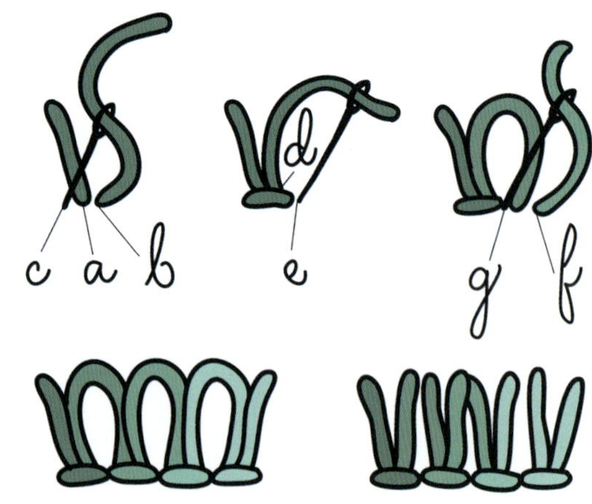

Fransenstickerei

Fransenstickerei. Wird auch „türkischer Knoten" genannt. Von oben zuerst bei A einstechen, dabei ein langes Fadenende hängen lassen. Direkt daneben ausstechen (B) und einen kleinen Stich hinüber zu C sticken, um das Fadenende zu fixieren. Direkt neben dem Fadenende (bei D) unter dem Fixierstich einstechen (Fixierstich kann gespalten werden) und eine Stichlänge daneben (E) wieder einstechen, dabei eine Schlaufe lassen. Diese mit einem weiteren Fixierstich sichern: bei F ausstechen und bei G einstechen. Die Grundlinie sieht dann wie Rückstich aus, sie hält die Schlaufen fest. Schlaufen intakt lassen oder aufschneiden. Mit mehreren Reihen Fransenstickerei lässt sich eine Form mit viel Struktur füllen.

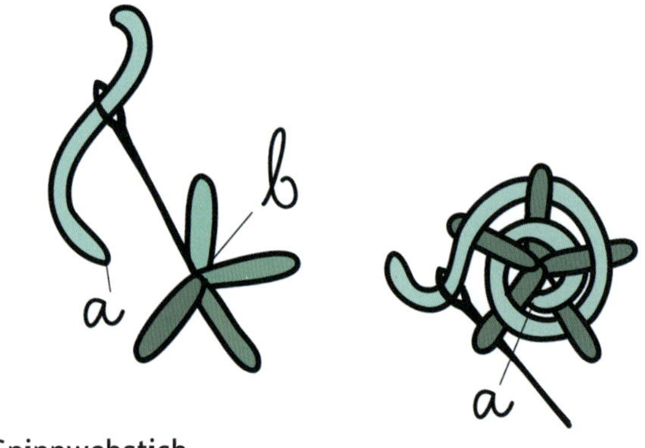

Spinnwebstich

Spinnwebstich: Wird auch „Webrose" genannt. Zuerst das Gerüst sticken: einen Kreis zeichnen und dann mit fünf Geradstichen von außen (A) nach innen (B) eine Sternform sticken (die „Speichen" des Spinnennetzes). Dann nahe der Mitte ausstechen (A zweites Bild) und den Faden entgegen dem Uhrzeigersinn durch alle Speichen weben – über die erste, unter die zweite, über die dritte usw. Dabei wird nicht eingestochen, nur gewebt. Spiralförmig so weiterarbeiten, bis die Speichen vollständig verdeckt sind. Wieder einstechen und Faden sichern. Je nach Fadenspannung wird die Rose kompakter oder voluminöser. Größere Rosen (über 2,5 cm) brauchen mehr Speichen, es muss nur immer eine ungerade Zahl sein.

Wenn du ausführlichere Anleitungen brauchst, findest du auf YouTube hilfreiche Videos, z. B. auch in meinem eigenen Kanal, *www.youtube.com/jessicalongembroidery* (auf Englisch). Dieses Stichlexikon soll mehr als Gedankenstütze dienen.

Nadelmalerei mit versetztem Plattstich

DIE GRUNDLAGEN

Der **versetzte Plattstich** ist ideal zum Füllen von Formen, wenn wenig Struktur gewünscht ist – einfarbig oder aber mit mehreren Farbtönen, um schöne Farbübergänge und Schattierungen zu erreichen. Mit einfädigem Arbeiten und vielen Farben erreicht man eine sehr realistische Darstellung. Deshalb wird die Technik oft Nadelmalerei oder Fadenmalerei genannt.

In der ersten Reihe (A) wechseln sich kurze und lange Stiche ab. Die weiteren Reihen (B–D) werden gefüllt, indem die Stiche der vorherigen Reihe durchstochen werden (Spaltstich), sodass sich die Reihen überlappen. Da die Stiche in der ersten Reihe versetzt sind, sind sie auch in allen weiteren Reihen versetzt. So gehen die Reihen und Farben gut ineinander über. In der letzten Reihe (D) füllst du die letzten Lücken mit kleinen Extrastichen.

Für eine saubere Kante und die Illusion sich überlappender Objekte kannst du zuerst den Umriss sticken, bevor du die Form mit dem versetzten Plattstich ausfüllst.

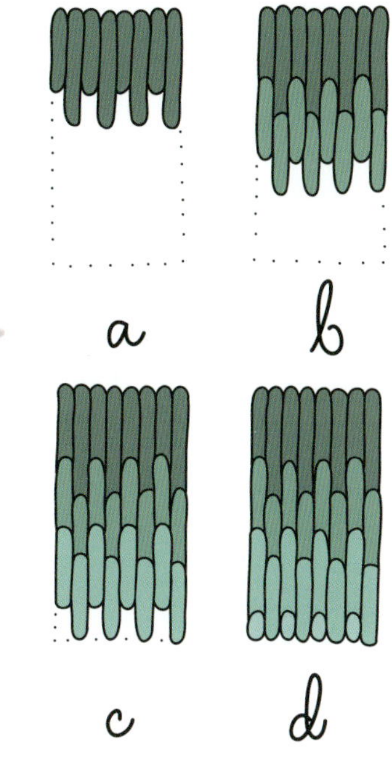

Versetzter Plattstich

TIPPS ZUR NADELMALEREI

Nadelmalerei mit versetztem Plattstich ist eine herausfordernde, aber sehr effektvolle Handsticktechnik. Damit kannst du Farbabstufungen und Schattierungen realisieren, die deine Motive dreidimensional wirken lassen. Zu den Nadelmalerei-Vorlagen in diesem Buch sind Farbvorschläge, Anzahl der Fäden und Stichrichtungen angegeben. Die Erläuterungen auf den nächsten Seiten sollen dir helfen, die Designentscheidungen für die jeweiligen Motive besser zu verstehen. Mit diesem Wissen kannst du später auch eigene Designs entwickeln.

Das Blatt rechts aus „Kakadu im Blätterwald“ (Seite 106) zeigt, wie man mit versetztem Plattstich eine glatte Fläche sticken kann. Ich habe zwei Fäden benutzt (mit einem wäre es noch glatter geworden) und die Stichrichtung nicht verändert.

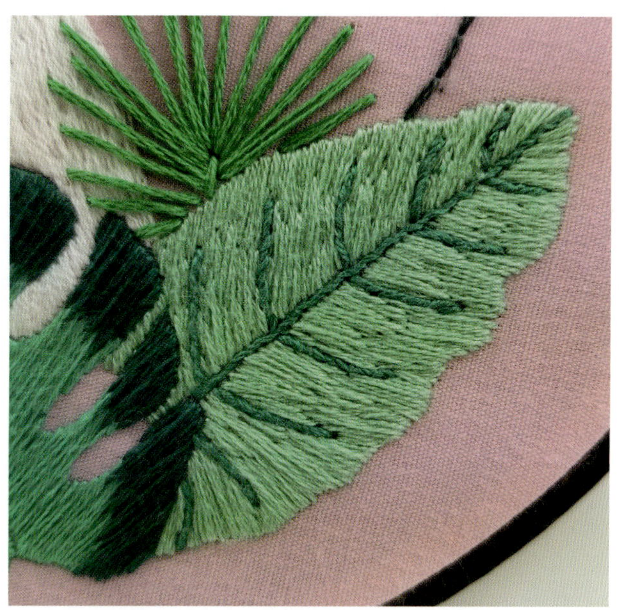

Bei gleichbleibender Stichrichtung entsteht nur wenig Struktur.

TIPPS ZUM VERSETZTEN PLATTSTICH

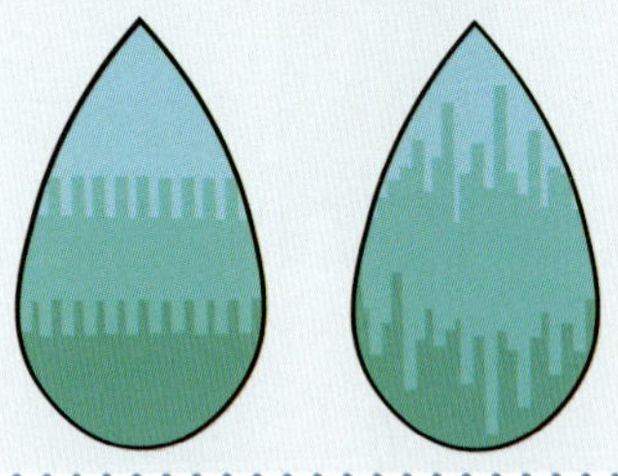

Variiere die Stichlänge. Ein blockartiger, perfekt gleichmäßiger versetzter Plattstich ist schön, aber durch Variieren der Stichlänge (zusätzlich besonders lange und kurze Stiche) gehen die Farben viel natürlicher ineinander über.

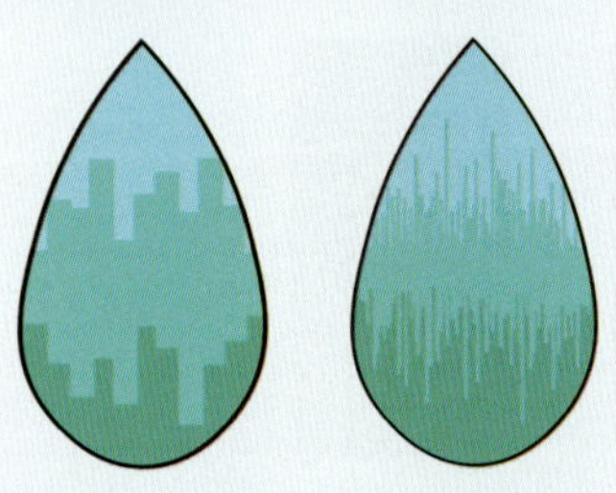

Arbeite einfädig. Dickeres Garn erzeugt mehr Struktur, was stören kann oder vielleicht genau das ist, was du willst. Sticken mit einem Faden ist wie Ausmalen mit einem Fineliner – du setzt ganz kontrolliert zarte Linien. Mit sechs Fäden bist du schneller fertig, erzeugst mehr Struktur und hast weniger Kontrolle, so wie mit einem dicken Filzstift.

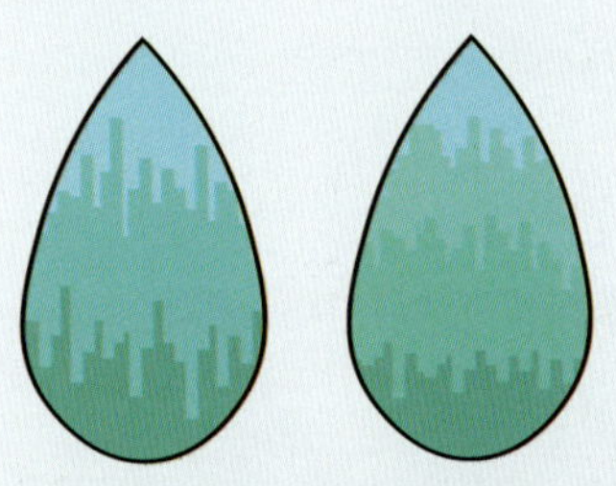

Nutze mehr Farbtöne. Je mehr Schritte zwischen zwei Farben liegen, desto weicher der Übergang. Wenn du mehr Farben benutzt, zwischen denen der Unterschied entsprechend kleiner ist, sieht deine Arbeit realistischer aus. Aber natürlich dauert das Sticken dann auch umso länger. Für ein Nadelmalereiprojekt musst du viele Stunden einplanen. Ein Schnellverfahren gibt es hier leider nicht.

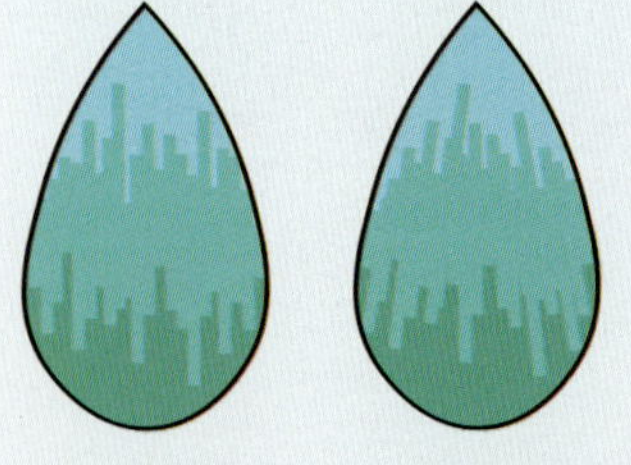

Spiele mit der Stichrichtung. Manchmal sind exakt parallele Stiche genau das Richtige, aber es ist interessant zu sehen, was passiert, wenn man die Winkel variiert. Die Stichrichtung ist wichtig für einen dreidimensionalen Eindruck und zum Lenken der Blickrichtung.

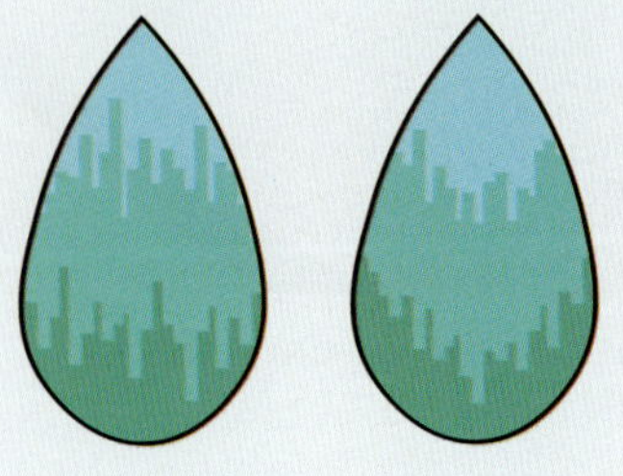

Farbübergänge geschwungen anlegen. Eine weitere Variationsmöglichkeit sind die Stellen, an denen die Farben wechseln. Realistischer sind geschwungene Farbübergänge, so sehen deine Objekte dreidimensional aus. Falls du mit einem Modell arbeitest, achte auf die echten Schatten. Nur selten folgen sie geraden Linien.

Ganz anders als das Blatt wurde der Wolf (von Seite 114) mit mehr Fäden, wechselnder Stichrichtung und Unterfütterung schön plastisch herausgearbeitet. Ich habe drei Fäden benutzt und die Umrisse der Beine mit Spaltstich gestickt, bevor die Fläche mit versetztem Plattstich ausgefüllt wurde. Beim Füllen der Form habe ich mit der Stichrichtung gespielt und sie insbesondere an den Rändern variiert, wo das Fell richtig flauschig aussehen sollte. Diese Stiche siehst du an der Rute, an der Brust und an der Rückseite der Beine. Damit die Beine der rechten Körperseite stärker in den Vordergrund rücken, habe ich auf die erste Schicht noch weitere Stiche gesetzt.

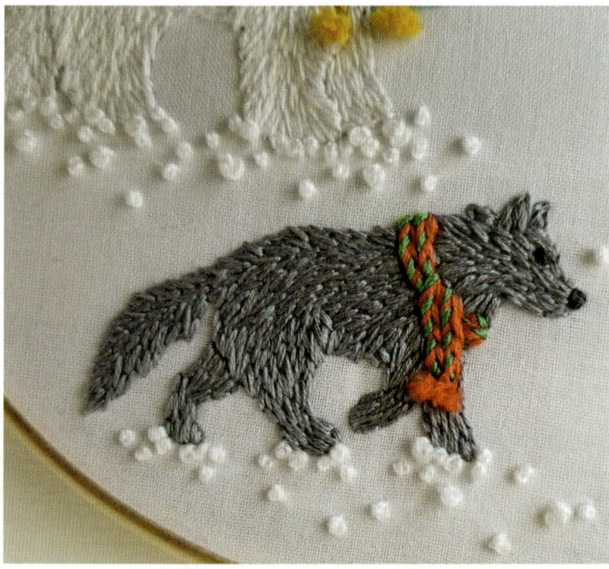

Stichrichtung und -länge sind ungleichmäßig, das erzeugt Struktur.

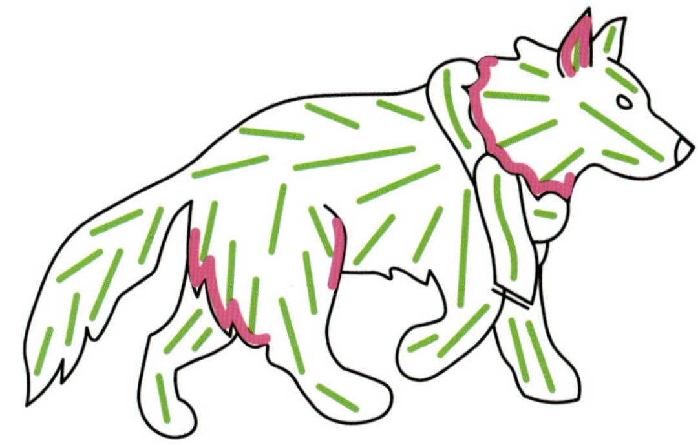

So sieht die Stichrichtungsgrafik für den Wolf aus.

Du siehst, dass ich in beiden Beispielen nur eine Farbe verwendet habe. Die unterschiedliche Wirkung entsteht einzig durch die Anzahl der Fäden, die Stichrichtung und die Unterfütterung.

Sieh dir bei den Nadelmalerei-Projekten immer ganz genau die Stichrichtungsgrafik an. Ich selbst setze am Anfang immer gern ein paar Orientierungsstiche. Alternativ kannst du die Stichrichtung mit einem Stift auf den Stoff malen.

Die schematische Darstellung auf Seite 35 kann irreführend sein, wenn es um komplizierte Motive geht. Beim Gesicht des roten Pandas auf Seite 177 beispielsweise habe ich nicht von einer Seite des Kopfes zur anderen gearbeitet und dabei sofort jeden Quadratmillimeter Stoff bedeckt. Ich gehe immer hin und her. Stell es dir als buchstäbliches Malen mit Nadel und Faden vor! Du kannst nachträglich immer noch Lücken füllen oder Highlights und Schatten hinzufügen. Manchmal sticke ich eine Farbe nach der anderen, von der dunkelsten zur hellsten. Ein andermal sticke ich vielleicht erst einen Körperteil fertig, bevor ich mit dem nächsten weitermache. Entscheidend ist, dass die Fläche am Ende komplett gefüllt ist, kein Stoff mehr zu sehen ist und die Farben sanft ineinander übergehen. Meist glätte ich am Schluss einfädig noch einmal alle Übergänge.

Noch ein wichtiger Hinweis: Bei allen Nadelmalereien, die ich je angefertigt habe, hatte ich eine Phase, in der ich die Stickerei hässlich fand und fast weggeworfen hätte. Ich verspreche dir, das ist normal, und das überwindest du am besten, indem du durchhältst und deine Zwischenergebnisse nicht bewertest. Im Zweifelsfall noch einmal darübersticken!

TIPP

Im Allgemeinen ist die Stichrichtung bei Tieren von der Nase aus strahlenförmig und ansonsten parallel zur Körperrichtung.

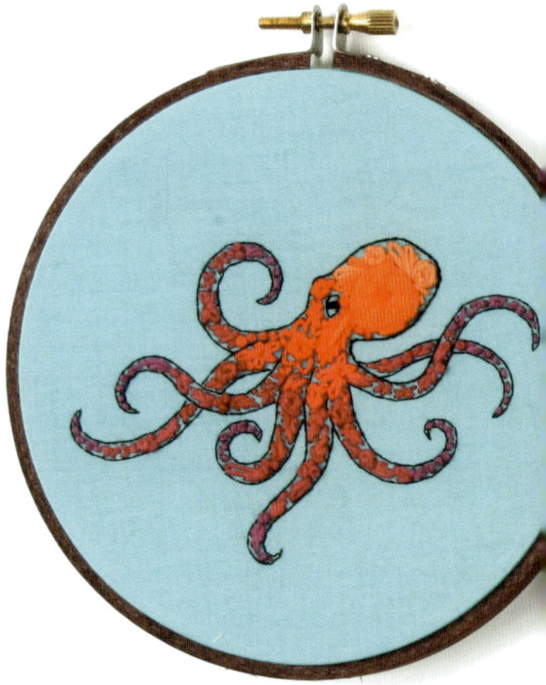

Teil 2

Projekte

In den vier Kapiteln des zweiten Teils findest du 30 Stickvorlagen. Die Vorlagen in Kapitel 6 sind gut geeignet, wenn du erst mit dem Sticken anfängst oder Lust auf ein schnelles Projekt hast. Auf die dort geübten Fertigkeiten und Stiche aufbauend, sind die Projekte in Kapitel 7 zeitaufwendiger und komplexer. Die letzten zwei Kapitel konzentrieren sich auf die Nadelmalerei, hier stickst du mit versetztem Plattstich realistisches Fell. Die Projekte in Kapitel 8 sind gut zum Aufwärmen, mit weniger Farben und oft mehr Fäden in der Nadel, sodass die Flächen schnell gefüllt sind. In Kapitel 9 kommen mehr Farben zum Einsatz, du zeichnest mit einem Faden in der Nadel ganz zarte Details und beschäftigst dich noch intensiver mit Farbplatzierung und Stichrichtung.

Die Kapitel und die Projekte darin sind aber nicht unbedingt nach Schwierigkeit sortiert. Vielleicht fällt dir die Nadelmalerei ja ganz leicht, während du eher Schwierigkeiten mit dem Improvisieren oder Übertragen komplizierter Muster wie beim Kraken und Chamäleon hast (Seite 63 bzw. 60). Lass dich einfach davon leiten, was dich anspricht!

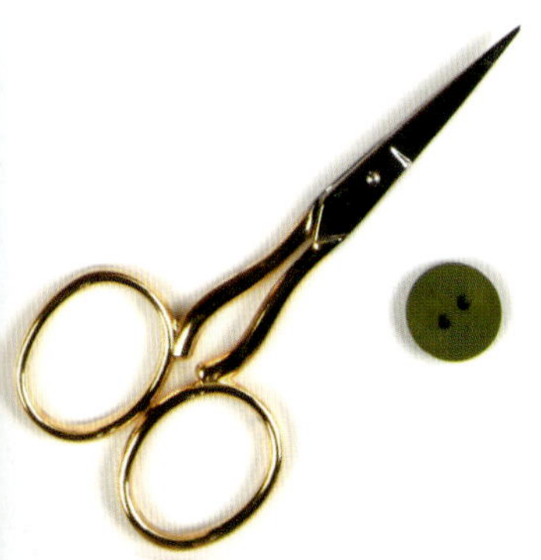

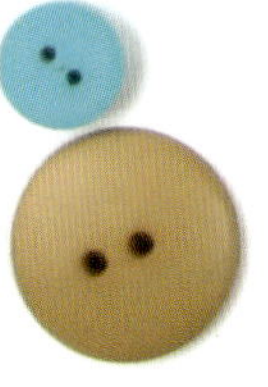

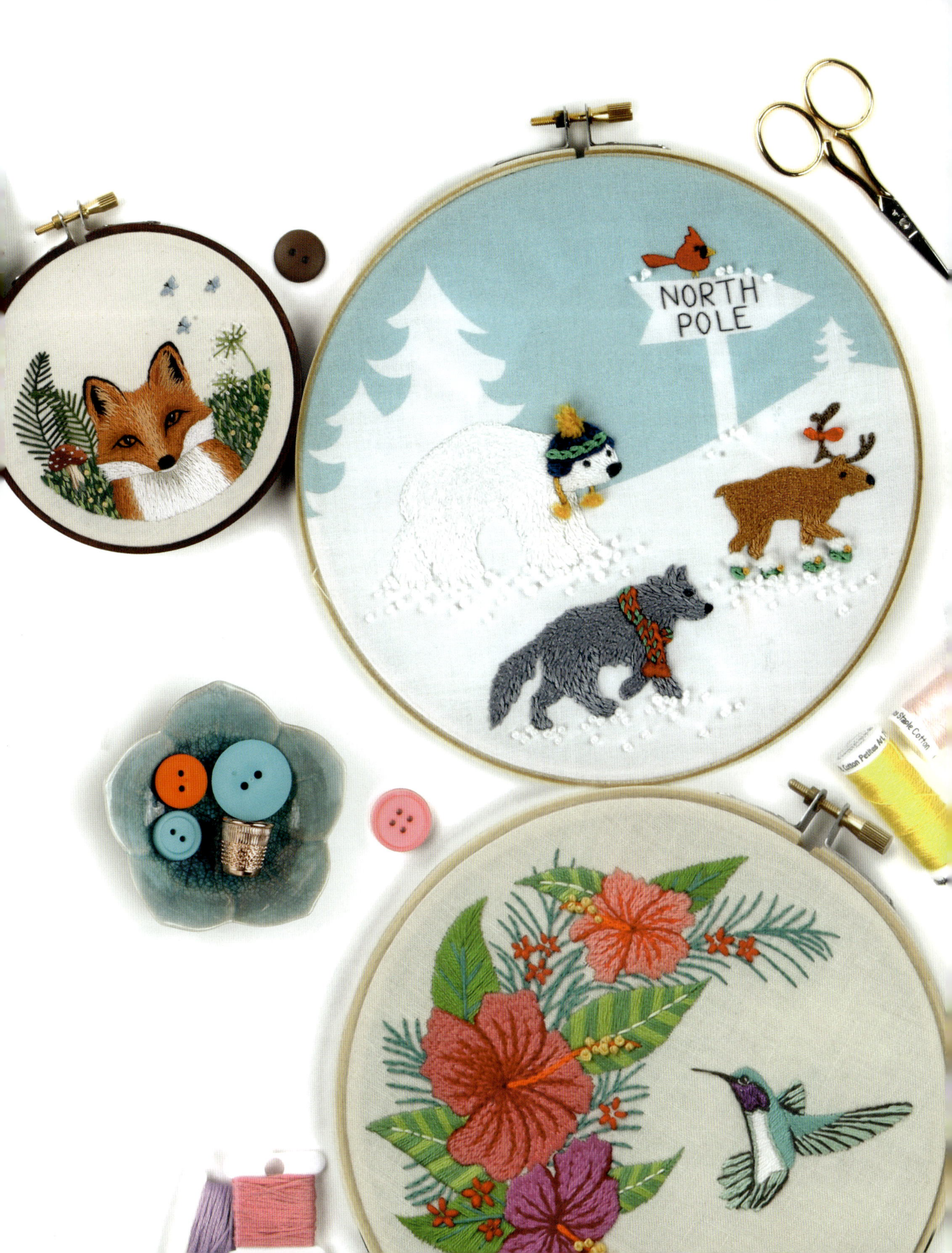
NORTH
POLE

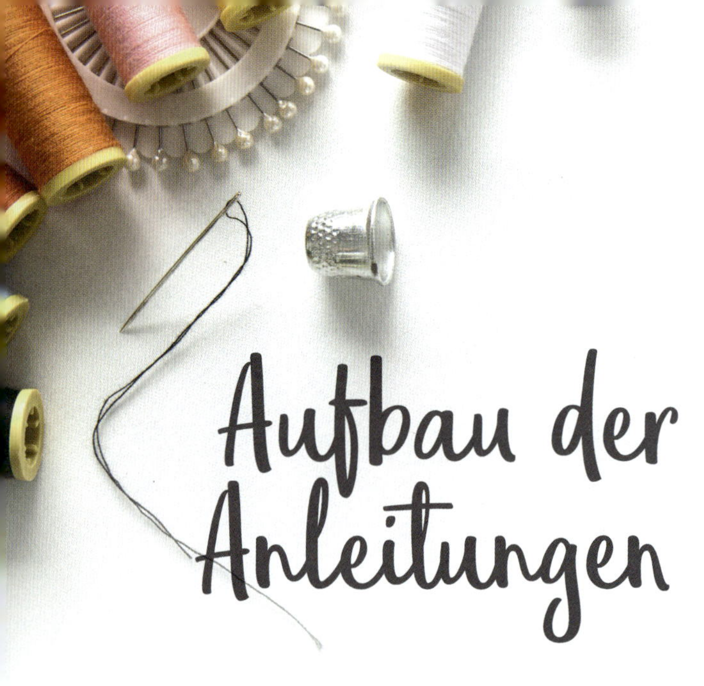

Aufbau der Anleitungen

Eine Anleitung enthält immer eine Stich- und Farbgrafik sowie eine Schritt-für-Schritt-Anleitung zum Sticken des Motivs. Beim jeweils ersten Projekt eines Kapitels gibt es außerdem bebilderte Anleitungen zu den eingesetzten Sticktechniken.

Die Stich- und Farbgrafik enthält alle wichtigen Angaben zur Vorlage: die für die Elemente zu verwendenden Stickstiche, die empfohlene Anzahl Fäden und die DMC-Farbnummer. Der Umriss des Elefanten mit Blumenkrone auf Seite 44 beispielsweise ist beschriftet mit „Kettenstich (3, 939)“, das heißt, du

Stich- und Farbgrafik

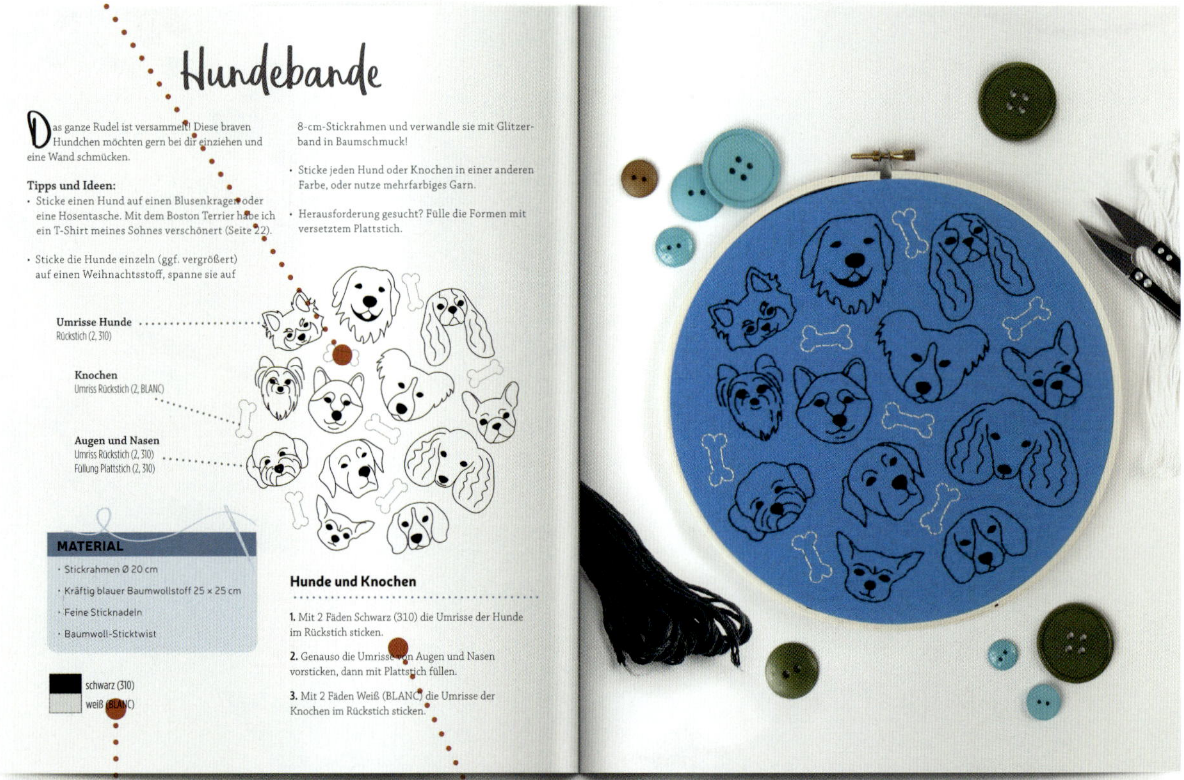

Liste aller Farben

Schritt-für-Schritt-Anleitung

sollst den Umriss mit drei Fäden von DMC 939 im Kettenstich sticken. Die Farbnummern beziehen sich auf sechsfädigen DMC-Sticktwist, sofern nicht anders angegeben. Farben und Fadenanzahl sind nur als Vorschlag zu verstehen. Ich habe die abgebildeten Stickbilder so umgesetzt, aber du musst dich nicht daran halten! In manchen Grafiken sind die Farben übertrieben dargestellt, um Verwechslungen zu vermeiden. Bei komplizierten Vorlagen ist die Darstellung in den Grafiken vereinfacht.

Die Schritt-für-Schritt-Anleitungen enthalten die gleichen Informationen wie die Stich- und Farbgrafik. Dazu ist angegeben, in welcher Reihenfolge ich die einzelnen Elemente der Motive gestickt habe, aber auch hier kannst du gern so vorgehen, wie du möchtest.

Denke daran: Du stickst Tiere. In der Natur sieht nicht eines wie das andere aus, deshalb muss auch deine Stickerei nicht genauso aussehen wie meine. Vielfalt ist etwas Wunderbares!

Bei den Nadelmalerei-Projekten halten die Grafiken nicht jeden einzelne Stich und nicht jedes Detail fest. Die Grenzen zwischen den Farbtönen dienen der Orientierung, sie sind keine harten Trennlinien. Sieh dir die Fotos an und sticke ein paar Stiche über die Linien, damit das Tier realistischer aussieht.

Würde man beispielsweise die niedlichen Otter von Seite 136 streng nach Grafik sticken, würden sie weder plastisch noch flauschig wirken. Im Foto rechts siehst du, wie ich die Grafik interpretiert habe. Viele Stiche beider Farben überragen die Trennlinien. So ist es gedacht! Lasse die Farben sanft ineinander übergehen. Falls du mehr Inspiration brauchst, sieh dir Fotos von echten Tieren an.

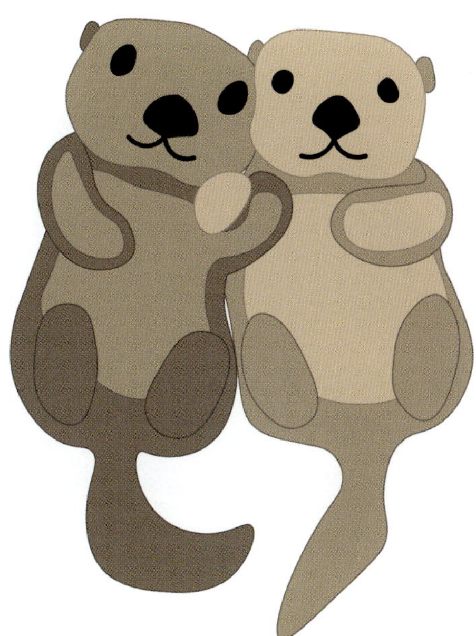

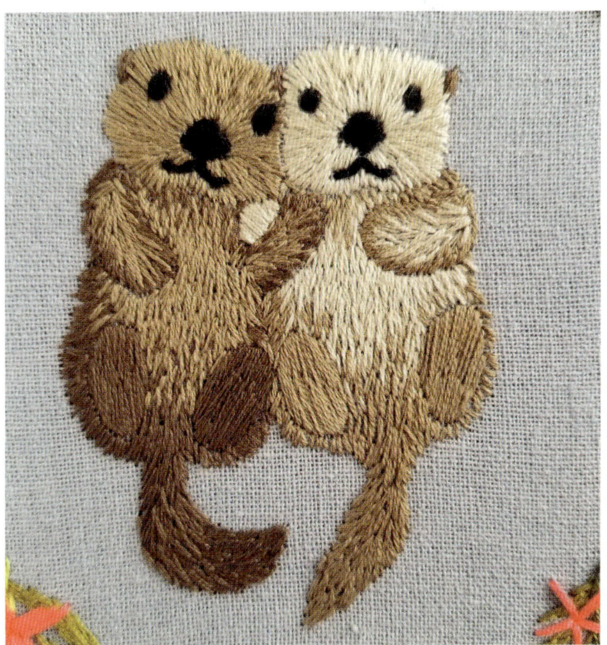

Die Farbflächen in den Grafiken dienen nur als Orientierungshilfe. Die Farben sollen nicht an der Linie aufhören, sondern weich ineinander übergehen, wie du rechts siehst.

Bei manchen Projekten gibt es auch eine Stichrichtungsgrafik – eine einfache Skizze mit grünen Linien, die eine Stichrichtung vorschlagen. Die pinkfarbenen Linien weisen darauf hin, wo du vor dem Ausfüllen der Flächen zuerst eine Kontur sticken solltest. So bekommt die Arbeit mehr Tiefe.

Sieh dir zum Beispiel die Stichrichtungsgrafik für den Wolf von Seite 111 an. Die grünen Linien zeigen, wie beim versetzten Plattstich die Stiche entlang des Körpers platziert werden sollen, bei den pinkfarbenen Linien stickst du zuallererst die Kontur nach. Diese Linien deckst du beim Ausfüllen wieder ab. Hier werden der rechte Hinterlauf und das rechte Ohr im Vordergrund konturiert, damit sie plastischer wirken. Auch das Fell am Hals wird zuerst konturiert, damit es so aussieht, als würde auf dem Schal aufliegen.

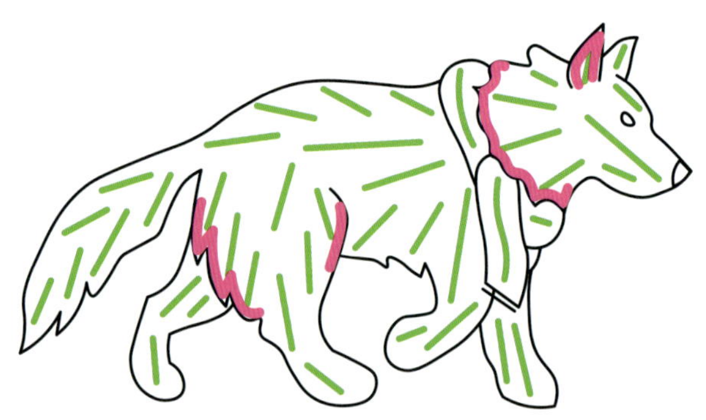

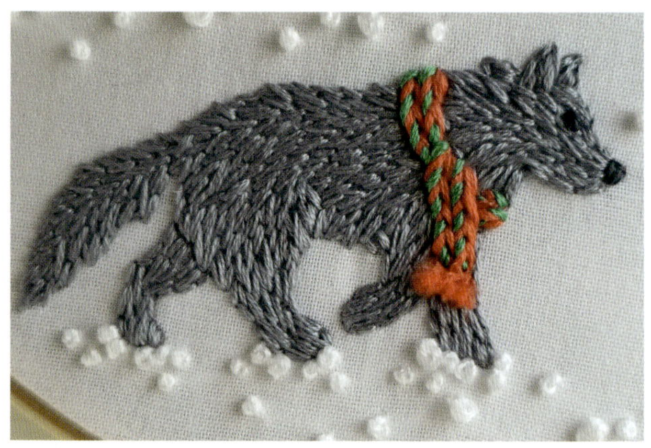

In den Stichrichtungsgrafiken ist in Pink dargestellt, welche Linien zuerst gestickt werden sollen. Die grünen Linien geben die Richtung der Füllstiche an.

VERWENDUNG DER VORLAGEN

Zu jedem Projekt gibt es hinten im Buch eine Strichzeichnung der Vorlage, die du auf deinen Stoff überträgst. Fertige durch Abpausen oder Kopieren zuerst ein Arbeitsexemplar an. Mit einem Kopierer kannst du die Größe nach Bedarf verändern. Teile dafür die gewünschte Größe durch die derzeitige Größe und multipliziere das Ergebnis mit 100 %.

Beispiel: Um eine Vorlage mit 10 cm Durchmesser für einen 15-cm-Rahmen zu vergrößern, rechne 15/10 x 100 % = 150 %.

Umgekehrt, um eine Vorlage mit 15 cm Durchmesser für einen 10-cm-Rahmen zu verkleinern, rechne 10/15 x 100 % = 66 %.

Zur Übertragung mit Bügelmethoden musst du die Vorlagen spiegeln. Das geht ganz leicht mit Transparentpapier. Mit einem dicken Marker durchzeichnen und umdrehen.

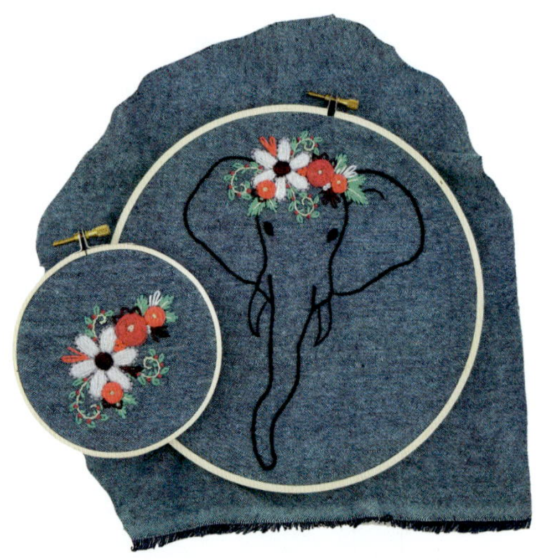

Viele Motive in diesem Buch enthalten Blumenelemente. Sie sehen zusammen mit Tieren zauberhaft aus, sind aber auch für sich allein sehr hübsch. Hier habe ich die Blumenkrone des Elefanten von Seite 44 in einem 10-cm-Rahmen gestickt.

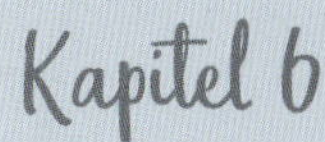

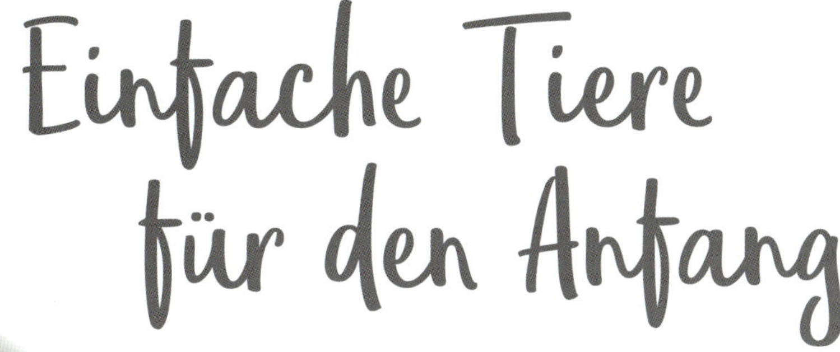

Kapitel 6

Einfache Tiere für den Anfang

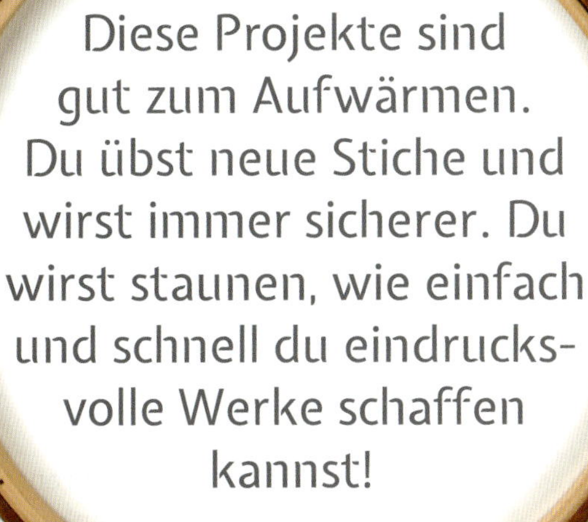

Diese Projekte sind gut zum Aufwärmen. Du übst neue Stiche und wirst immer sicherer. Du wirst staunen, wie einfach und schnell du eindrucksvolle Werke schaffen kannst!

Elefant mit Blumenkrone

Bei diesem Projekt üben wir einfache Linienstiche, mit denen wir den Elefanten zeichnen, bevor wir an den Blumen einige meiner Favoriten unter den modernen Sticharten üben. Für den Umriss habe ich mich für Spaltstich und Kettenstich entschieden, du kannst aber stattdessen auch gern Anlegetechnik, Rückstich oder Stielstich ausprobieren.

Tipps und Ideen:

- Bei den Blumen ist es überhaupt kein Problem, wenn du mehr oder weniger Knötchen, Geradstiche oder Margeritenstiche stickst als ich. Konzentriere dich darauf, die Farben und Elemente ausgewogen zu verteilen.

- Vergrößert und in einem 30-cm-Rahmen gestickt, kreierst du eine beeindruckende Wanddekoration. Oder sticke einfach nur die Blumen in einem kleinen Rahmen.

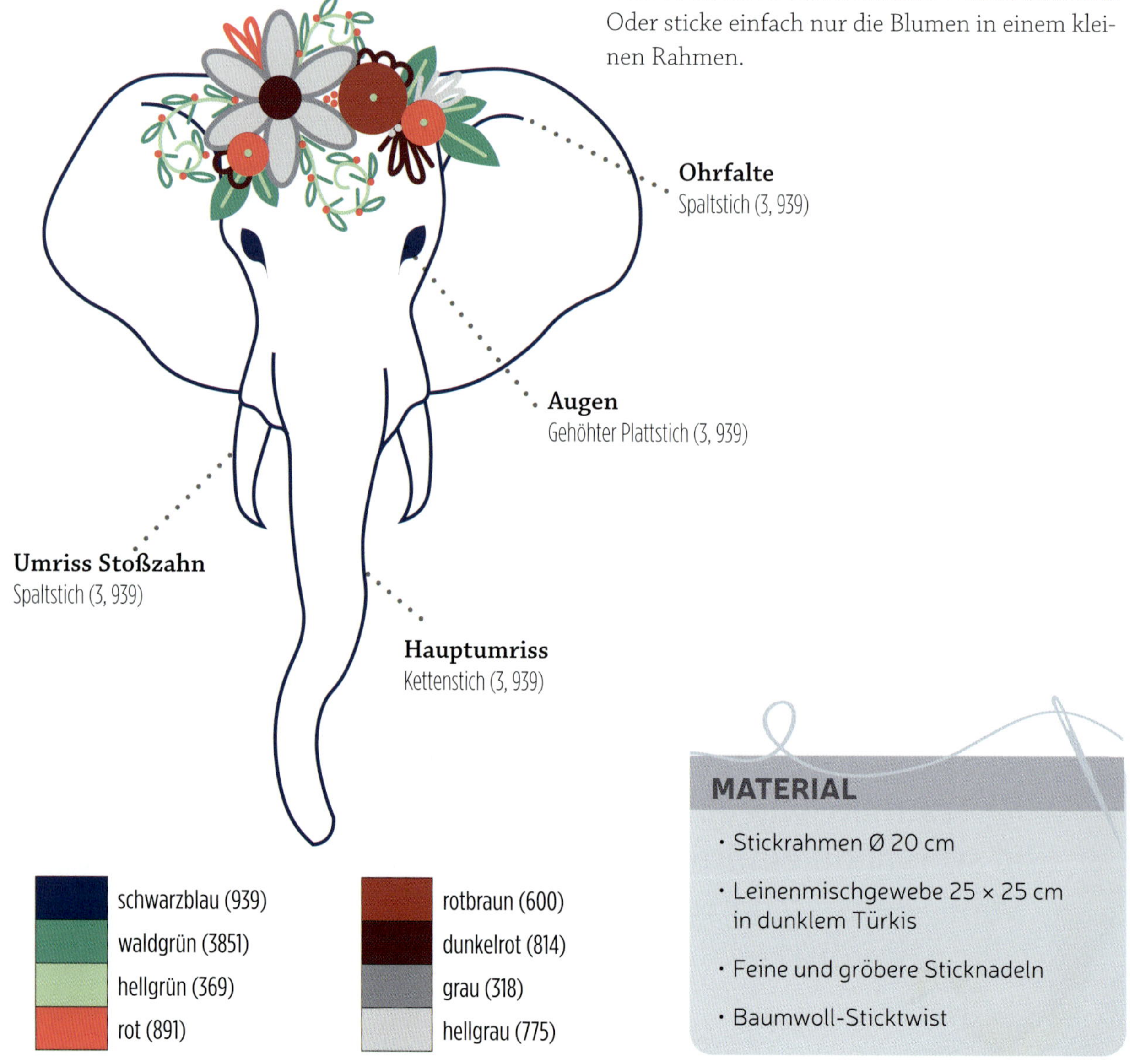

MATERIAL

- Stickrahmen Ø 20 cm
- Leinenmischgewebe 25 × 25 cm in dunklem Türkis
- Feine und gröbere Sticknadeln
- Baumwoll-Sticktwist

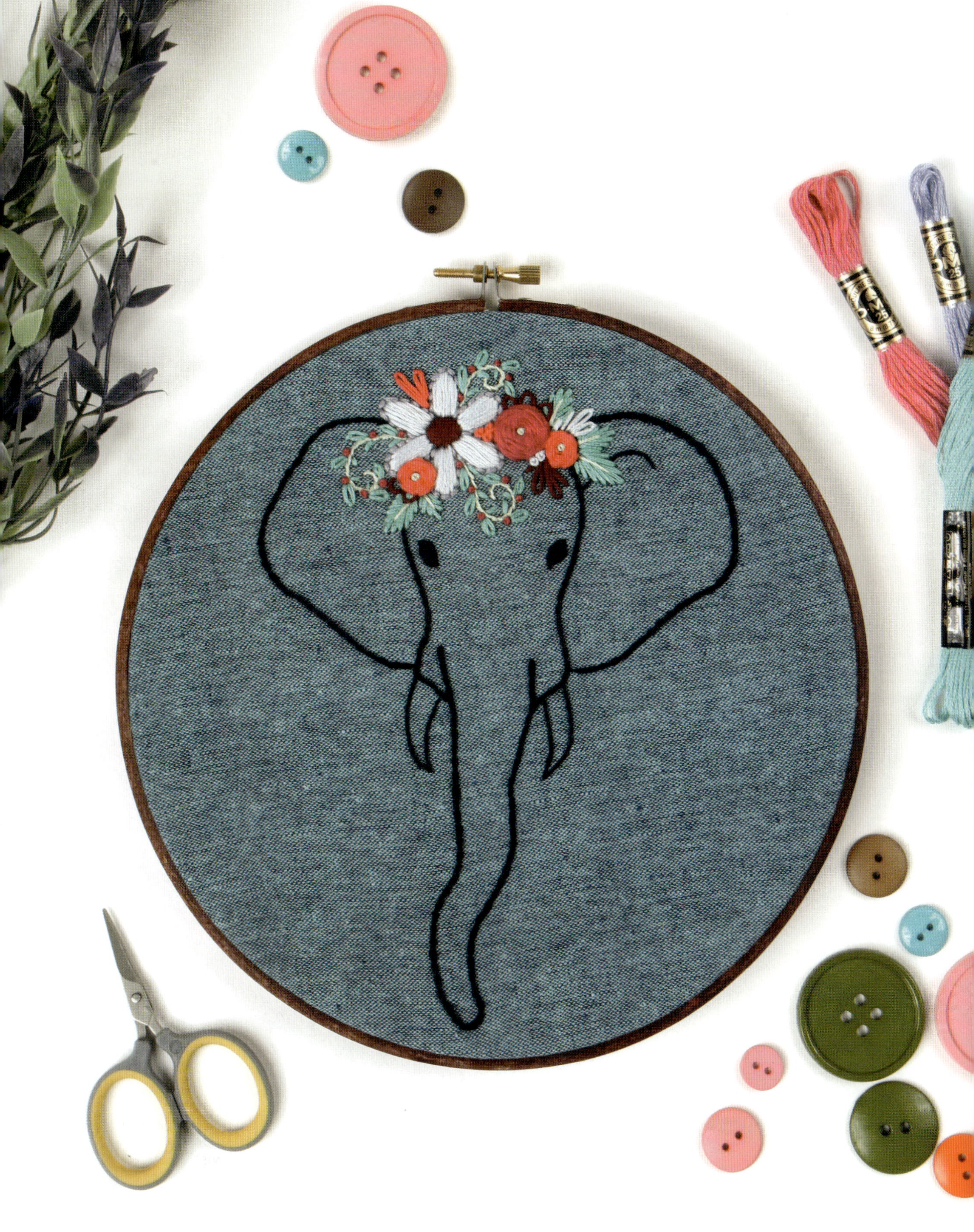

Elefant Mit 6 Fäden sticken, sofern nicht anders angegeben

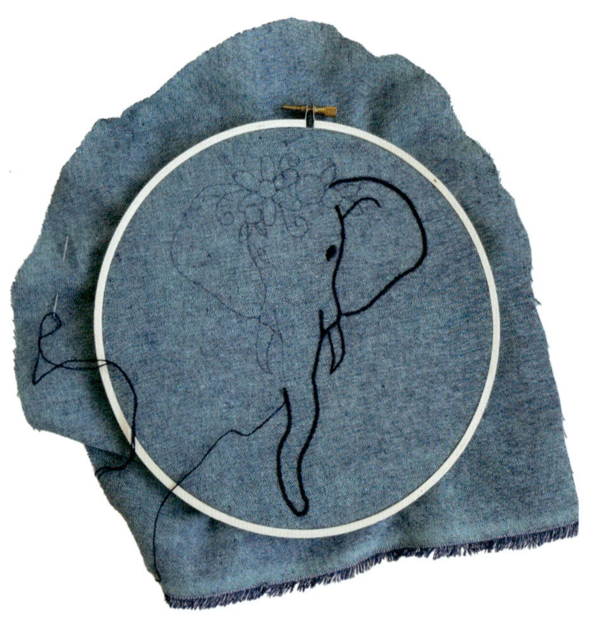

1. Umriss. Umriss des Elefanten mit 3 Fäden Schwarzblau (939) im Kettenstich sticken. Bei den Stoßzähnen und Ohrfalten zum Spaltstich wechseln.

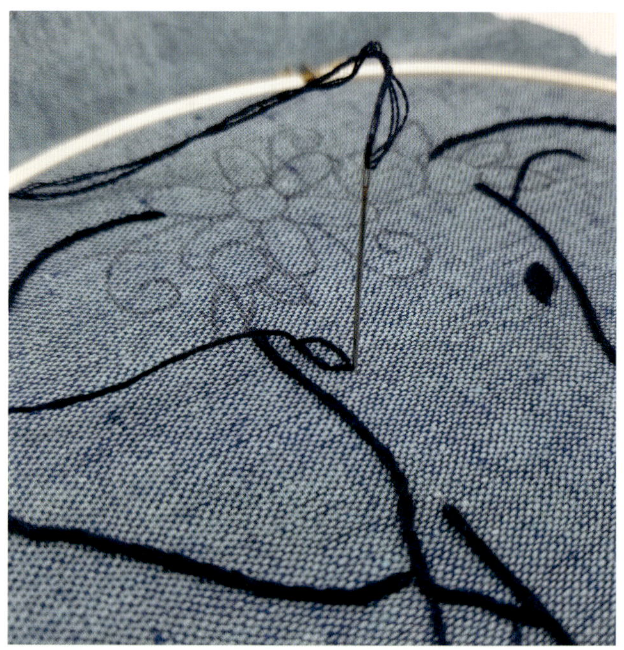

2. Augen. Augenumriss im Rückstich vorsticken, dann mit 3 Fäden Schwarzblau (939) die Fläche im Plattstich füllen.

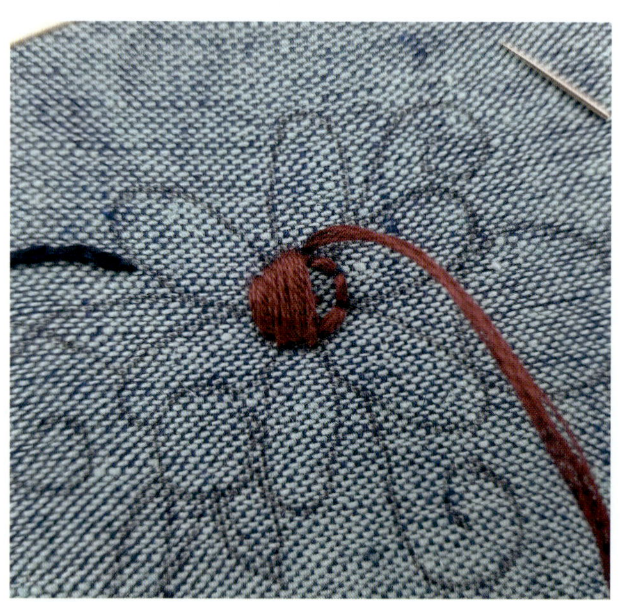

3. Margerite beginnen. Die Blütenmitte mit gehöhtem Plattstich in Dunkelrot (814) füllen.

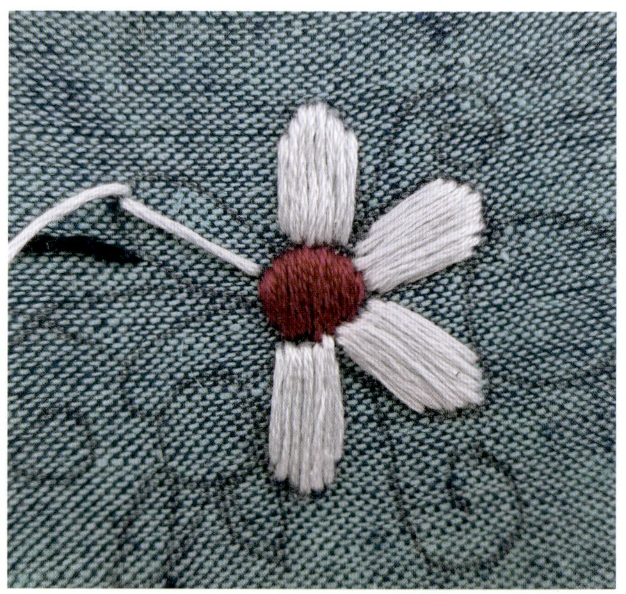

4. Blütenblätter. Mit Hellgrau (775) die Blütenblätter im Plattstich füllen.

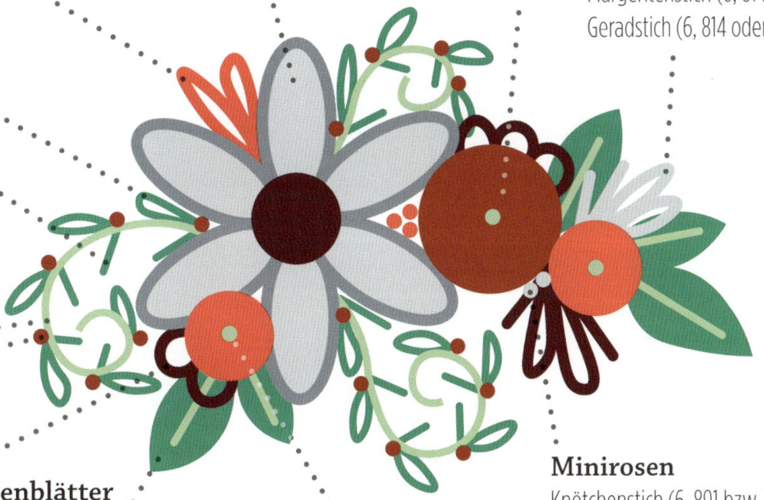

Margerite
Mitte gehöhter Plattstich (6, 814)
Blütenblätter gehöhter Plattstich (6, 775)
Umriss Rückstich (6, 318)

Große Rose
Rose Spinnwebstich (6, 600)
Mitte Knötchenstich (3, 369)

Schmale Blütenblätter
Margeritenstich (6, 891)

Schmale Blütenblätter
Margeritenstich (6, 814 bzw. 775)
Geradstich (6, 814 oder 775)

Kleine Blätter
Margeritenstich (6, 3851)
Geradstich (6, 3851)

Geschwungene Ranken
Ranke Stielstich (3, 369)
Knötchenstich (6, 600)

Minirosen
Knötchenstich (6, 891 bzw. 775)

Breite Blütenblätter
Fliegenstich (6, 814)

Kleine Rosen
Rose Spinnwebstich (6, 891)
Mitte Knötchenstich (3, 369)

Große Blätter
Grätenstich (6, 3851)
Ader Geradstich (3, 369)

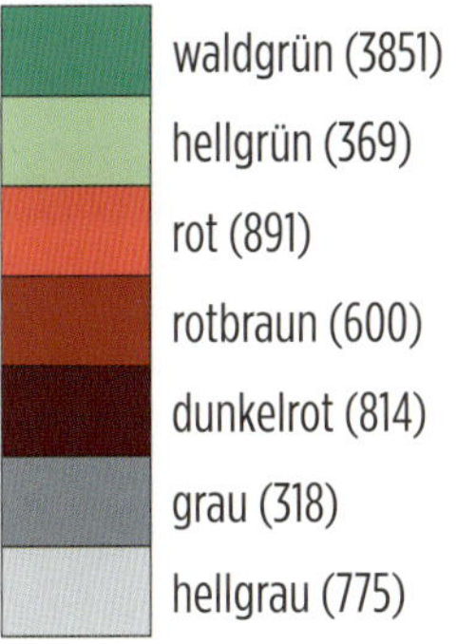

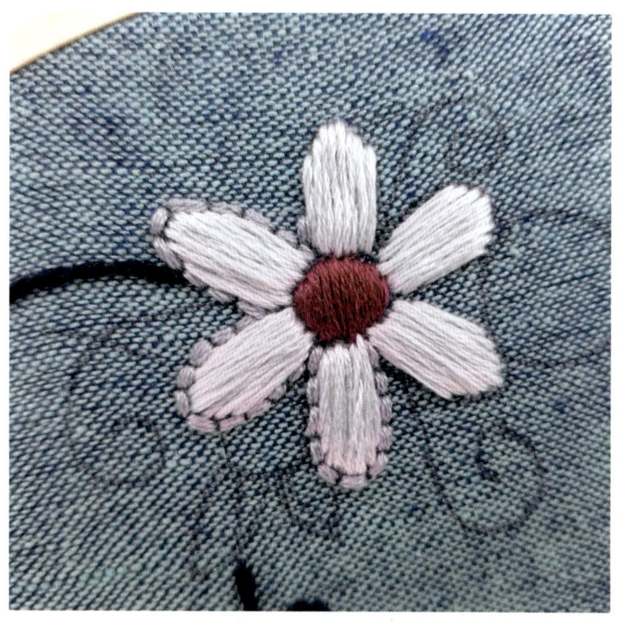

5. Margerite fertigstellen. Blütenblätter mit Grau (318) im Rückstich umsticken.

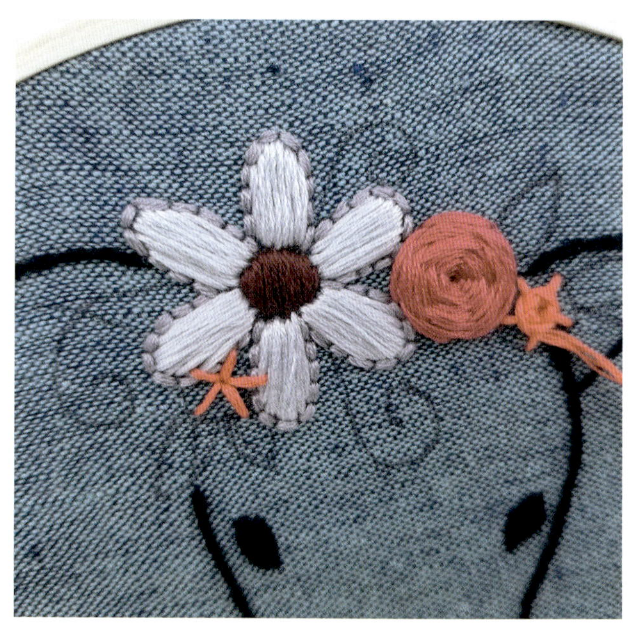

6. Rosen. Nun die drei Rosen im Spinnwebstich arbeiten, die große in Rotbraun (600), die zwei kleinen in Rot (891).

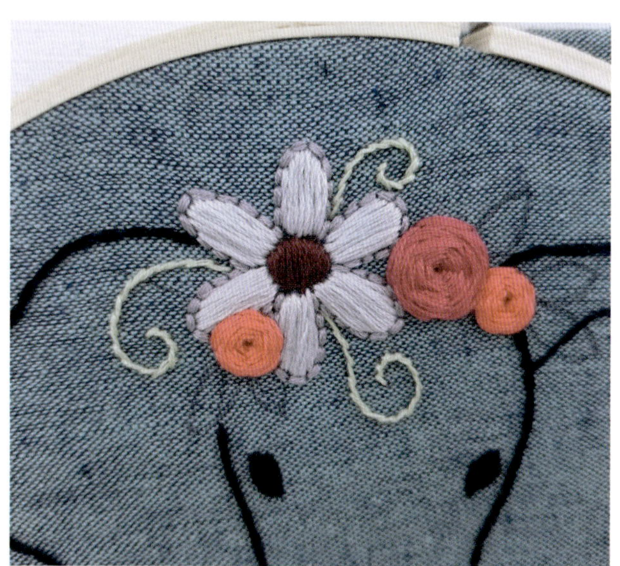

7. Ranken. Mit 3 Fäden Hellgrün (369) die Ranken im Stielstich sticken.

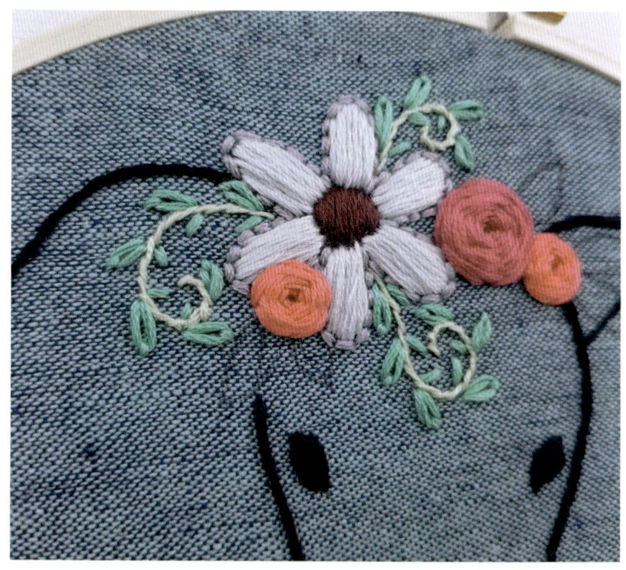

8. Miniblätter. Mit Margeritenstich und Geradstich Blätter in Waldgrün (3851) an die Ranken setzen. Die Blätter außen an den Ranken, auch im Margeritenstich, sind etwas größer als die innen.

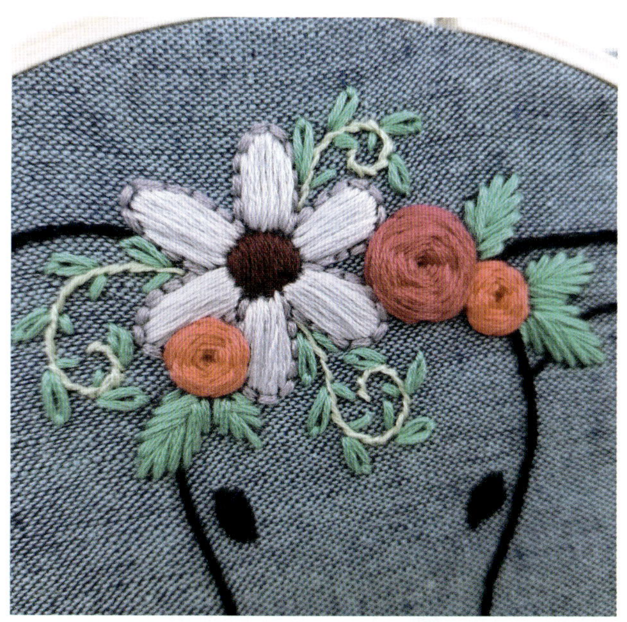

9. Große Blätter. Die großen Blätter mit Grätenstich in Waldgrün (3851) füllen.

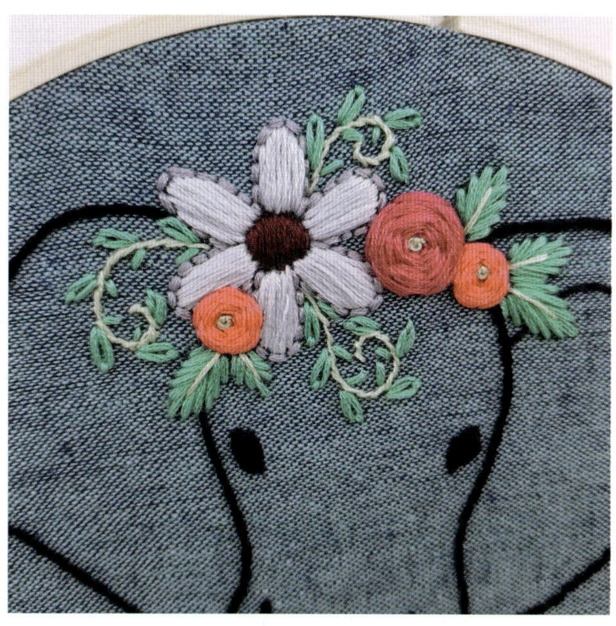

10. Grüne Details. Mit 3 Fäden Hellgrün (369) im Geradstich die Blattadern und die Knötchen in der Mitte der Rosen sticken.

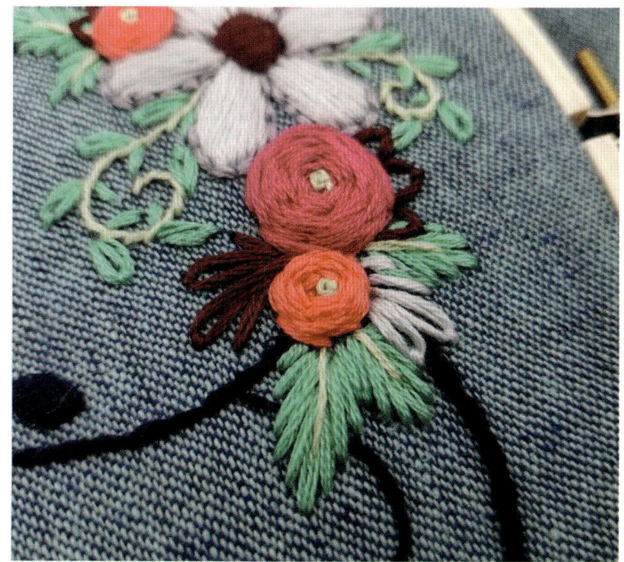

11. Details ergänzen. Fliegenstich-Blütenblätter in Dunkelrot (814) sticken. Mit Geradstich und Margeritenstich weitere Akzente in Dunkelrot (814), Hellgrau (775) und Rot (891) hinzufügen.

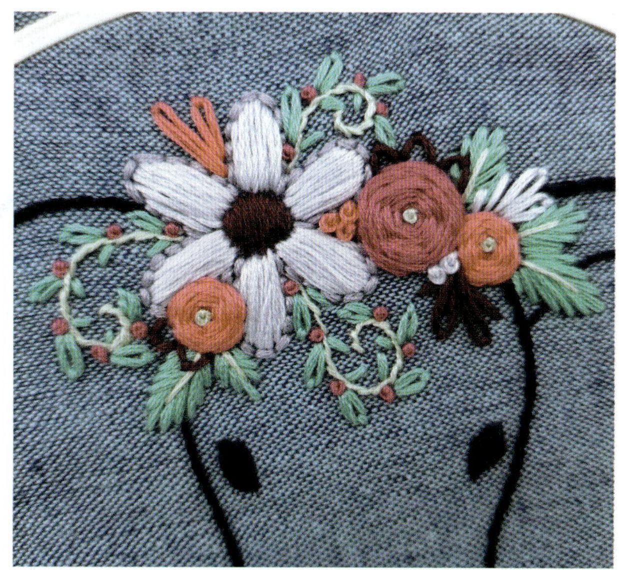

12. Letzte Knötchen. In Dunkelrot (600) Knötchen an die Blättchen an den Ranken setzen. Zwischen die große Rose und die Margerite in Rot (891) große, lockere Knötchen mit drei Umwicklungen setzen. Zwischen die große und die kleine Rose Knötchen in Hellgrau (775) setzen.

Hundebande

Das ganze Rudel ist versammelt! Diese braven Hundchen möchten gern bei dir einziehen und eine Wand schmücken.

Tipps und Ideen:

- Sticke einen Hund auf einen Blusenkragen oder eine Hosentasche. Mit dem Boston Terrier habe ich ein T-Shirt meines Sohnes verschönert (Seite 22).
- Sticke die Hunde einzeln (ggf. vergrößert) auf einen Weihnachtsstoff, spanne sie auf 8-cm-Stickrahmen und verwandle sie mit Glitzerband in Baumschmuck!
- Sticke jeden Hund oder Knochen in einer anderen Farbe, oder nutze mehrfarbiges Garn.
- Herausforderung gesucht? Fülle die Formen mit versetztem Plattstich.

Umrisse Hunde
Rückstich (2, 310)

Knochen
Umriss Rückstich (2, BLANC)

Augen und Nasen
Umriss Rückstich (2, 310)
Füllung Plattstich (2, 310)

MATERIAL

- Stickrahmen Ø 20 cm
- Kräftig blauer Baumwollstoff 25 × 25 cm
- Feine Sticknadeln
- Baumwoll-Sticktwist

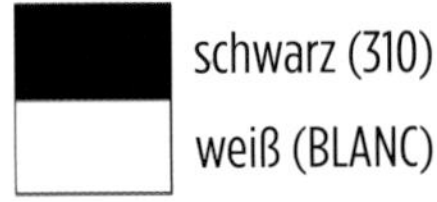

schwarz (310)
weiß (BLANC)

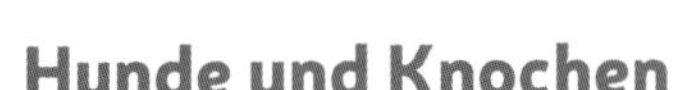

Hunde und Knochen

1. Mit 2 Fäden Schwarz (310) die Umrisse der Hunde im Rückstich sticken.

2. Genauso die Umrisse von Augen und Nasen vorsticken, dann mit Plattstich füllen.

3. Mit 2 Fäden Weiß (BLANC) die Umrisse der Knochen im Rückstich sticken.

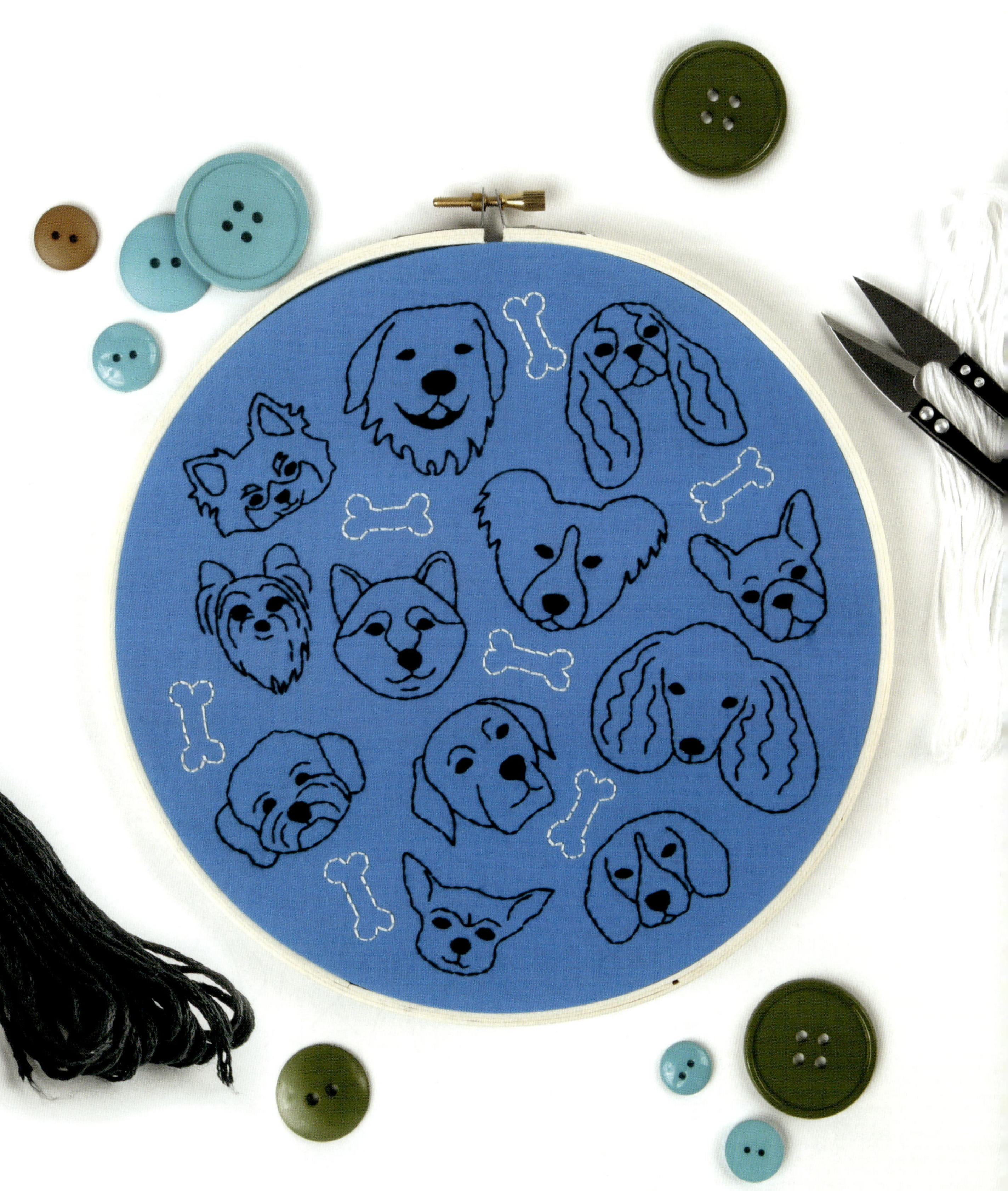

Kauziges Trio

Diese gefiederten Freunde sind ein schnelles, einfaches Projekt mit nur zwei Farben und vier Stichen. Statt des vorgesehenen Spaltstichs kannst du hier auch einen anderen Linienstich wählen – Rückstich, Anlegetechnik oder Stielstich.

Tipps und Ideen:

- Sticke das ganze Motiv oder konzentriere dich auf eine Eule. Über den Vögeln ist noch Platz, um z. B. bei einem Geschenk eine kurze Zeile hinzuzufügen.

- Für die Brust der Schleiereule sind winzige Vorstiche vorgesehen. In der Grafik sind die Linien durchgezogen, aber gestickt werden sie gepunktet aussehen. Achte deshalb darauf, beim Vorzeichnen einen wiederentfernbaren (z. B. wasserlöslichen) Stift zu verwenden.

Eulen

1. Die Umrisse mit 2 Fäden Schwarz (310) im Spaltstich sticken. Für kurze Stücke und Details Geradstiche verwenden. Die Brust der Schleiereule in der Mitte im Vorstich arbeiten.

2. Die Augen mit 2 Fäden Schwarz (310) im Plattstich sticken, die gelb umrandeten gehöht arbeiten. Die gelben Kreise mit zwei Fäden Hellgelb (3823) im Spaltstich sticken. Zum Schluss noch mit 2 Fäden Schwarz (310) im Spaltstich umsticken.

Gelbe Augen
Füllung gehöhter Plattstich (2, 310)
Umriss Spaltstich (2, 3823)
Umriss Spaltstich (2, 310)

Kurze gerade Details
Geradstich (2, 310)

Umrisse
Spaltstich (2, 310)

Schwarze Augen
Füllung Plattstich (2, 310)

Brust Schleiereule
Vorstich (2, 310)

MATERIAL

- Stickrahmen Ø 15 cm
- Hellblauer Stoff 20 × 20 cm
- Feine Sticknadeln
- Baumwoll-Sticktwist

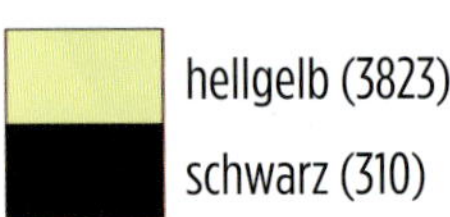

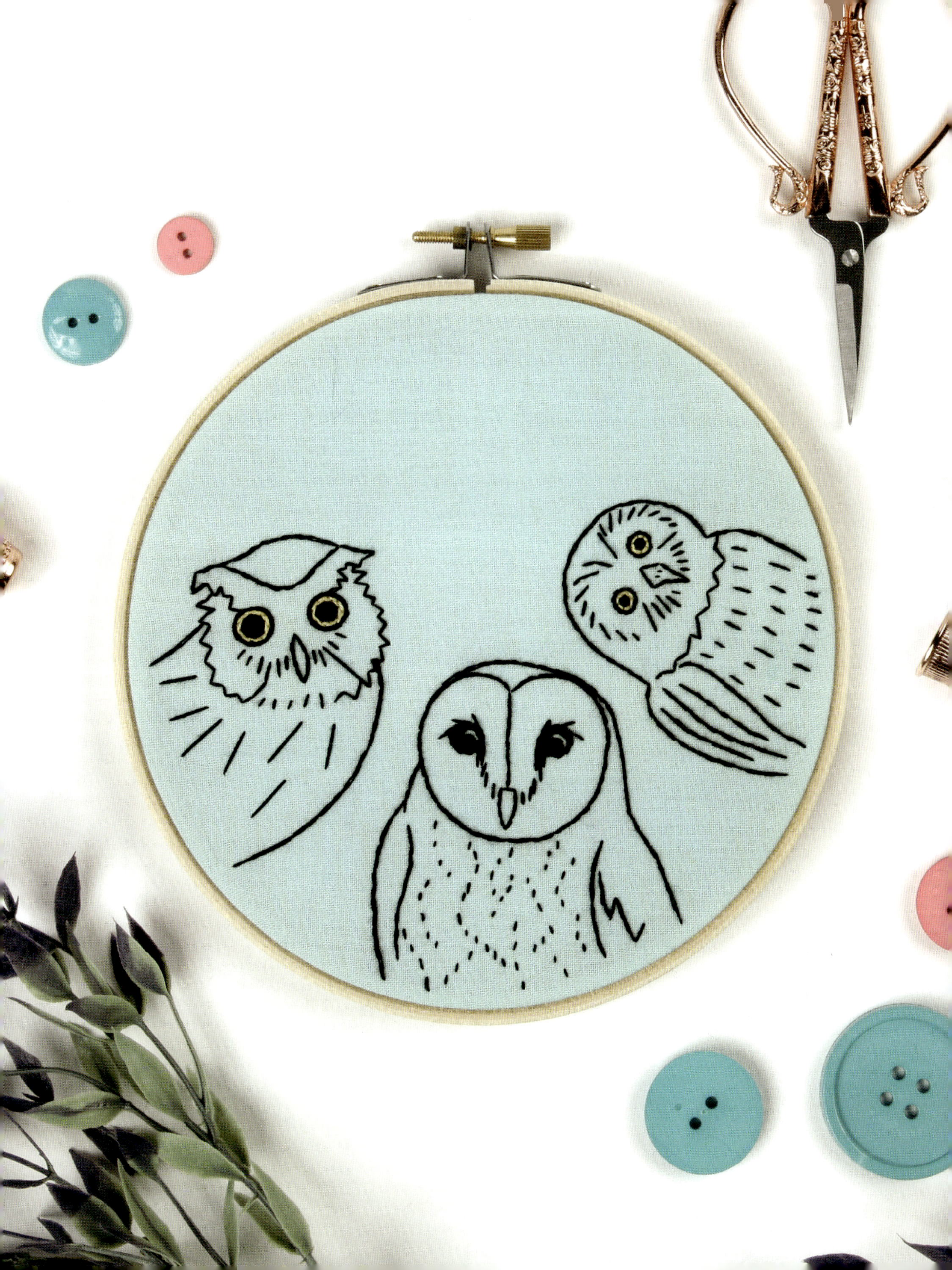

Häschen mit Blumen

Dieses niedliche Motiv ist perfekt für den Frühling! Sechs bezaubernde Häschen warten nur darauf, als Familie oder einzeln in unterschiedlichen Farben gestickt zu werden.

Tipps und Ideen:

- Bei diesem schlichten Design ist es besonders wichtig, alle Details ganz sorgfältig zu übertragen, damit die Persönlichkeit jedes Häschens erhalten bleibt. Genauso sorgfältig solltest du mit kleinen Rückstichen (oder einem anderen Linienstich) die Linien und Augen sticken.
- Bei den Farben musst du dich nicht genau an die Vorlage halten. Achte nur darauf, dass die zwei Rosa- und Grüntöne gleichmäßig verteilt werden.
- Sticke die Häschen einzeln in 10-cm-Rahmen in Rot- und Grüntönen, und schon hast du einen entzückenden Schmuck für den Osterstrauch.

MATERIAL

- Stickrahmen Ø 20 cm
- Weißer Baumwollstoff 25 × 25 cm
- Feine Sticknadeln
- Baumwoll-Sticktwist

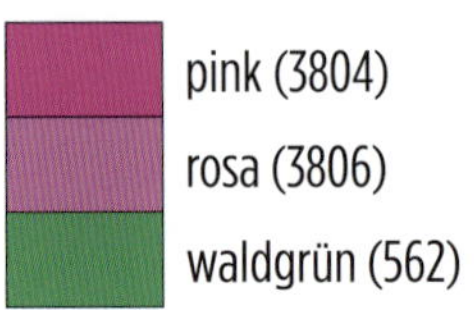

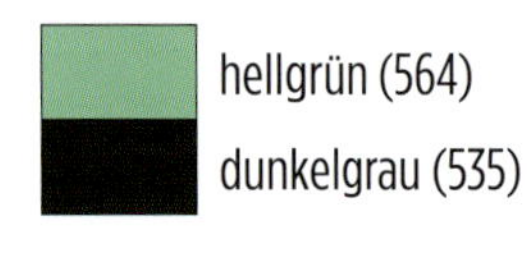

Häschen

1. Mit 1 Faden Dunkelgrau (535) die Figuren im Rückstich sticken. Augen mit Plattstich füllen.

2. Blätter mit 3 Fäden Waldgrün (562) oder Hellgrün (564) im Grätenstich füllen.

3. Mit 3 Fäden Pink (3804) oder Rosa (3806) im Spinnwebstich die großen Rosen sticken.

4. Zum Schluss mit 3 Fäden Knötchen in Pink oder Rosa dazusetzen.

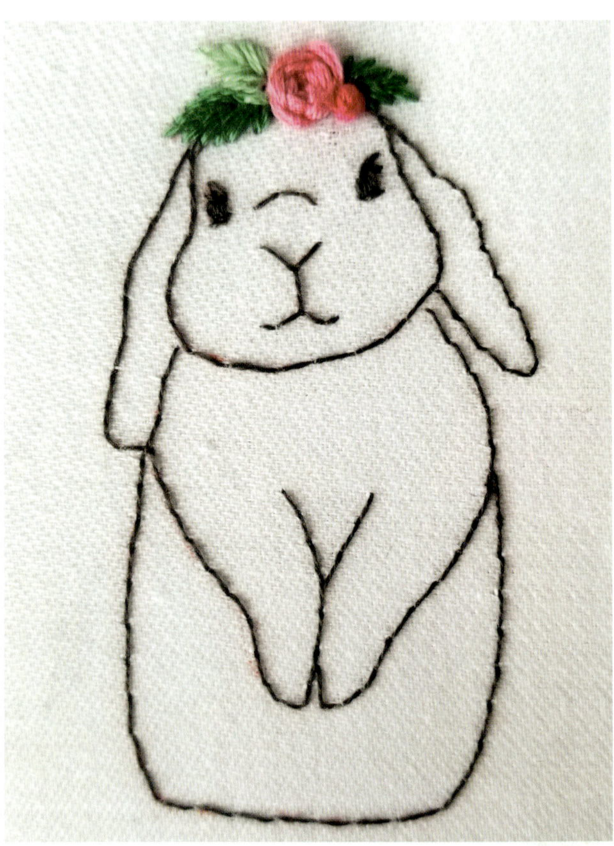

Eins niedlicher als das andere! Hier siehst du die Vorzeichnung unter den Stichen, die ich noch wegwaschen muss.

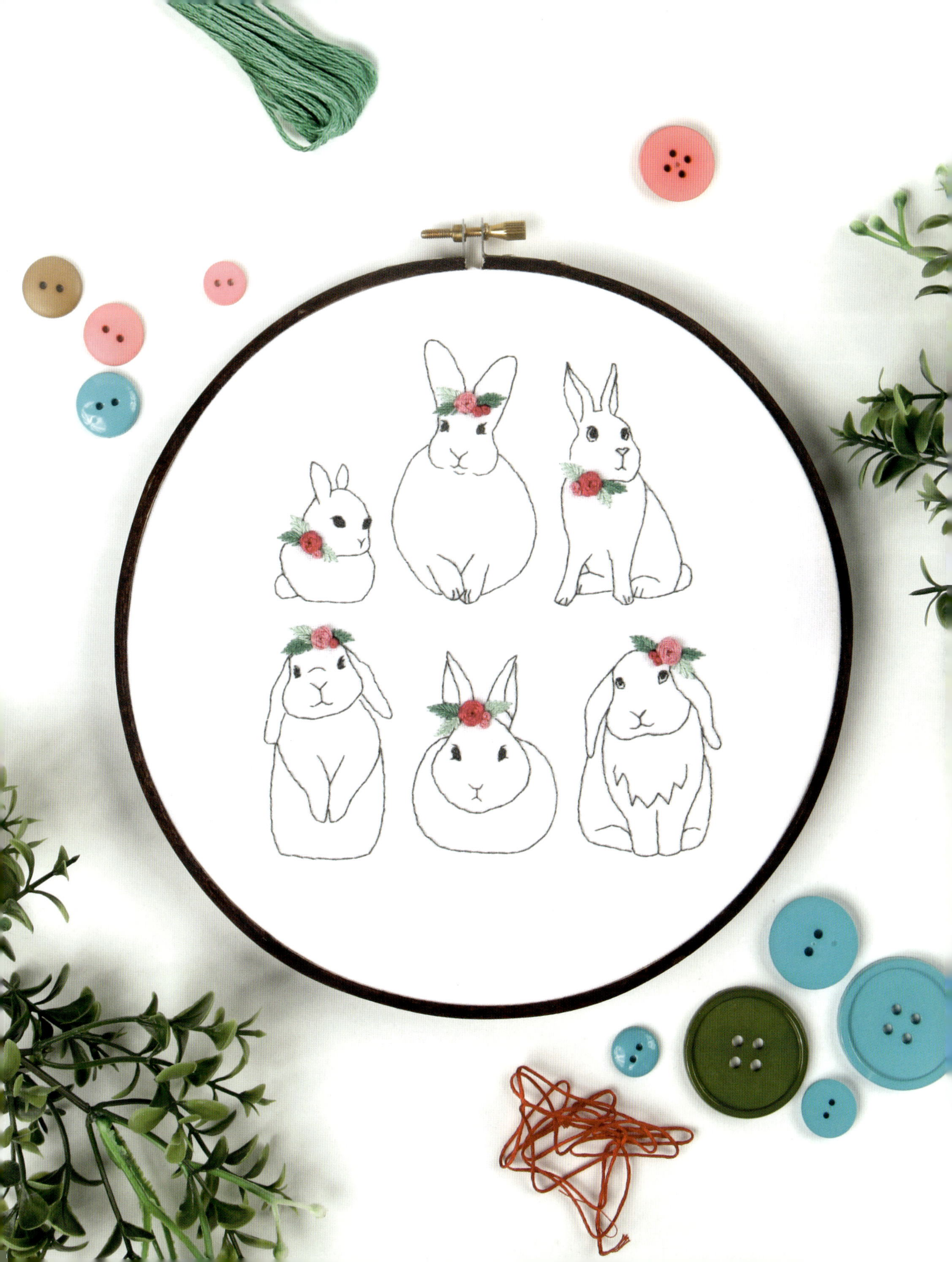

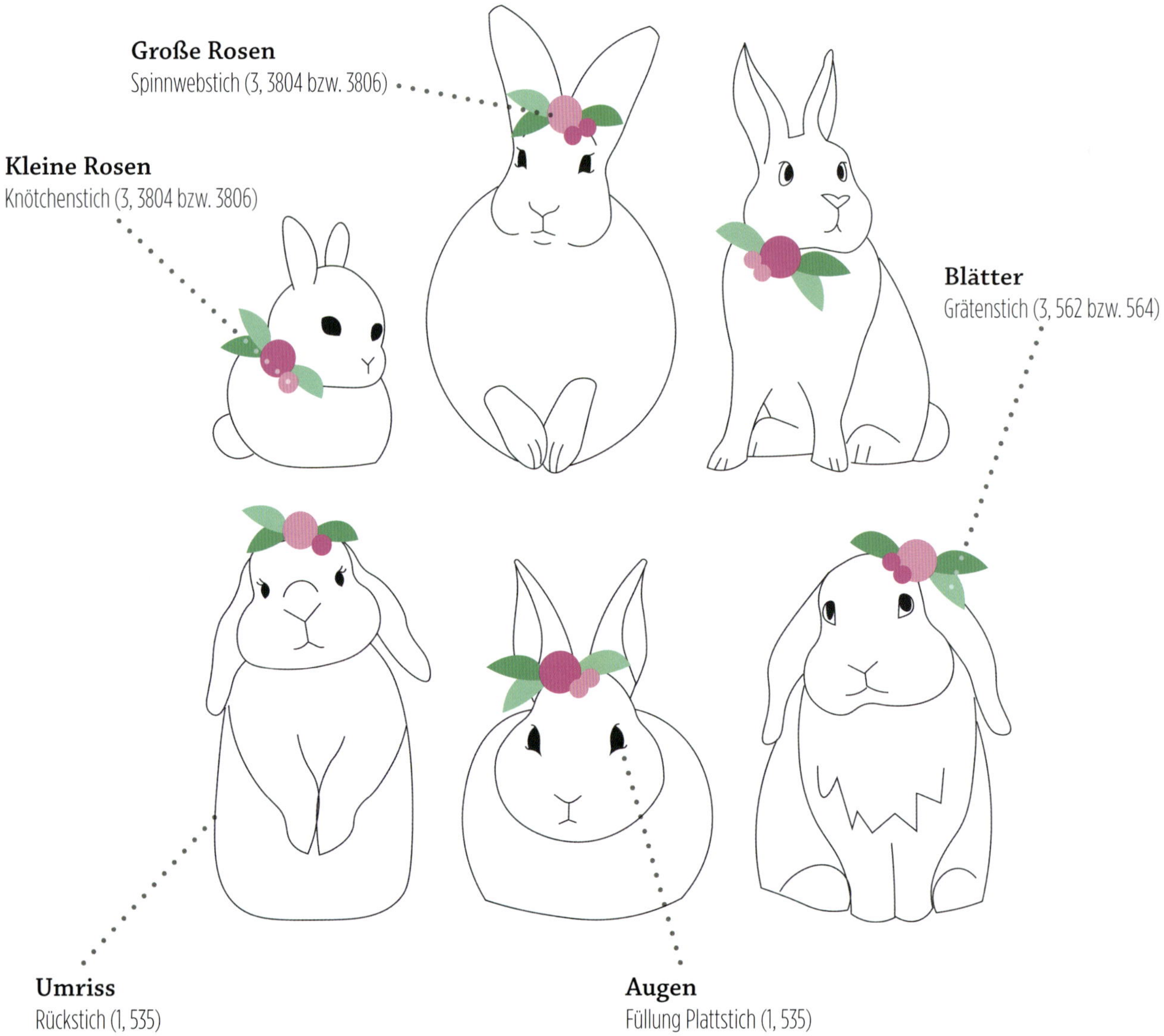

Große Rosen
Spinnwebstich (3, 3804 bzw. 3806)

Kleine Rosen
Knötchenstich (3, 3804 bzw. 3806)

Blätter
Grätenstich (3, 562 bzw. 564)

Umriss
Rückstich (1, 535)

Augen
Füllung Plattstich (1, 535)

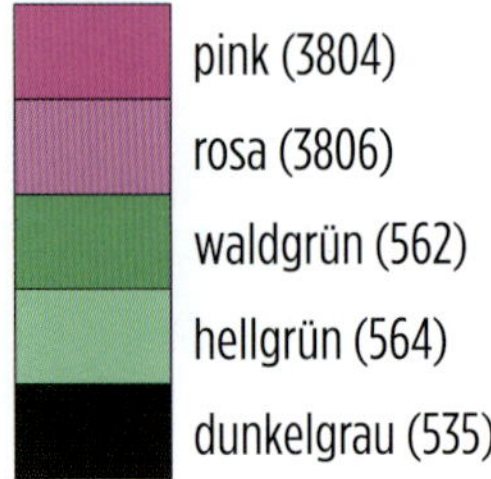

Pfauenfeder

Dieses Motiv wirkt sehr dekorativ. Hänge das Bild im Stickrahmen auf, oder stelle eine Applikation daraus her, wie ich es auf Seite 22 beschrieben habe.

Tipps und Ideen:

- Die Vorlage sechsfädig zu sticken (wie beschrieben und abgebildet) erzeugt eine grafische Wirkung mit viel Struktur. Soll die Stickerei zarter aussehen, benutze weniger Fäden.
- Wenn du dich an Nadelmalerei versuchen willst, arbeite den Plattstich versetzt.

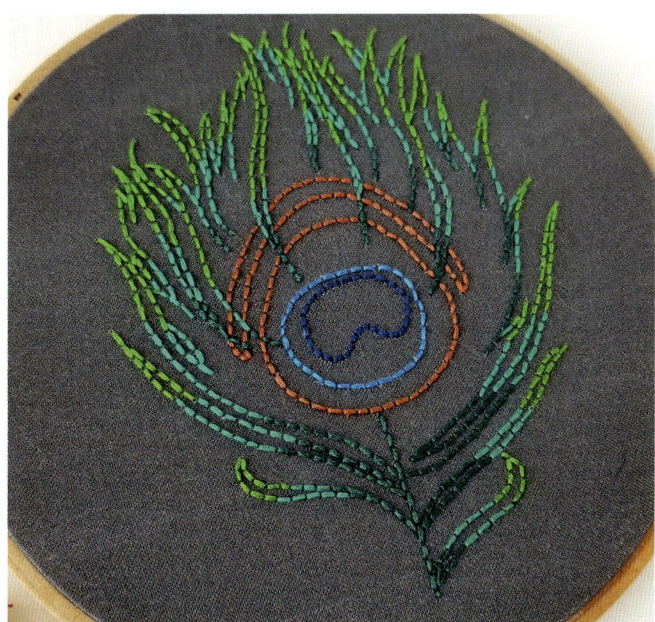

Vereinfachte Ausführung: Nur Umrisse sticken, im Rückstich oder einem anderen Linienstich.

MATERIAL

- Stickrahmen Ø 15 cm
- Grauer Baumwollstoff 20 × 20 cm
- Grobe Sticknadeln
- Baumwoll-Sticktwist

- dunkelblau (796)
- hellblau (3843)
- türkis (3847)
- dunkeltürkis (3812)
- blattgrün (906)
- ziegelrot (920)

Feder **Alles mit 6 Fäden sticken**

1. Zuerst den Umriss in Dunkeltürkis (3812) im Rückstich sticken.

2. Die Federspitzen mit Türkis (3847) im Plattstich ausfüllen. Ein paar verstreute Rückstiche in Richtung Mitte sticken, damit die Farbübergänge unregelmäßig werden.

3. Das Auge in der Mitte in Dunkelblau (796) mit Plattstich füllen.

4. Die nächste Form ebenfalls im Plattstich mit Hellblau (3843) füllen.

5. Dann die rötlichen Bereiche mit Ziegelrot (920) füllen, ebenfalls im Plattstich mit senkrechter Stichrichtung.

6. Den Rest der Feder mit Blattgrün (906) füllen, wobei die Stiche strahlenförmig von der Mitte aus zum Rand führen.

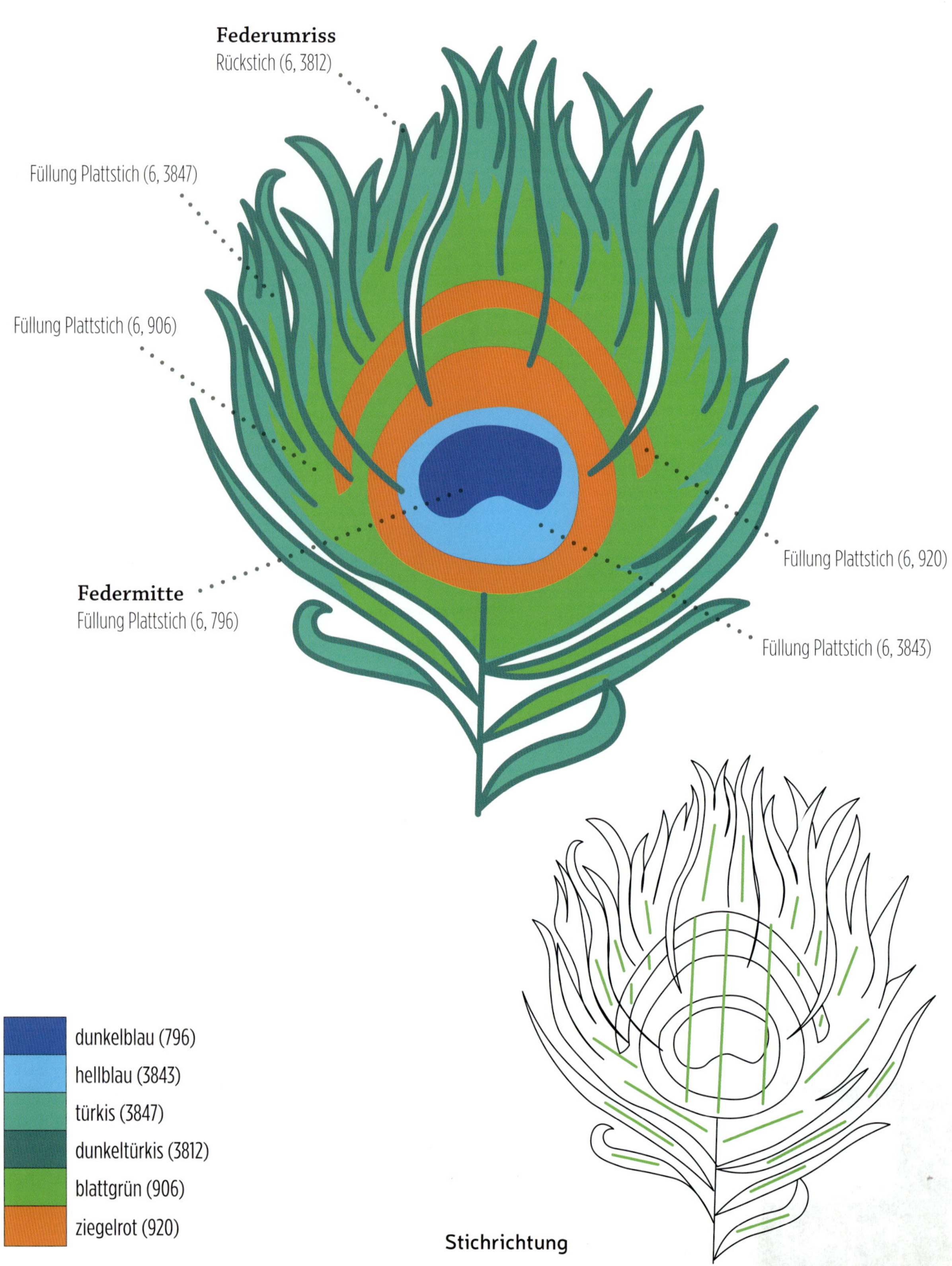
Federumriss
Rückstich (6, 3812)
Füllung Plattstich (6, 3847)
Füllung Plattstich (6, 906)
Füllung Plattstich (6, 920)
Federmitte
Füllung Plattstich (6, 796)
Füllung Plattstich (6, 3843)
dunkelblau (796)
hellblau (3843)
türkis (3847)
dunkeltürkis (3812)
blattgrün (906)
ziegelrot (920)
Stichrichtung

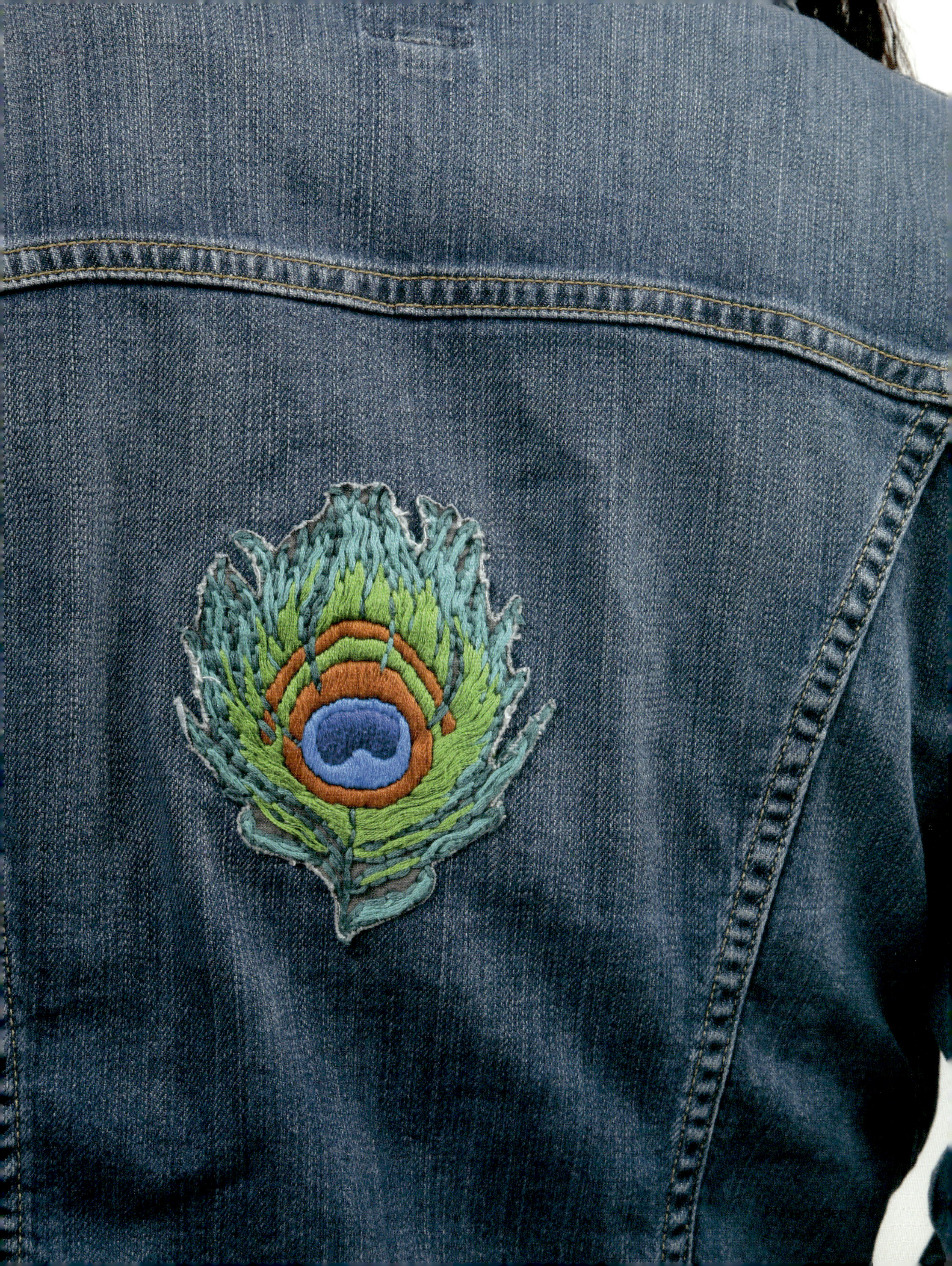

Farbenfrohes Chamäleon

Die farbenfrohe Echse ist so vielleicht nicht unbedingt gut getarnt, aber dafür umso fröhlicher und attraktiver als Wanddeko oder auf Kleidung! Auf einem dunklen Stoff leuchten die Farben besonders schön. Zum Übertragen kannst du einen weißen Gel- oder Kreidestift benutzen.

Tipps und Ideen:

- In diesem Design ist ziemlich viel los. Fülle die Fläche aus, so gut du kannst. Die Anzahl der Knötchen und Geradstiche kannst du nach Bedarf anpassen.

- Wenn du mit weniger Fäden als angegeben stickst, wirkt das Ganze etwas eleganter und die Blumen haben mehr Luft.

- Für eine vereinfachte Ausführung die Blumen komplett weglassen und die Fläche mit anderen Stichen füllen.

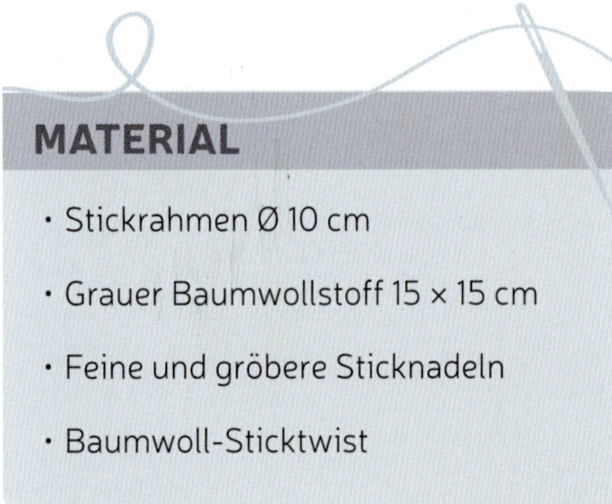

MATERIAL

- Stickrahmen Ø 10 cm
- Grauer Baumwollstoff 15 × 15 cm
- Feine und gröbere Sticknadeln
- Baumwoll-Sticktwist

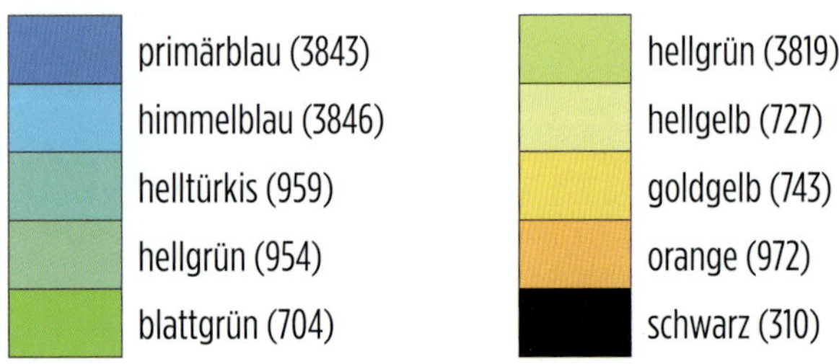

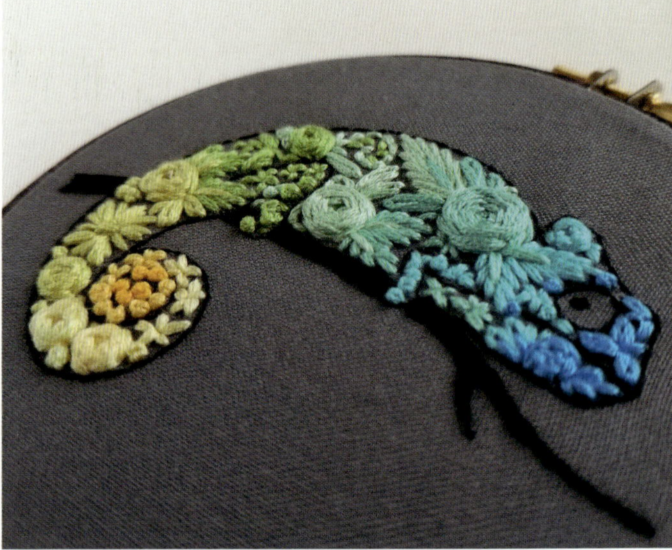

Mit 6 Fäden entsteht eine interessante Struktur, aber es kann manchmal eng werden. Wenn du es etwas luftiger haben willst, nimm weniger Fäden (oder vergrößere die Vorlage).

Chamäleon **Mit 6 Fäden sticken, sofern nicht anders angegeben**

1. Umriss des Chamäleons mit 1 Faden Schwarz (310) im Rückstich sticken. Das Auge mit Plattstich füllen.

2. Den Ast mit 2 Fäden Schwarz (310) im Spaltstich füllen. Die Stichrichtung verläuft parallel zum Ast.

3. An der Schwanzspitze beginnend das Chamäleon 6-fädig mit den in der Grafik dargestellten Farben und Stichen ausfüllen. Stichart und -anzahl bei Bedarf anpassen.

4. Grätenstich-Blätter und Margeritenstiche vor den Geradstich-Akzenten in anderen Farben sticken.

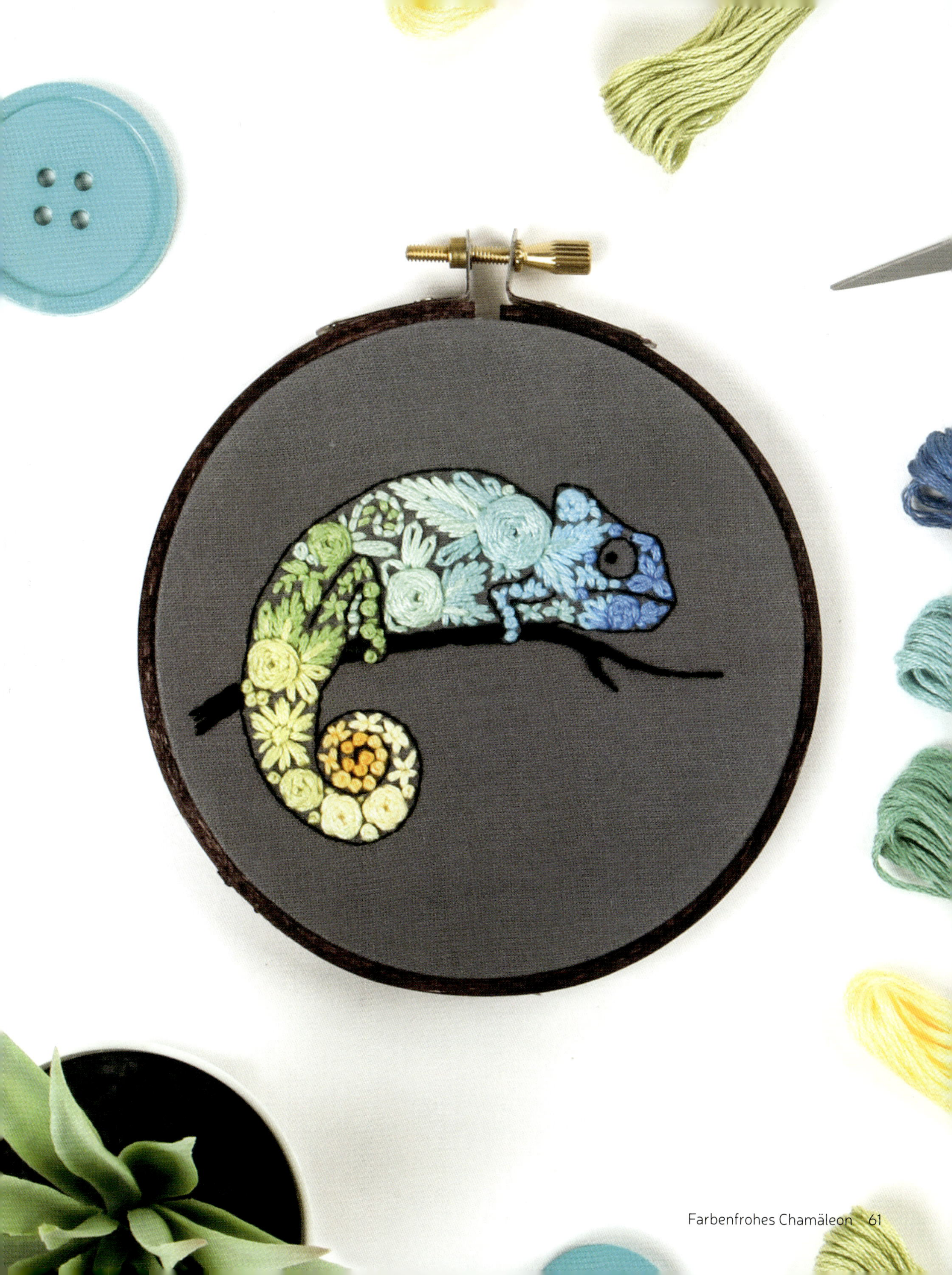

Chamäleon Körperfläche

Mit 6 Fäden sticken, sofern nicht anders angegeben, Farben siehe Legende

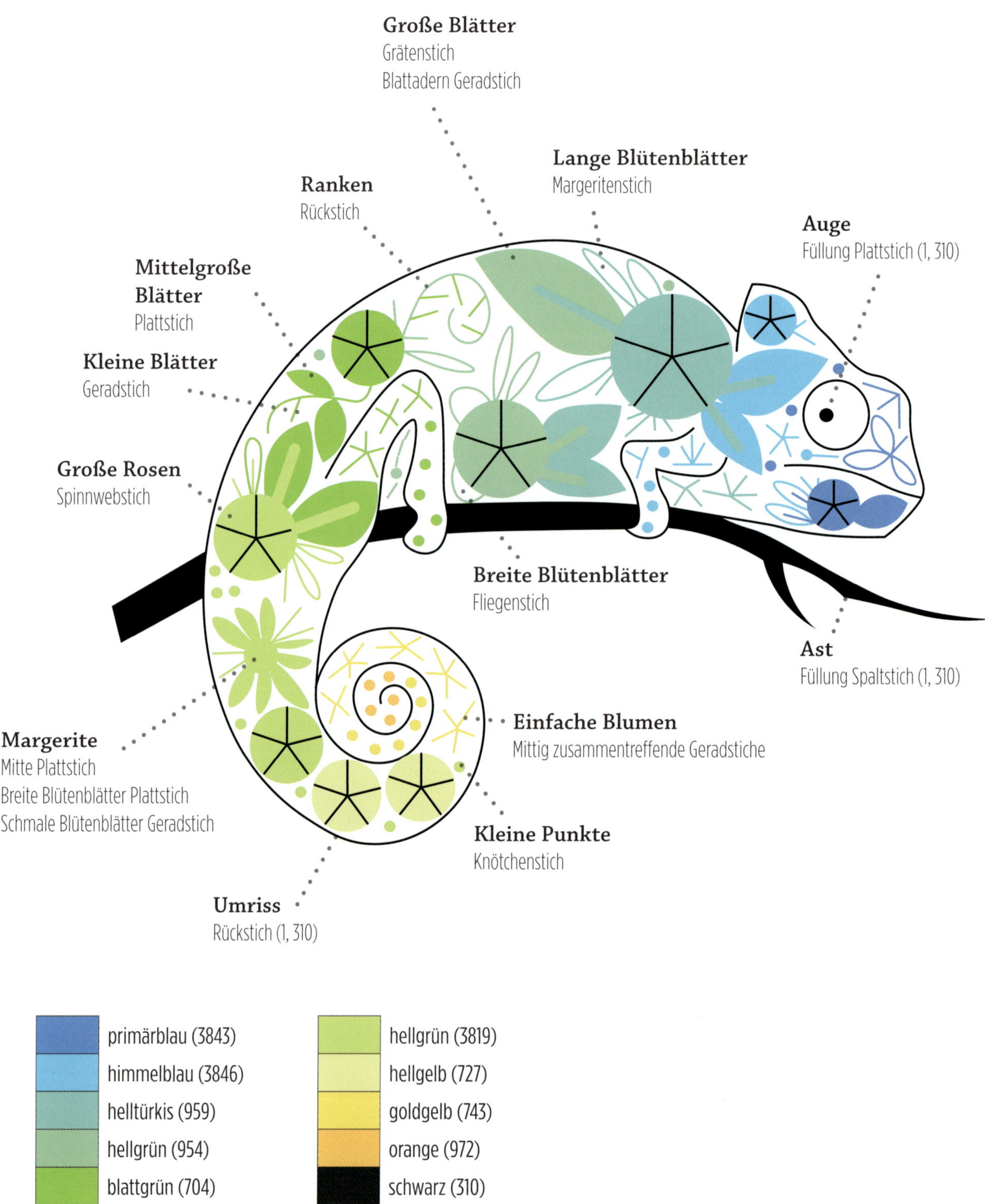

Pazifischer Riesenkrake

Sticke den wahrscheinlich schönsten Oktopus der Weltmeere mit Blumen in modernen Stickarten und einem beeindruckenden Farbverlauf von Orange zu Violett. Der leuchtende Krake macht sich toll an der Wand oder als Applikation.

Tipps und Ideen:

- Es kann etwas dauern, all die kleinen Elemente auf den Stoff zu übertragen. Du kannst auch mit einer eigenen Kombination aus Spinnwebstich, Knötchenstich, Margeritenstich, Grätenstich-Blättern und Geradstichen improvisieren. Mit weniger Fäden gearbeitet, wirkt das Stickbild noch feiner.

- Für eine vereinfachte Ausführung die Blumen weglassen und die Fläche mit anderen Stichen füllen.

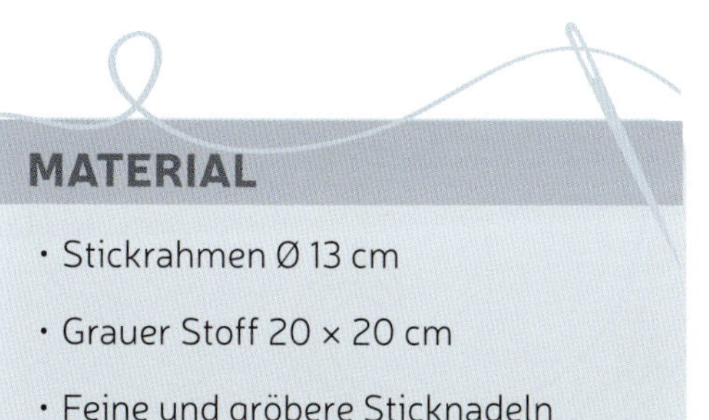

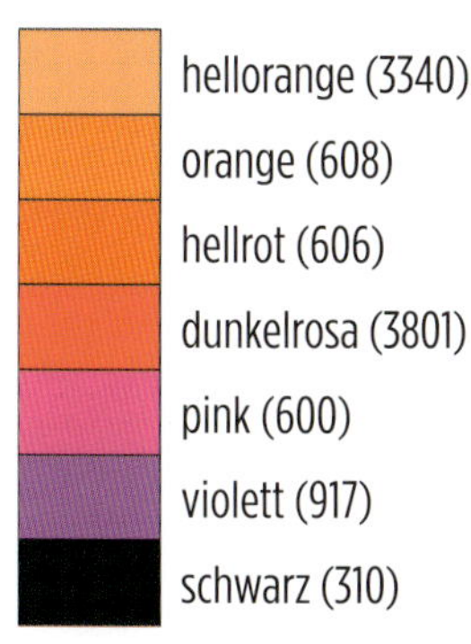

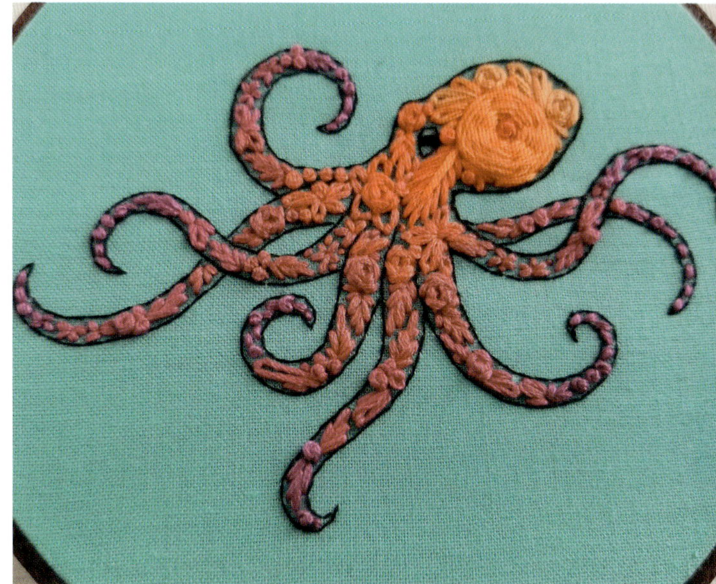

Wenn es dir schwerfällt, der Vorlage genau zu folgen, improvisiere ruhig! Die Tentakeln können mit einer beliebigen Kombination aus Knötchenstich, Geradstich, Grätenstich und Margeritenstich gefüllt werden.

Krake Mit 6 Fäden sticken, sofern nicht anders angegeben

1. Umriss des Kraken mit 1 Faden Schwarz (310) im Rückstich sticken. Das Auge mit Plattstich füllen.

2. Am Kopf beginnend den Kraken 6-fädig mit den in der Grafik dargestellten Farben und Stichen ausfüllen. Stichart und -anzahl bei Bedarf anpassen.

3. Grätenstich-Blätter und Margeritenstiche vor den Geradstich-Akzenten in anderen Farben sticken.

Krake Körperfläche

Mit 6 Fäden sticken, sofern nicht anders angegeben, Farben siehe Legende

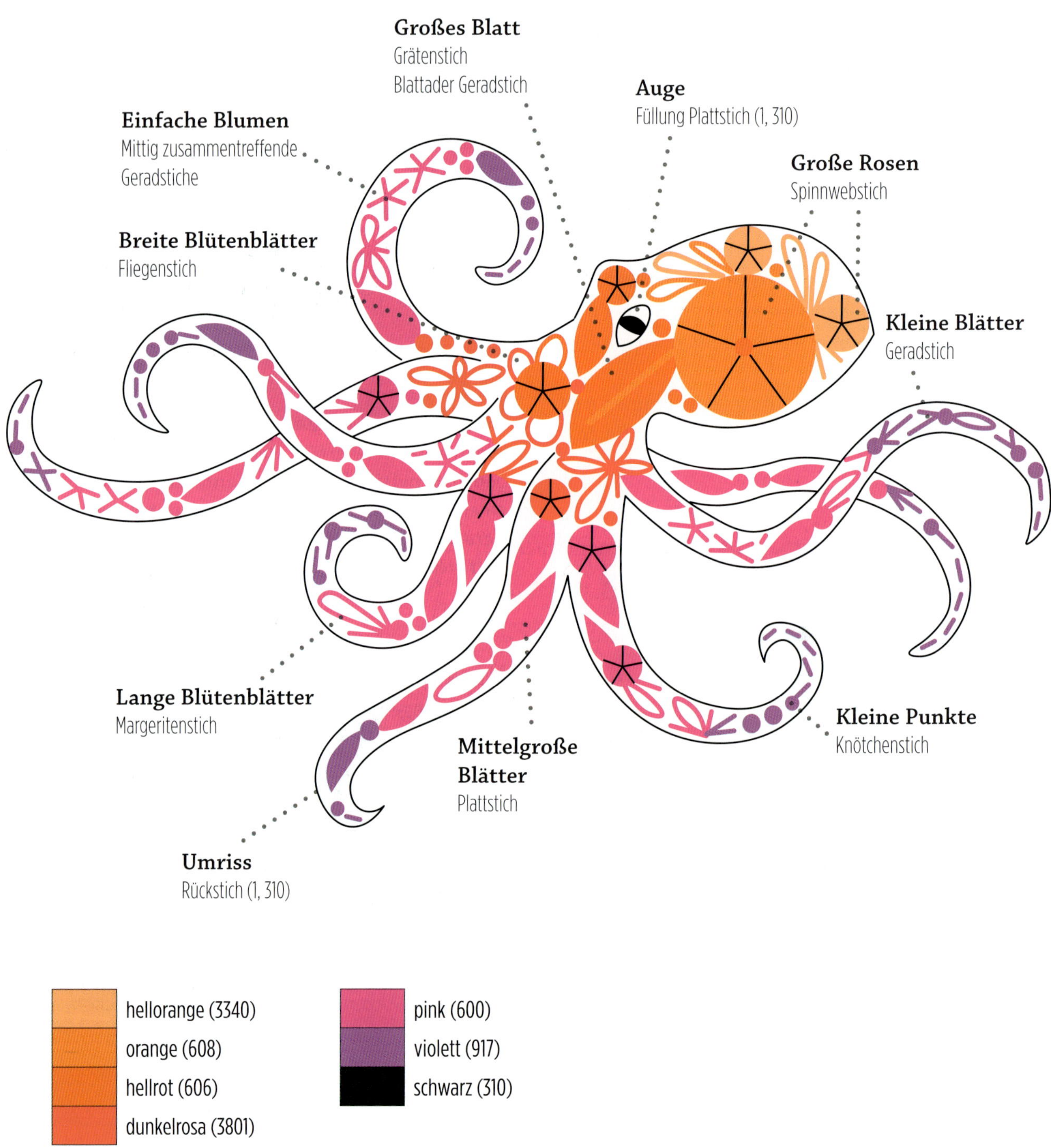

hellorange (3340)	pink (600)
orange (608)	violett (917)
hellrot (606)	schwarz (310)
dunkelrosa (3801)	

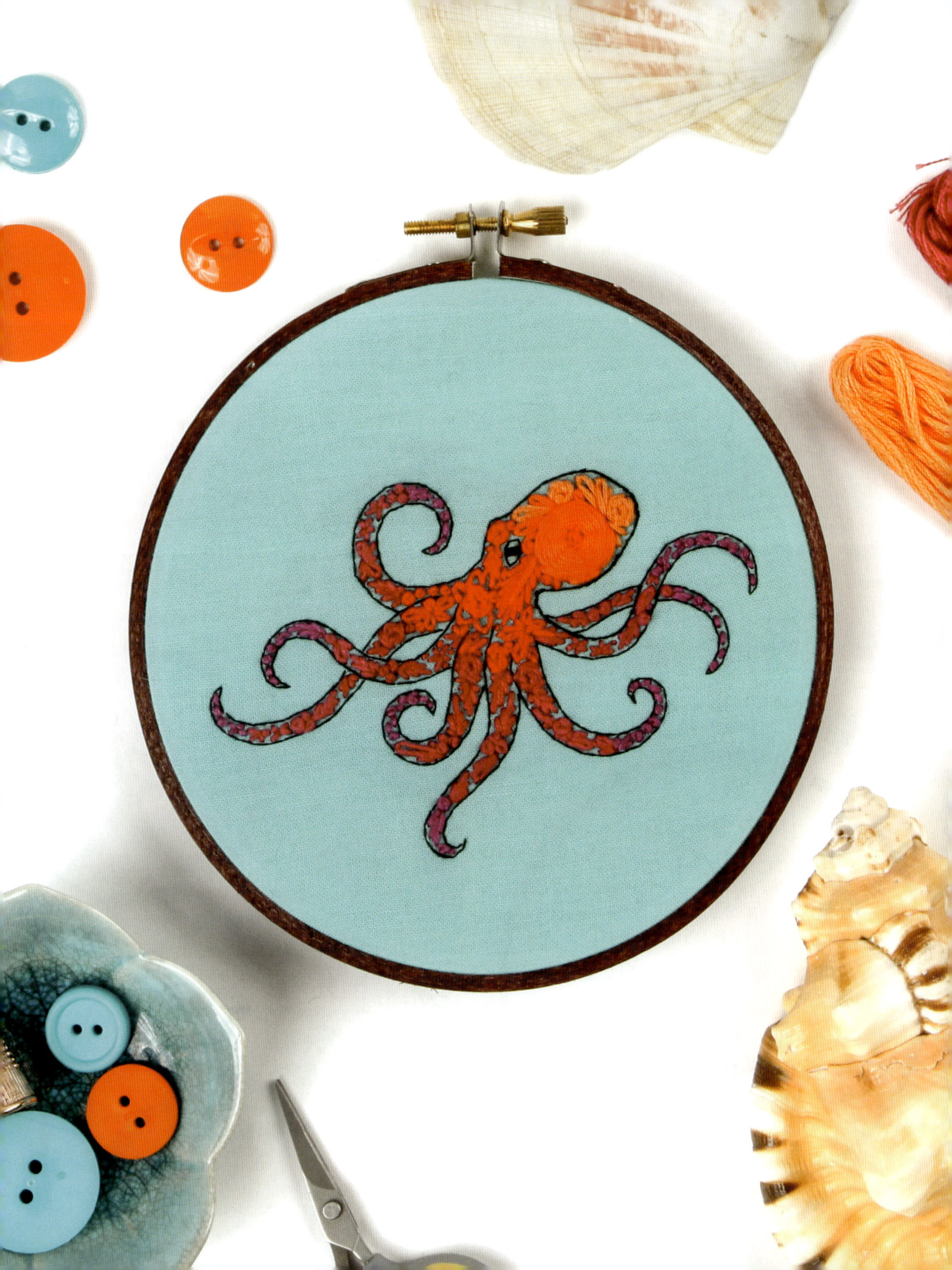

Kapitel 7

Tiere für Fortgeschrittene

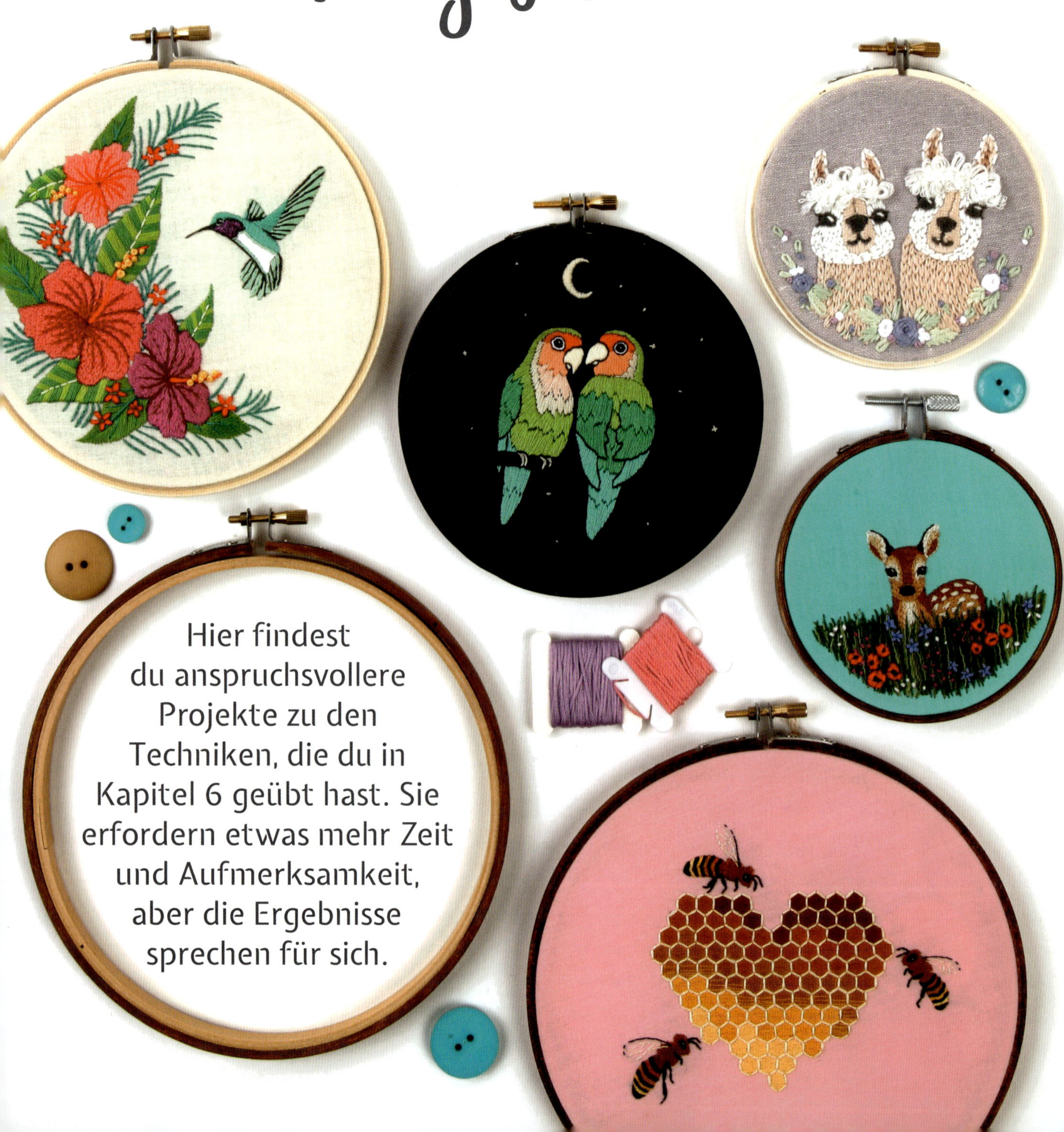

Hier findest du anspruchsvollere Projekte zu den Techniken, die du in Kapitel 6 geübt hast. Sie erfordern etwas mehr Zeit und Aufmerksamkeit, aber die Ergebnisse sprechen für sich.

Kolibri mit Hibiskus

Dieses strahlende Motiv ist eine regelrechte Farbexplosion. Die eingesetzten Sticharten sind einfach, aber es wird viel Fläche bedeckt, also nimm dir ausreichend Zeit. Außerdem brauchst du ziemlich viele Farben (18 Stränge!) und optional ein Metallicgarn. Das Projekt steht zwar am Kapitelanfang, ist aber wahrscheinlich neben den Nadelmalereien eine der schwierigsten Vorlagen im Buch.

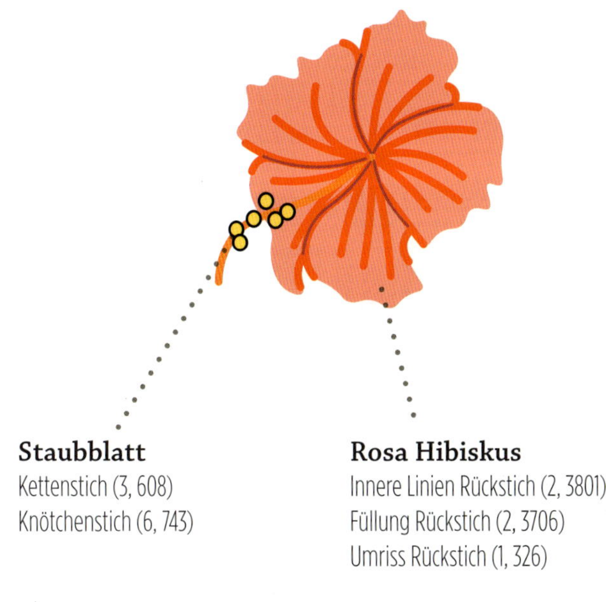

Tipps und Ideen:

- Das Design ist ziemlich komplex und daher nicht ganz einfach zu übertragen. Mit Stoffstiften in unterschiedlichen Farben lassen sich die Einzelelemente besser voneinander abgrenzen.
- Wenn dir der helle Stoff zu dünn ist, lege ihn doppelt.
- Benutze kein zu langes Stück Metallicgarn, und habe Geduld. Du kannst stattdessen auch einfachen Baumwoll-Sticktwist benutzen.
- Du willst eine Herausforderung? Sticke den Kolibri und den Hibiskus im versetzten Plattstich!

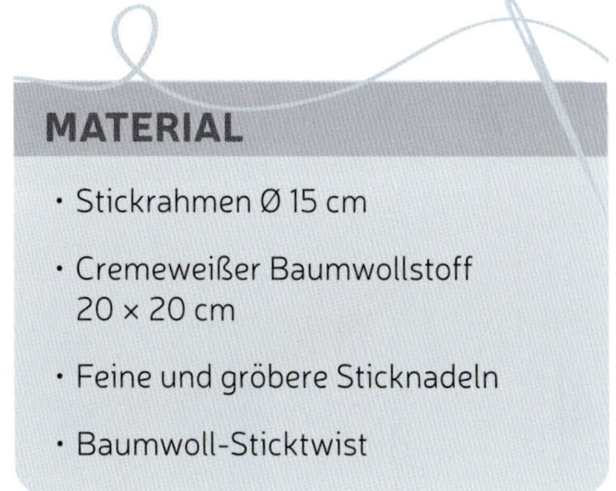

MATERIAL

- Stickrahmen Ø 15 cm
- Cremeweißer Baumwollstoff 20 × 20 cm
- Feine und gröbere Sticknadeln
- Baumwoll-Sticktwist

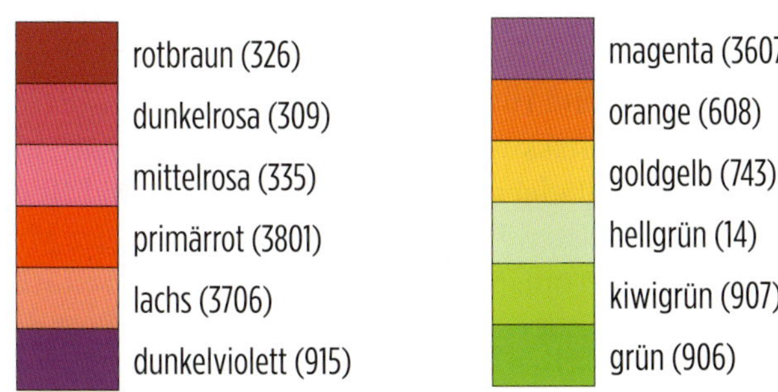

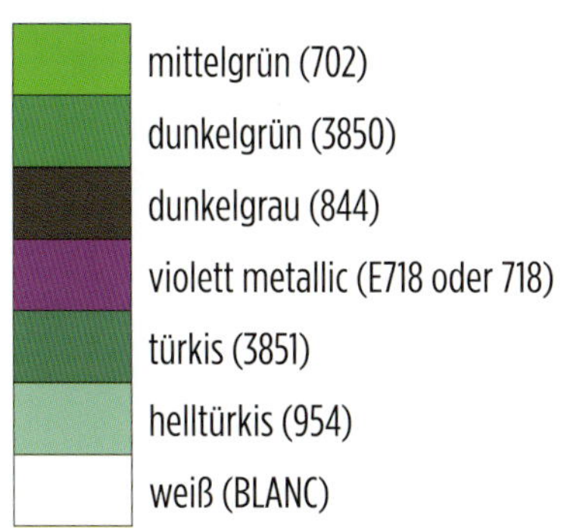

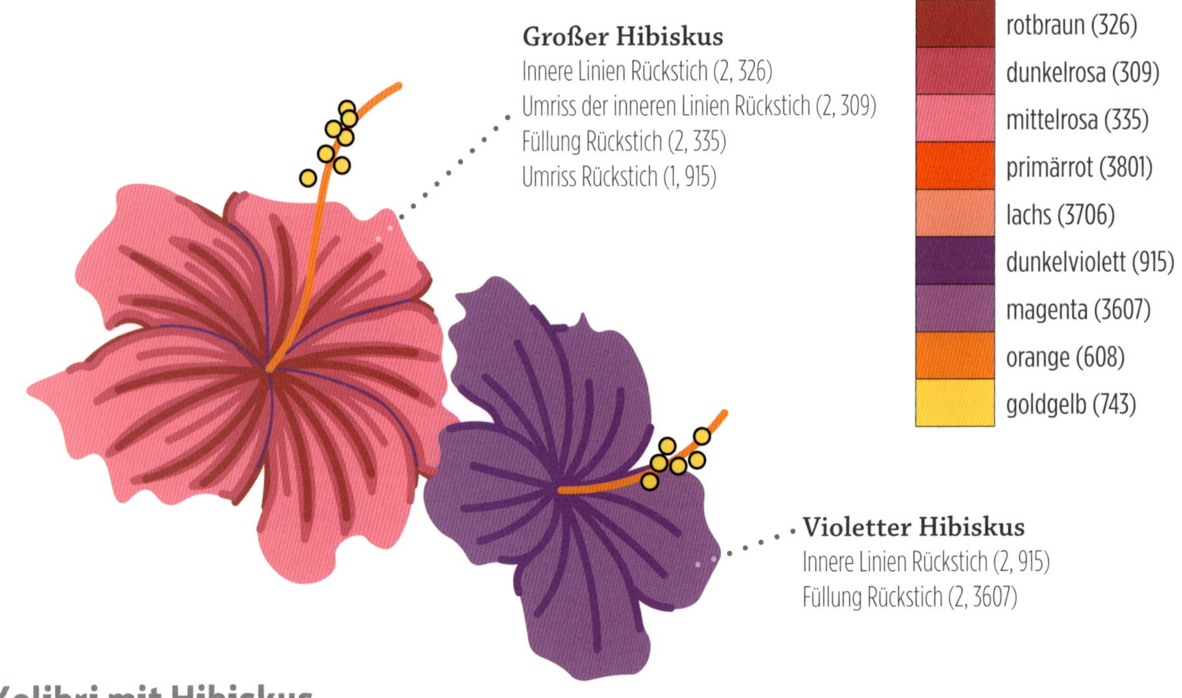

Kolibri mit Hibiskus

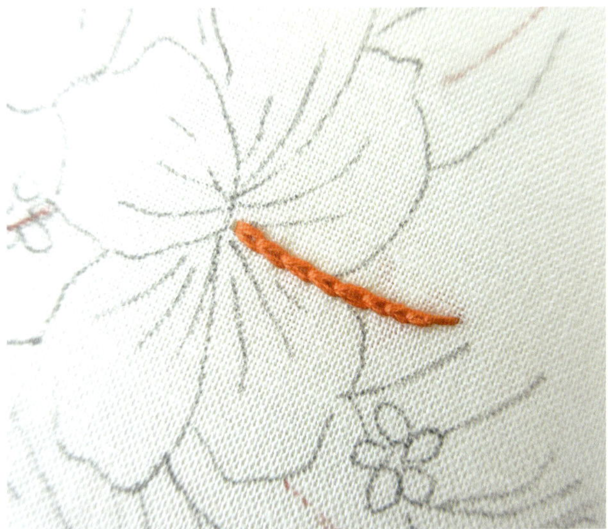

1. Staubblätter. Zuerst die Staubblätter der Hibiskusblüten mit 3 Fäden Orange (608) im Kettenstich arbeiten, dabei jeweils in der Blütenmitte beginnen.

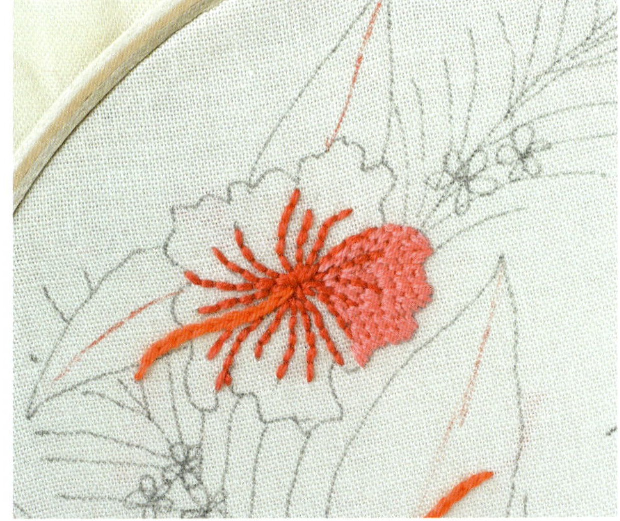

2. Kleine Hibiskusblüten. Als Nächstes die kleinen Hibiskusblüten füllen. Die Blütenblätter werden 2-fädig mit Rückstichreihen gefüllt. Mit der dunkelsten Füllfarbe zunächst die von der Mitte ausgehenden inneren Linien sowie die seitlichen Ränder der Blütenblätter sticken. Den Rest der Blütenblätter ebenfalls 2-fädig mit der helleren Farbe füllen. Dafür von der Mitte ausgehend Rückstichreihen nebeneinandersetzen.

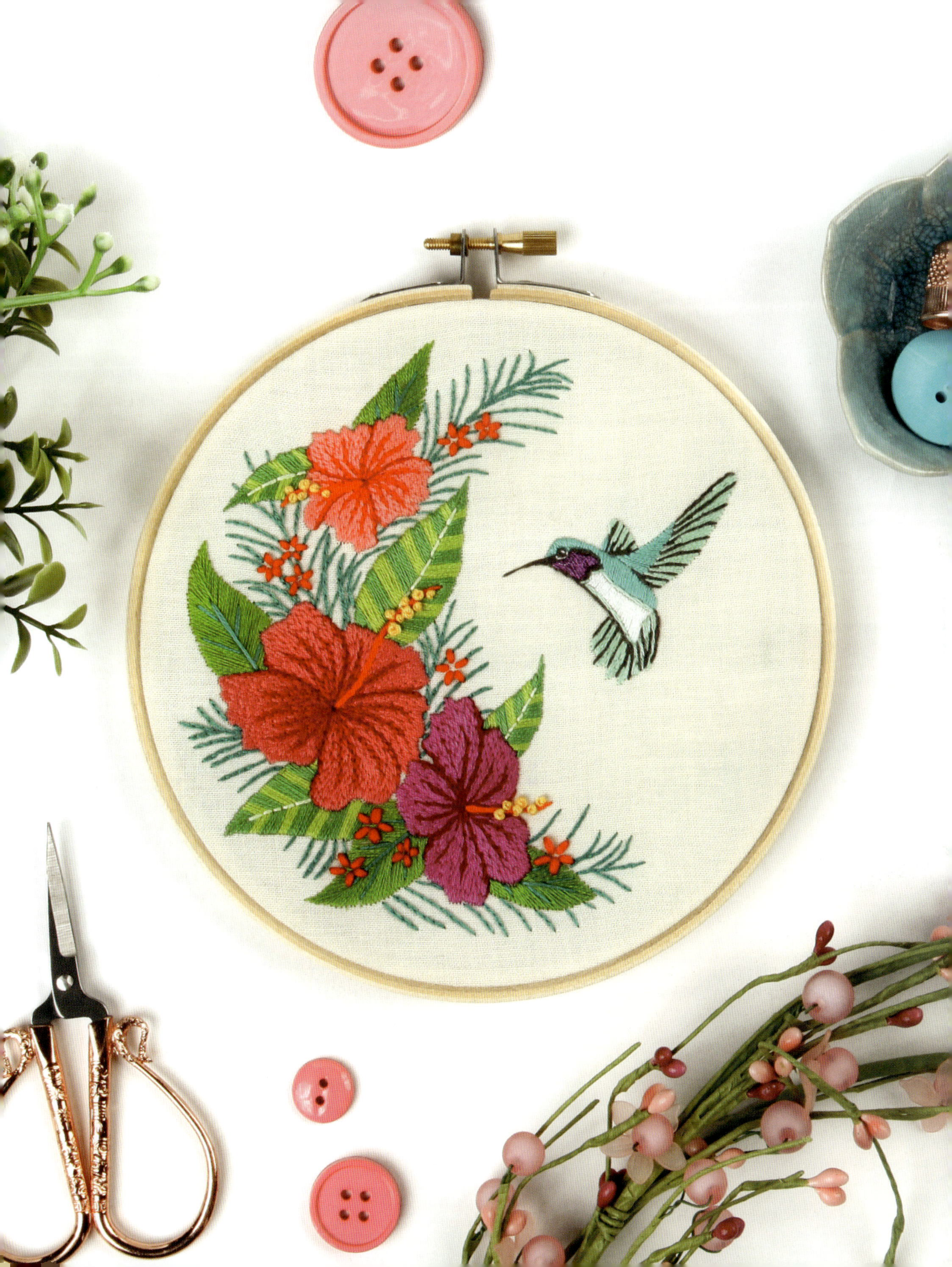

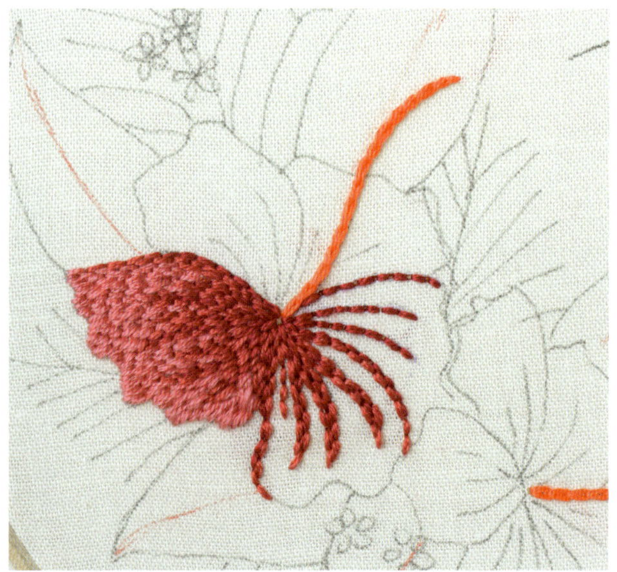

3. Große Hibiskusblüte. Für die große Blüte werden drei Farben verwendet. Wieder mit der dunkelsten Farbe die inneren Linien und seitlichen Ränder 2-fädig im Rückstich sticken. Dann mit der mittleren Farbe die dunklen Linien umsticken. Zum Schluss den Rest mit der hellsten Farbe ausfüllen.

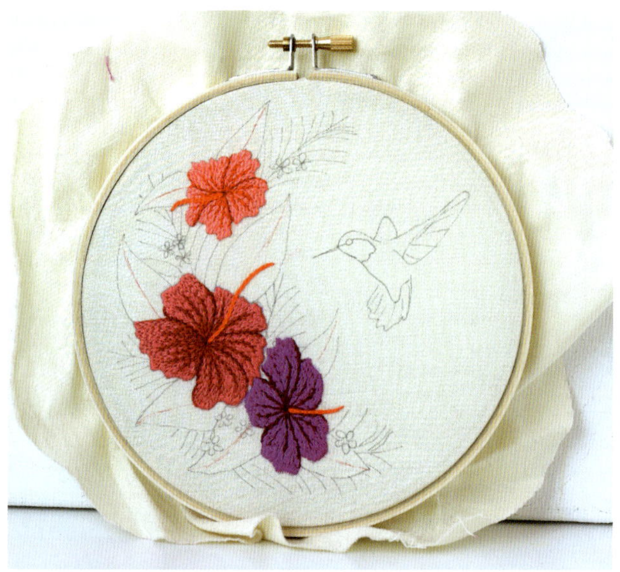

4. Blütendetails. Zur Akzentuierung mit 1 Faden einer dunkleren Farbe entlang der seitlichen Ränder der Blütenblätter im Rückstich sticken.

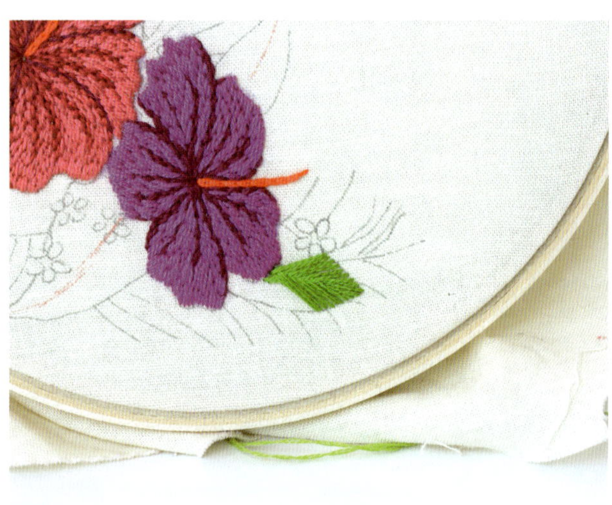

5. Grätenstich-Blätter. Mit 2 Fäden Grün (906) die einfarbigen Blätter im Grätenstich füllen. Um die Blütenblätter herum je nach Bedarf zum Plattstich wechseln.

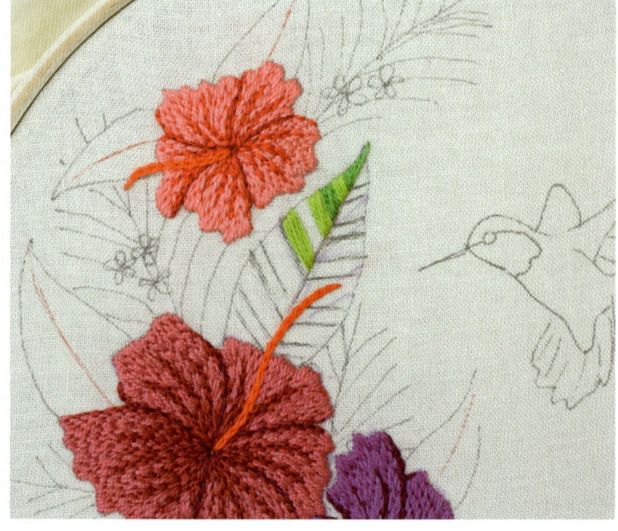

6. Plattstich-Blätter. Die restlichen Blätter 2-fädig im Plattstich füllen, dabei zwischen Kiwigrün (907) und Mittelgrün (702) wechseln, sodass Streifen entstehen. Um die Blütenblätter und das Staubblatt herum sorgfältig arbeiten, damit keine Lücken bleiben. Markierungen auf dem Stoff helfen dabei, eine gleichmäßige Stichrichtung einzuhalten.

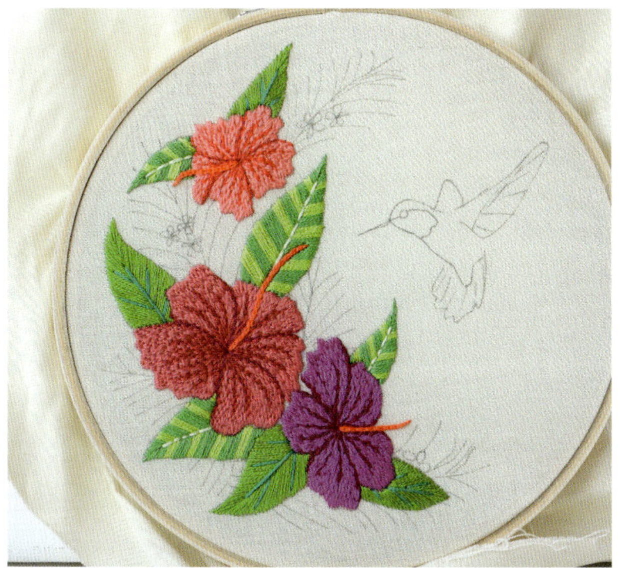

7. Blätterdetails. Wenn die Blätter fertig sind, die Blattadern hinzufügen: auf den Grätenstich-Blättern mehrere Linien mit 2 Fäden Dunkelgrün (3850) im Geradstich, auf den Plattstich-Blättern die Mittelrippe mit 3 Fäden Hellgrün (14) im Rückstich sticken.

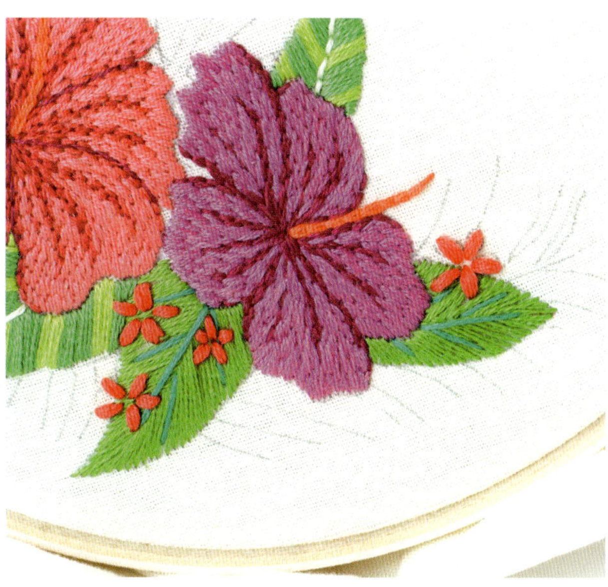

8. Kleine Blumen. Die kleinen Blumen 6-fädig in Primärrot (3801) sticken. Dabei wird jedes Blütenblatt als einzelner Körnchenstich gearbeitet.

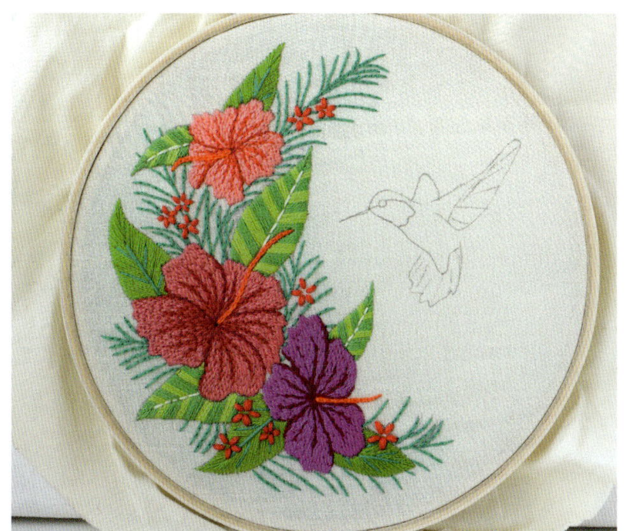

9. Palmwedel. Die Palmwedel mit 3 Fäden Dunkelgrün (3850) im Spaltstich sticken.

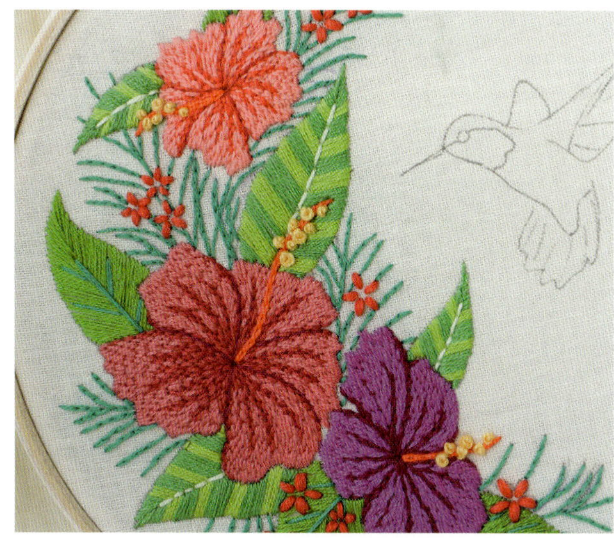

10. Letzte Knötchen. Mit 6 Fäden Goldgelb (743) die Knötchen sticken, dabei die Anzahl Umwicklungen variieren, um unterschiedliche Größen zu erreichen.

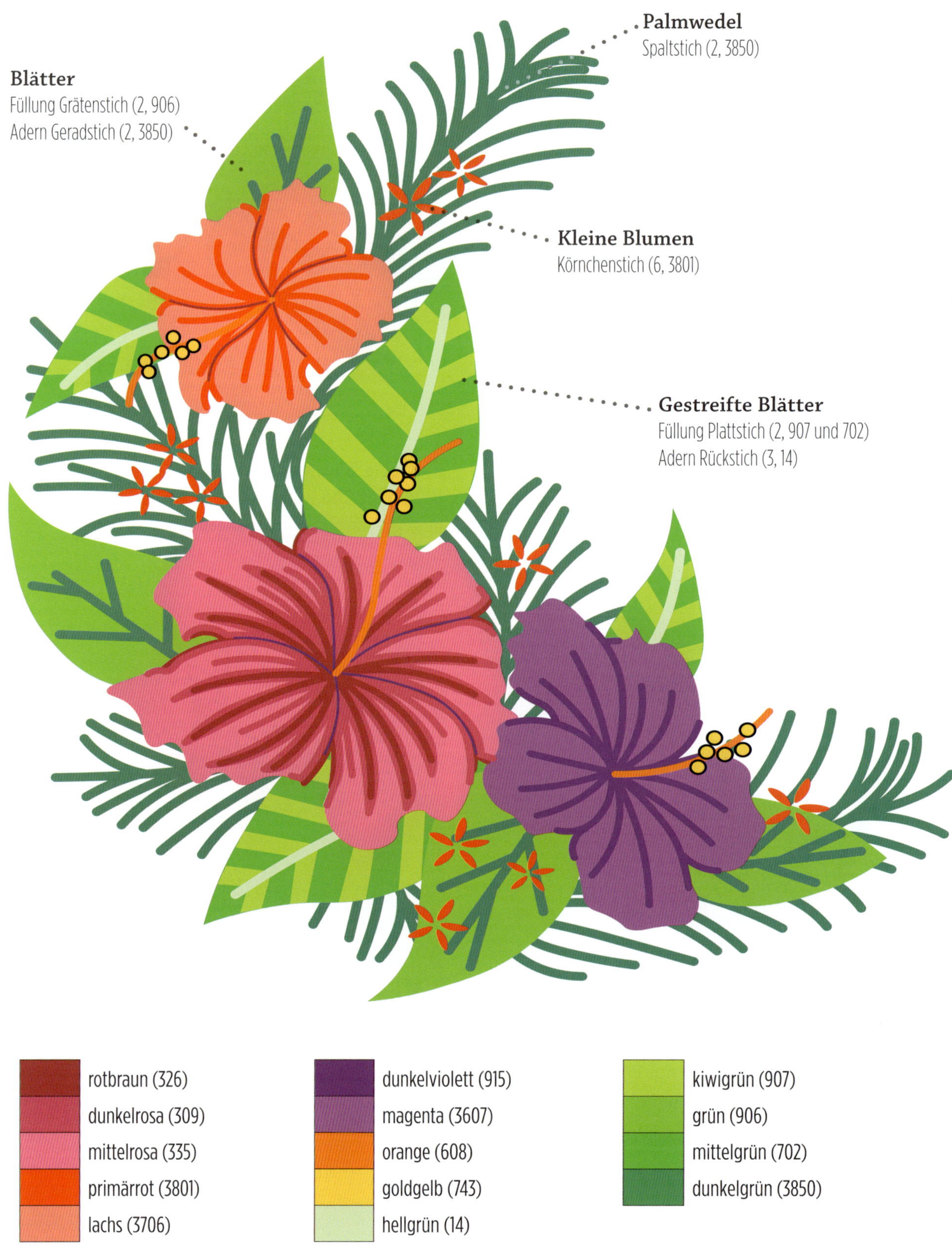
Palmwedel
Spaltstich (2, 3850)
Blätter
Füllung Grätenstich (2, 906)
Adern Geradstich (2, 3850)
Kleine Blumen
Körnchenstich (6, 3801)
Gestreifte Blätter
Füllung Plattstich (2, 907 und 702)
Adern Rückstich (3, 14)
rotbraun (326)
dunkelrosa (309)
mittelrosa (335)
primärrot (3801)
lachs (3706)
dunkelviolett (915)
magenta (3607)
orange (608)
goldgelb (743)
hellgrün (14)
kiwigrün (907)
grün (906)
mittelgrün (702)
dunkelgrün (3850)

11. Kolibri beginnen. Zuerst die abgebildeten Umrisse mit 2 Fäden Dunkelgrau (844) im Spaltstich sticken. Mit der gleichen Farbe das Auge und den Schnabel im Plattstich füllen.

12. Hals. Mit 2 Fäden Violett metallic (E718) oder Baumwoll-Sticktwist in einer vergleichbaren Farbe, z. B. Violett (718), den Hals im Plattstich füllen.

13. Kopf und Rücken. Mit 2 Fäden Türkis (3851) Kopf und Rücken im Plattstich füllen.

14. Umriss und Lücken. Mit 2 Fäden Helltürkis (954) im Spaltstich wie abgebildet den Bauch innen umranden. Die Lücken in den Flügeln mit Plattstich füllen. Bei den Schwanzfedern zum Spaltstich wechseln.

15. Letzte Details in Weiß. Zum Schluss den Bauch des Kolibris mit 2 Fäden Weiß (BLANC) im Plattstich füllen. Mit 1 Faden Weiß (BLANC) den unteren Umriss des Auges im Spaltstich sticken und mit einem Geradstich ein Licht ins Auge setzen.

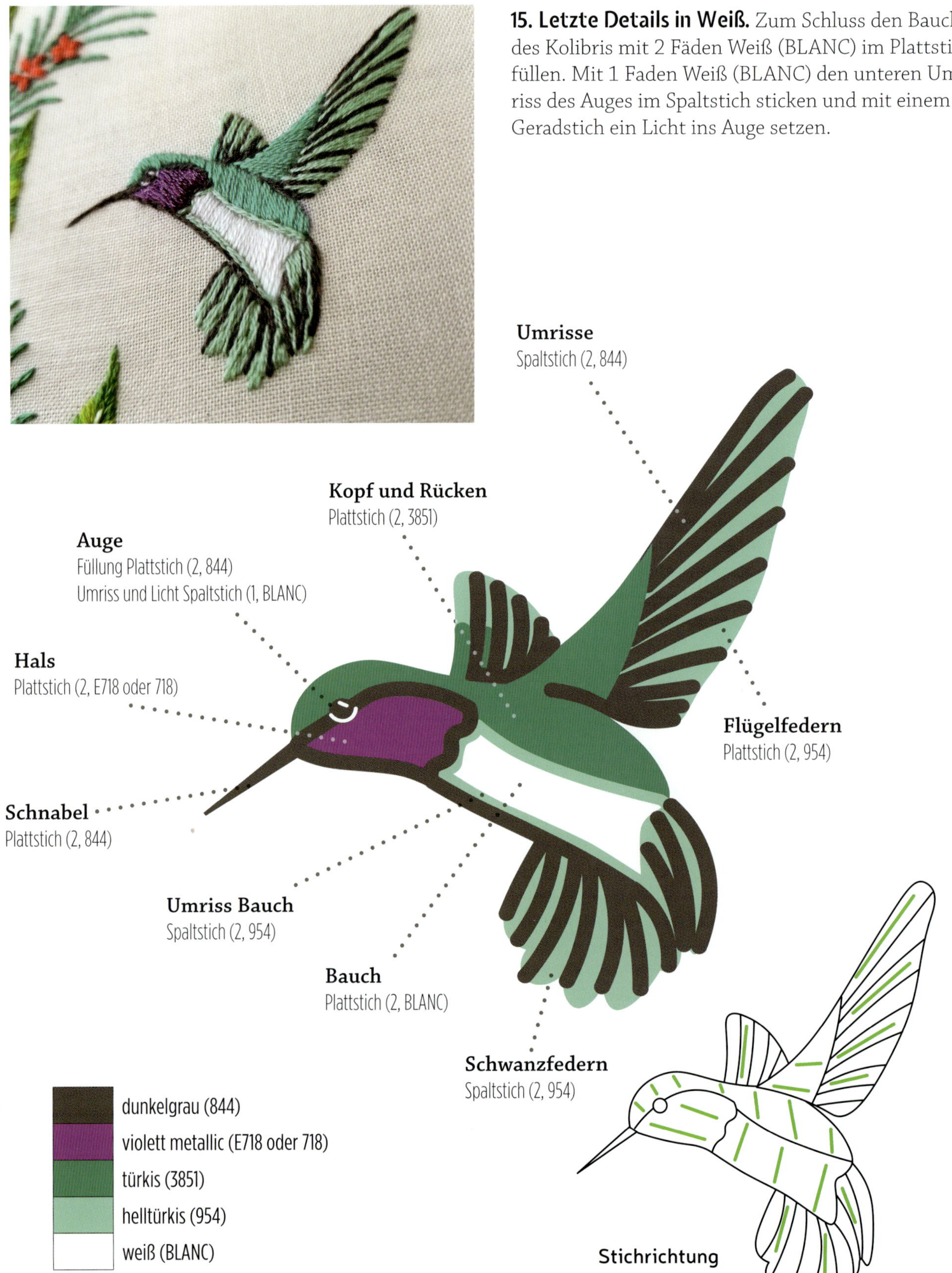

Herr Frosch

Hier kannst du dich austoben: Sticke so viel Gras und Farn, wie du magst, damit sich Frosch und Pilze richtig wohlfühlen. Bei diesem Projekt übst du, Flächen mit Rückstich und Spaltstich auszufüllen.

Tipps und Ideen:

- Setze eine ganze Froschfamilie ins Gras. Amphibien magst du nicht? Unser Stückchen Wald sieht auch ohne Frosch gut aus!
- Gib dem Frosch einen Regenschirm in die Hand und sticke Regentropfen dazu!

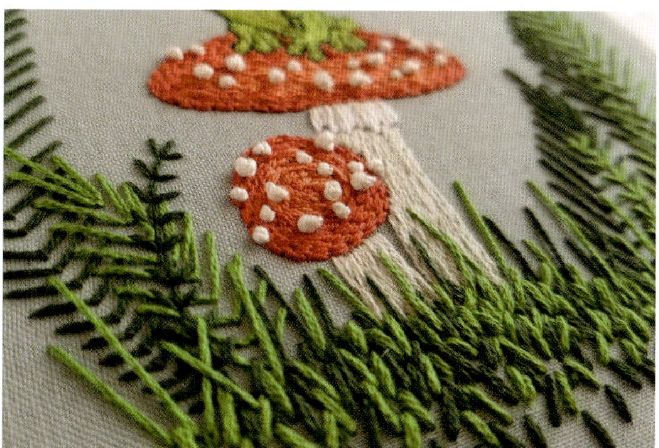

Es gefällt mir, wie das dichte Gras und der Farn einen üppigen Waldboden bilden.

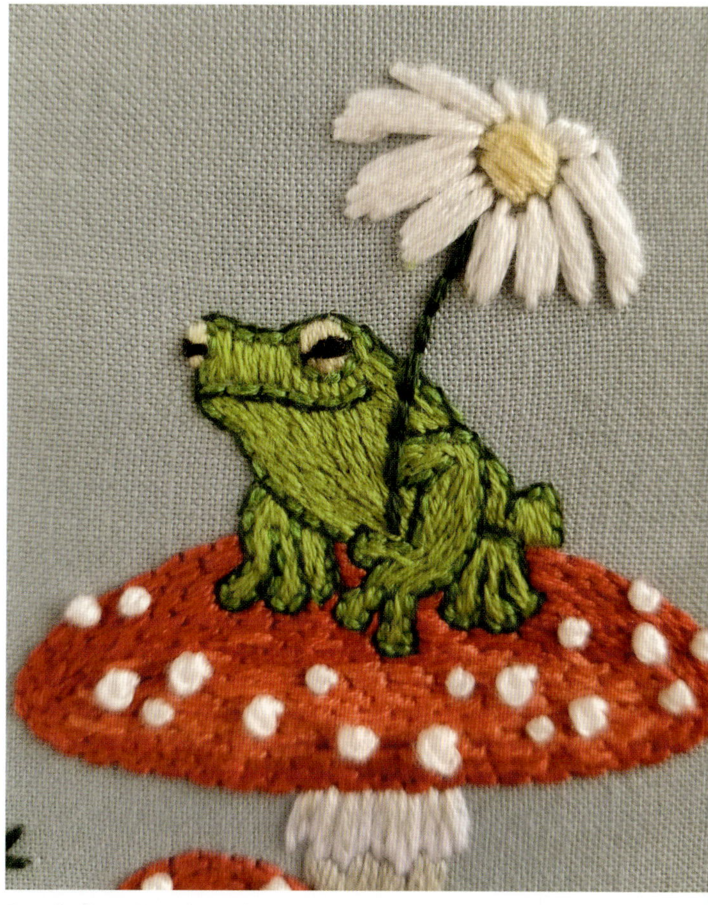

Der äußere Umriss mit 1 Faden Dunkelgrün definiert den Körper schön. Verpasse dem Frosch unbedingt ein nettes Lächeln.

MATERIAL

- Stickrahmen Ø 15 cm
- Blauer Baumwollstoff 20 × 20 cm
- Feine und gröbere Sticknadeln
- Baumwoll-Sticktwist

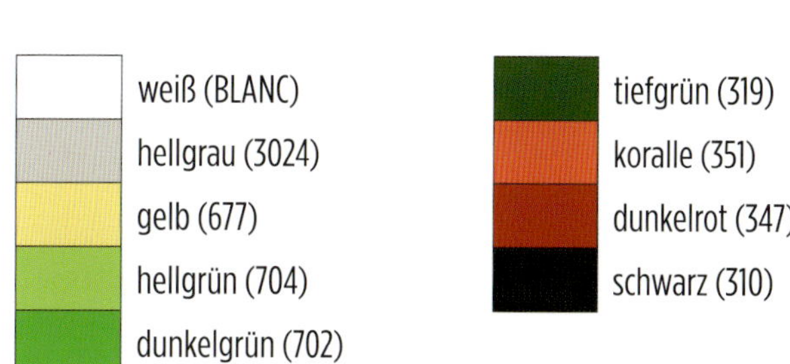

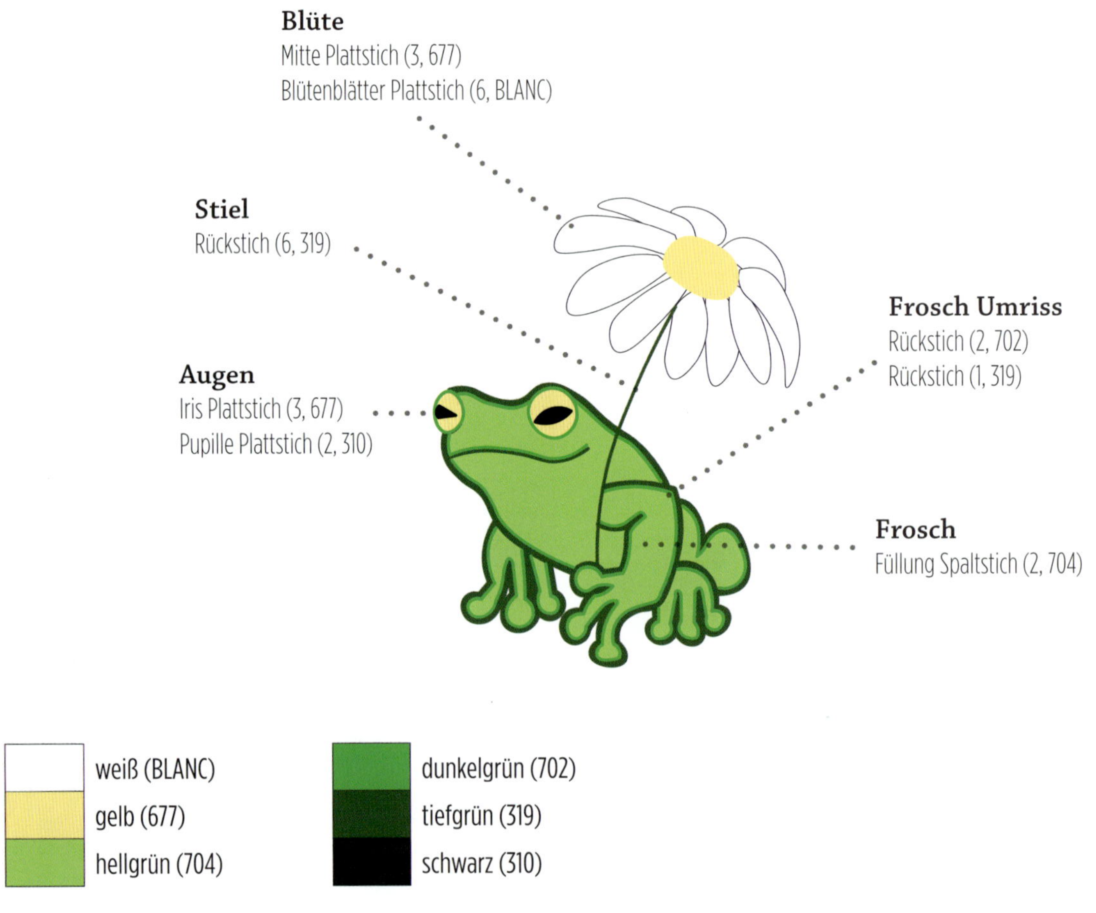

Frosch

1. Zuerst im Plattstich mit 3 Fäden Gelb (677) die Augen sticken. Mit 2 Fäden Schwarz (310) die Pupillen darübersticken.

2. Den Umriss des Frosches mit 2 Fäden Dunkelgrün (702) im Rückstich sticken.

3. Den Frosch mit nebeneinandergesetzten Spaltstichreihen aus 2 Fäden Hellgrün (704) füllen. Bei größeren Flächen achte ich darauf, dass die Stichrichtung parallel zur Körperform bleibt.

4. Mit 1 Faden Dunkelgrün (319) noch einmal einen äußeren Umriss im Rückstich sticken.

5. Die Blütenmitte mit 3 Fäden Gelb (677) und die Blütenblätter mit 6 Fäden Weiß (BLANC) im Plattstich sticken. Der Stiel wird mit 6 Fäden Dunkelgrün (319) im Rückstich gestickt.

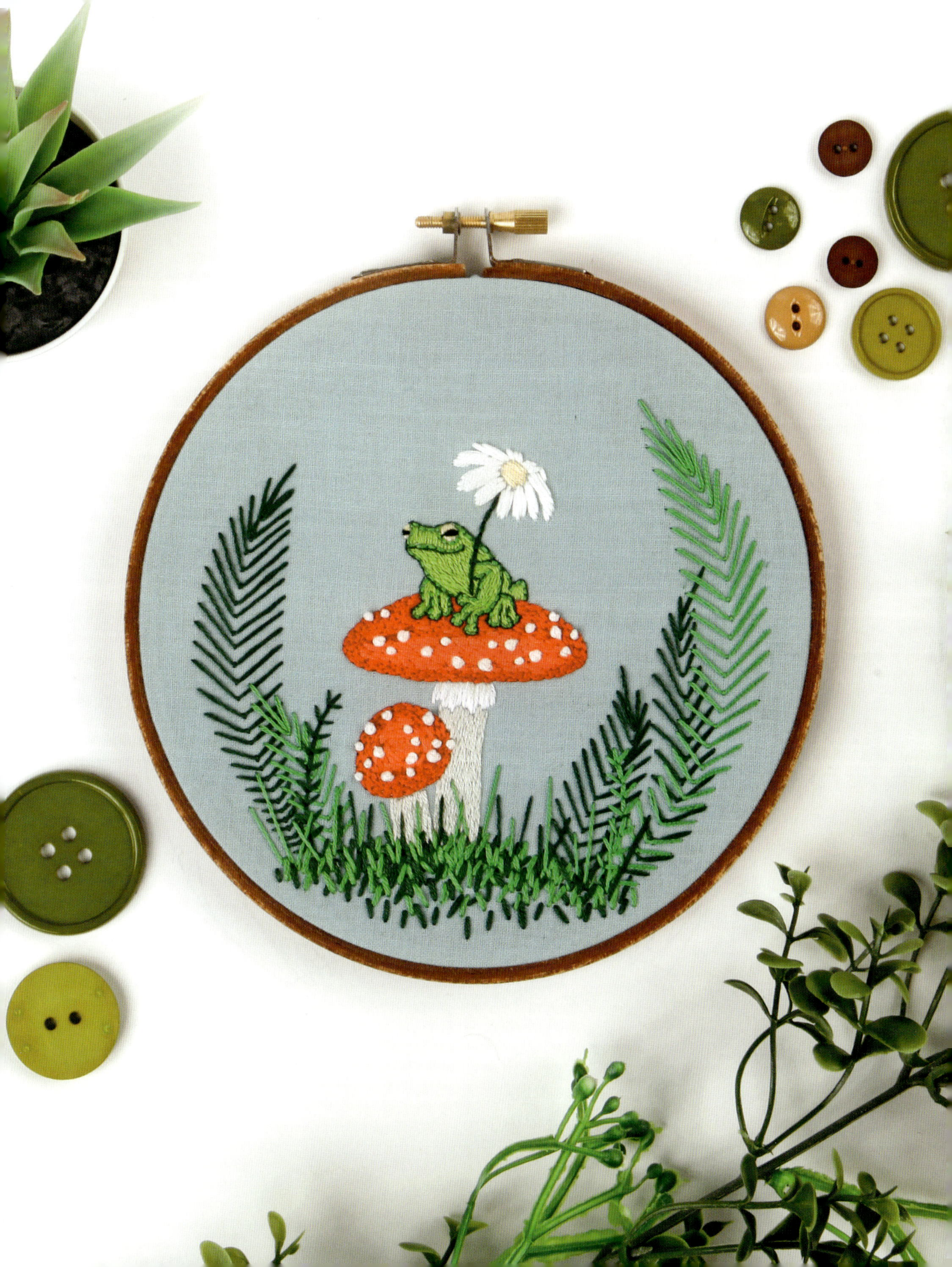

Pilze, Gras und Farn

1. Umriss der Pilzhüte mit 3 Fäden Dunkelrot (347) im Rückstich sticken. Fläche von außen nach innen weiter mit Rückstich füllen, dabei zur Mitte hin zu Koralle (351) wechseln.

2. Pilzstiele mit 2 Fäden Hellgrau (3024) im Spaltstich füllen. Manschette des großen Pilzes mit 3 Fäden Weiß (BLANC) im Plattstich füllen.

3. Knötchen aus 6 Fäden Weiß (BLANC) auf die Pilzhüte setzen.

4. Die großen Farne mit einem langen Geradstich an der Spitze beginnen und im Fliegenstich weiter nach unten arbeiten. Dafür 6 Fäden Dunkelgrün (702) bzw. Moosgrün (319) verwenden.

5. Mit 6 Fäden Dunkelgrün (702) bzw. Moosgrün (319) die kleinen Farne im Bäumchenstich sticken.

6. Das Gras mit 6 Fäden Dunkelgrün (702) bzw. Moosgrün (319) im Geradstich sticken. Die Stiche in verschiedenen Längen und Richtungen beliebig versetzt anordnen.

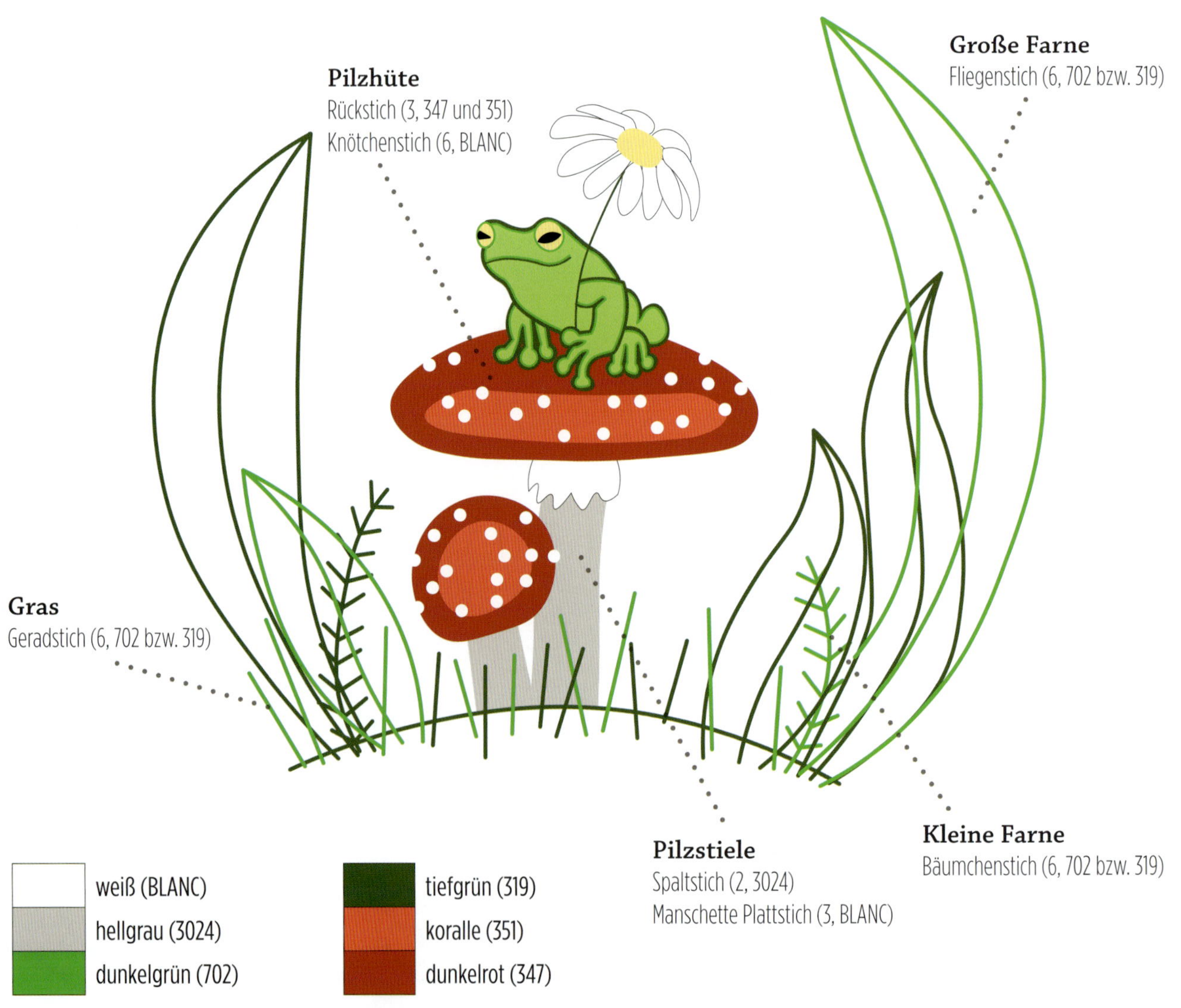

weiß (BLANC)
hellgrau (3024)
dunkelgrün (702)
tiefgrün (319)
koralle (351)
dunkelrot (347)

Die Unzertrennlichen

Das gefiederte Pärchen ist das perfekte Motiv für den Valentinstag. Am bunten Gefieder kannst du ausgiebig einen sauberen Plattstich üben. Arbeite wie angegeben mit 2 Fäden Sticktwist (Ergebnis siehe S. 81), oder gehe für ein besonders zartes Bild auf 1 Faden herunter.

Tipps und Ideen:

- Noch einfacher wird dieses Einsteigerprojekt, wenn du die Plattstichfüllung weglässt und nur die Umrisse des Gefieders stickst. Halte dich dabei an die angegebenen Farben oder experimentiere mit eigenen Kombinationen.

- Auf dunklem Stoff kommt das Vogelpärchen besonders gut zur Geltung. Ich habe es auf dem dunkelblauem Baumwollstoff mit einem weißen Gelstift vorgezeichnet.

- Du kannst einen Vogel nach dem anderen sticken oder für beide einen Schritt nach dem anderen abarbeiten.

- Ich kann mir die Vögel gut auf dem Rücken einer Jacke vorstellen. Verkleinert oder als Ausschnitt eignen sie sich auch für Anhänger oder als Brosche.

- Ein akkurater Plattstich ergibt schöne glatte Federn. Diese Wirkung lässt sich noch steigern, wenn du mit einem einzelnen Faden oder Seidengarn arbeitest.

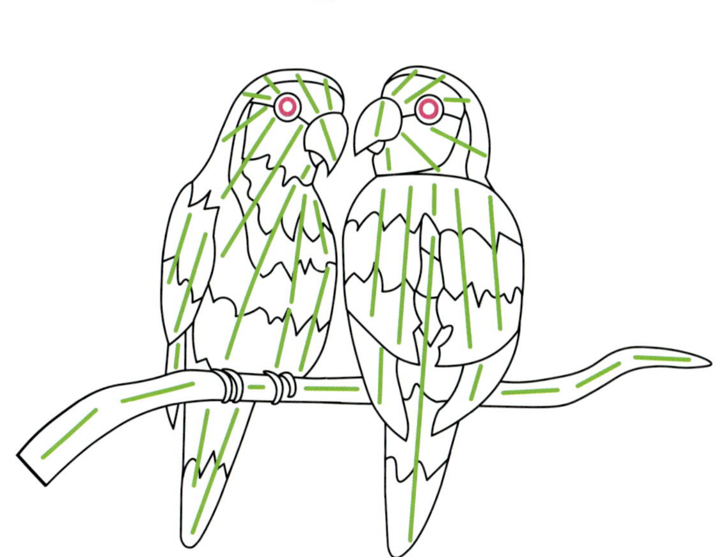

Stichrichtung

MATERIAL

- Stickrahmen Ø 13 cm
- Dunkelblauer Baumwollstoff 20 × 20 cm
- Feine Sticknadeln
- Baumwoll-Sticktwist

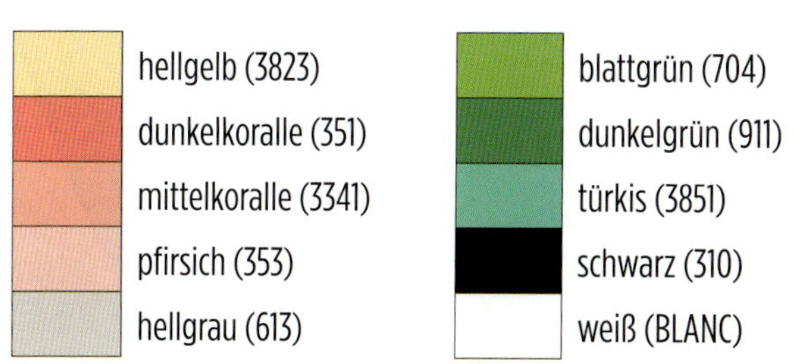

Vögel

1. Den oberen Schnabel mit 2 Fäden Hellgelb (3823) im gehöhten Plattstich arbeiten. Den unteren Teil des Schnabels im Plattstich füllen.

2. Im gehöhten Plattstich die Augen mit 2 Fäden Schwarz (310) füllen. Mit 2 Fäden Weiß (BLANC) im Geradstich Highlights in die Augen setzen. Augenumriss im Spaltstich sticken, ebenfalls mit 2 Fäden Weiß (BLANC).

3. Das Gefieder mit 2 Fäden der jeweiligen Farbe (siehe Legende) im Plattstich füllen. Stichrichtungsgrafik beachten! Die Übergänge zwischen den Farben müssen nicht perfekt sein, die Linien dürfen ruhig gezackt aussehen.

4. Die Füße mit 2 Fäden Hellgelb (3823) im Spaltstich füllen.

5. Mit 2 Fäden Schwarz (310) den Ast im Spaltstich füllen. Die Stichrichtung verläuft parallel zum Ast.

6. Der Mond wird im gehöhten Plattstich mit 2 Fäden Hellgelb (3823) gefüllt. Mit der gleichen Farbe im Kreuzstich und Geradstich die Sterne sticken.

7. Zum Schluss mit 1 Faden Schwarz (310) den Umriss von Mond, Augen, Schnäbeln, Krallen, Körper und Flügeln im Rückstich sticken.

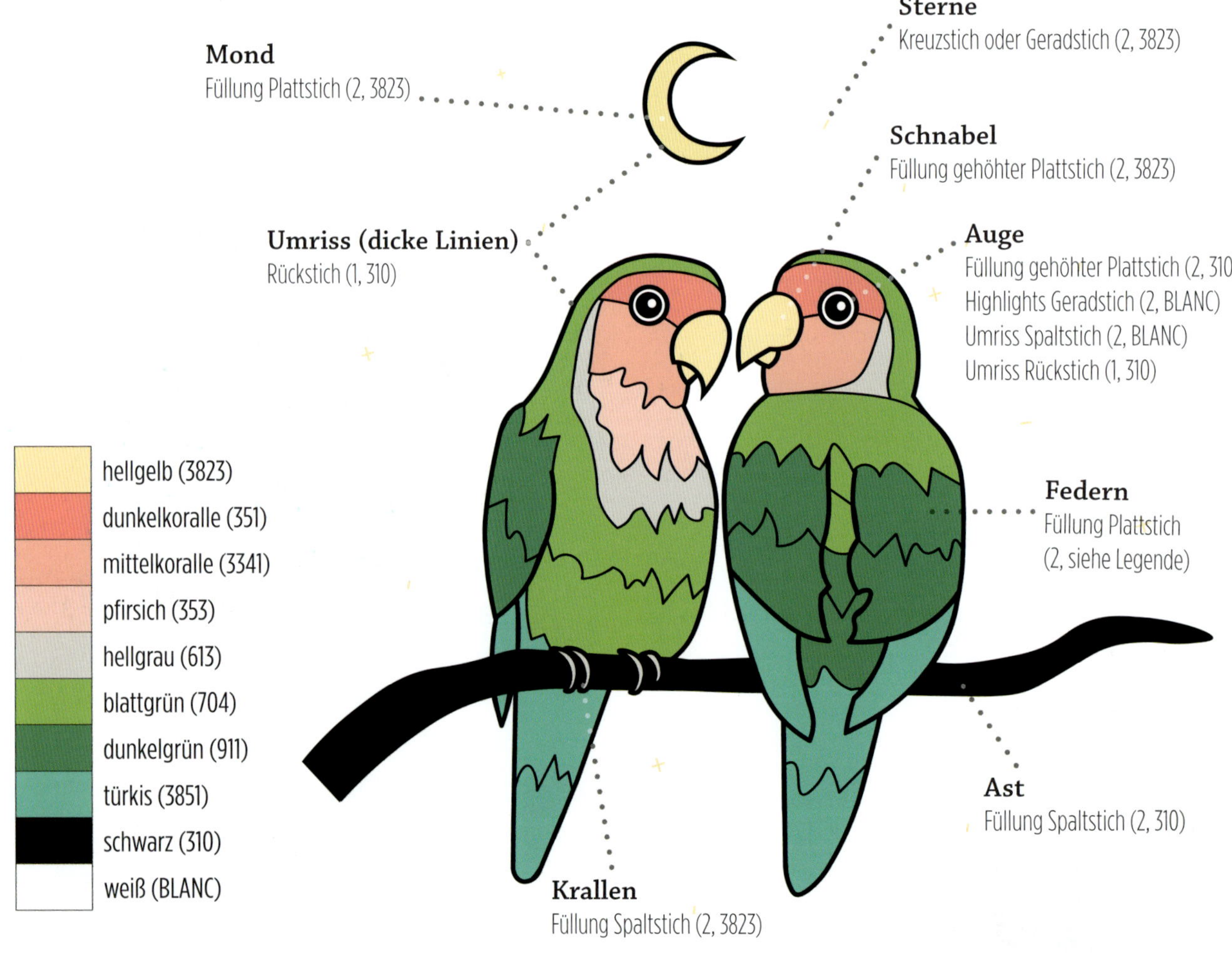

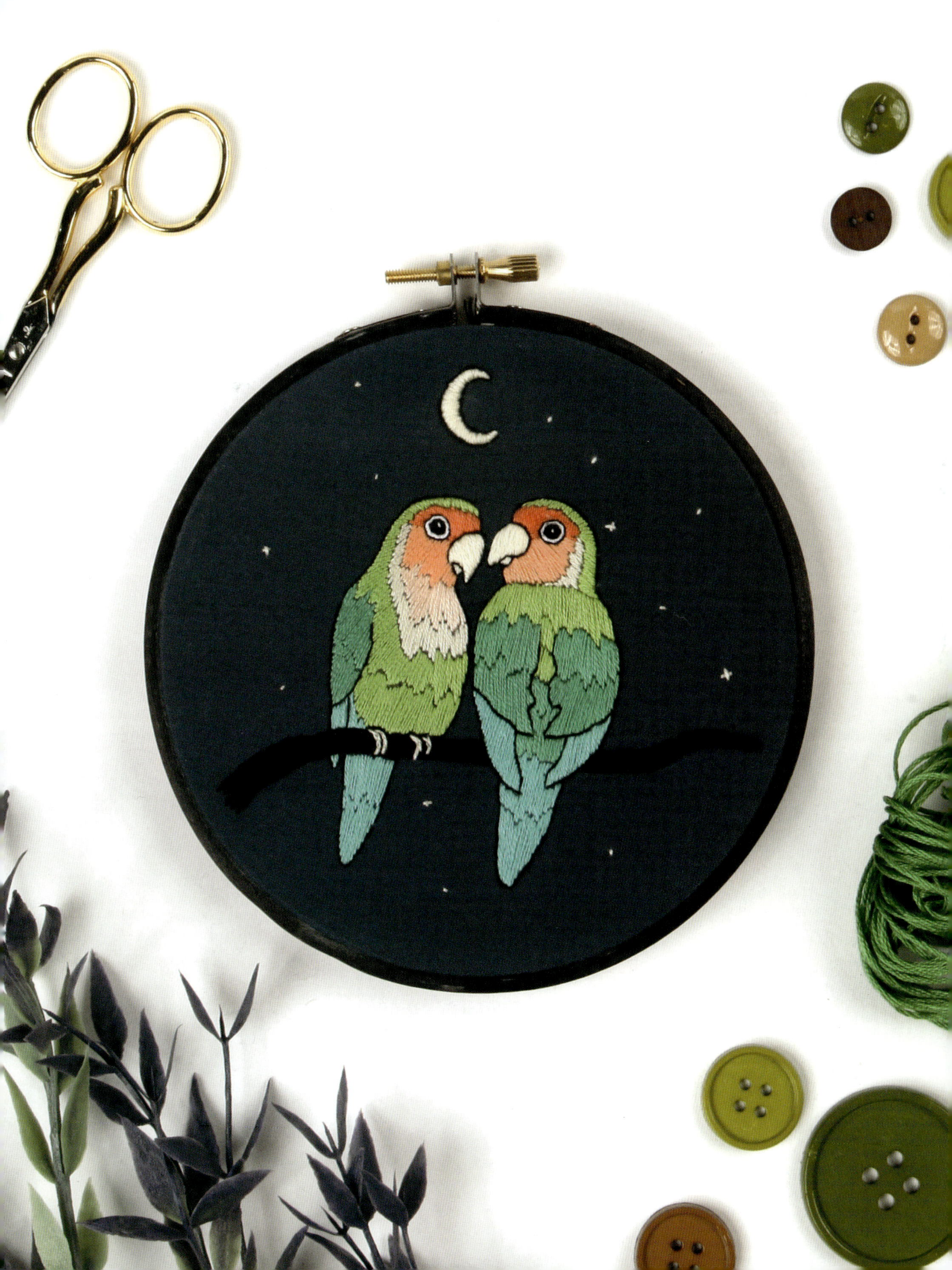

Rehkitz mit Wildblumen

In der freien Natur einen Blick auf Tierbabys zu erhaschen, macht mich immer glücklich! Dieses süße Rehkitz lugt aus einer Blumenwiese hervor. Sie wird mit vielen sauberen Rückstichreihen gearbeitet – eine gute Möglichkeit, auch ohne Nadelmalerei ein detailreiches Bild zu sticken.

Tipps und Ideen:

- Wenn du eine Herausforderung suchst, setze das Bild anhand der Farbangaben und der Stichrichtungsgrafik als Nadelmalerei um.
- Zusammen mit anderen Waldtieren, die in diesem Buch noch folgen, wäre das Rehkitz eine zauberhafte Kinderzimmerdekoration.

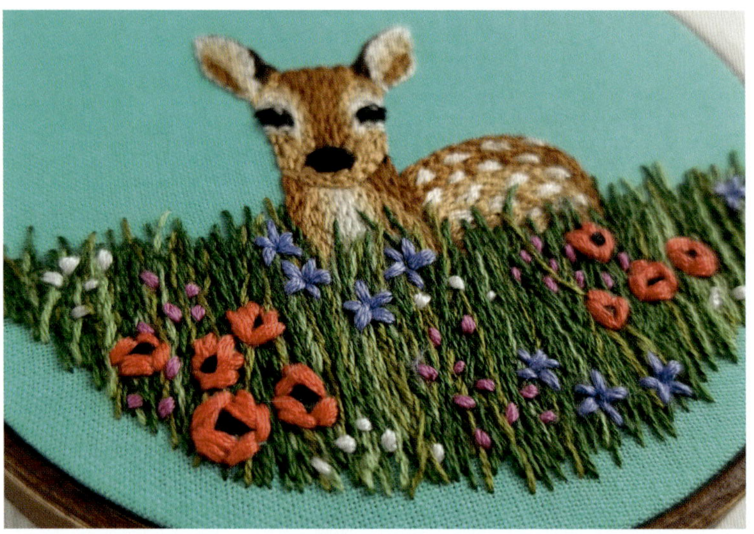

Die mit vollen 6 Fäden gestickten Blüten und die in mehrschichtigem Stielstich gearbeiteten Gräser erzeugen eine wunderbar plastische Wildblumenwiese um das kleine Reh.

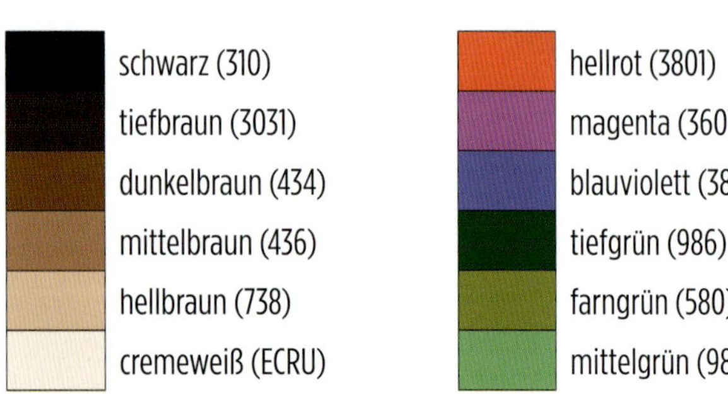

MATERIAL

- Stickrahmen Ø 10 cm
- Türkisfarbener Baumwollstoff 15 × 15 cm
- Feine und gröbere Sticknadeln
- Baumwoll-Sticktwist

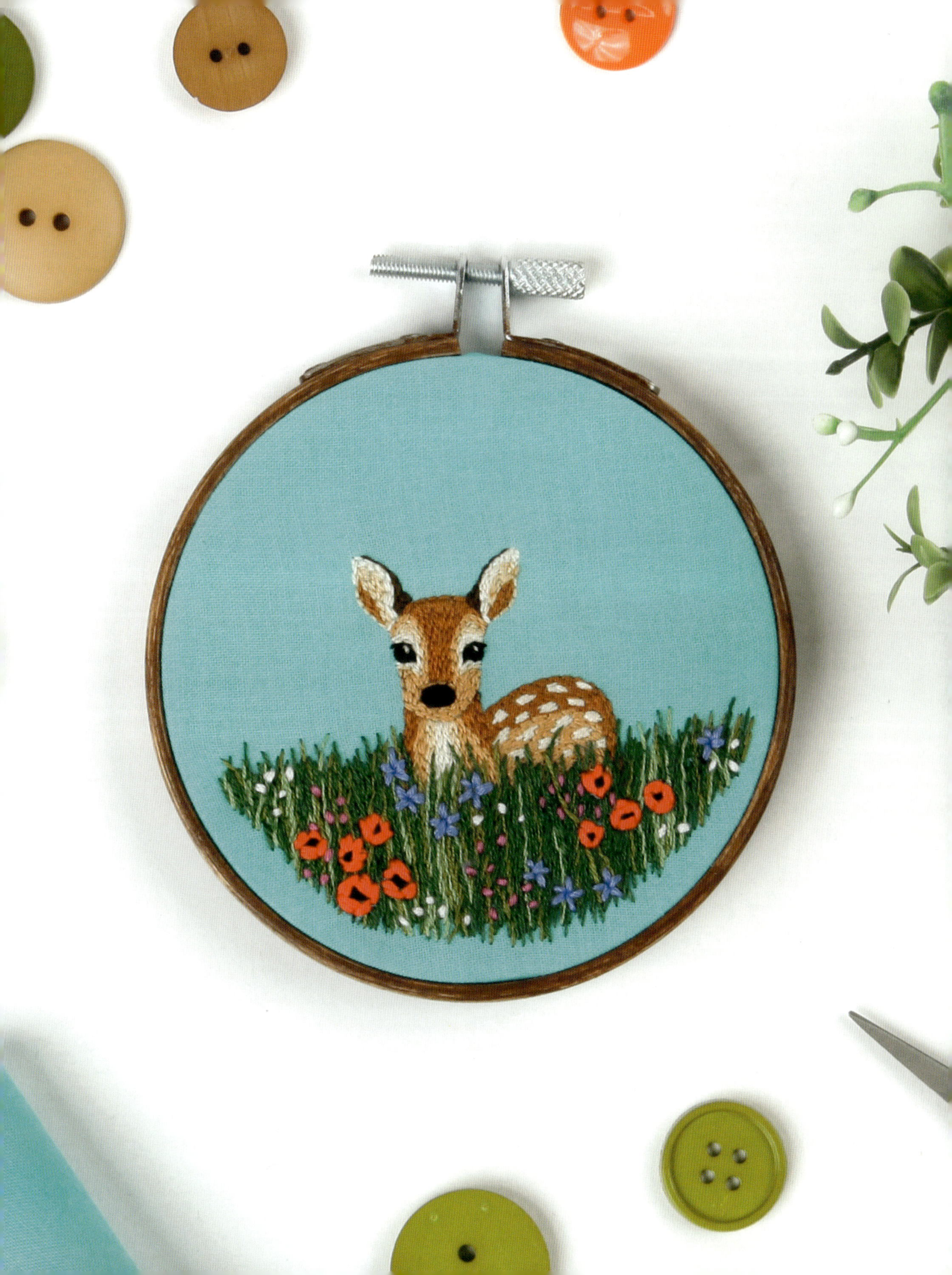

Rehkitz Alles mit 2 Fäden sticken

1. Den Umriss der Augen mit Schwarz (310) im Rückstich vorsticken, dann mit Plattstich ausfüllen. Die Nase genauso arbeiten. Dann in Cremeweiß (ECRU) mit Geradstich die Highlights setzen.

2. Um die Augen herum zunächst mit Cremeweiß (ECRU), dann mit Hellbraun (738) im Rückstich sticken.

3. Die Kontur des Oberkopfes vorsticken und bis hinunter zur Nase mit Dunkelbraun (434) füllen.

4. Den restlichen Kopf in Mittelbraun (436) füllen, dabei zunächst die Kontur vorsticken und dann mit Rückstich ausfüllen.

5. Die Ohren im Rückstich füllen, oben beginnend mit Tiefbraun (3031). Im Inneren der Ohren mit Cremeweiß (ECRU), Hellbraun (738) und Dunkelbraun (434) arbeiten.

6. Den Hals mit senkrechten Rückstichreihen füllen, dabei in der Mitte mit Cremeweiß (ECRU) beginnen und über Hellbraun (738) und Mittelbraun (436) zu Dunkelbraun (434) übergehen.

7. Den Rücken im Rückstich füllen, beginnend mit den Flecken in Cremeweiß (ECRU). Dann den oberen Bereich mit Dunkelbraun (434) und die Seiten mit Mittelbraun (436) füllen.

Rehkitz
Füllung Rückstich (2, siehe Legende)

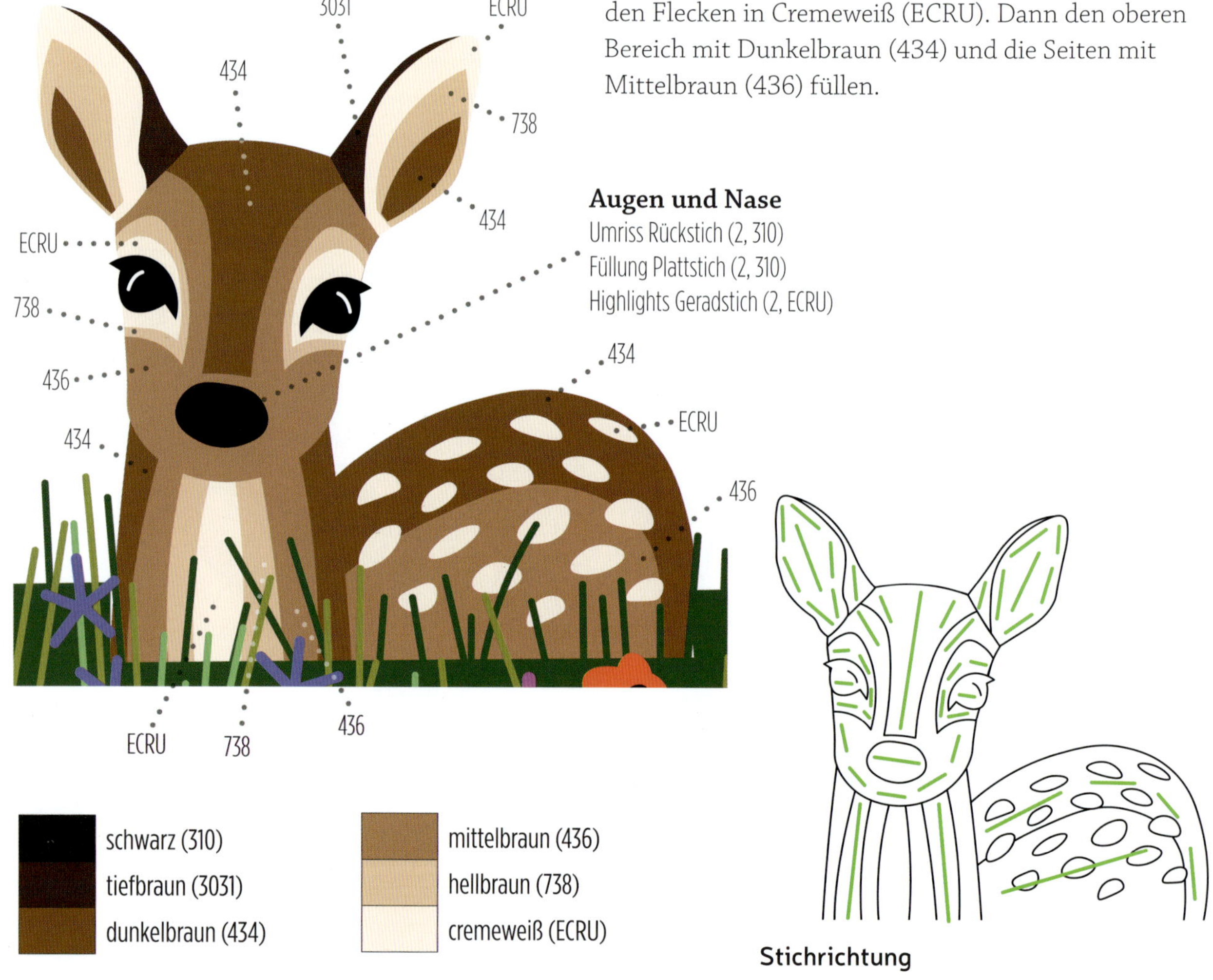

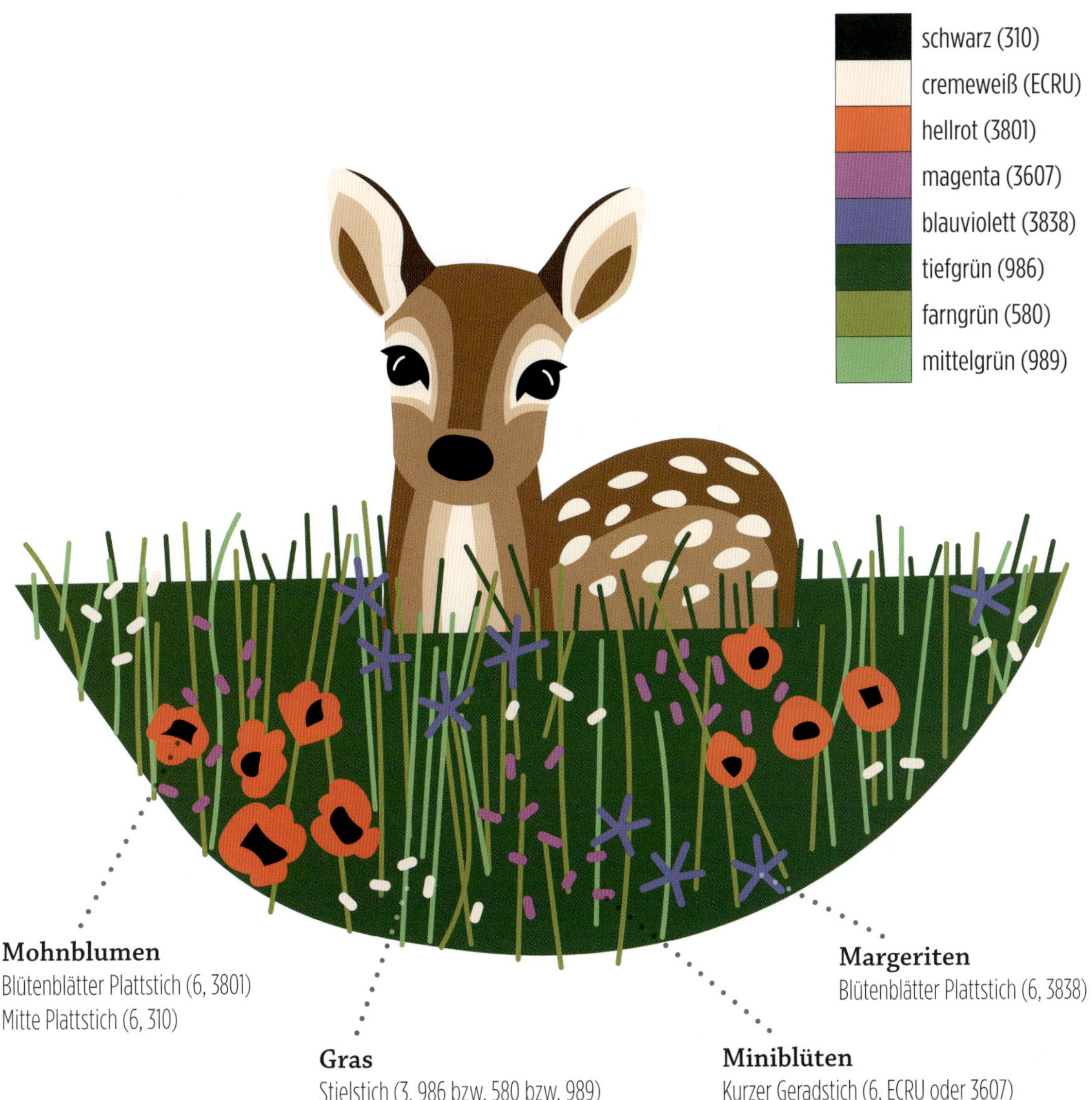

Wildblumenwiese

1. Im Stielstich mit 2 Fäden Tiefgrün (986) die Wiese füllen. Darüber für etwas Abwechslung in Farngrün (580) und Mittelgrün (989) weitere Grashalme sticken. Für eine realistische Wirkung dabei auf jeden Fall in das Kitz hineinsticken. Direkt unter dem Körper eine zusätzliche Schicht sticken, damit sich am Übergang zwischen Gras und Reh keine Kante abzeichnet.

2. Die Blütenblätter der Mohnblumen mit 6 Fäden Hellrot (3801) im Plattstich arbeiten. Die Mitte jeweils mit 6 Fäden Schwarz (310) füllen, ebenfalls im Plattstich.

3. Mit 6 Fäden Blauviolett (3838) im Geradstich die Margeriten sticken.

4. Zum Schluss mit 6 Fäden Cremeweiß (ECRU) bzw. Magenta (3607) die Miniblüten im Geradstich sticken.

Lama-Ladys

Zwei nette Lamadamen sind die Gelegenheit, witzige plastische Stiche wie Fransenstickerei und Kettenstich zu üben. Das kleine Projekt stickt sich schnell, etwa wenn spontan ein Geschenk gebraucht wird.

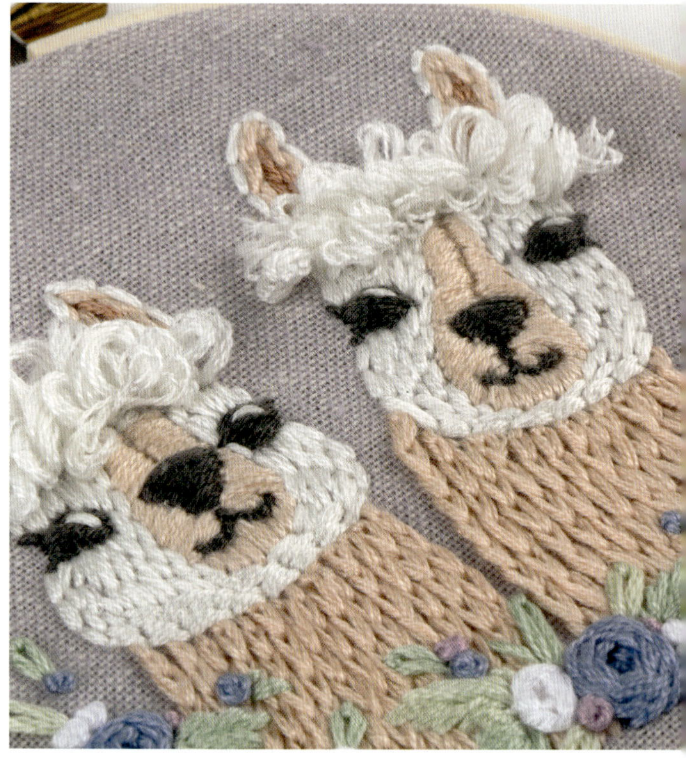

Tipps und Ideen:

- Das Fell würde im Knötchenstich gearbeitet auch gut aussehen.
- Wenn es ganz schnell gehen soll, sticke nur ein Lama. Oder nimm eins dazu und sticke drei Amigos.
- Wähle die Blumenfarben passend zur Einrichtung, oder sticke auf einem witzigen Musterstoff!
- Die Blumenelemente werden auf die bereits fertigen Lamas gestickt, deshalb siehst du dann nicht mehr alle vorgezeichneten Linien. Sticke sie einfach nach Augenmaß!

MATERIAL

- Stickrahmen Ø 10 cm
- Leinenmischgewebe 15 × 15 cm in hellem Violett
- Grobe Sticknadeln
- Baumwoll-Sticktwist

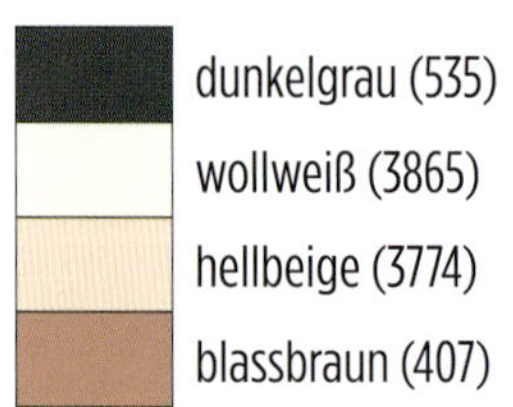

- dunkelgrau (535)
- wollweiß (3865)
- hellbeige (3774)
- blassbraun (407)

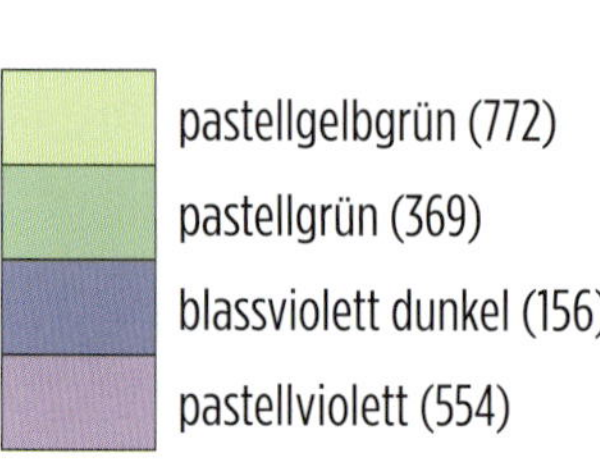

- pastellgelbgrün (772)
- pastellgrün (369)
- blassviolett dunkel (156)
- pastellviolett (554)

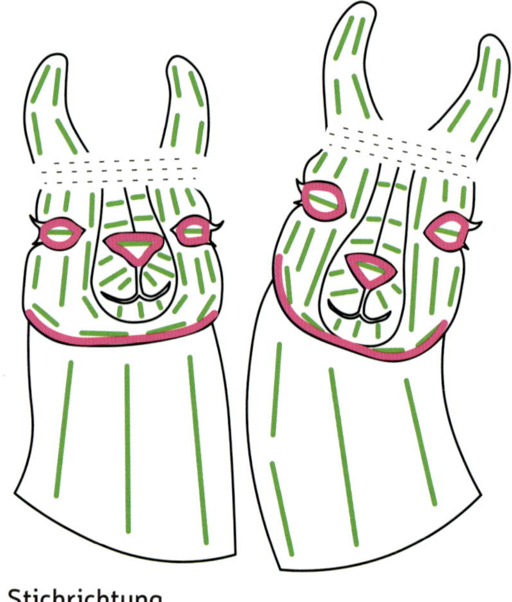

Stichrichtung

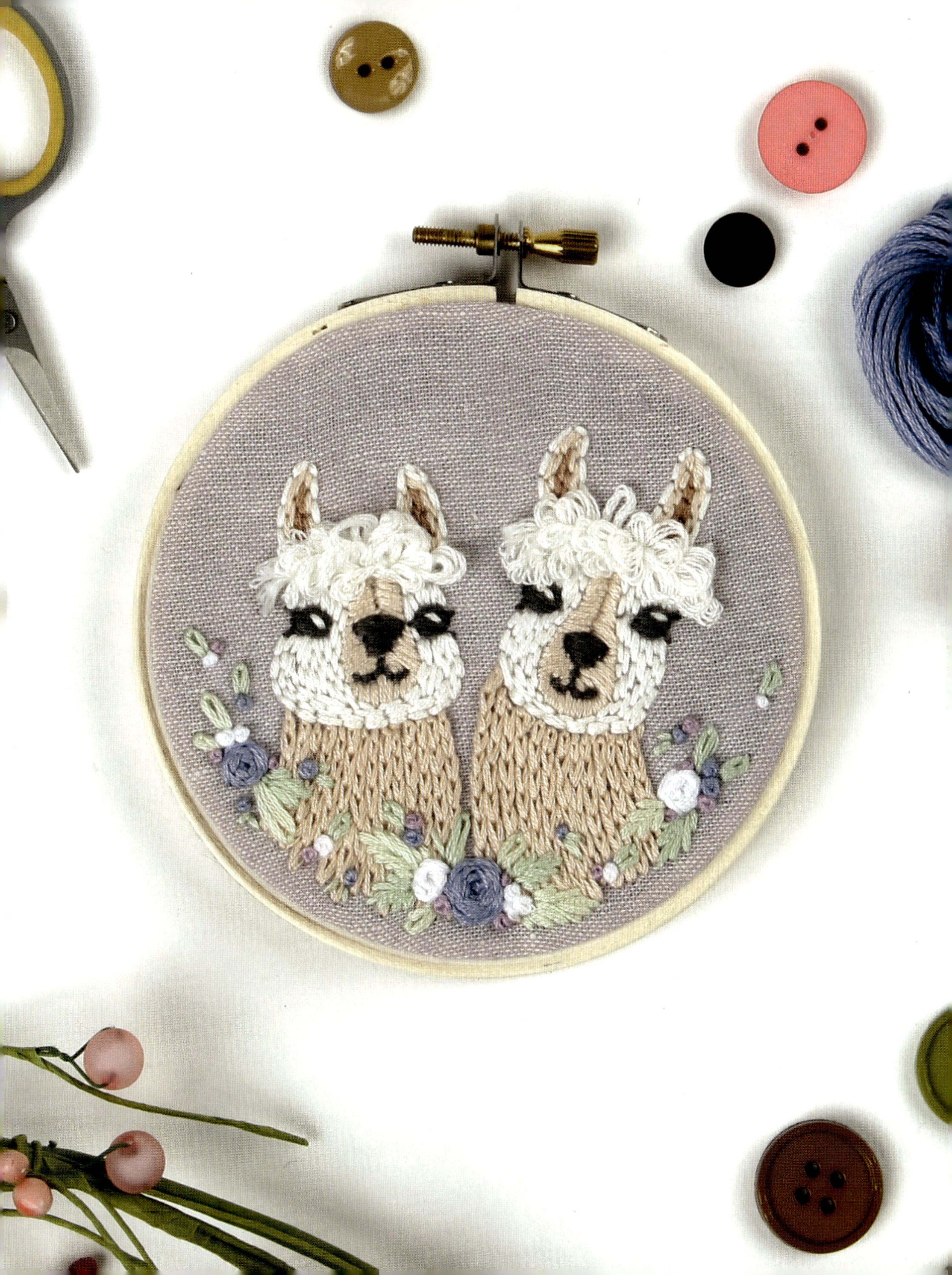

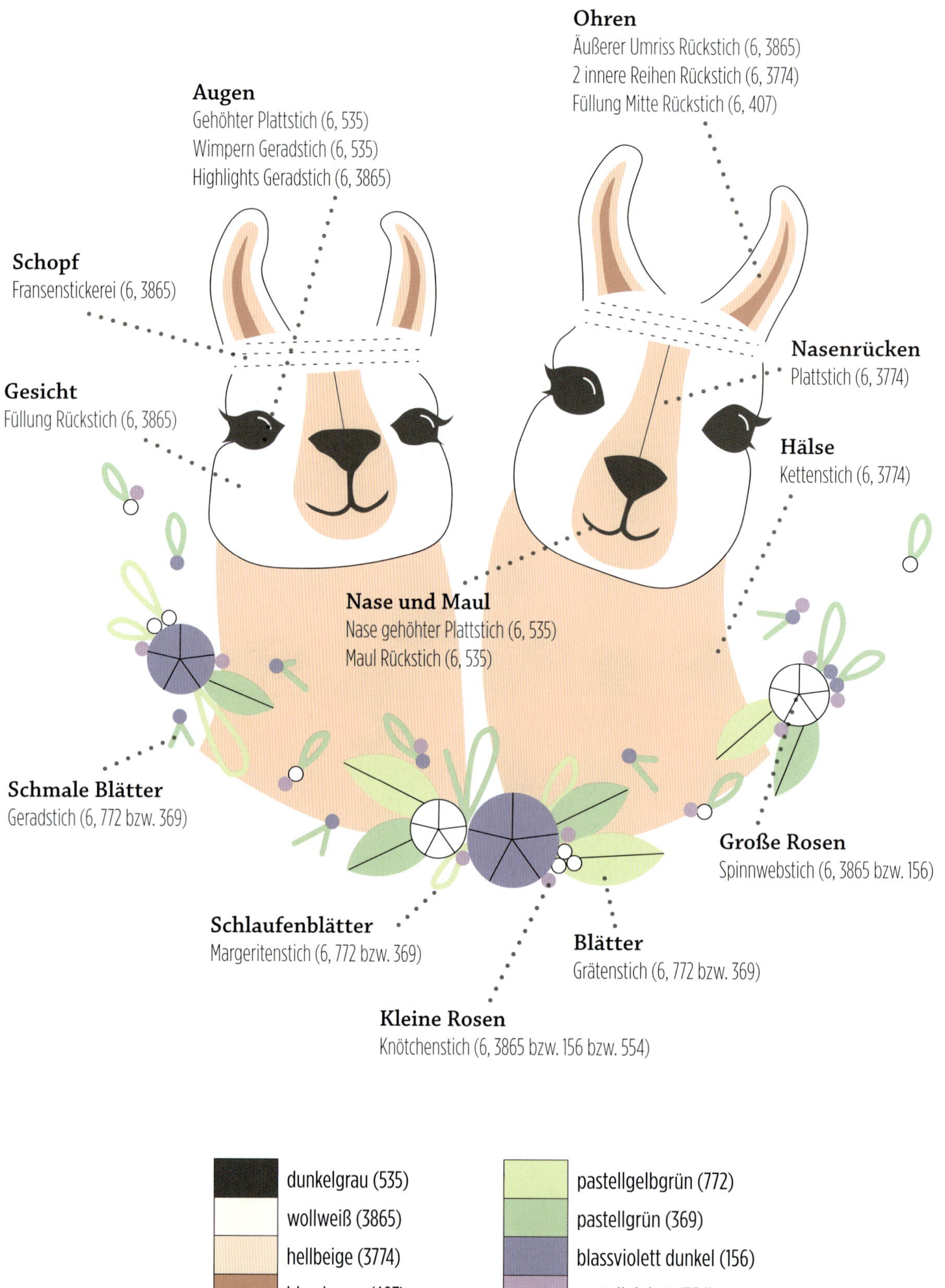

dunkelgrau (535)	pastellgelbgrün (772)
wollweiß (3865)	pastellgrün (369)
hellbeige (3774)	blassviolett dunkel (156)
blassbraun (407)	pastellviolett (554)

Lamas Alles mit 6 Fäden sticken

1. Augen und Nasen mit 6 Fäden Dunkelgrau (535) im gehöhten Plattstich füllen. Mit vollen 6 Fäden Wollweiß (3865) im Geradstich Highlights in die Augen setzen.

2. Mit vollen 6 Fäden Dunkelgrau (535) jeweils das Lächeln im Rückstich sticken und die Wimpern im Geradstich arbeiten.

3. Den Nasenrücken bis hinunter zum Maul im Plattstich sticken, dabei auf die Stichrichtungsgrafik achten. 6 Fäden Hellbeige (3774) verwenden.

4. Die Gesichter direkt über dem Hals etwas unterfüttern, dann mit vollen 6 Fäden Wollweiß (3865) mit Rückstichreihen füllen. Dabei zuerst die Umrisse sticken und von dort immer weiter nach innen arbeiten.

5. Den Umriss der Ohren mit einer Reihe Rückstich aus 6 Fäden Wollweiß (3865) sticken. Dann innerhalb dieser Linie 2 Reihen Rückstich in Hellbeige (3774) sticken. Zum Schluss die restliche Fläche mit 6 Fäden Blassbraun (407) im Rückstich füllen.

6. Die Hälse mit vollen 6 Fäden Hellbeige (3774) mit Kettenstichreihen füllen. Den unteren Rand je nach Wunsch wie abgebildet gezackt oder auch gerade arbeiten.

7. Über die Augen 3 Reihen Fransenstickerei aus 6 Fäden Wollweiß (3865) setzen. Nicht aufschneiden!

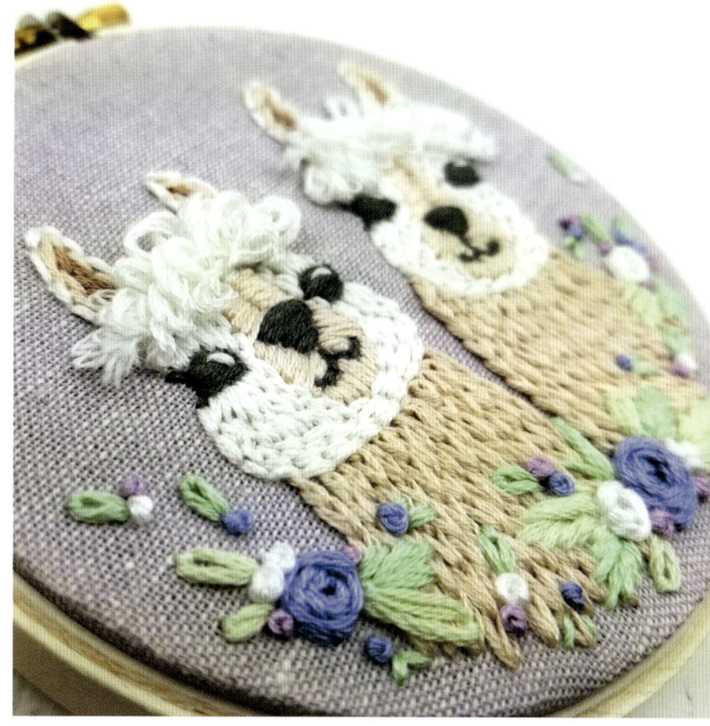

So einen schönen Pony hätte ich auch gern.

Blumenelemente Alles mit 6 Fäden sticken

1. Zuerst die Webrosen mit 6 Fäden Wollweiß (3865) oder dunklem Blassviolett (156) arbeiten.

2. Dann die großen Blätter mit 6 Fäden Grün (siehe Legende) im Grätenstich füllen.

3. Mit 6 Fäden Grün die Akzente und kleinen Blätter im Geradstich und Margeritenstich sticken.

4. Zum Schluss mit 6 Fäden Wollweiß (3865), dunklem Blassviolett (156) oder Pastellviolett (554) die Knötchen sticken.

Muschelreigen

Für dieses abwechslungsreiche Projekt kannst du gleich alle Nadelgrößen bereitlegen, die du vorrätig hast. Mit einem bis sechs Fäden Sticktwist setzen wir 13 verschiedene Stickstiche um. Du wirst feststellen, dass sich manche zum Füllen von Flächen genauso eignen wie zum Verzieren. Ich bin sicher, am Ende wirst du ein paar neue Stiche dazugelernt und bekannte auf neue Art und Weise eingesetzt haben. Da jede Muschel doppelt vorkommt, kannst du jede Technik zweimal üben.

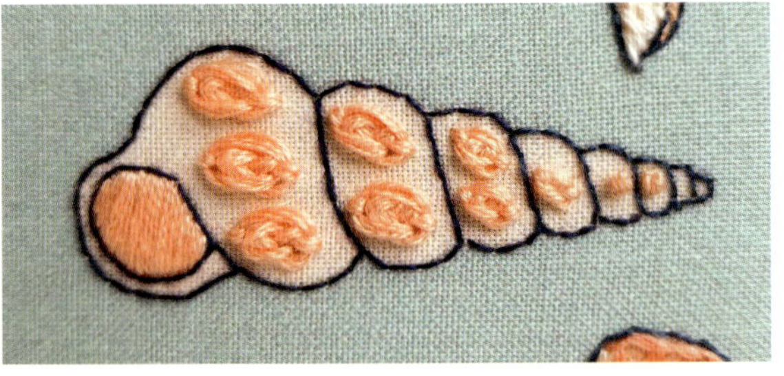

Austernstiche dürfen bei Muschelstickereien nicht fehlen. Die Anleitung findest du auf Seite 31.

Tipps und Ideen:

- Für mein Exemplar habe ich mir Stoff mit Muschelformen in Wollweiß bedrucken lassen. Für ein ähnliches Ergebnis kannst du deinen blauen Stoff mit wollweißer Acrylfarbe bemalen oder die Flächen mit versetztem Plattstich füllen. Oder sticke das Motiv einfach so auf blauen Stoff, das wird auch toll aussehen!

- Das komplette Motiv kommt an der Wand am besten zur Geltung, aber die Muscheln sind auch einzeln nette kleine Stickprojekte für zwischendurch. Ein paar glitzernde oder glänzende Perlen würden noch gut dazu passen!

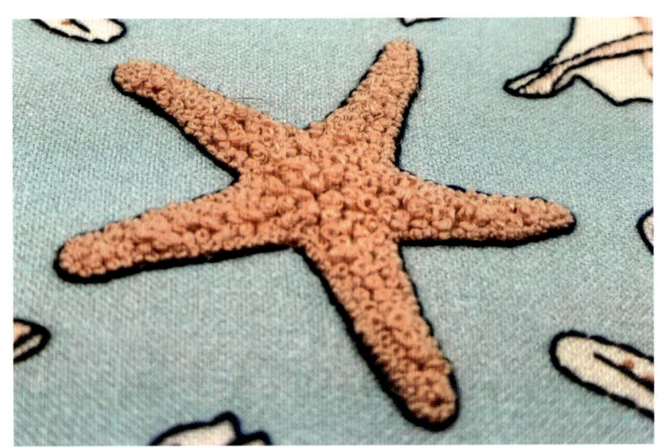

Indem wir die Anzahl der Umwicklungen und Fäden bei den Knötchen variieren, zaubern wir einen richtig plastischen Seestern.

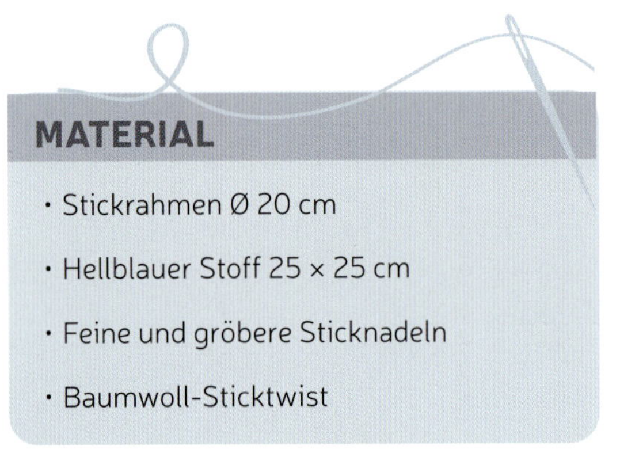

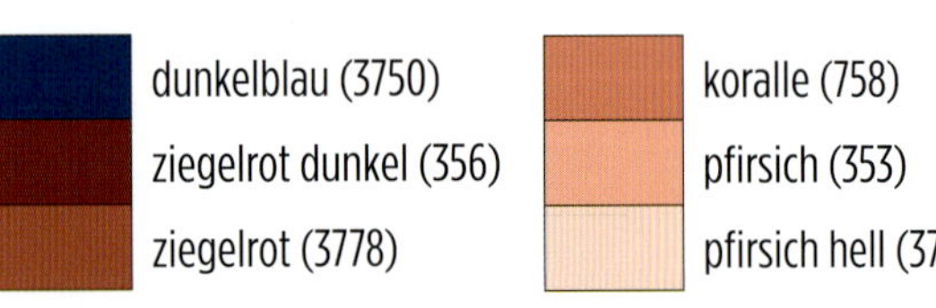

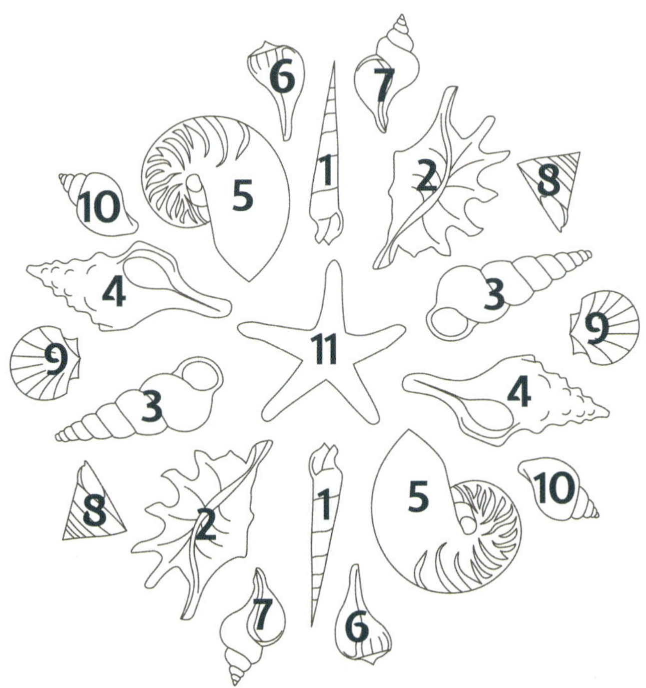

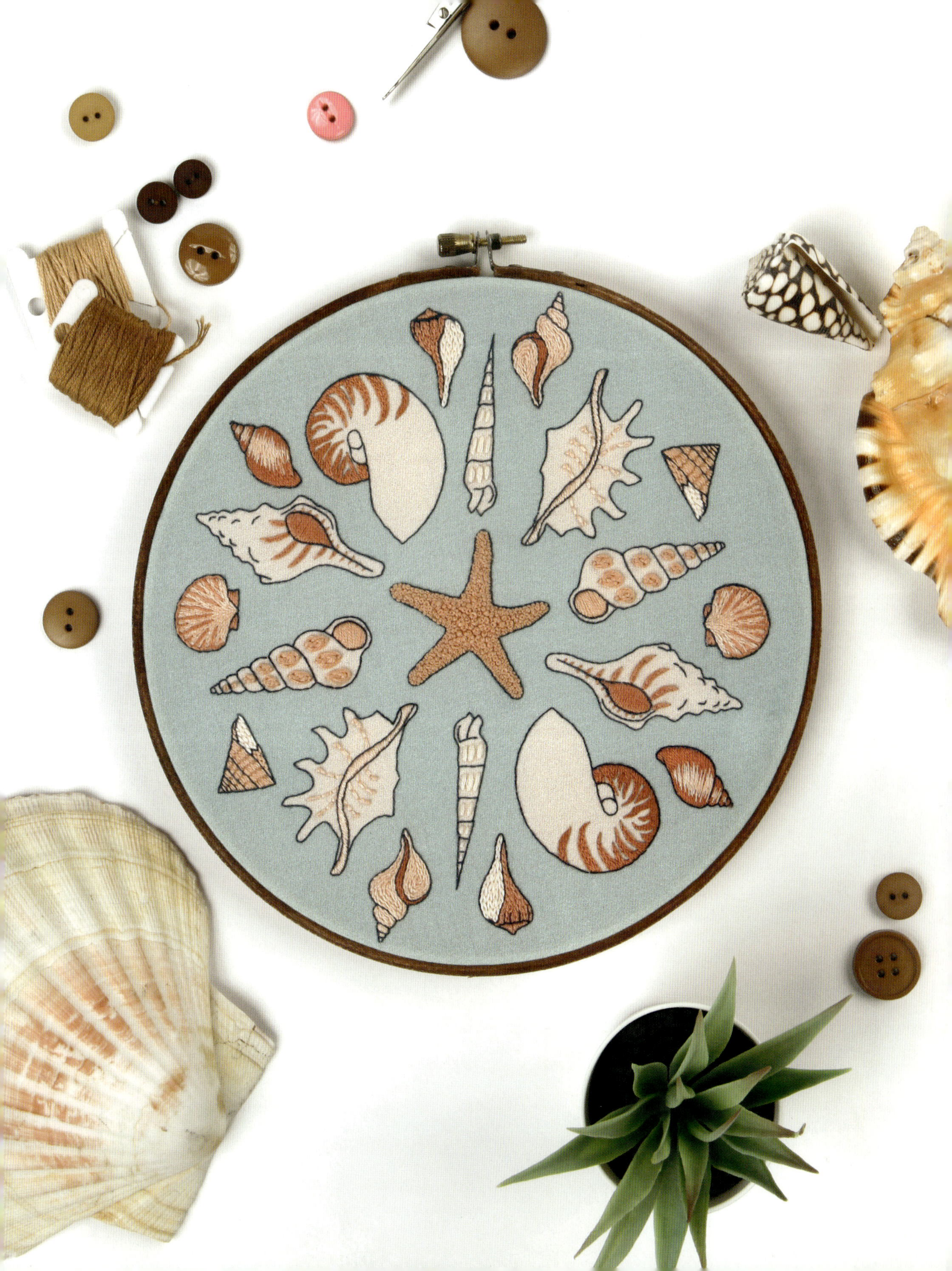

Muscheln

1. Die länglichen Striche auf Muschel 1 mit 6 Fäden Pfirsich hell (3770) im Körnchenstich arbeiten.

2. Die Mitte von Muschel 2 mit 2 Fäden Pfirsich (353) im Plattstich füllen. Die von der Mitte ausgehenden Linien 4-fädig mit zwei Rückstichen und einem Stempelstich sticken.

3. Mit 2 Fäden Koralle (758) die Mitte von Muschel 3 im Plattstich füllen. Die Punkte in den ersten zwei Reihen sind Austernstiche aus 6 Fäden Koralle (758). In den nächsten zwei Reihen auf 4 Fäden heruntergehen. Die kleinsten Punkte sind Knötchen aus 6 Fäden Koralle (758).

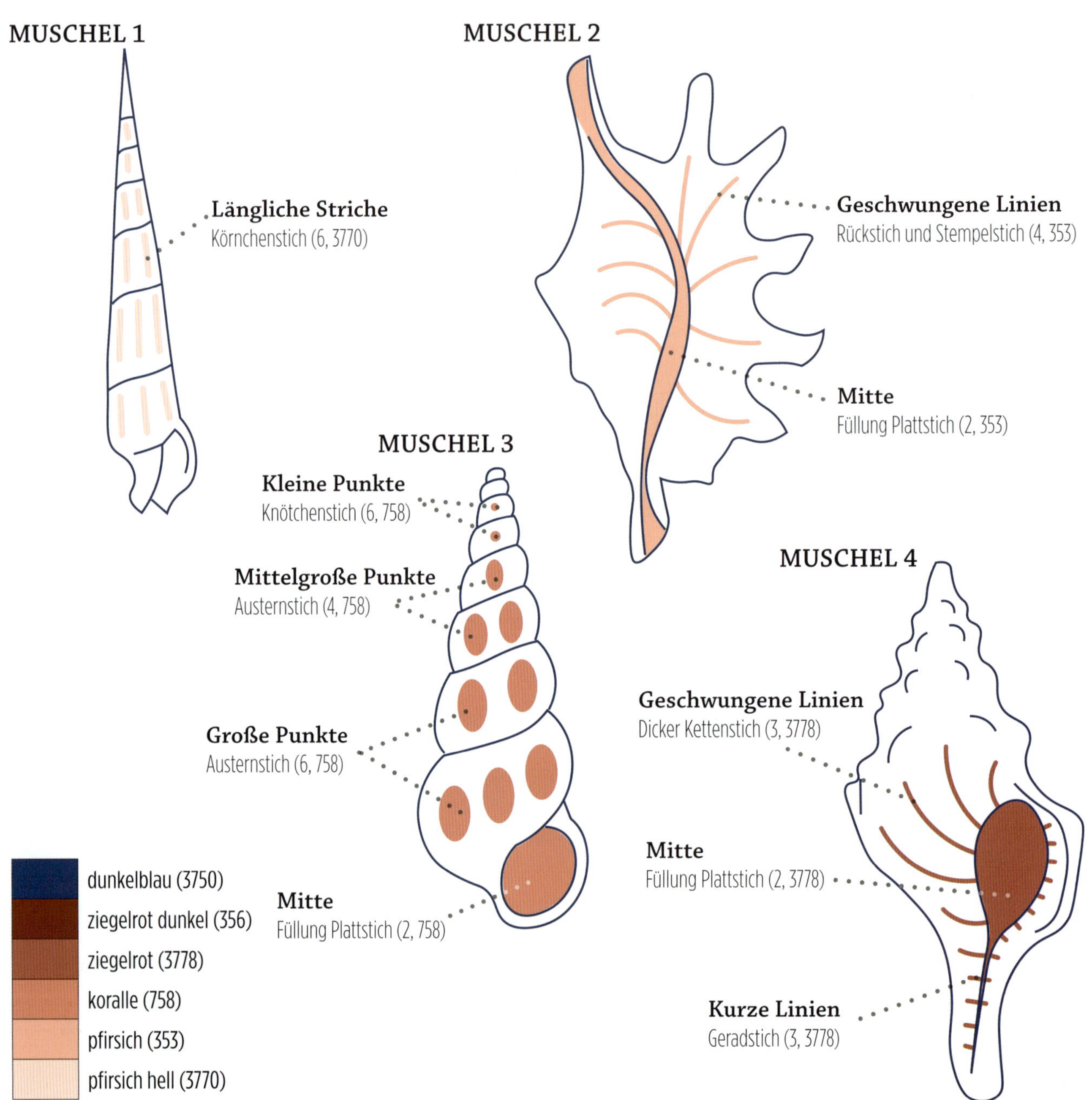

MUSCHEL 5

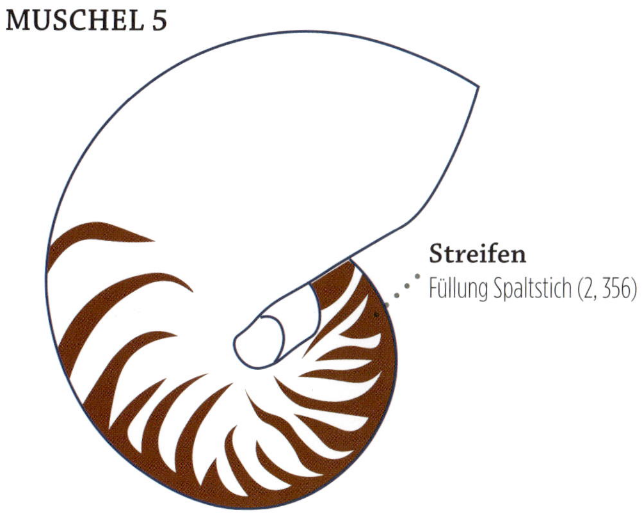

MUSCHEL 6

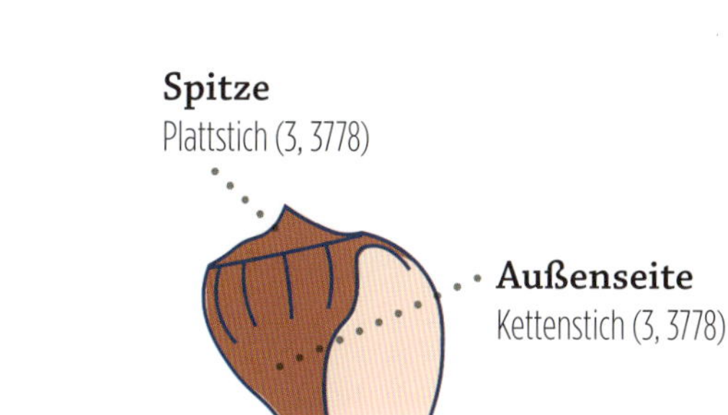

MUSCHEL 7

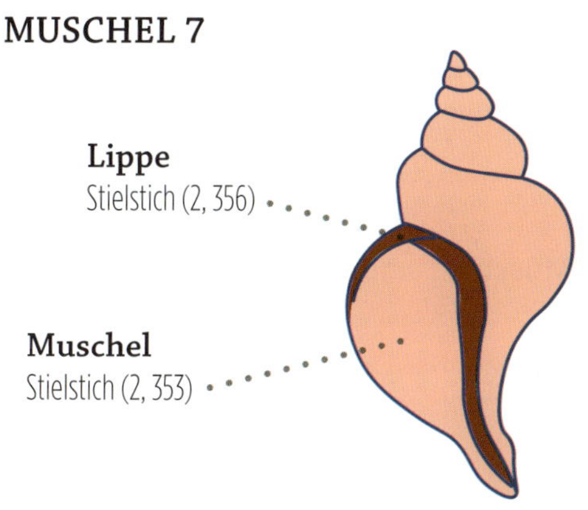

MUSCHEL 8

Außenseite
Rückstich (3, 758)

Innenseite
Rückstich (3, 3770)

4. Die Mitte von Muschel 4 mit 2 Fäden Ziegelrot (3778) im Plattstich füllen. Die langen geschwungenen Linien mit 3 Fäden Ziegelrot (3778) im dicken Kettenstich arbeiten. Für die kürzeren Linien Geradstich verwenden.

5. Die Streifen von Muschel 5 mit 2 Fäden Ziegelrot dunkel (356) im Spaltstich arbeiten.

6. Muschel 6 mit parallel zur Muschel verlaufenden Kettenstichreihen füllen, dabei mit dem Umriss beginnen. 3-Fädig arbeiten, außen mit Ziegelrot (3778), innen mit Pfirsich hell (3770). Die Spitze mit 3 Fäden Ziegelrot (3778) im Plattstich füllen.

7. Muschel 7 mit Stielstichreihen füllen, beginnend mit dem Umriss. 2-Fädig in Ziegelrot dunkel (356) die Lippe der Muschel füllen, den Rest in Pfirsich (353).

8. Muschel 8 im Rückstich füllen, dabei die Reihen ohne Versatz nebeneinandersetzen, um eine gleichmäßige Struktur zu erhalten. Für die Außenseite 3 Fäden Koralle (758) verwenden, für das Innere Pfirsich hell (3770).

9. Mit 2 Fäden Pfirsich (353) Muschel 9 im Spaltstich füllen. Den Rand und die Linien als Langettenstich mit 3 Fäden Ziegelrot (3778) arbeiten. Die kleinen unteren Ecken mit 3 Fäden Ziegelrot (3778) im Plattstich füllen.

10. Muschel 10 wird 1-fädig mit versetztem Plattstich gefüllt. Dabei von Ziegelrot dunkel (356) außen zu Koralle (758) in der Mitte übergehen.

11. Den Seestern in der Mitte mit Knötchen in Koralle (758) füllen. An den Kanten mit 2 Fäden und einer einzelnen Umwicklung anfangen. Für die nächste Reihe 2 Mal umwickeln, in der dritten 3 Mal. Zur Mitte hin zu 4 Fäden wechseln und noch mehr Umwicklungen verwenden. Dadurch wird der Seestern in der Mitte voluminöser als an den Beinen.

12. Zum Schluss die Umrisse aller Muscheln und des Seesterns mit 1 Faden Dunkelblau (3750) im Rückstich sticken.

MUSCHEL 9

Rand und Linien
Langettenstich (3, 3778)

Muschel
Spaltstich (2, 353)

Kleine Ecken
Plattstich (2, 3778)

MUSCHEL 10

Muschel
Versetzter Plattstich (1, 356 und 758)

SEESTERN

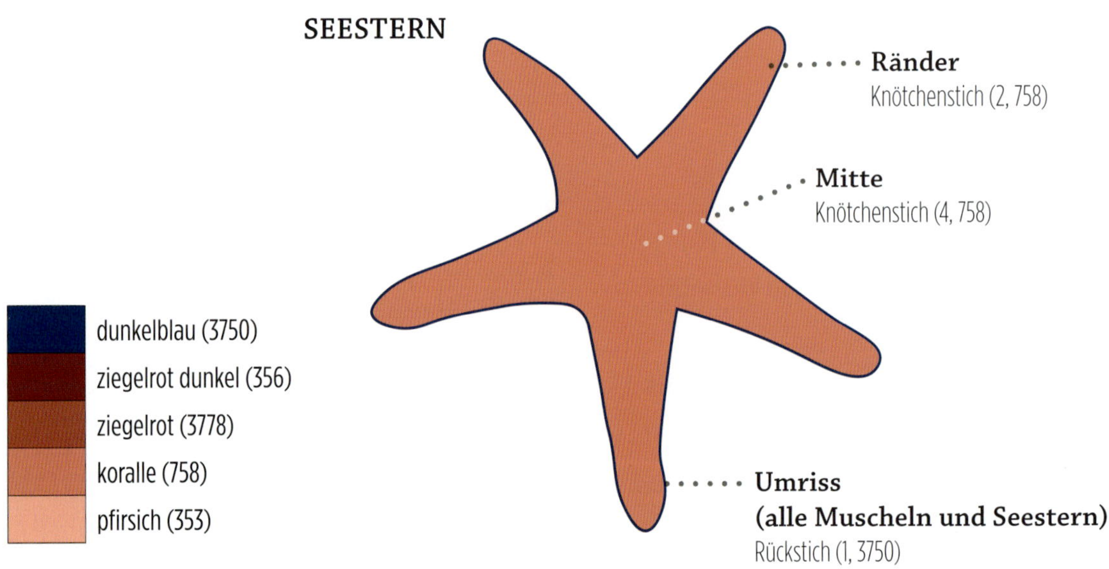

Bienenliebe

Bienen muss man einfach lieben. Falls du jemanden kennst, der sich für Imkerei begeistert, wäre dieses Projekt das perfekte Geschenk.

Tipps und Ideen:

- Die vielen Sechsecke der Bienenwabe zu übertragen, kann anstrengend sein. Lass dir Zeit!
- Zur Vereinfachung kannst du im Herz den Plattstich weglassen und nur die Umrisse sticken. Orientiere dich dabei aber trotzdem an den angegebenen Farben, dann erhalten deine Geradstichwaben einen schönen Farbverlauf.
- Sticke eine einzelne Biene auf einen Blusenkragen, ein Taschentuch oder einen Stoffbeutel, wie ich auf Seite 22.

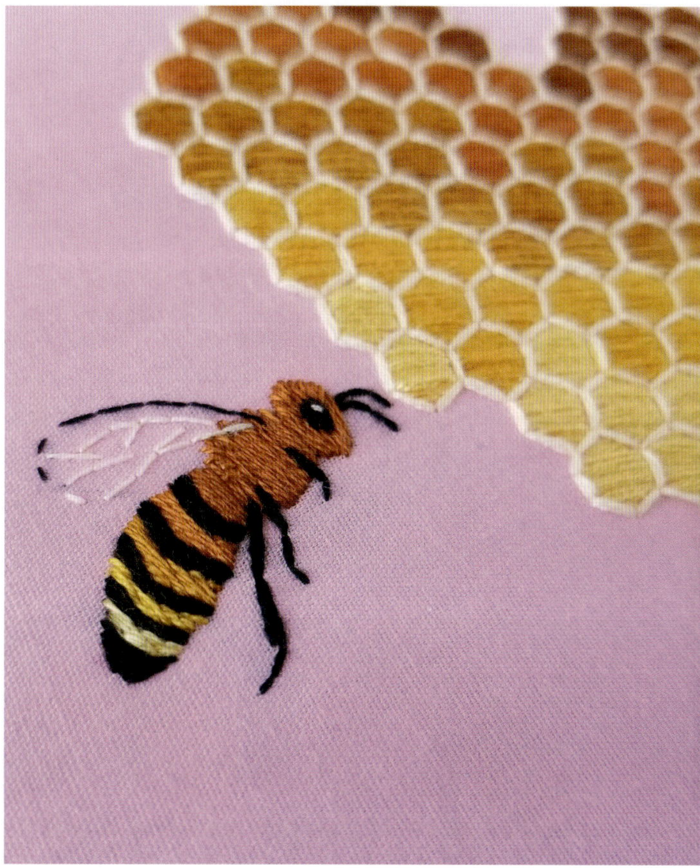

Jede Biene ist einzigartig, aber gestickt werden sie alle gleich. Die Bienenwabe wird mit sauberem Plattstich gefüllt.

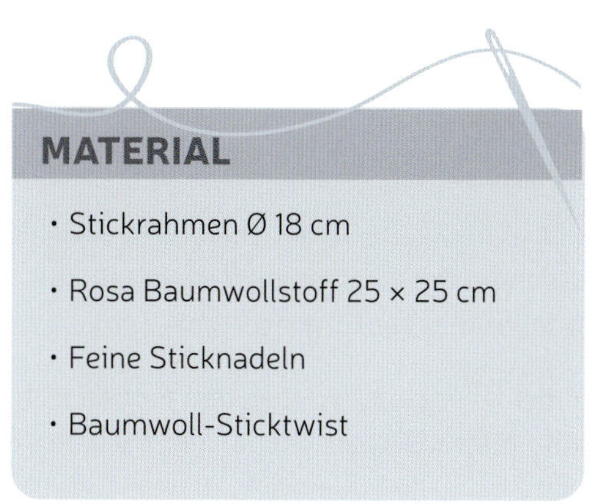

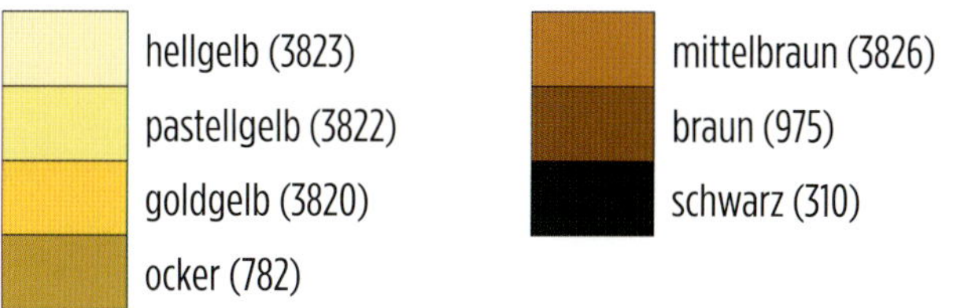

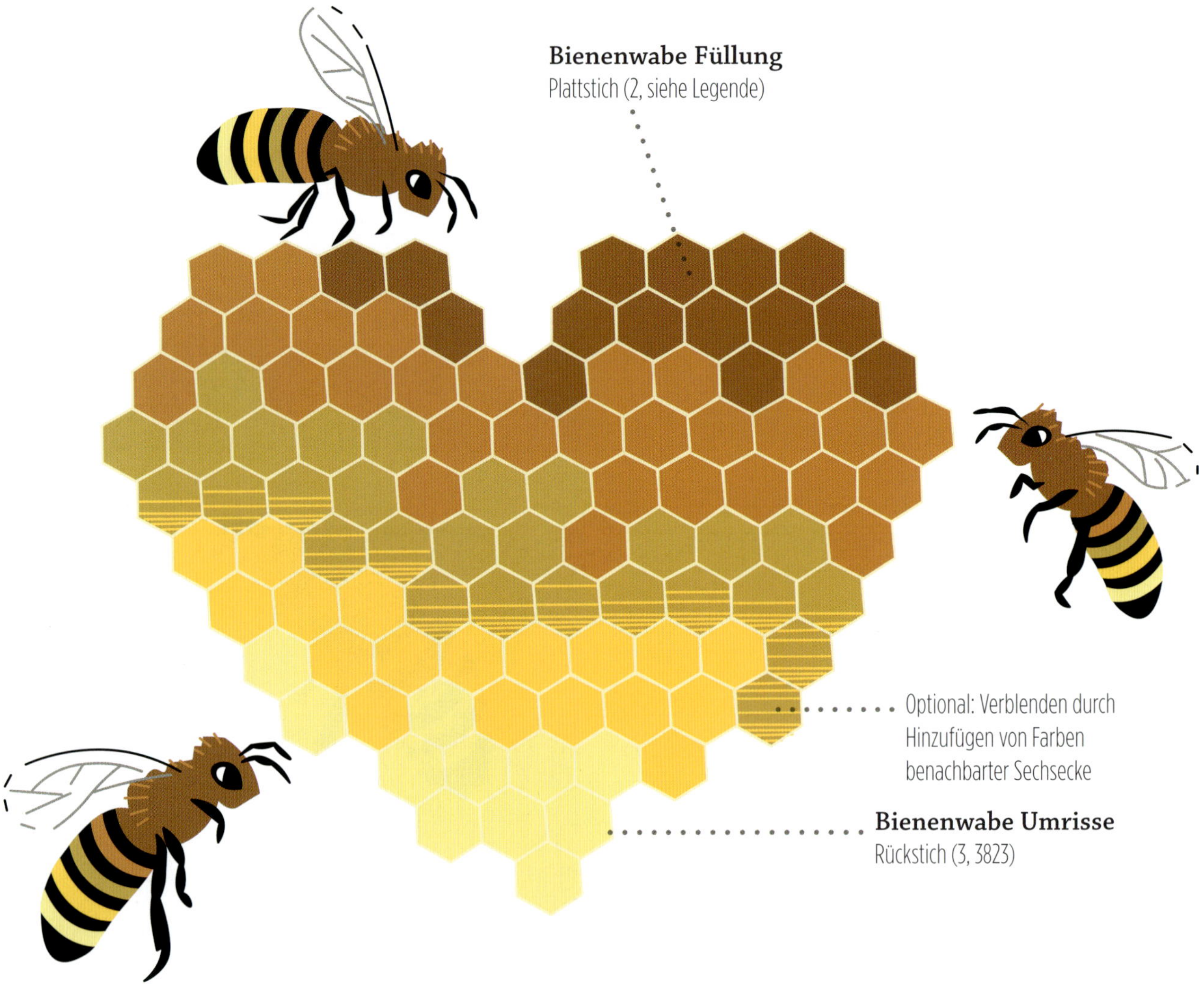

Bienenwabe Füllung
Plattstich (2, siehe Legende)

Optional: Verblenden durch Hinzufügen von Farben benachbarter Sechsecke

Bienenwabe Umrisse
Rückstich (3, 3823)

Bienenwabe

1. Die Sechsecke 2-fädig in der entsprechenden Farbe (siehe Legende) mit Plattstich füllen. Die Stichrichtung ist immer genau waagerecht.

2. Wenn der Übergang zwischen den Farben zu hart wirkt, mit einigen Geradstichen in der nächsten Farbe verblenden. Ich habe z. B. etwas Goldgelb (3820) in die unterste Reihe Ocker (782) gestickt.

3. Den Umriss der Sechsecke mit 3 Fäden Hellgelb (3823) im Rückstich sticken, immer ein Stich pro Seite.

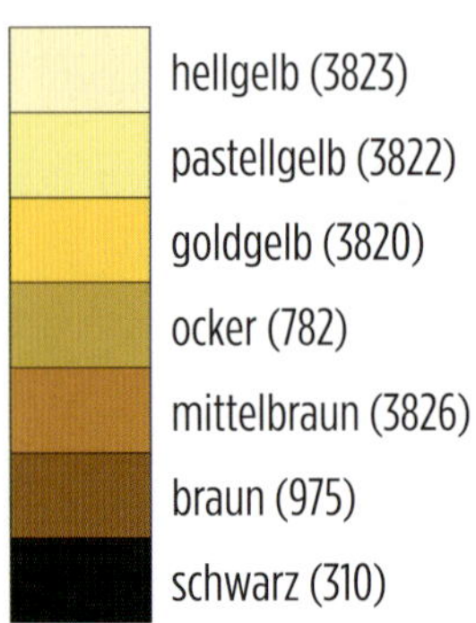

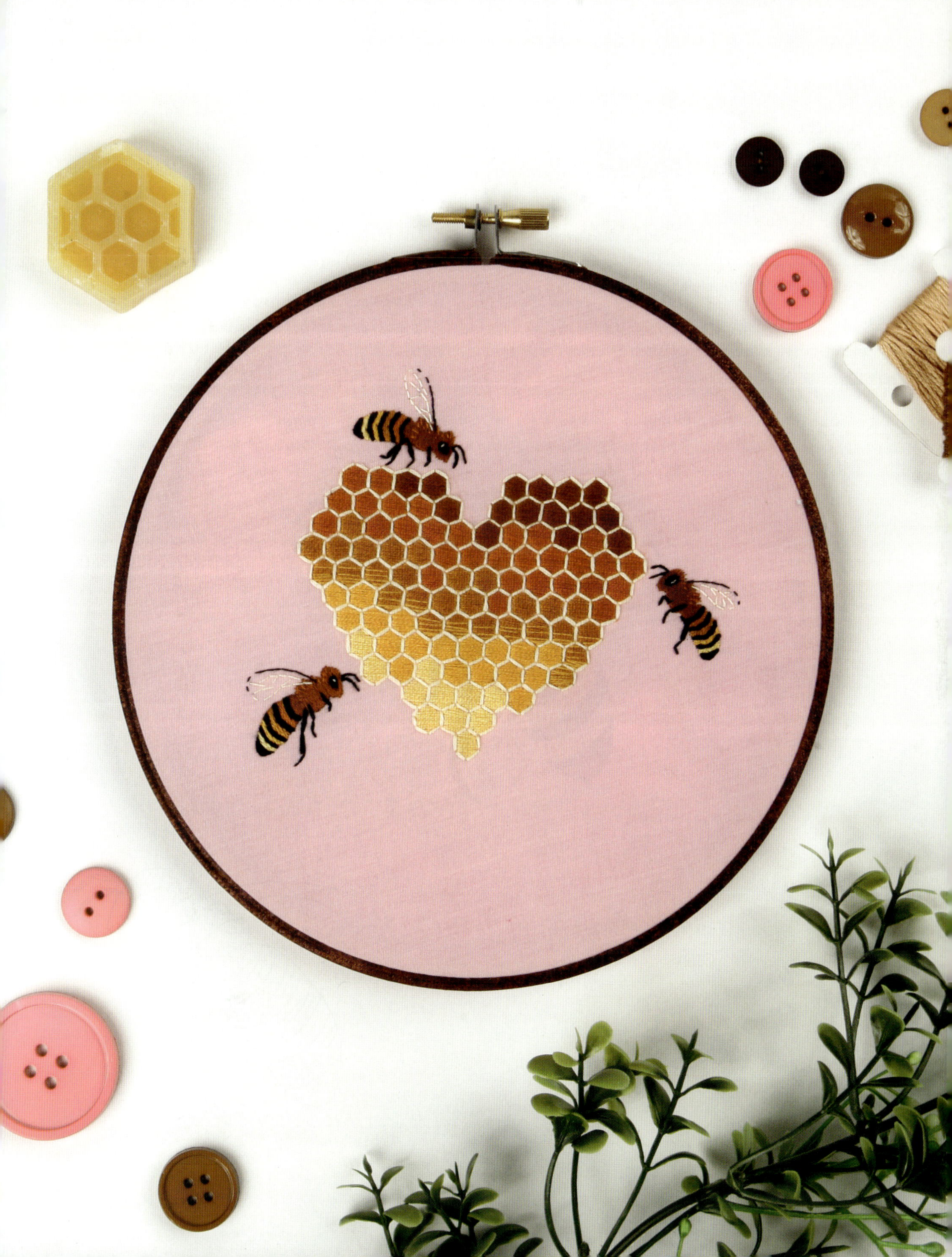

Bienen

1. Kopf, Brust und Hinterleibsansatz (bis zum schwarzen Streifen) mit 2 Fäden Braun (975) im Plattstich füllen, dabei das Auge freilassen.

2. Die gelben Streifen mit 2 Fäden des jeweiligen Gelbtons (siehe Legende) im Plattstich füllen, sodass sie allmählich von dunkel zu hell übergehen.

3. Mit 2 Fäden Schwarz (310) Beine und Fühler im Spaltstich sticken. Die schwarzen Streifen des Hinterleibs genauso füllen.

4. Das Auge mit 2 Fäden Schwarz (310) im Plattstich füllen. Mit 2 Fäden Hellgelb (3823) einen Geradstich als Licht hineinsetzen.

5. An Hinterkopf und Rücken mit 2 Fäden Mittelbraun (3826) im Geradstich etwas Pelz andeuten.

6. Zum Schluss die Umrisse des Flügels mit 1 Faden Schwarz (310) bzw. Hellgelb (3823) im Rückstich sticken.

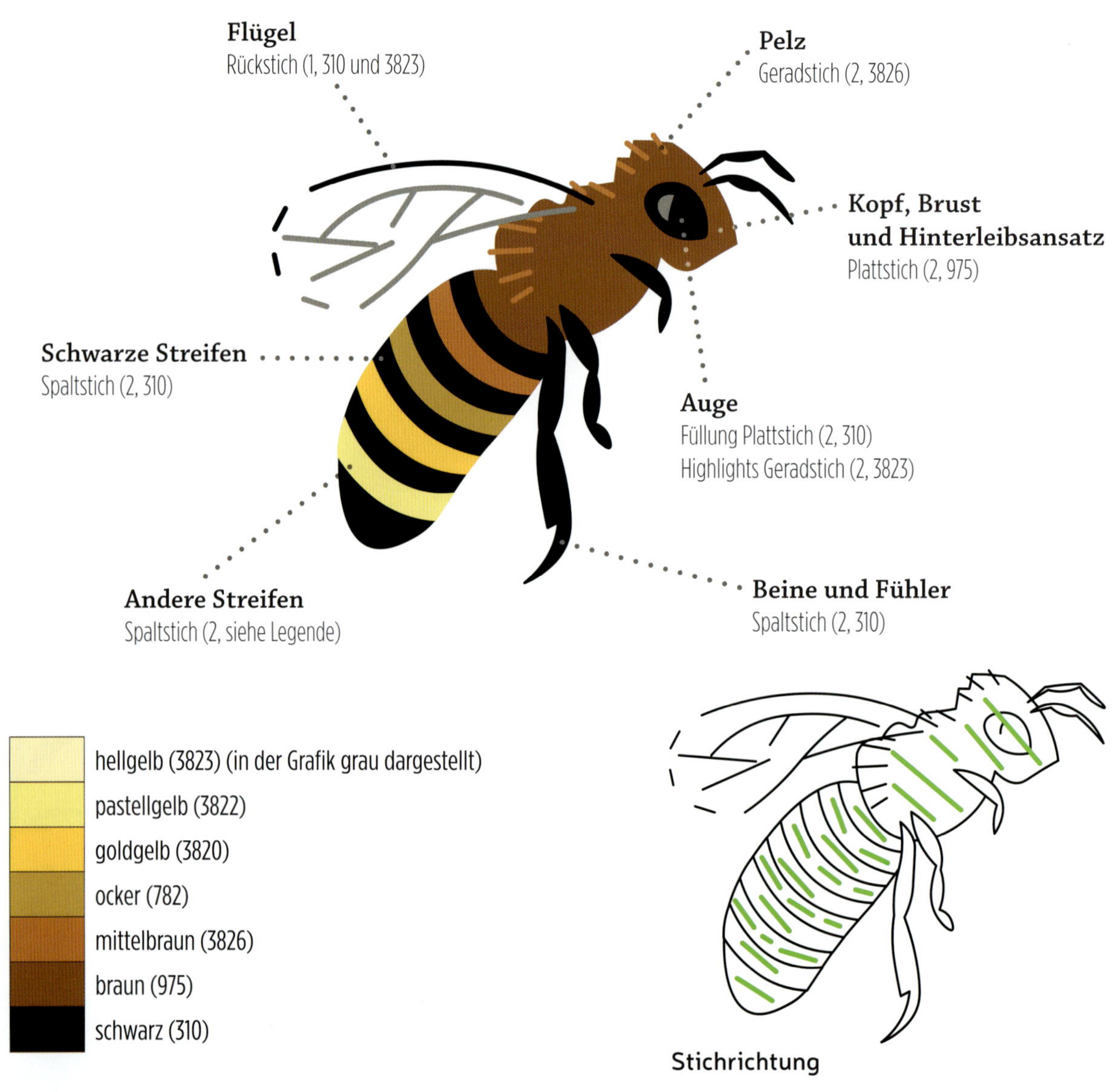

Kapitel 8

Erste Nadelmalereien

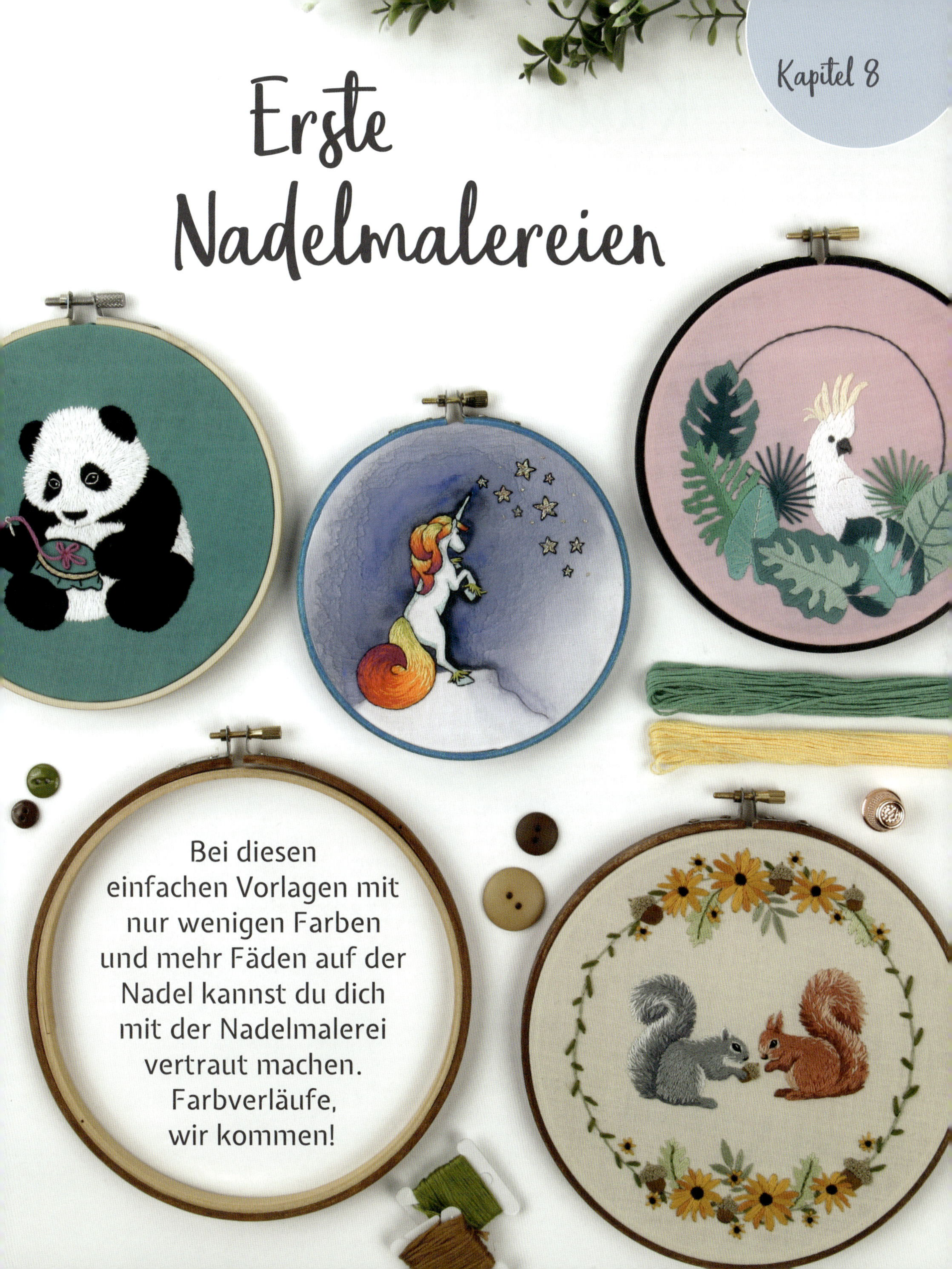

Bei diesen einfachen Vorlagen mit nur wenigen Farben und mehr Fäden auf der Nadel kannst du dich mit der Nadelmalerei vertraut machen. Farbverläufe, wir kommen!

Kuschelkätzchen

Für mich ist dieses Motiv für jeden Anlass passend – aber ich bin ja auch ein riesiger Katzenfan. Das kuschelnde Mutter-Kind-Paar ist wie gemacht für ein Geschenk zum Muttertag oder auch für ein Kinderzimmer.

Tipps und Ideen:

- Die zu beschenkende Person hat eine Katze? Passe die Garnfarben an die des echten Vierbeiners an!
- Die Katzen würden auch eine niedliche Applikation für ein Kleidungsstück oder eine Tasche hergeben.
- Der Kranz aus Herzen und Blumen bietet sich für ein Valentinstag-Geschenk an. Oder wähle einzelne Elemente für ein Schmuckstück.

Kuschelkätzchen

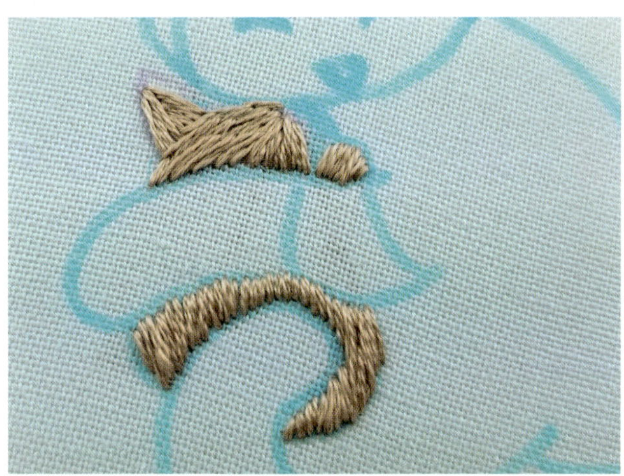

1. Katzenjunges. Mit 2 Fäden Hellbraun (3782) im versetzten Plattstich füllen. Die kleinen Flächen im einfachen Plattstich.

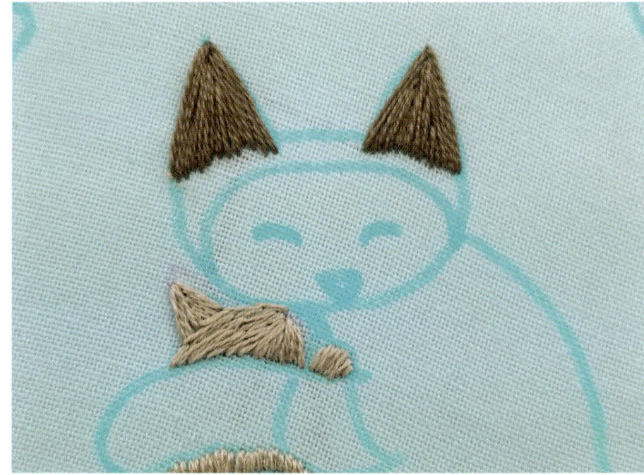

2. Ohren. Die Ohren der Katzenmutter mit 2 Fäden Mittelbraun (3790) im Plattstich sticken.

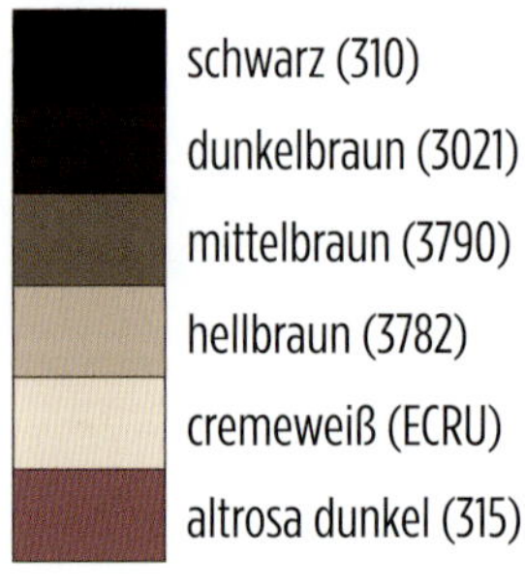

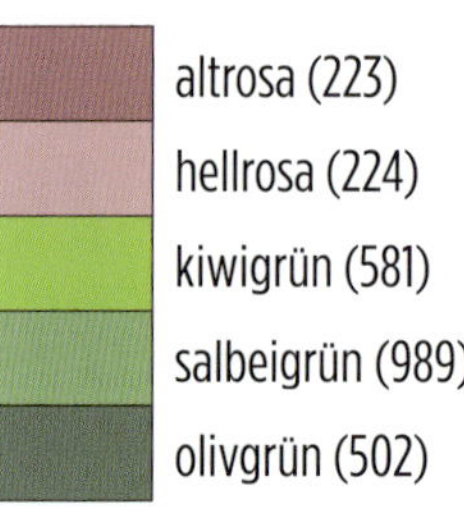

MATERIAL

- Stickrahmen Ø 13 cm
- Hellblauer Baumwollstoff 20 × 20 cm
- Feine und gröbere Sticknadeln
- Baumwoll-Sticktwist

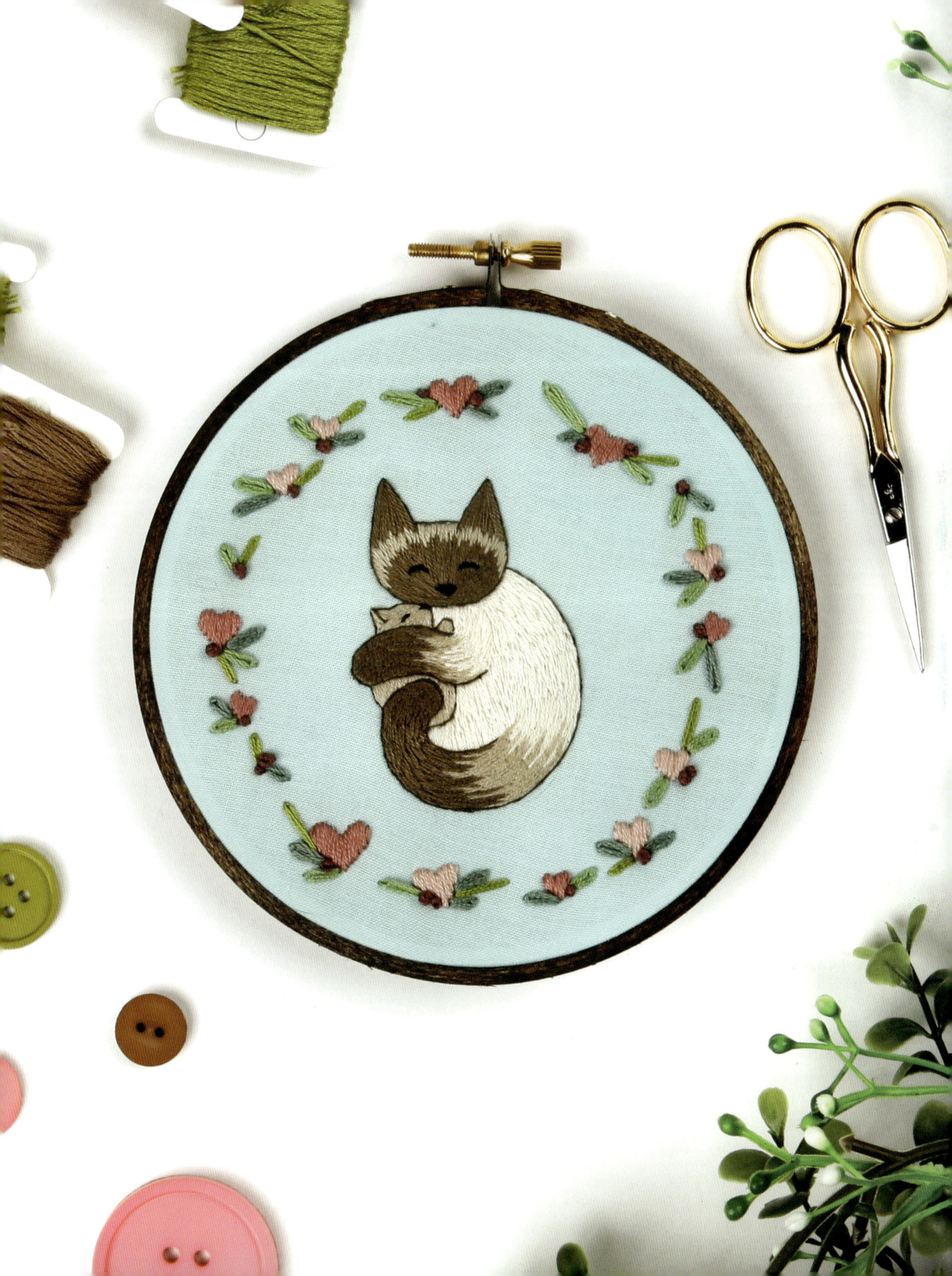

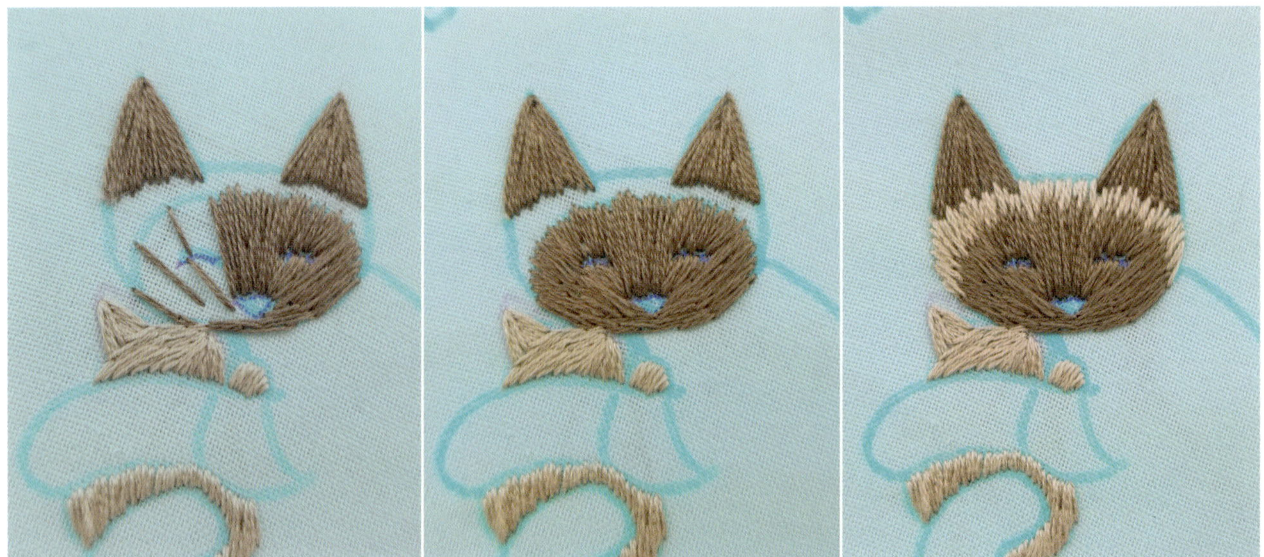

3. Gesicht. An der Nase beginnend das Gesicht der Katzenmutter 2-fädig im versetzten Plattstich füllen. Von Mittelbraun (3790) zu Hellbraun (3782) übergehen, Nase und Augen freilassen.

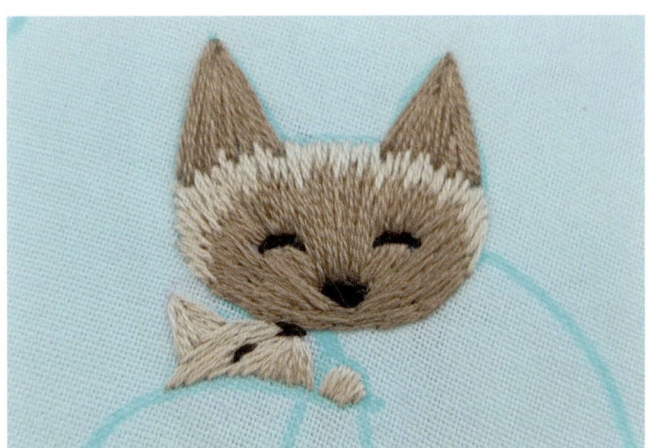

4. Gesichtszüge. Nasen mit 2 Fäden Schwarz (310) im Plattstich füllen. Für die Augen Spaltstich verwenden.

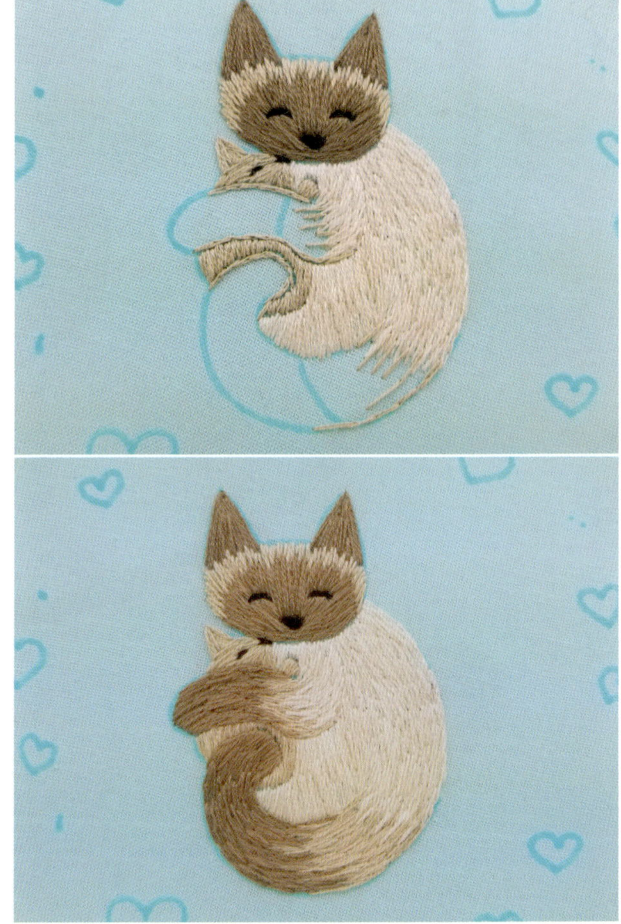

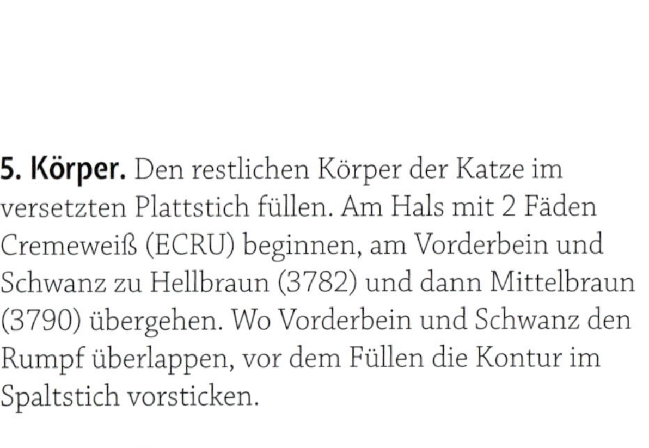

5. Körper. Den restlichen Körper der Katze im versetzten Plattstich füllen. Am Hals mit 2 Fäden Cremeweiß (ECRU) beginnen, am Vorderbein und Schwanz zu Hellbraun (3782) und dann Mittelbraun (3790) übergehen. Wo Vorderbein und Schwanz den Rumpf überlappen, vor dem Füllen die Kontur im Spaltstich vorsticken.

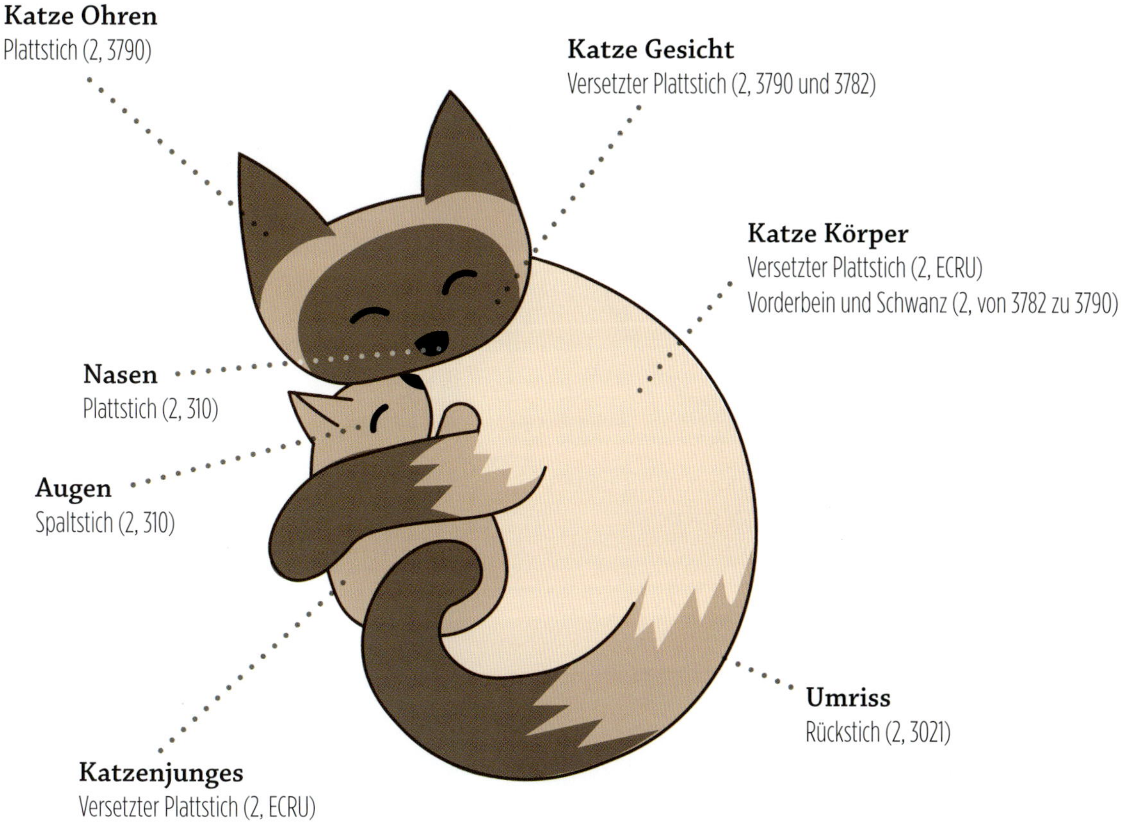

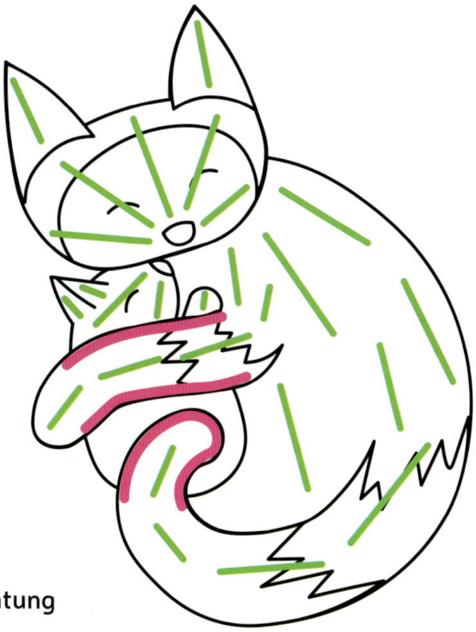

Katze Ohren
Plattstich (2, 3790)

Katze Gesicht
Versetzter Plattstich (2, 3790 und 3782)

Katze Körper
Versetzter Plattstich (2, ECRU)
Vorderbein und Schwanz (2, von 3782 zu 3790)

Nasen
Plattstich (2, 310)

Augen
Spaltstich (2, 310)

Umriss
Rückstich (2, 3021)

Katzenjunges
Versetzter Plattstich (2, ECRU)

Stichrichtung

schwarz (310)
dunkelbraun (3021)
mittelbraun (3790)
hellbraun (3782)
cremeweiß (ECRU)

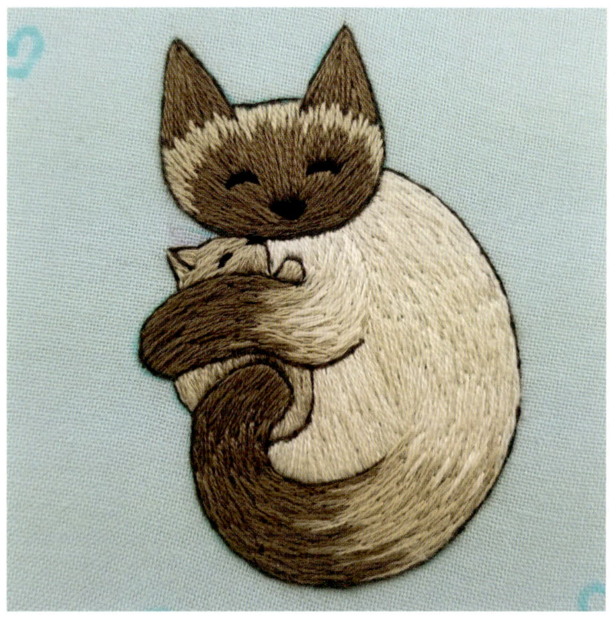

6. Umriss. Den Umriss beider Katzen mit 2 Fäden Dunkelbraun (3021) im Rückstich sticken.

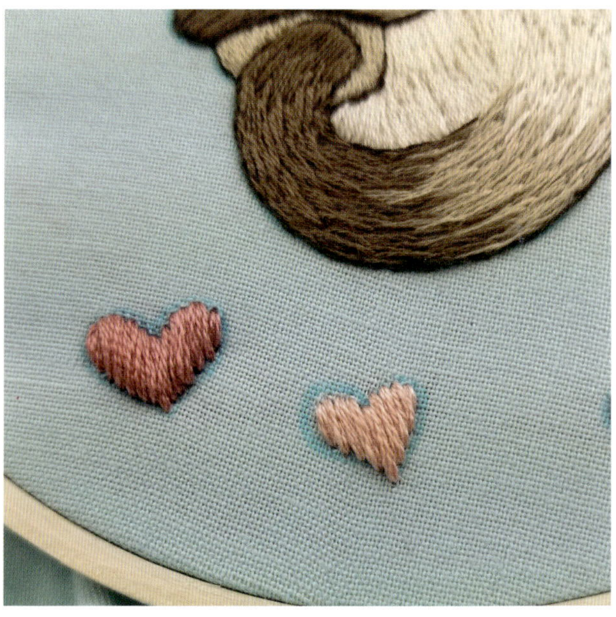

7. Herzen. Mit 6 Fäden Hellrosa (224) die helleren Herzen im Plattstich sticken. Die dunkleren Herzen genauso in Altrosa (223) arbeiten.

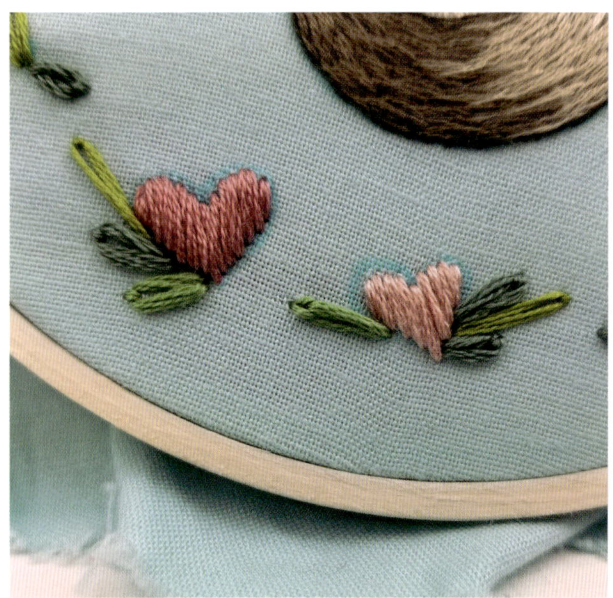

8. Blätter. Die Blätter mit vollen 6 Fäden Salbeigrün (989) oder Olivgrün (502) als Margeritenstiche arbeiten. Die ganz hellen Blätter mit nur 3 Fäden Kiwigrün (581) sticken.

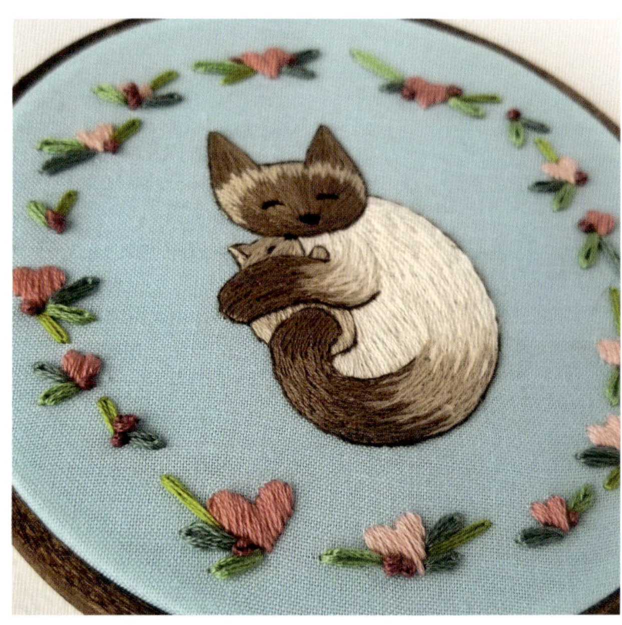

9. Knötchen. Zum Schluss mit 6 Fäden Altrosa dunkel (315) die Knötchen dazusetzen.

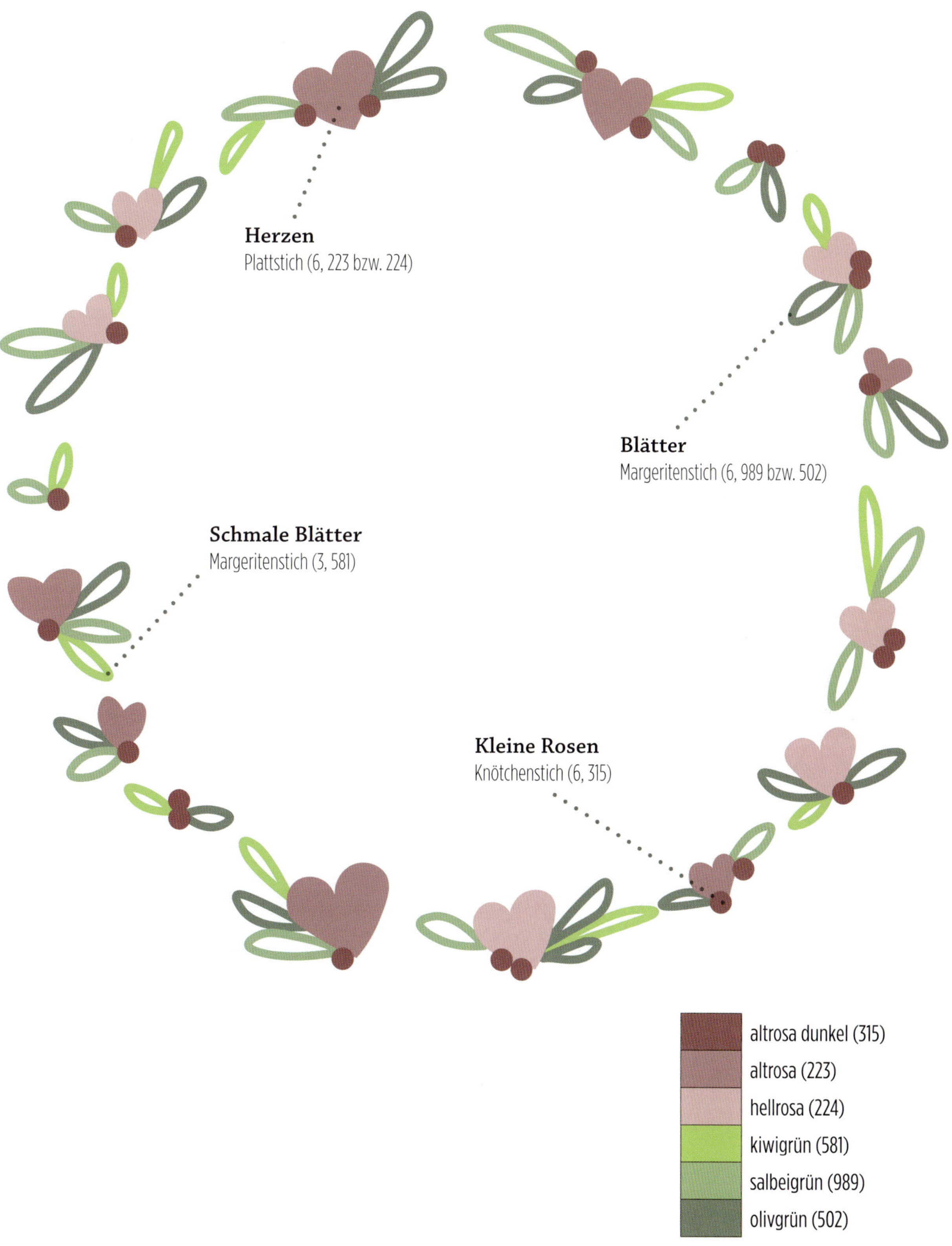
Herzen
Plattstich (6, 223 bzw. 224)
Blätter
Margeritenstich (6, 989 bzw. 502)
Schmale Blätter
Margeritenstich (3, 581)
Kleine Rosen
Knötchenstich (6, 315)
altrosa dunkel (315)
altrosa (223)
hellrosa (224)
kiwigrün (581)
salbeigrün (989)
olivgrün (502)

Kakadu im Blätternest

Wenn du deinen Plattstich weiter perfektionieren möchtest, ist dieser Gelbhaubenkakadu hinter tropischen Blättern genau das Richtige für dich. Der Vogel wird im versetzten Plattstich mit nur einer Farbe gefüllt – eine gute Aufwärmübung für die Nadelmalerei.

Tipps und Ideen:

- Falls du befürchtest, der Kreis könnte sich verziehen, arbeite mit Bügelvlies oder Einlage (beides im Stoffhandel erhältlich). Achte auf die Anwendungshinweise zum Produkt.
- Die Palmwedel überlappen den Kakadu. Deine Vorzeichnung ist dann schon von Stichen überdeckt, also sticke einfach nach Augenmaß.
- Die tropischen Blätter wären auch ein schöner Rahmen für einen individuellen Text.
- Wähle die Stofffarbe ganz nach deinem Geschmack. Wenn du mehr Farbe möchtest, kannst du mit Margeriten- oder Knötchenstich noch ein paar Blumen ergänzen.

MATERIAL

- Stickrahmen Ø 15 cm
- Rosa Baumwollstoff 20 × 20 cm
- Feine und gröbere Sticknadeln
- Baumwoll-Sticktwist

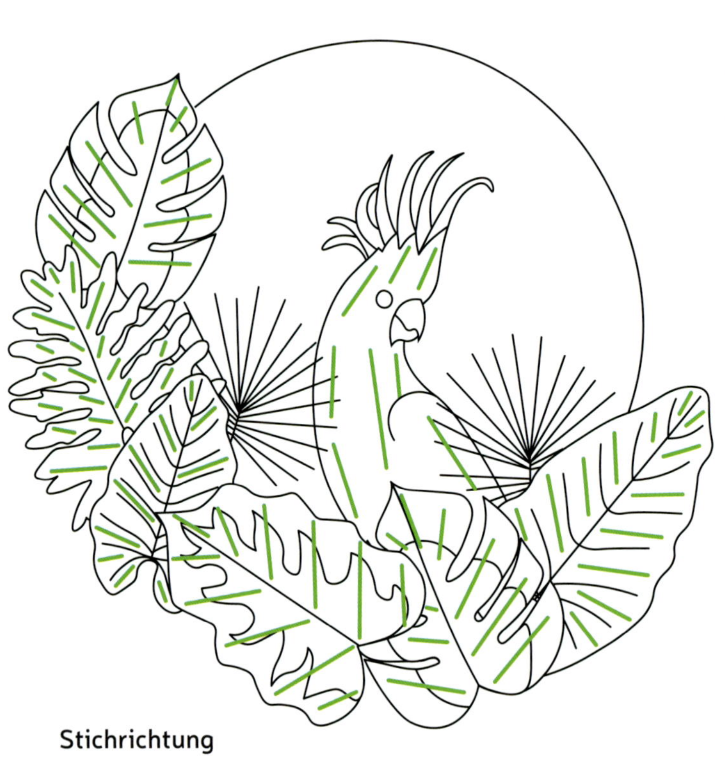

Stichrichtung

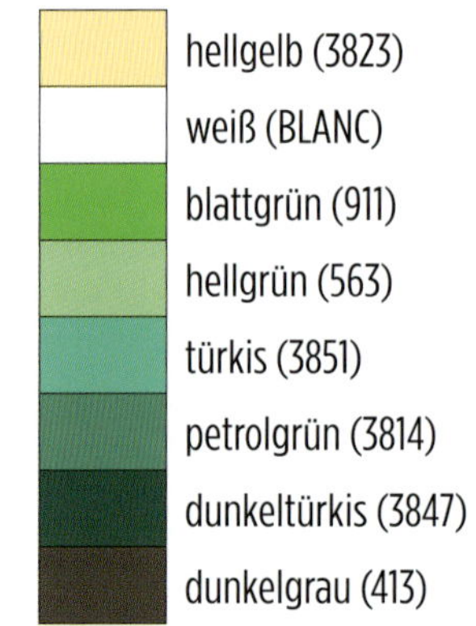

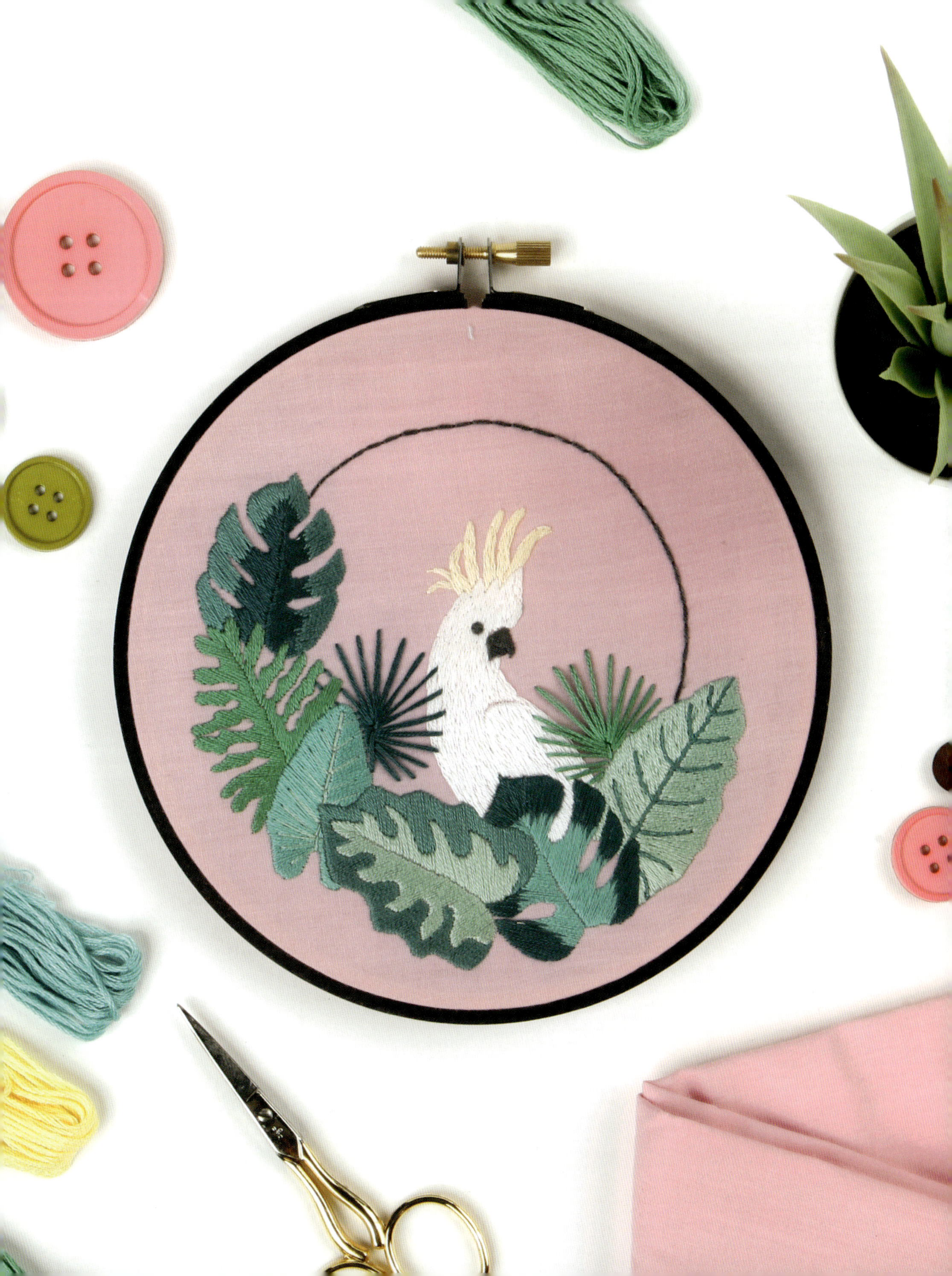

Vogel

1. Auge und Schnabel mit 3 Fäden Dunkelgrau (413) im Plattstich sticken.

2. Vogel mit 2 Fäden Weiß (BLANC) im versetzten Plattstich füllen. Wie abgebildet dezent den Flügel definieren, dafür von der Flügel- und von der Brustseite her zur Linie vorarbeiten.

3. Die Haubenfedern mit 2 Fäden Hellgelb (3823) im Spaltstich sticken.

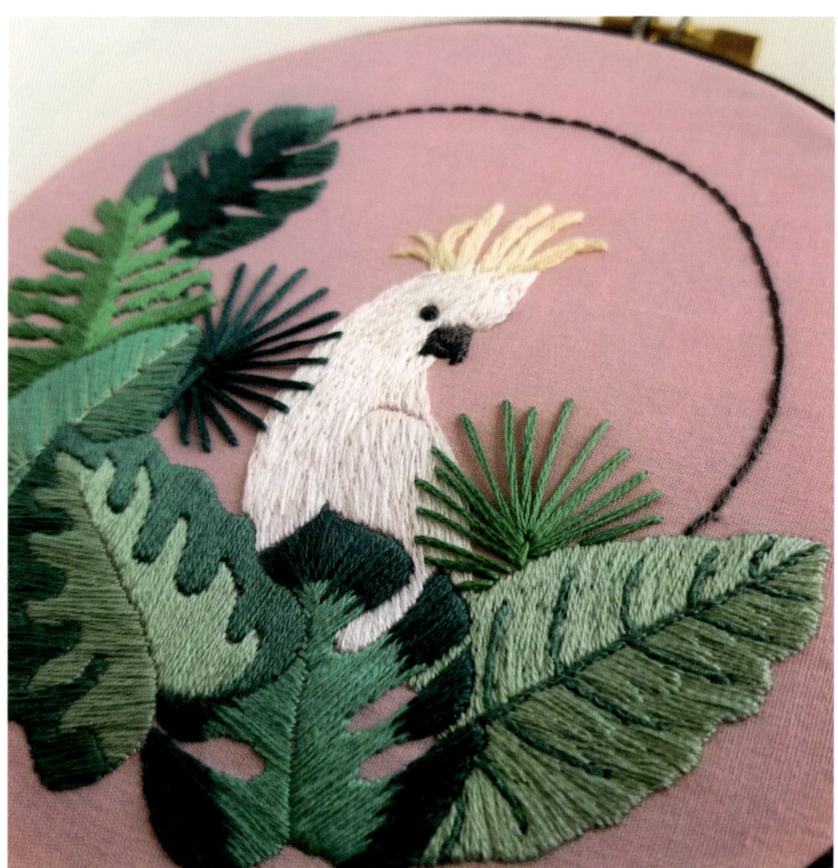

Die Geradstiche der Palmwedel ragen in den Kakadu hinein, damit das Ganze räumlich wirkt. Setze diese Stiche einfach nach Augenmaß, sodass ein rundlicher Palmwedel entsteht.

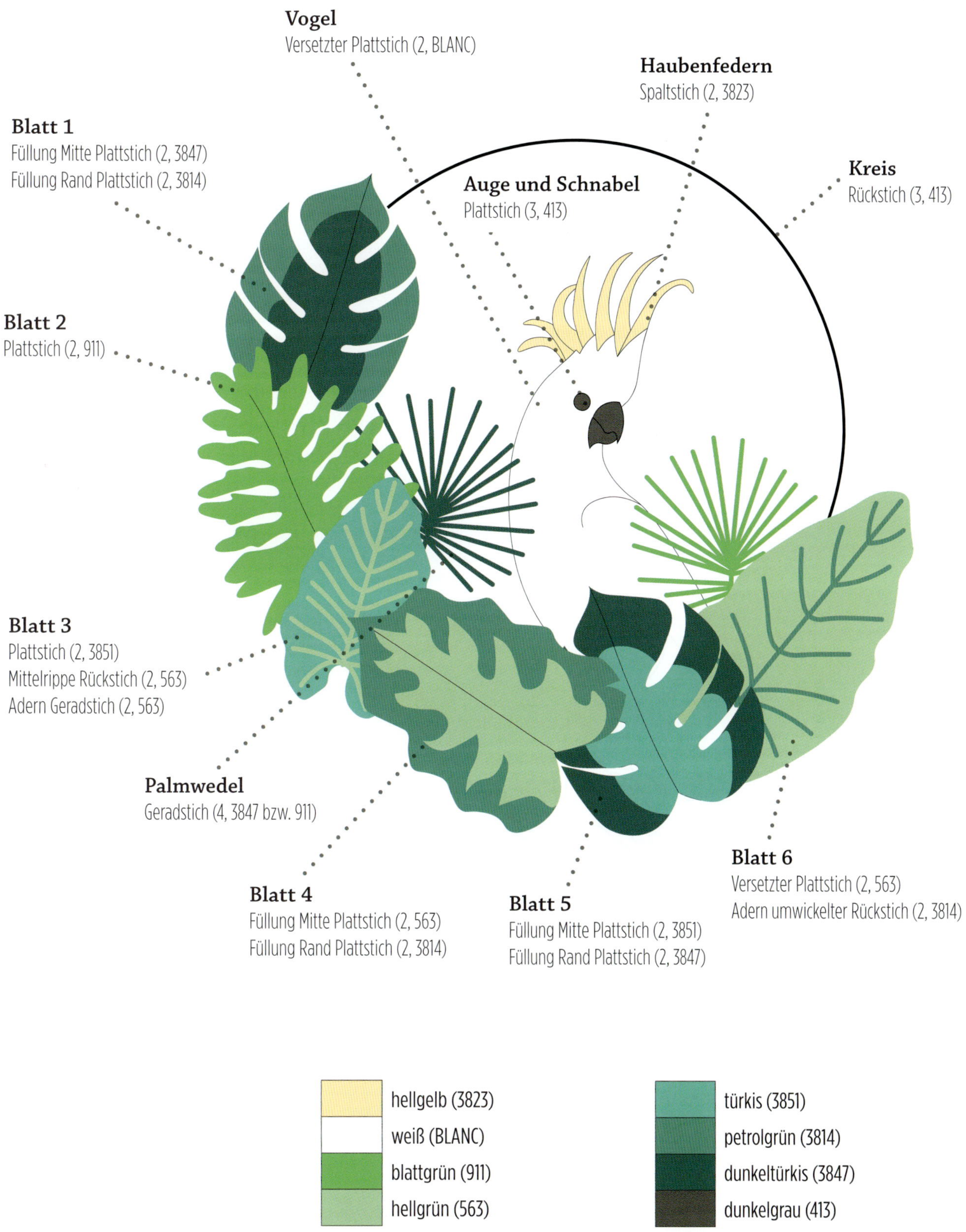

Farbe	Farbe
hellgelb (3823)	türkis (3851)
weiß (BLANC)	petrolgrün (3814)
blattgrün (911)	dunkeltürkis (3847)
hellgrün (563)	dunkelgrau (413)

Kranz Mit 2 Fäden sticken, sofern nicht anders angegeben

1. Den Mittelteil von Blatt 1 mit Dunkeltürkis (3847) im Plattstich füllen. Den Rand in Petrolgrün (3814) füllen, dabei die Stiche aus der Mitte spalten, damit keine Furche entsteht. Der Übergang zwischen den Farben soll leicht unregelmäßig sein, damit es nicht wie ein Schatten wirkt. Dieses Blatt wird im Grunde mit zwei Reihen versetztem Plattstich gefüllt, eine Reihe dunkel, eine hell.

2. Blatt 2 in Blattgrün (911) mit Plattstich füllen. Stichrichtungsgrafik auf Seite 106 beachten.

3. Blatt 3 in Türkis (3851) mit Plattstich füllen, dabei Platz für die Adern lassen. Mit Hellgrün (563) die Blattadern im Geradstich sticken, die Mittelrippe im Rückstich.

4. Den Mittelteil von Blatt 4 mit Plattstich in Hellgrün (563) füllen, den Rand in Petrolgrün (3814).

5. Blatt 5 genauso sticken wie Blatt 1. In der Mitte Türkis (3851) verwenden, für den Rand Dunkeltürkis (3847).

6. Blatt 6 mit versetztem Plattstich in Hellgrün (563) füllen. Die Blattadern mit Petrolgrün (3814) im umwickelten Rückstich sticken.

7. Mit 4 Fäden Dunkeltürkis (3847) den linken Palmwedel im Geradstich sticken. Zum Schluss den Stiel als einzelnen Geradstich sticken. Den Palmwedel rechts mit Blattgrün (911) genauso arbeiten.

8. Zum Schluss mit 3 Fäden Dunkelgrau (413) den Kreis im Rückstich sticken.

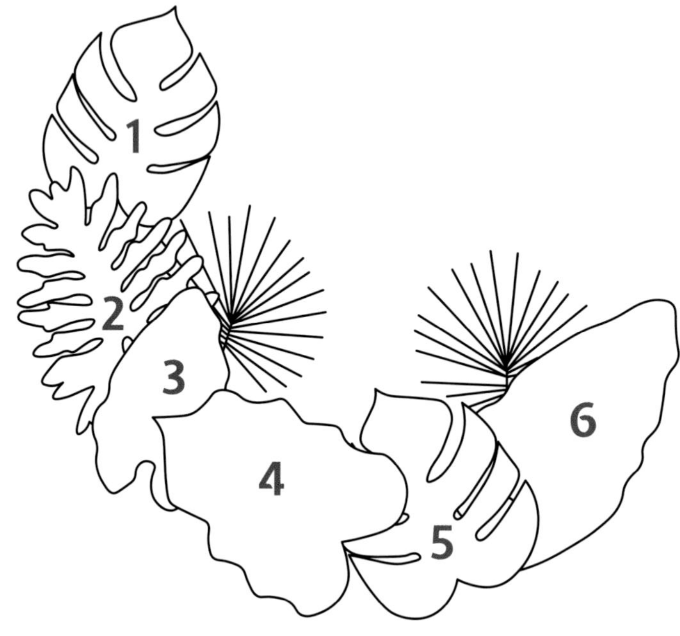

Polarkreiskumpel

Warm eingepackt sind diese drei bereit für die Wintersaison. Bei diesem Projekt erarbeitest du verschiedene Texturen. Dank versetztem (und gehöhtem) Plattstich entsteht mit nur einer Farbe ein realistisches, plastisches Fell. Mütze, Stiefel und Schal aus Kettenstich machen viel Spaß, und das i-Tüpfelchen sind die fluffigen Fransenstickerei-Bommeln und der Schnee aus Knötchen.

Das Motiv eignet sich perfekt für die Weihnachtsdeko – als Ganzes an der Wand oder als Baumbehang mit je einem Tier.

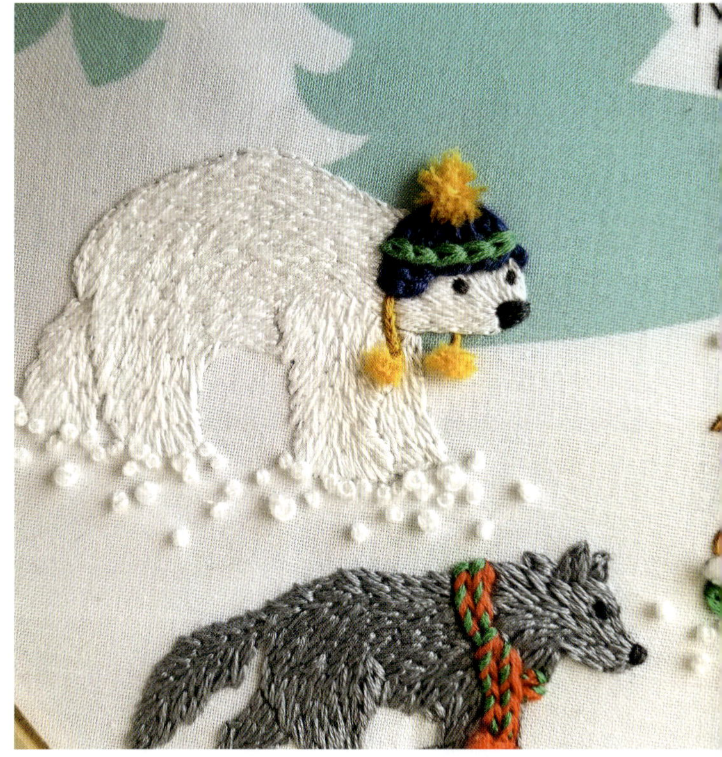

Tipps und Ideen:

- Für mein Exemplar habe ich mir Stoff bedrucken lassen. Einen ähnlichen Effekt erreichst du, wenn du mit Stoff-, Acryl- oder Aquarellfarbe einen blauen Himmel auf weiße Baumwolle malst. Oder du stickst den Umriss des Hintergrunds (Bäume, Schild und Horizont) mit hellblauem Stickgarn im Rückstich bzw. umgekehrt mit weißem Garn auf blauem Stoff. Zusätzliche Knötchen entlang des Horizonts verleihen dem Bild noch mehr Tiefe.

- Noch flauschiger sehen die Tiere aus, wenn du beim Fell (unregelmäßiger versetzter Plattstich) die Stichrichtung noch stärker variierst. Das bietet sich besonders beim dicken Wolfsfell an, während das Rentier das glatteste Fell bekommen sollte.

- Sticke den Umriss der Augen mit einem einzelnen Faden der Fellfarbe, damit sie sich noch besser abheben. Dabei die Nadel unter die Plattstiche der Augen führen.

- Bestimme selbst, was du auf das Schild schreibst!

MATERIAL

- Stickrahmen Ø 18 cm
- Weißer Stoff 25 × 25 cm
- Feine und gröbere Sticknadeln
- Baumwoll-Sticktwist

- dunkelgrau (3799)
- grau (318)
- braun (611)
- sandbraun (436)
- goldgelb (3820)

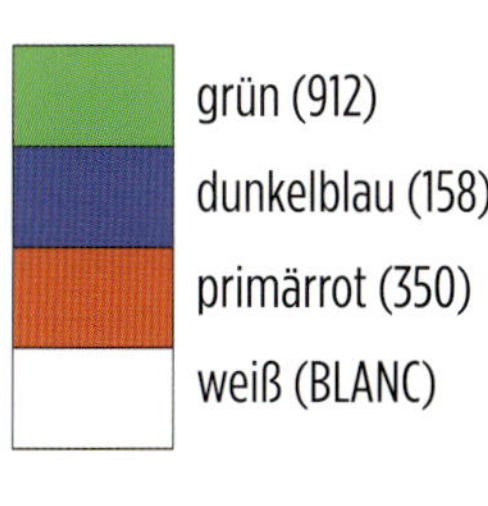

Eisbär

1. Die Mütze 6-fädig mit Kettenstichreihen in Dunkelblau (158) füllen. Die Änderung der Stichrichtung an den Ohrenklappen beachten.

2. Mit 6 Fäden Grün (912) einen Kettenstichstreifen auf die Mütze sticken.

3. Mit 3 Fäden Goldgelb (3820) im Kettenstich die Bindebänder der Mütze sticken.

4. Augen und Nase mit 2 Fäden Dunkelgrau (3799) im Plattstich sticken.

5. Körper mit 2 Fäden Weiß (BLANC) im versetzten Plattstich füllen. Dabei zuerst die überlappenden Konturen vorsticken (siehe Stichrichtungsgrafik).

6. Zum Schluss mit ein paar Fransenstickerei-Stichen aus 6 Fäden Goldgelb (3820) auf die Mütze einen Bommel und an die Bänder kleine Quasten setzen. Zurechtschneiden und auflockern.

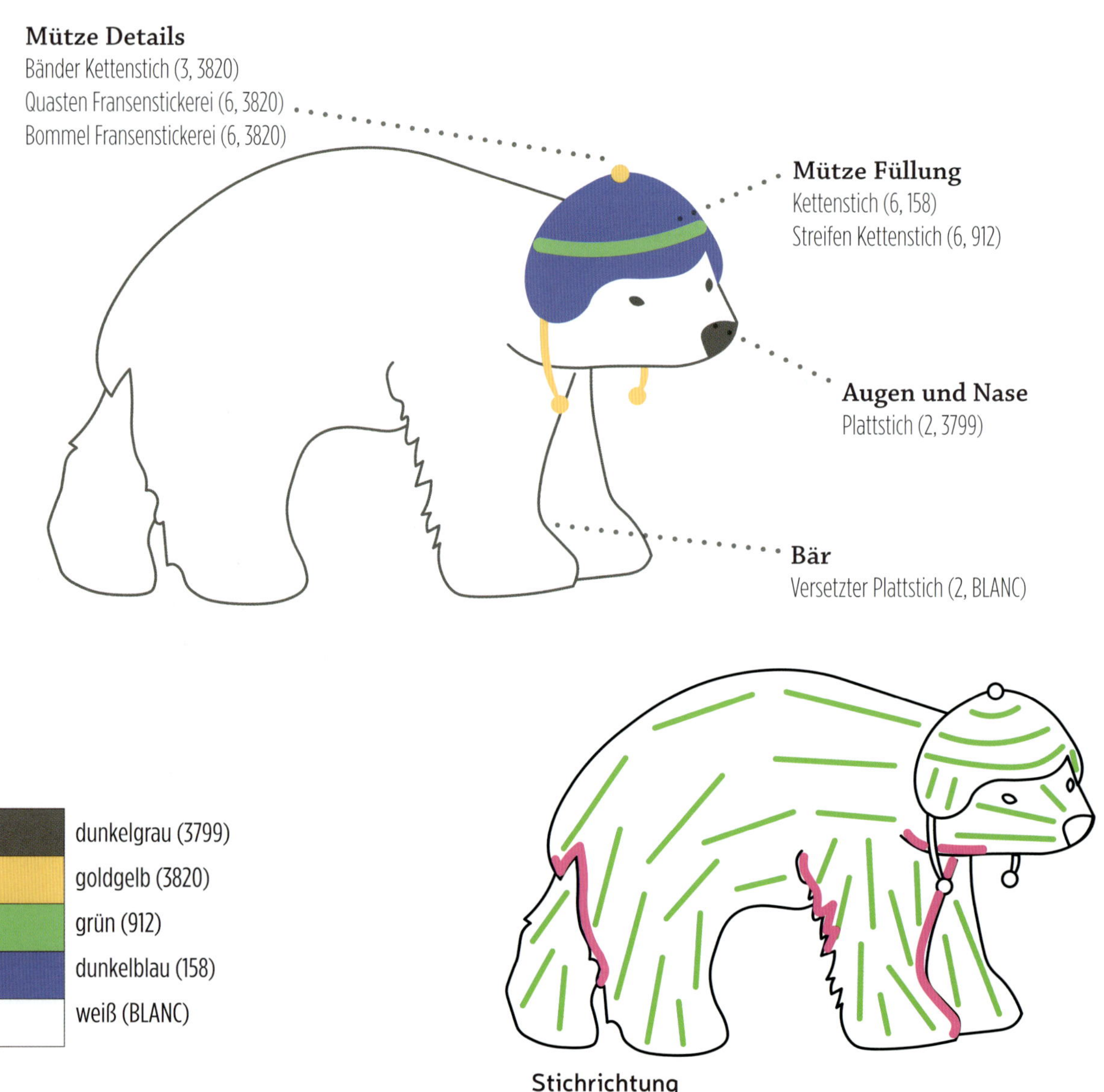

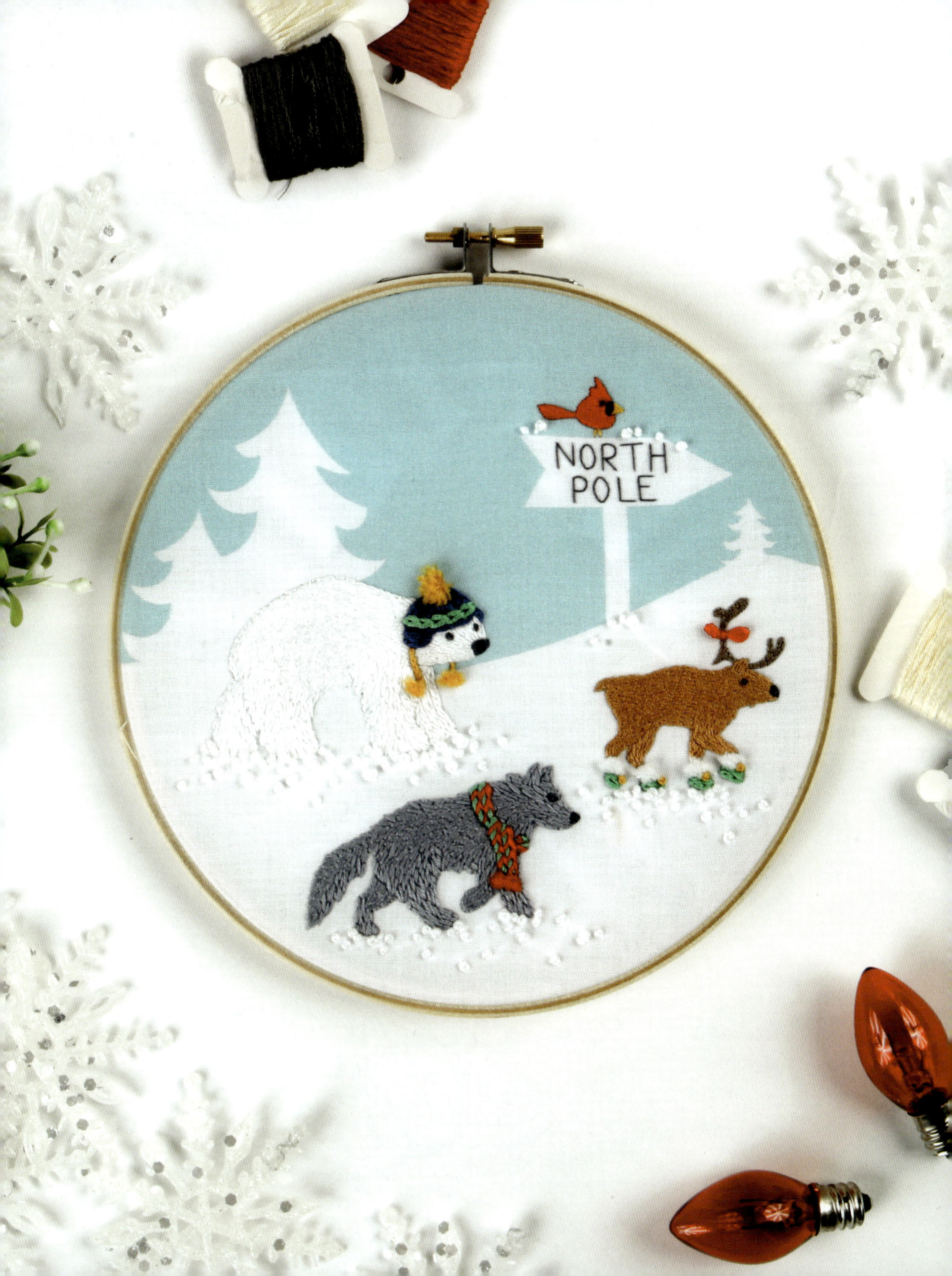
NORTH
POLE

Wolf

1. Den Schal der Länge nach 6-fädig mit 2 Kettenstichreihen in Primärrot (350) sticken.

2. Eine Seite jeder Kettenstichreihe mit 6 Fäden Grün (912) umwickeln.

3. Auge und Nase mit 2 Fäden Dunkelgrau (3799) sticken, die Nase im Plattstich und das Auge mit einer Reihe Spaltstich.

4. Körper mit 2 Fäden Grau (318) im versetzten Plattstich füllen. Dabei zuerst die überlappenden Konturen vorsticken (siehe Stichrichtungsgrafik). Lange, unregelmäßige Stiche lassen das Fell realistisch wirken.

5. Zum Schluss mit einer kurzen Reihe Fransenstickerei aus 6 Fäden Primärrot (350) ein paar Fransen an das Schalende sticken. Zurechtschneiden und auflockern.

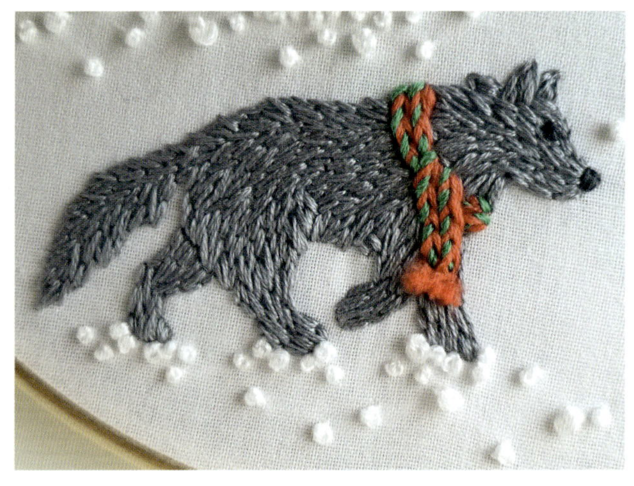

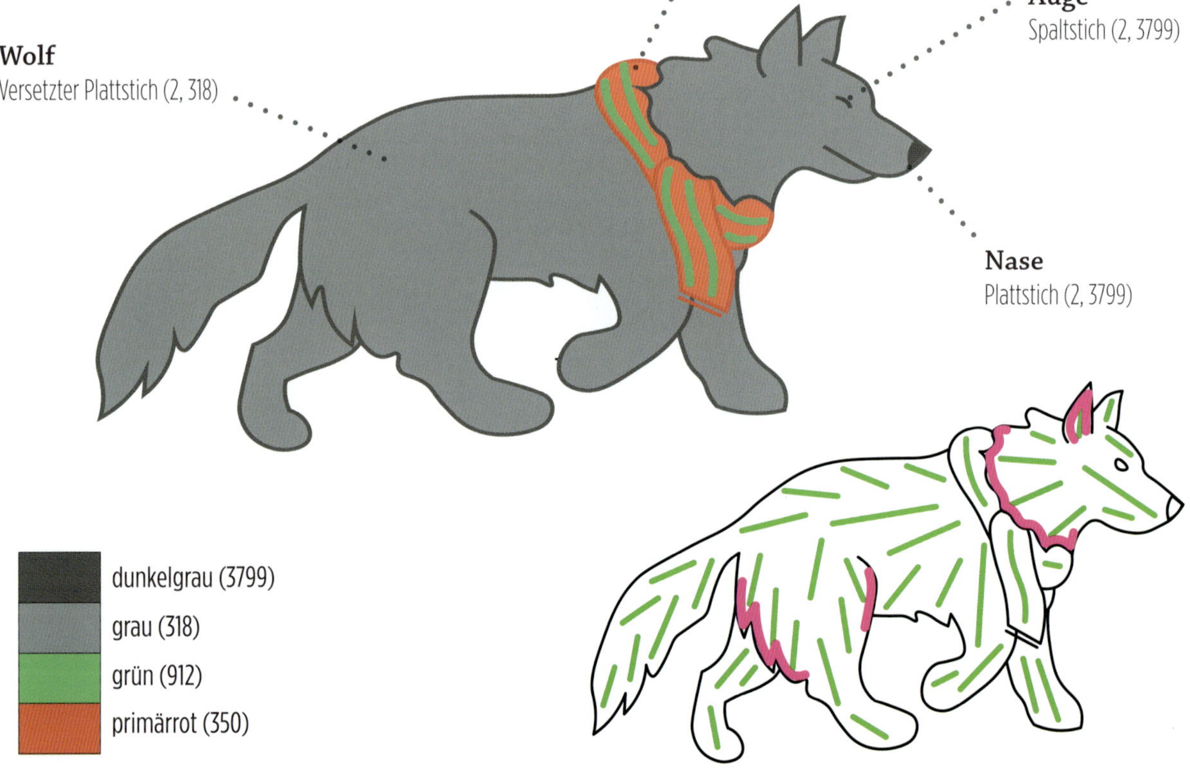

Rentier

1. Die Stiefel 6-fädig mit Kettenstichreihen in Grün (912) sticken.

2. Auge und Nase mit 2 Fäden Dunkelgrau (3799) sticken, die Nase im Plattstich und das Auge mit einem Knötchenstich.

3. Umriss des Geweihs mit 2 Fäden Braun (611) im Rückstich vorsticken. Mit Plattstich füllen.

4. Körper mit 2 Fäden Sandbraun (436) im versetzten Plattstich füllen. Dabei zuerst die überlappenden Konturen vorsticken (siehe Stichrichtungsgrafik). Kurze, saubere Stiche lassen das Rentierfell realistisch wirken.

5. Mit 6 Fäden Primärrot (350) mit Fransenstickerei eine Schleife ans Geweih setzen. Dafür 2 Schlaufen mit 2 Fadenenden arbeiten. Mit den Fixierstichen die Schlaufen in die richtige Position bringen.

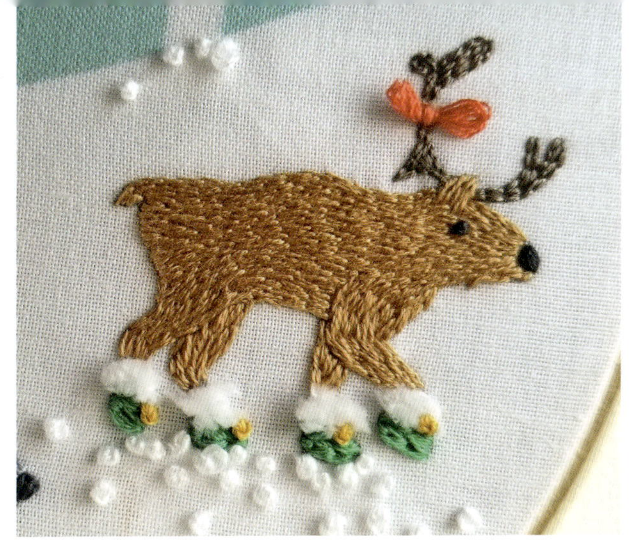

6. Zum Schluss an den oberen Rand der Stiefel mit 6 Fäden Weiß (BLANC) jeweils eine kurze Reihe Fransenstickerei setzen. Zurechtschneiden und auflockern. Falls gewünscht, in Goldgelb (3820) noch Knötchen als Glöckchen hinzufügen.

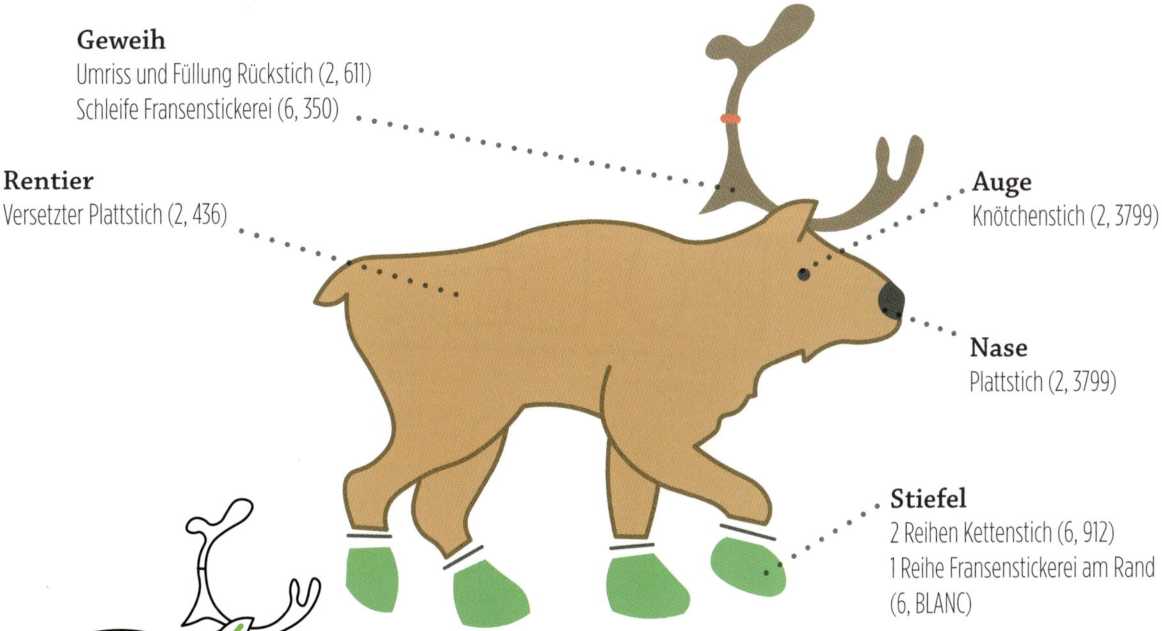

Geweih
Umriss und Füllung Rückstich (2, 611)
Schleife Fransenstickerei (6, 350)

Rentier
Versetzter Plattstich (2, 436)

Auge
Knötchenstich (2, 3799)

Nase
Plattstich (2, 3799)

Stiefel
2 Reihen Kettenstich (6, 912)
1 Reihe Fransenstickerei am Rand (6, BLANC)

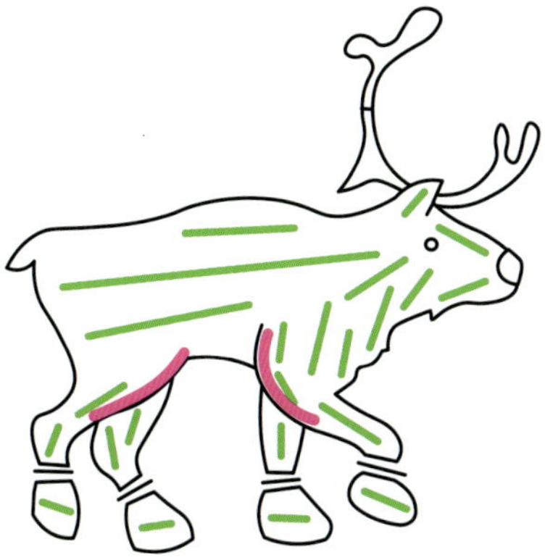

Stichrichtung

dunkelgrau (3799)
braun (611)
sandbraun (436)
goldgelb (3820)
grün (912)
primärrot (350)
weiß (BLANC)

Vogel Alles mit 2 Fäden sticken

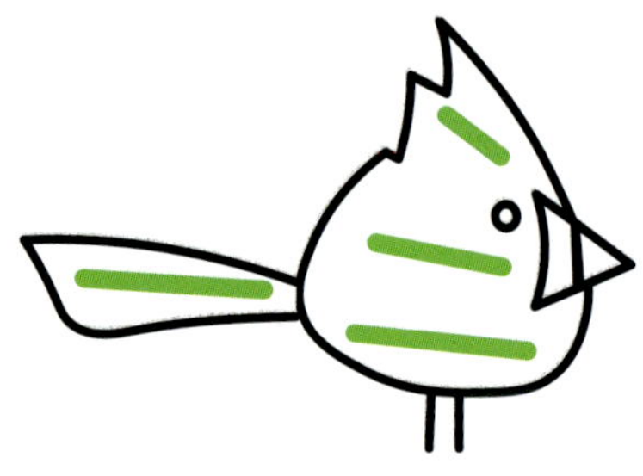

1. Körper und Schwanz mit Primärrot (350) im Plattstich füllen.

2. Schnabel mit Dunkelgrau (3799) und Goldgelb (3820) im Plattstich arbeiten.

3. Beine im Geradstich mit Goldgelb (3820) sticken.

4. Für das Auge ein Knötchen in Dunkelgrau (3799) sticken.

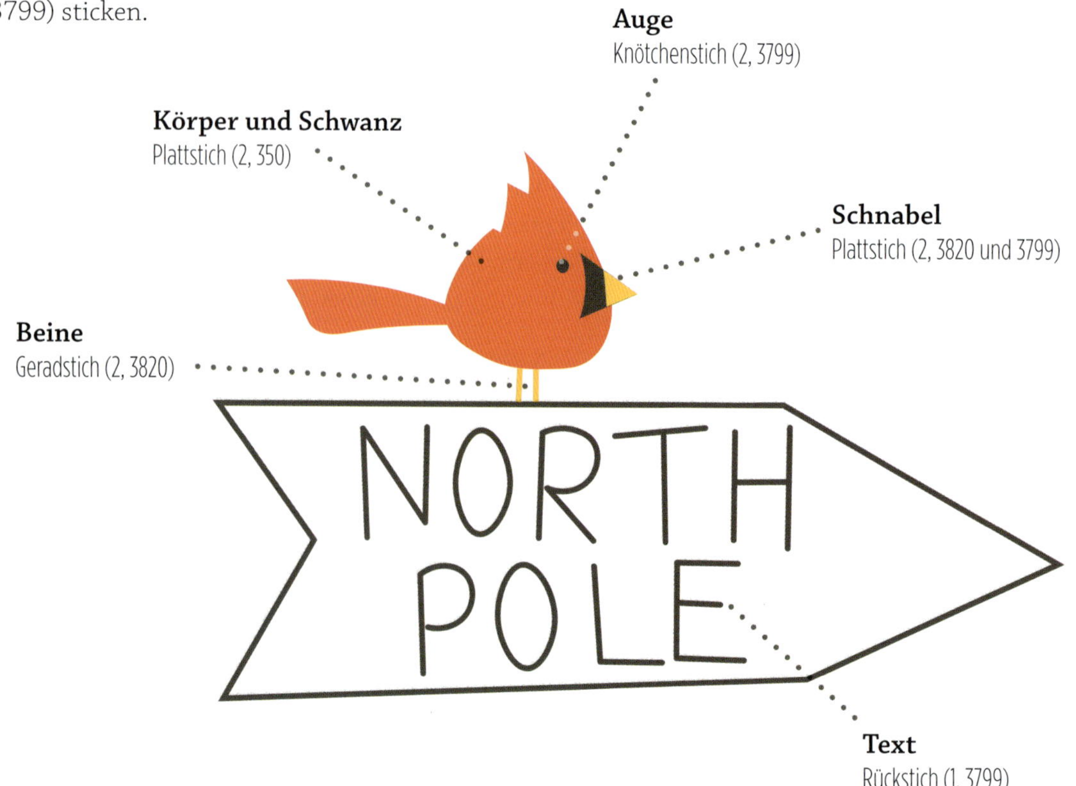

Schild und Schnee

1. Mit 1 Faden Dunkelgrau (3799) die Buchstaben im Rückstich sticken.

2. Mit vollen 6 Fäden Weiß (BLANC) Knötchen als Schnee hinzufügen. Die Anzahl der Umwicklungen variieren, damit sie unterschiedlich groß werden. Die Knötchen locker um die Pfoten/Hufe der Tiere verteilen, sodass es wie Schnee aussieht.

- dunkelgrau (3799)
- goldgelb (3820)
- primärrot (350)
- weiß (BLANC)

Stickender Panda

Auch Pandas, diese niedlichen, tapsigen und neugierigen Tierchen, brauchen mal etwas Zeit für sich. Dieser stickende Bär möchte unbedingt an deiner Wand hängen – vielleicht über dem Sessel, in dem du am liebsten stickst? Gönn dir was!

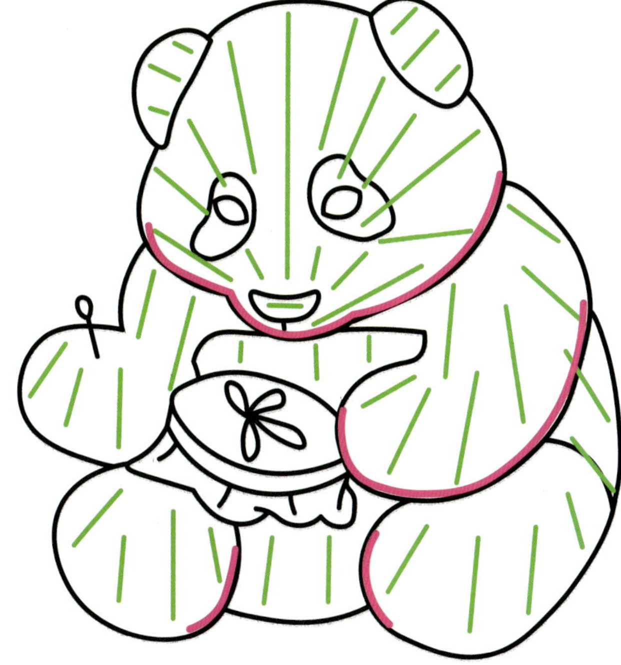

Stichrichtung

Tipps und Ideen:

- Soll es ein Geschenk für Kreuzstichfans werden, ersetze die Margeritenstiche durch Kreuzstiche.
- Lasse Pandas Stickgrund leer, dann benutzt er den gleichen Stoff wie du, oder fülle die Fläche mit gleichmäßigem versetztem Plattstich in einer anderen Farbe.
- Beim letzten Blütenblatt stichst du nahe der Blütenmitte aus, und statt den letzten Margeritenstich zu arbeiten, führst du die Nadel durch das Öhr der bereits gestickten silbernen Nadel. Ziehe den Faden durch, lasse ihn hängen, und schneide ihn an passender Stelle ab. Wenn dir das lose Ende so nicht gefällt, fixiere es mit 1 Faden Magenta (3607) mit der Anlegetechnik am Stoff.

MATERIAL

- Stickrahmen Ø 15 cm
- Grüner Baumwollstoff 20 × 20 cm
- Feine und gröbere Sticknadeln
- Baumwoll-Sticktwist

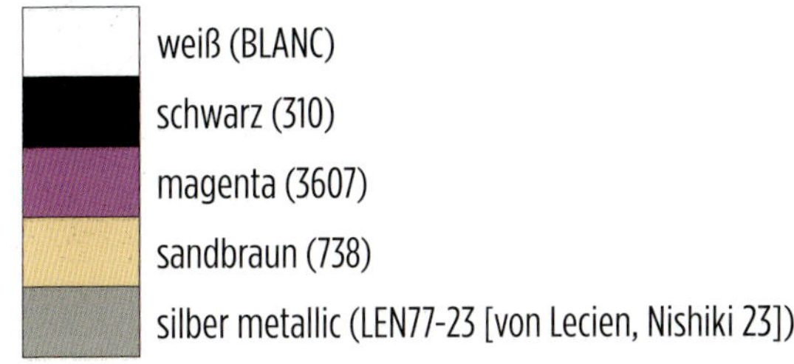

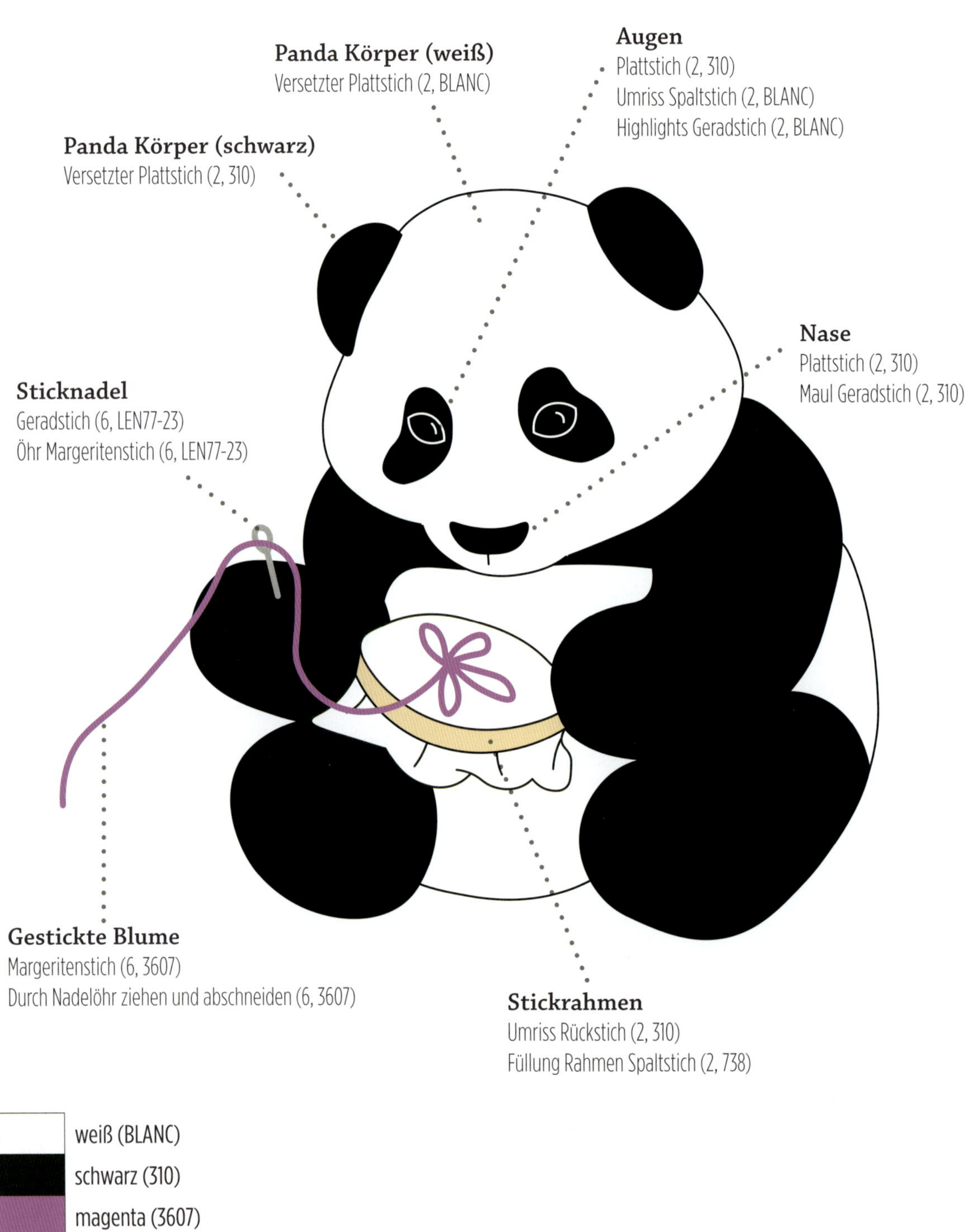

- weiß (BLANC)
- schwarz (310)
- magenta (3607)
- sandbraun (738)
- silber metallic (LEN77-23 [von Lecien, Nishiki 23])

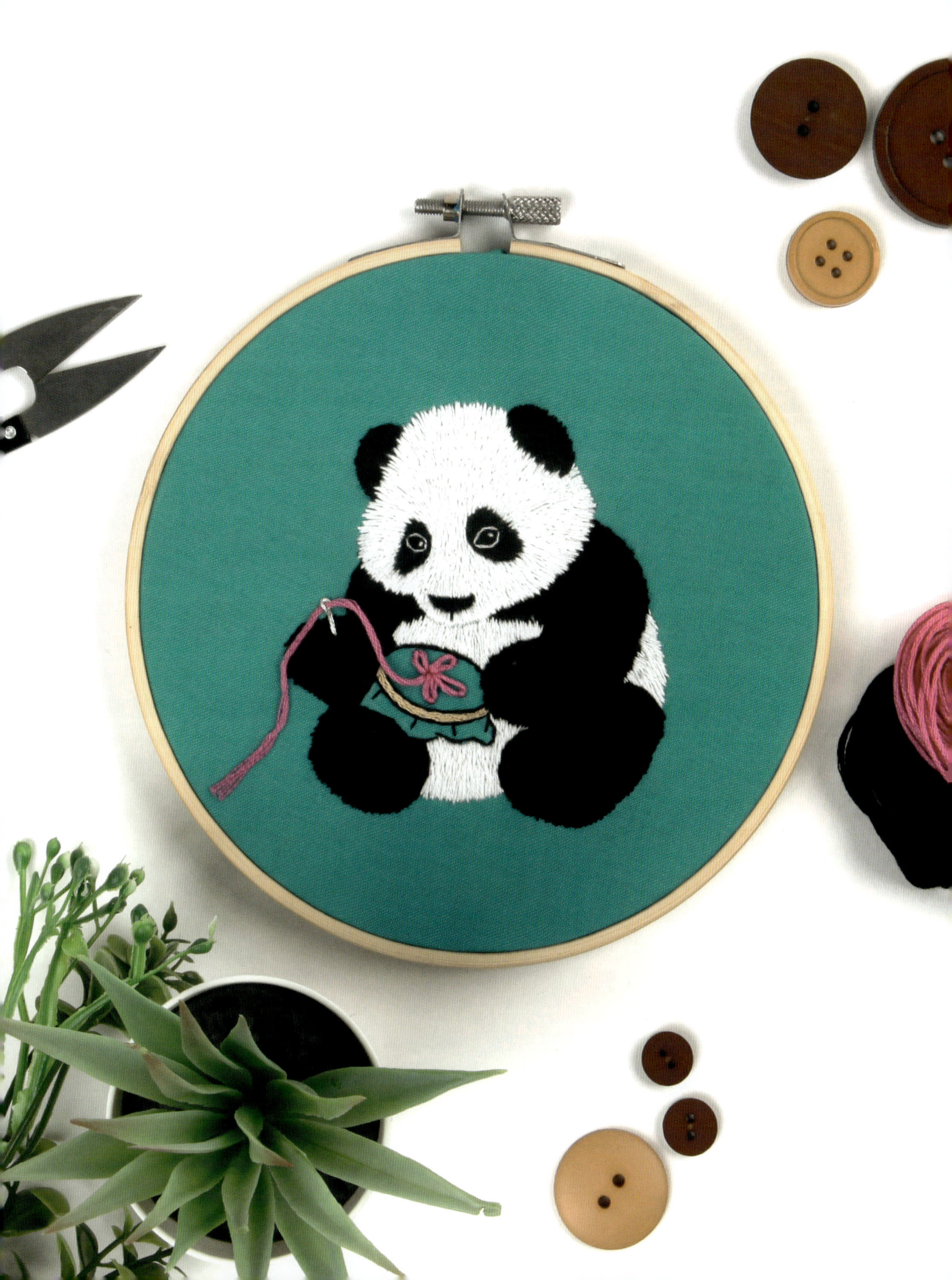

Panda

1. Mit 2 Fäden Schwarz (310) Augen und Nase im Plattstich füllen. Für das Maul einen einfachen senkrechten Geradstich setzen. Den Umriss der Augen mit 2 Fäden Weiß (BLANC) im Spaltstich sticken und im Geradstich Highlights hineinsetzen.

2. Das Fell 2-fädig mit versetztem Plattstich füllen. An der Nase mit Weiß (BLANC) beginnen und nach außen und oben weiterarbeiten. Für die Augenflecken und Ohren Schwarz (310) verwenden. Für mehr Tiefe zuerst die den Körper überlappende Gesichtskontur entlangsticken.

3. Genauso Rumpf und Beine mit 2 Fäden Schwarz (310) bzw. Weiß (BLANC) füllen. An den in der Grafik eingezeichneten Stellen die Kontur vorsticken.

4. Den Umriss des Stickrahmens mit 2 Fäden Schwarz (310) im Rückstich sticken. Das Holz mit 2 Fäden Sandbraun (738) mit Spaltstichreihen füllen.

5. Die Sticknadel 6-fädig mit Silber metallic (LEN77-23 [von Lecien, Nishikiito 23]) als Geradstich sticken. Das Nadelöhr am Ende als Margeritenstich arbeiten.

6. Die gestickte Blume mit vollen 6 Fäden Magenta (3607) im Margeritenstich arbeiten. Das fünfte Blütenblatt normal beginnen, aber die Nadel dann durch das gestickte Nadelöhr führen und den losen Faden abschneiden.

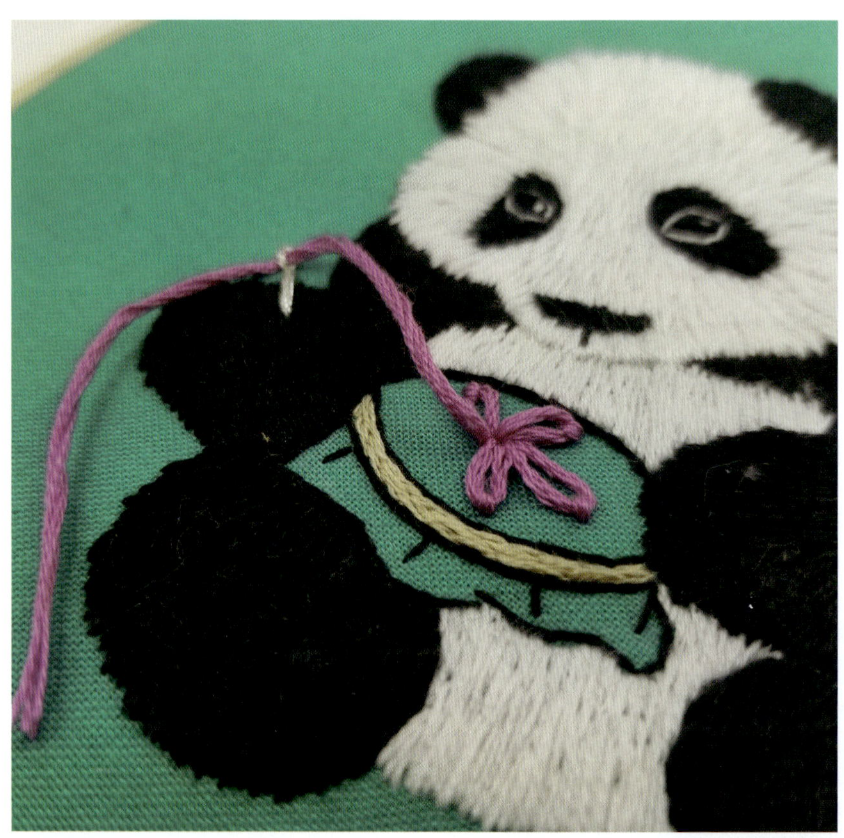

Das Einfädeln des Fadens in die gestickte Nadel ist ein witziges Detail, das sehr realistisch wirkt.

Fröhliches Faultier

An diesem putzigen Faultier kannst du das Füllen von Flächen mit versetztem Plattstich üben. Dabei ist ein Farbübergang mit Nadelmalerei umzusetzen, das bekommst du hin!

Den umwickelten Rückstich setzt du auf zwei verschiedene Arten ein, einmal beim Kranz für den tollen Streifeneffekt und einmal beim Lächeln, damit die einfarbige Linie schön glatt wird.

Tipps und Ideen:

- Für ein Geschenk zur Geburt: Sticke Namen oder Geburtsdaten des Babys in den Blumenkranz. Und wähle die Farben passend zum Kinderzimmer!
- Falls sich der Kreis durch das Einspannen verzieht, kannst du zur Stabilisation ein Vlies auf die Rückseite bügeln.
- Die Krallen werden mit waagerechtem Plattstich gefüllt und überlappen außerdem den Kranz, das kann Schwierigkeiten bereiten. Bevor du dir die Finger kaputtmachst, benutze den umwickelten Rückstich!

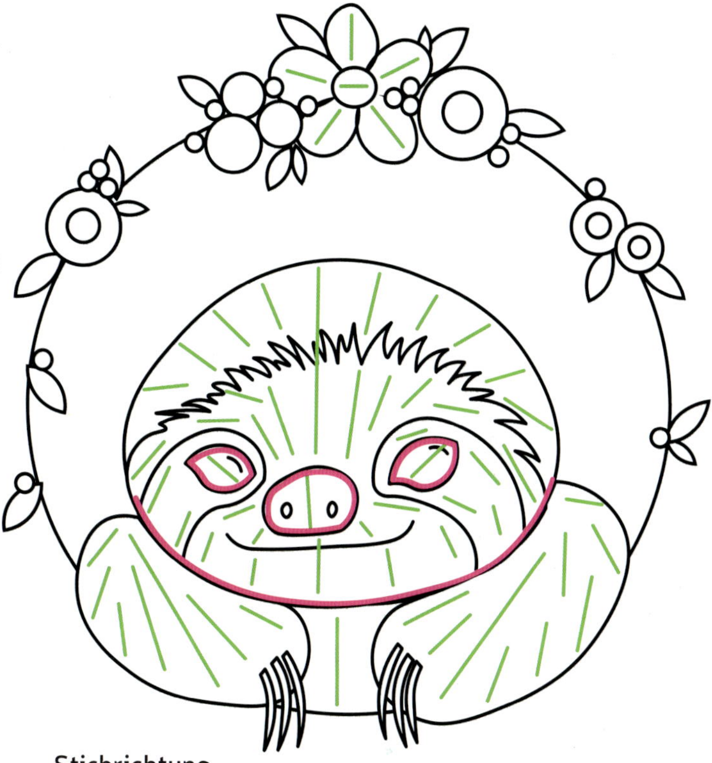

Stichrichtung

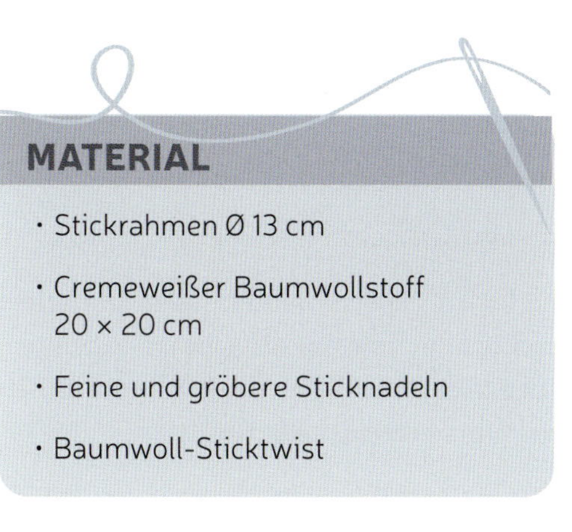

MATERIAL

- Stickrahmen Ø 13 cm
- Cremeweißer Baumwollstoff 20 × 20 cm
- Feine und gröbere Sticknadeln
- Baumwoll-Sticktwist

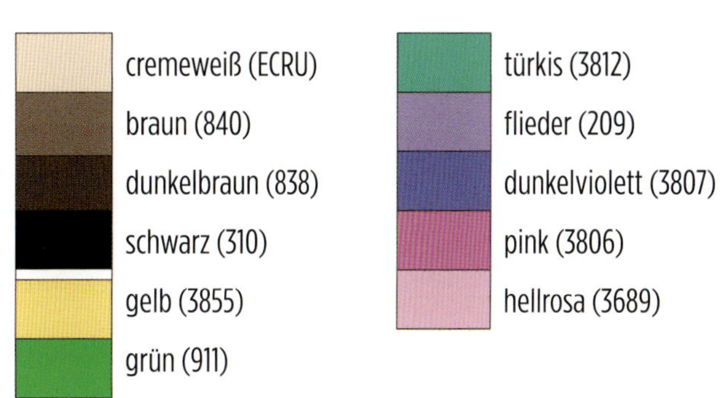

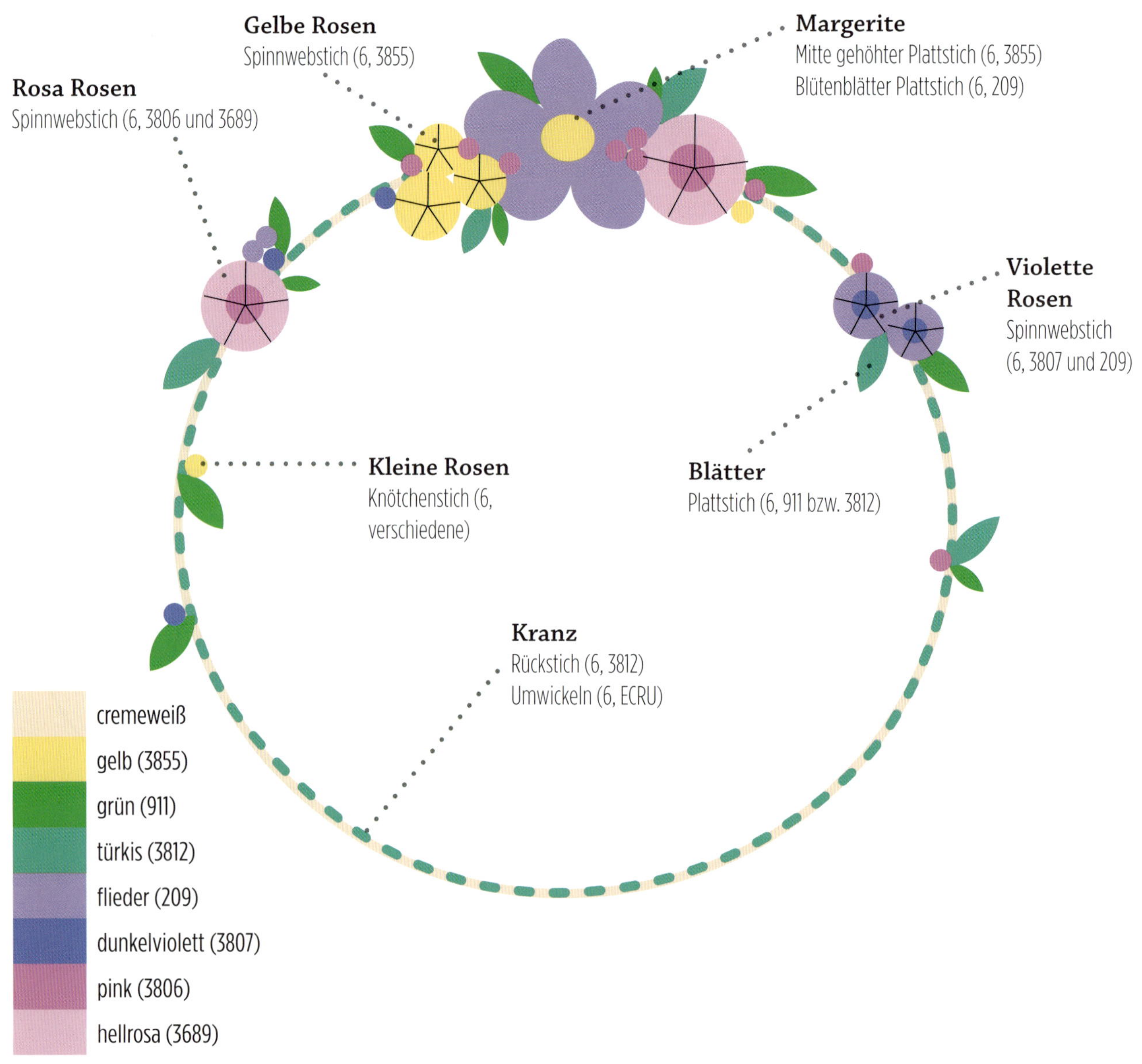

Kranz Alles mit 6 Fäden sticken

1. Den Kreis mit Türkis (3812) im Rückstich sticken. Dann den Rückstich mit Cremeweiß (ECRU) umwickeln.

2. Die Mitte der Margerite mit Gelb (3855) im gehöhten Plattstich arbeiten. Die Blütenblätter im regulären Plattstich mit Flieder (209) füllen.

3. Dann die Webrosen arbeiten, Farben siehe Legende. Bei den 2-farbigen Rosen die Nadel einstechen und den Faden sichern, wenn mit der Erstfarbe der gewünschte Durchmesser erreicht ist. Einen neuen Faden der zweiten Farbe an der Rückseite sichern und die Webrose fertigstellen.

4. Im Plattstich Blätter in Grün (911) oder Türkis (3812) hinzufügen.

5. Zum Schluss die Knötchen an den Kranz setzen, Farben siehe Legende.

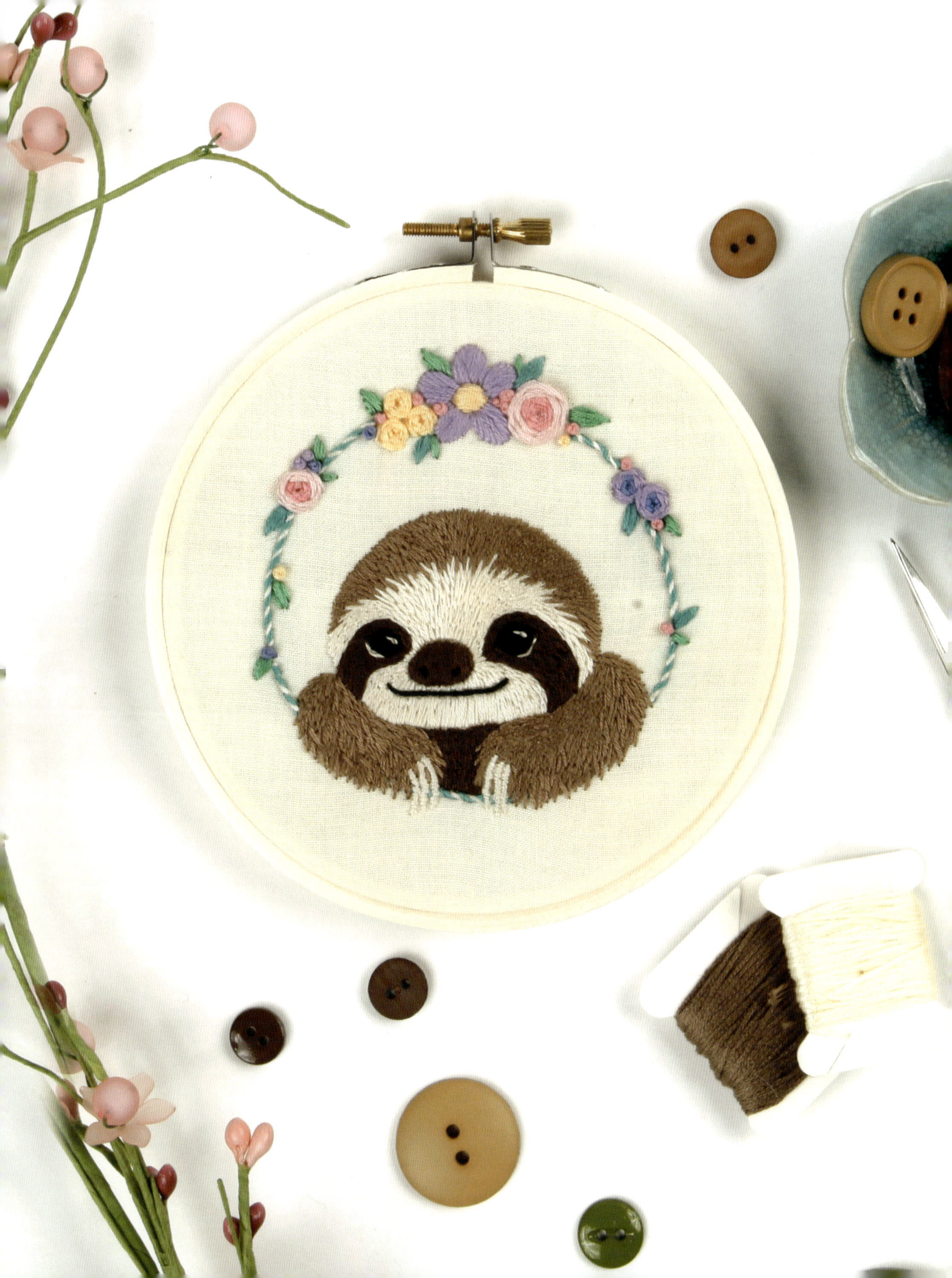

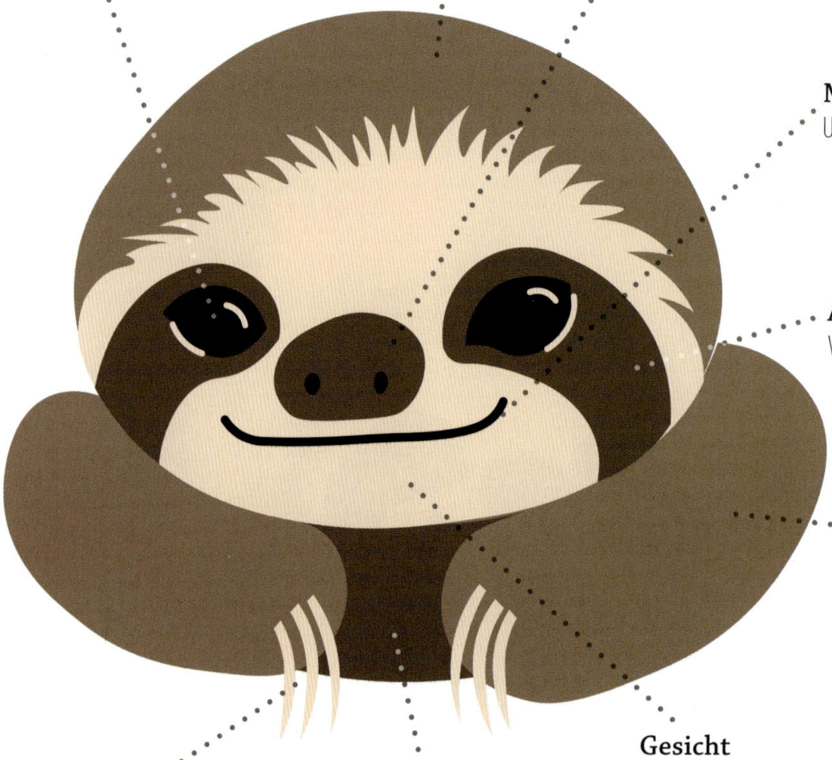

Kopf
Versetzter Plattstich (2, 840 und ECRU)

Augen
Gehöhter Plattstich (2, 310)
Highlights Spaltstich (2, ECRU)
Umriss Spaltstich (2, ECRU)

Nase
Nasenlöcher Plattstich (2, 310)
Nase gehöhter Plattstich (2, 838)

Mund
Umwickelter Rückstich (2, 310)

Augenflecken
Versetzter Plattstich (2, 838)

Arme
Versetzter Plattstich (2, 840)

Gesicht
Unterkante Spaltstich (2, ECRU)
Füllen mit Plattstich oder versetztem Plattstich (2, ECRU)

Krallen
Gehöhter Plattstich (2, ECRU)

Brust
Versetzter Plattstich (2, 838)

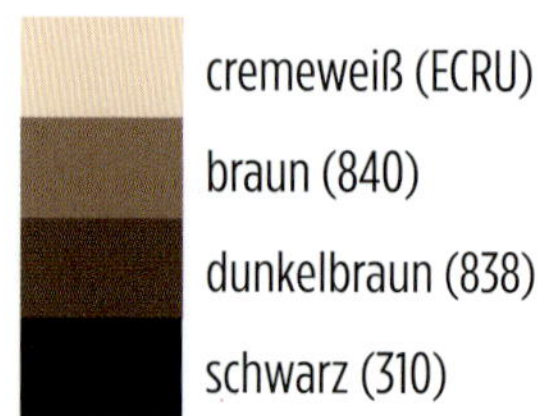

Faultier Alles mit 2 Fäden sticken

1. Die Nasenlöcher mit Schwarz (310) im Plattstich sticken. Die Nase um die Nasenlöcher herum im gehöhten Plattstich mit Dunkelbraun (838) füllen.

2. Augen mit Schwarz (310) im gehöhten Plattstich.

3. Die Augenflecken mit Dunkelbraun (838) im versetzten Plattstich füllen. Für eine plastische Wirkung zuerst an der Unterkante des Gesichts entlangsticken.

4. Mit Spaltstich in Cremeweiß (ECRU) Highlights in die Augen setzen und unter den Augen ein Stück Kontur sticken.

5. Mund mit Schwarz (310) im umwickelten Rückstich.

6. Mit Cremeweiß (ECRU) die untere Gesichtskontur vorsticken. Das Gesicht im Plattstich füllen und nach oben hin zum versetzten Plattstich wechseln, damit auch die Kontur überdecken. Den oberen Rand gezackt sticken.

7. Den Oberkopf mit Braun (840) im versetzten Plattstich füllen, dabei mit dem Cremeweiß (ECRU) verblenden. Diese Kante sollte gezackt sein. Sie ist ein Farbwechsel, kein weicher Übergang oder Schatten.

8. Die Brust mit Dunkelbraun (838) im versetzten Plattstich füllen.

9. Für die Krallen in Cremeweiß (ECRU) eine Rückstichreihe sticken, dann mit waagerechtem Plattstich überdecken.

10. Die Arme mit unregelmäßigem versetztem Plattstich in Braun (840) füllen. Damit das Fell zersaust aussieht, an der Unterkante die Stichrichtung variieren.

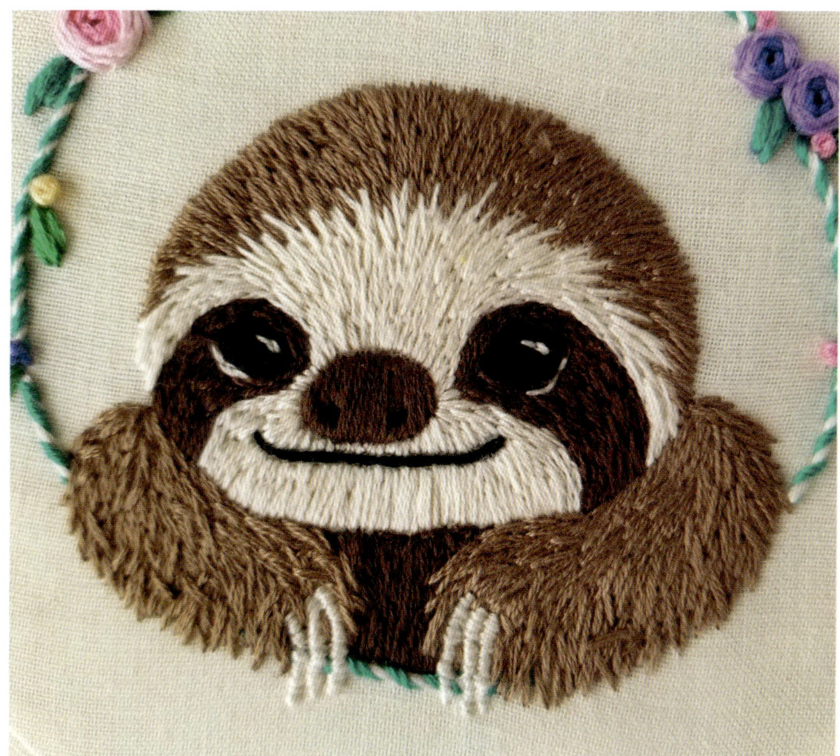

Mit unregelmäßigem versetztem Plattstich lässt sich das zerzauste Fell des Dreifinger-Faultiers sehr schön wiedergeben.

Herbst-Eichhörnchen

Die Eichhörnchen sind gut geeignet, um sich mit der Nadelmalerei vertraut zu machen. Hier gehen drei Farben ineinander über. Außerdem unterfüttern wir Ränder vor dem Füllen mit versetztem Plattstich, um eine plastischere Wirkung zu erzielen. Beim Kranz hast du Gelegenheit, weiter Plattstich, Knötchenstich und Stielstich zu üben. Die Stichrichtung und das Unterfüttern sind bei diesem Motiv besonders wichtig, achte auf die Grafik!

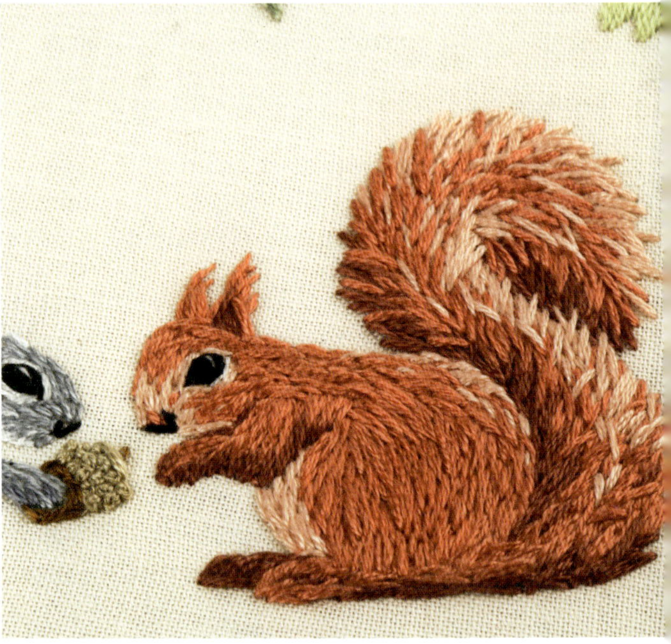

Tipps und Ideen:

- Statt des ganzen Motivs kannst du auch nur die Eichhörnchen einzeln oder zusammen sticken. Der Kranz kann auch als herbstlicher Rahmen für einen individuellen Text dienen.
- Verwende am Schwanz längere, unregelmäßigere Stiche, dann wirken sie schön voluminös. Am Körper solltest du mit kürzeren, gleichmäßigeren Stichen arbeiten. Ich habe meine Eichhörnchen zweifädig gestickt. Wenn du es noch feiner magst, kannst du auf einen Faden heruntergehen.
- Die Eichhörnchen werden aus je drei Farben gestickt. Der Körper besteht hauptsächlich aus dem mittleren Farbton. Die helle Farbe wird im Nacken und am Schwanz, um die Augen, am Kinn, an Brust und Bauch verwendet. Die dunkelste Farbe kommt für Schatten und das Innere des Ohrs zum Einsatz.

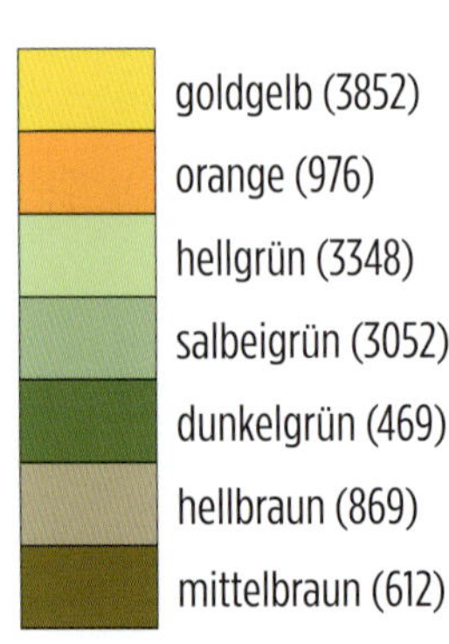

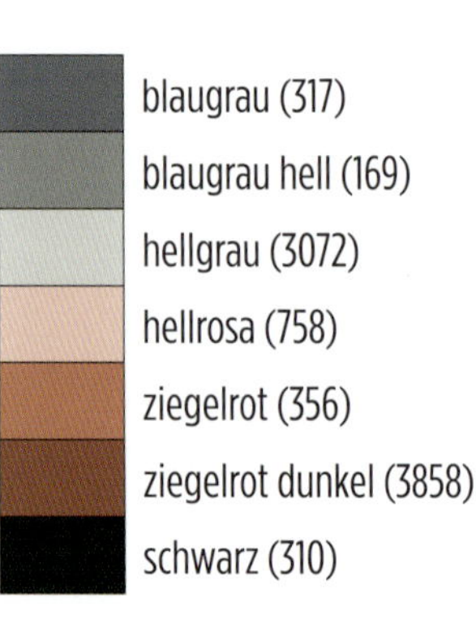

MATERIAL

- Stickrahmen Ø 18 cm
- Hellblauer Baumwollstoff 25 × 25 cm
- Feine und gröbere Sticknadeln
- Baumwoll-Sticktwist

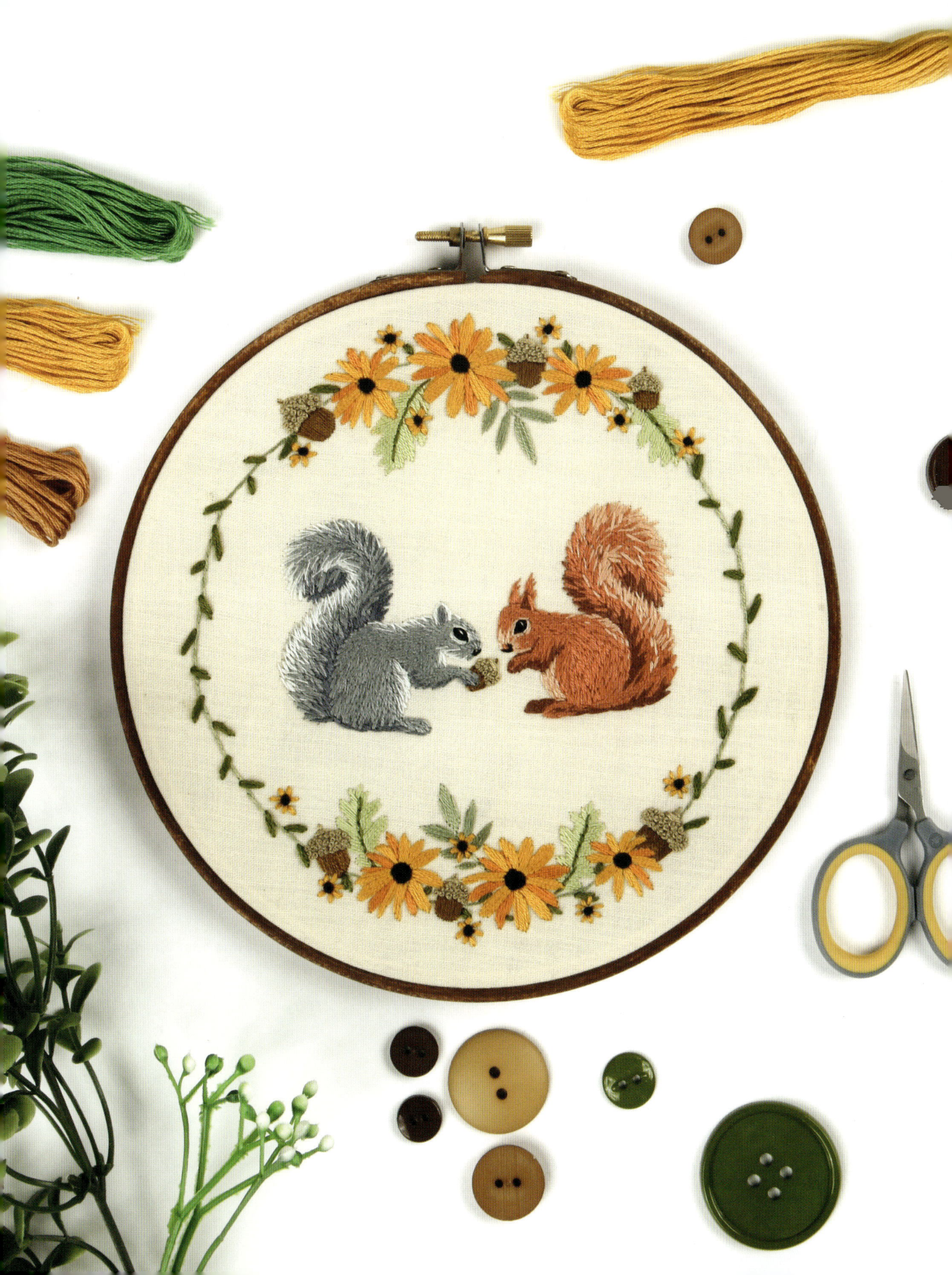

Eichhörnchen 2-Fädig im versetzten Plattstich, sofern nicht anders angegeben

1. Zuerst die Augen im gehöhten Plattstich mit 2 Fäden Schwarz (310) arbeiten. Mit ein paar Geradstichen den Umriss der Nase andeuten.

2. Mit dem Füllen der Eichhörnchen im Gesicht anfangen. An der Nase beginnend versetzten Plattstich arbeiten. An den Ohren kurz unterbrechen und diese etwas unterfüttern, damit sie sich vom Hinterkopf abheben. Beim roten Eichhörnchen ein paar Geradstiche oben an die Ohren setzen.

3. Den Körper von oben nach unten im versetzten Plattstich füllen, Farbwechsel und Stichrichtung siehe Grafiken. An das Vorsticken der Kontur an Armen, Beinen und Rücken denken.

4. Bei den Schwänzen von dunkel zu hell arbeiten. Danach mit einem einzelnen Faden jeder Farbe noch einmal darübersticken, um die Übergänge zu glätten und mehr Volumen zu erzeugen.

5. Am Rücken entlang ein paar Stiche setzen, die den Schwanz überlappen.

6. Zum Schluss mit 1 Faden Hellgrau (3072) den Umriss der Augen sticken und die Highlights hineinsetzen.

7. Am Ende noch einmal mit 1 Faden jeder Farbe die Farbübergänge perfektionieren, falls gewünscht.

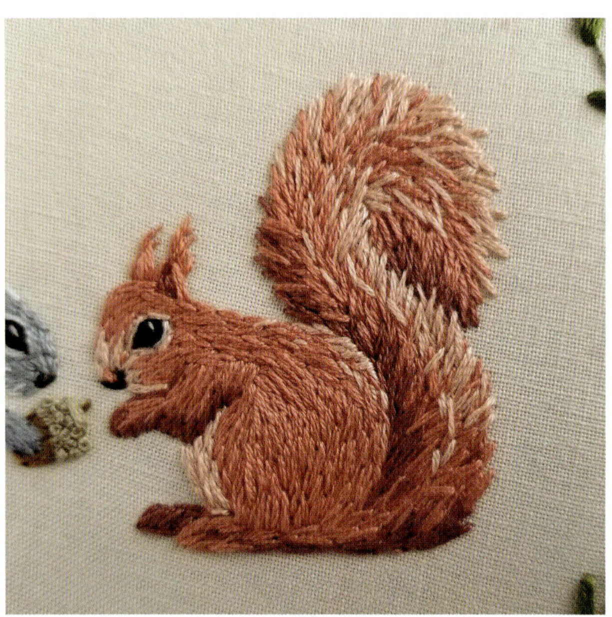

Mit langen, unregelmäßigen Stichen wirkt das Fell am Schwanz besonders buschig.

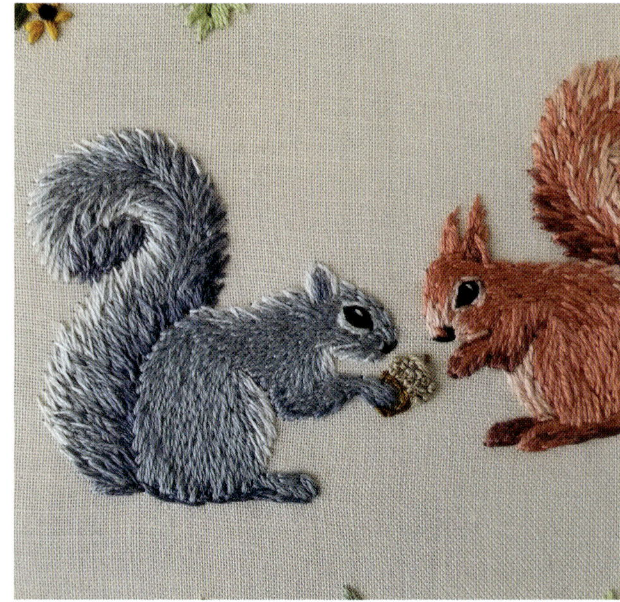

Niedlich wäre auch eine Blume oder ein Herz statt der Eichel.

Eichhörnchen
Versetzter Plattstich
(2, siehe Legende),
sofern nicht anders angegeben

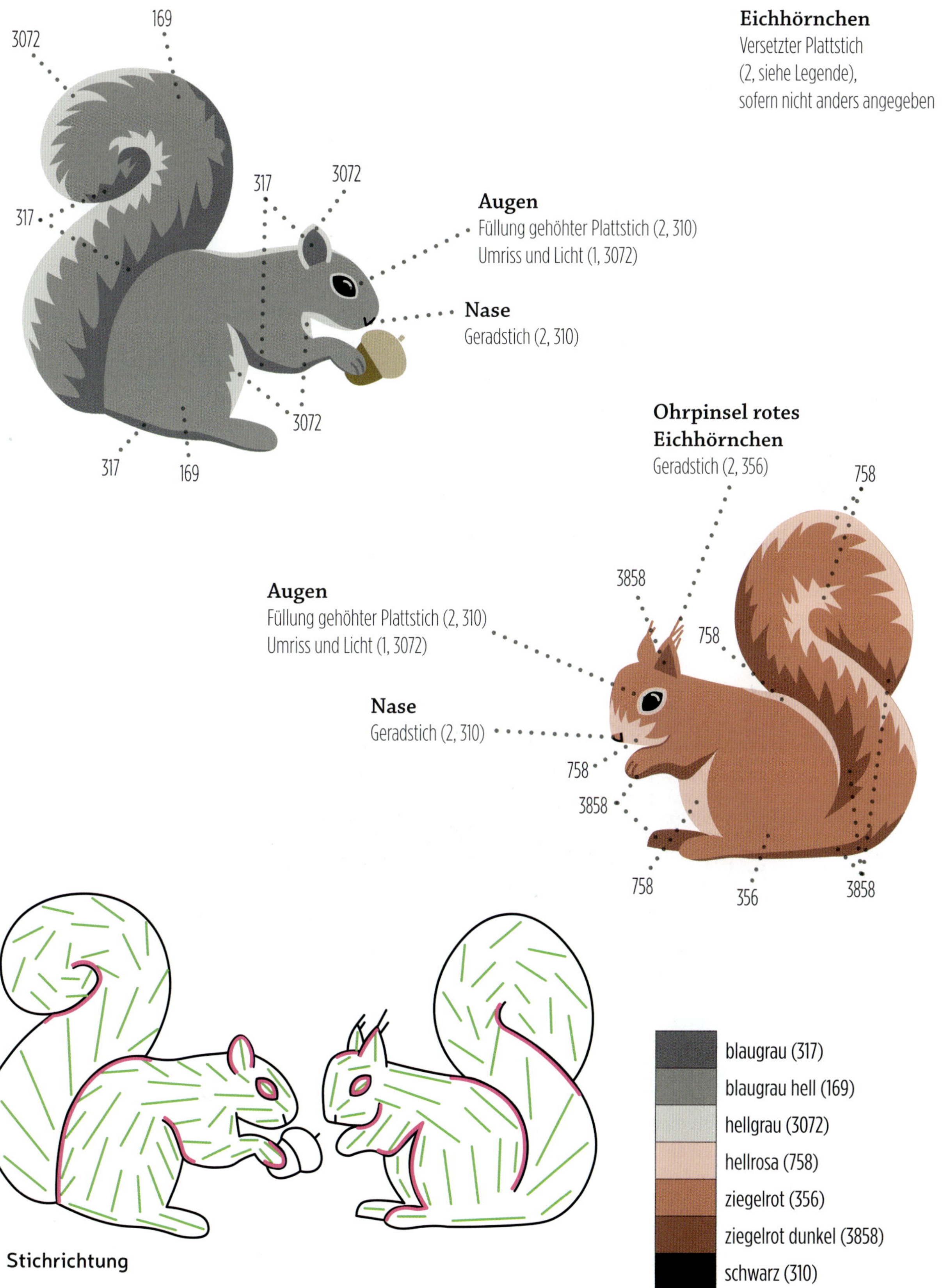

	blaugrau (317)
	blaugrau hell (169)
	hellgrau (3072)
	hellrosa (758)
	ziegelrot (356)
	ziegelrot dunkel (3858)
	schwarz (310)

Kranz

1. Die Mitte der großen Blumen mit 3 Fäden Schwarz (310) im gehöhten Plattstich sticken.

2. Die Blütenblätter der großen Blumen mit 3 Fäden Orange (976) oder Goldgelb (3852) im Plattstich sticken.

3. Mit 2 Fäden Hellgrün (3348) die großen Blätter im Plattstich füllen. Im Rückstich mit 2 Fäden Dunkelgrün (469) eine Mittelrippe sticken.

4. Die gefiederten Blätter mit 2 Fäden Salbeigrün (3052) im Plattstich sticken. Den Stiel im Rückstich arbeiten.

5. Eicheln mit 2 Fäden Mittelbraun (612) im Plattstich sticken. Eichelhüte mit Knötchen aus 2 Fäden Hellbraun (869) füllen. Für den Stielansatz ein paar waagerechte Geradstiche und einen einzelnen senkrechten Stich sticken.

6. Blütenblätter der kleinen Blumen mit 6 Fäden Goldgelb (3852) im Geradstich sticken. Mitte im Knötchenstich mit 6 Fäden Schwarz (310) arbeiten.

7. Die Ranke mit 2 Fäden Salbeigrün (3052) im Stielstich sticken. Zum Schluss mit 6 Fäden Dunkelgrün (469) die kleinen Blätter im Geradstich daransetzen.

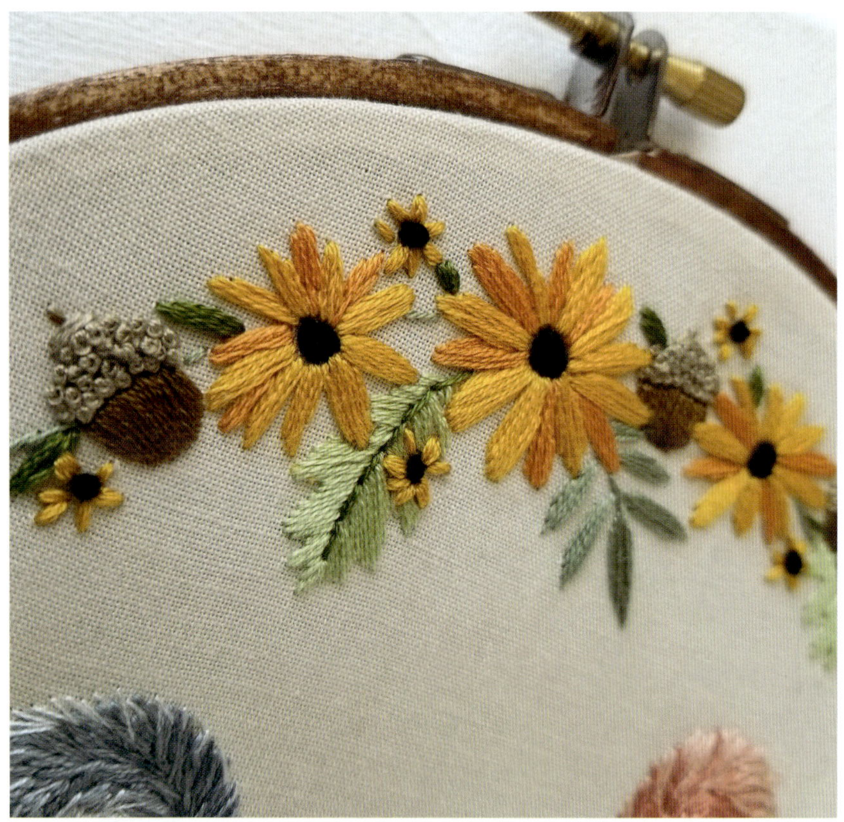

Bei den Blumen kommt es nicht auf die genaue Anzahl oder die exakten Farben an. Achte nur darauf, Gelb und Orange ungefähr gleich oft zu verwenden.

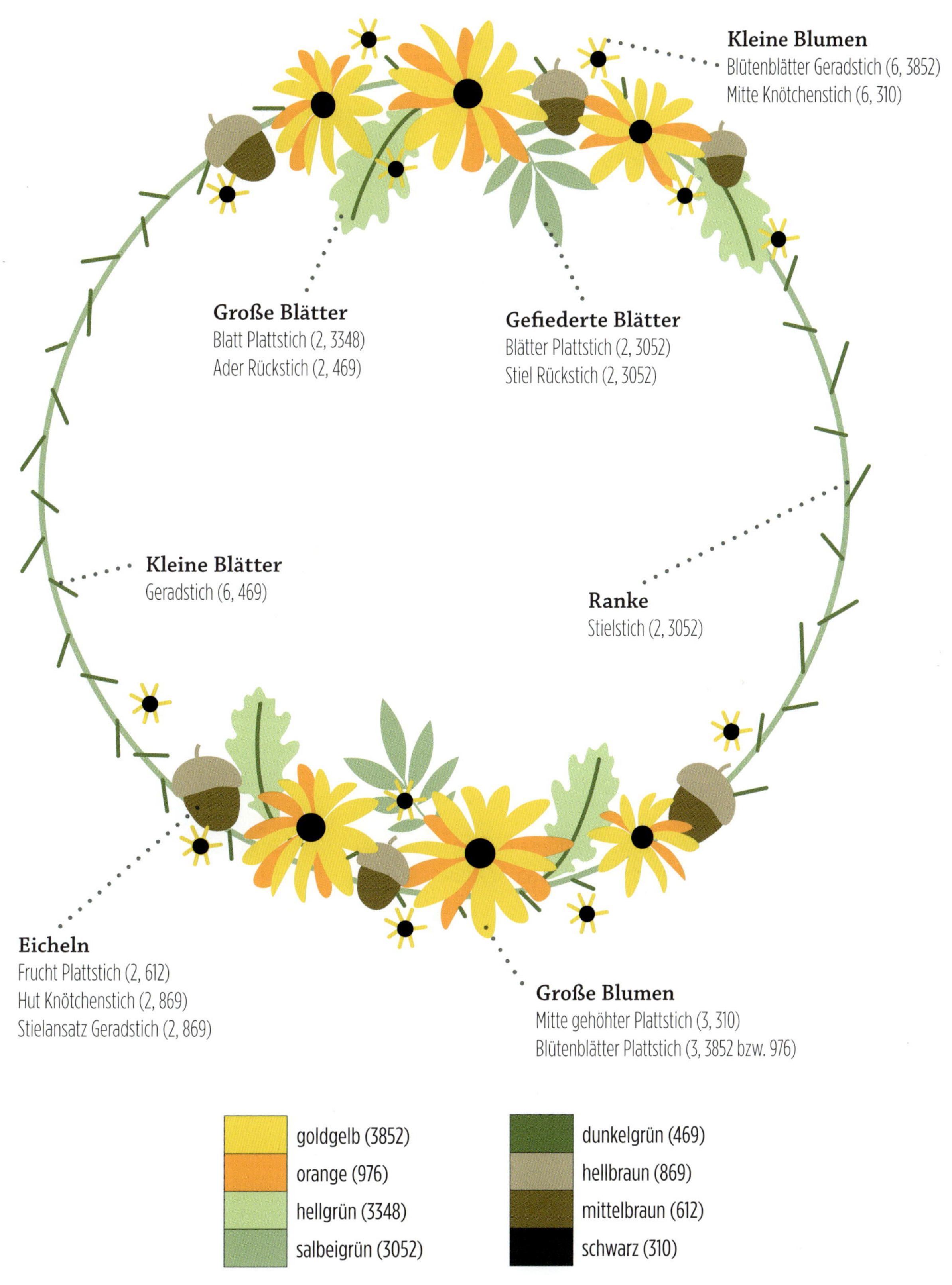

goldgelb (3852)
orange (976)
hellgrün (3348)
salbeigrün (3052)
dunkelgrün (469)
hellbraun (869)
mittelbraun (612)
schwarz (310)

Einhorntanz

Dir ist nach ein bisschen Magie? Dann ist das Einhorn genau das richtige Motiv. Das goldglitzernde Garn, das optionale Bemalen des Stoffes und die wunderschönen Farben werden dem Kind in dir (oder eben deinem Kind) viel Freude bereiten. Ich habe sogar meine Glitzerfarben und den Glitzerkleber rausgeholt, um auch noch den Holzrahmen zu verzaubern.

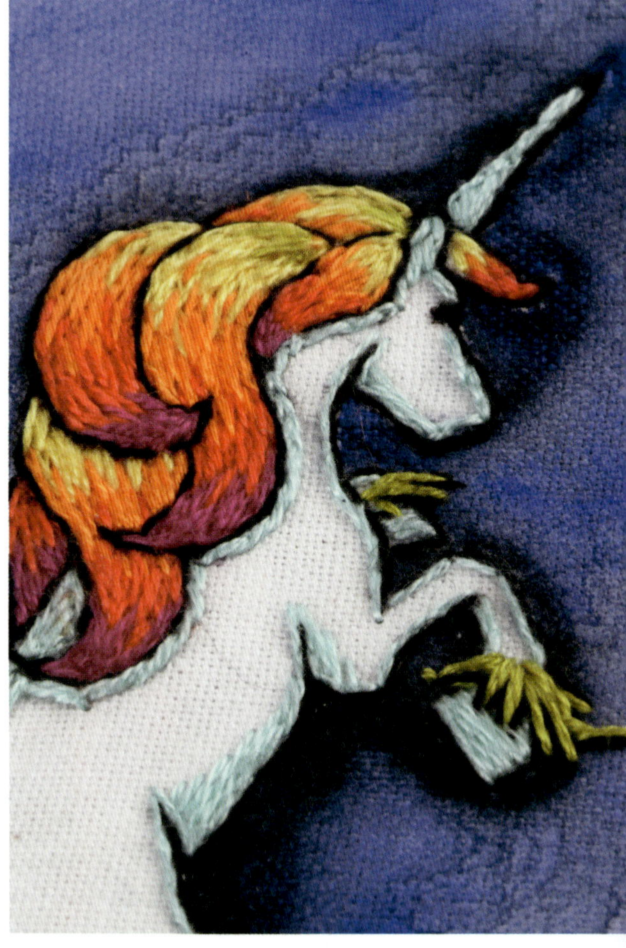

Tipps und Ideen:

- Bevor du anfängst, teste die Farben auf einem Stoffrest, um dir anzusehen, wie sich Wasser und Pigmente miteinander verhalten. Ich habe Aquarellfarben benutzt und die Schichten zwischendurch immer trocknen lassen, bis die gewünschte Intensität erreicht war. Direkt am Körper habe ich die Farbe stark konzentriert und sie dann zum Rand hin auslaufen lassen. Benutze zum Übertragen des Motivs unbedingt eine nicht wasserlösliche Methode! Ich habe einen dokumentenechten Fineliner benutzt.

- Keine Lust auf Malen? Benutze dunkelblauen oder einen passend bedruckten Stoff, z. B. mit weißen Wolken auf blauem Himmel.

- Statt der vorgesehenen kannst du auch andere Farben ineinander übergehen lassen, und wenn du magst, fülle Körper und Kopf im versetzten Plattstich.

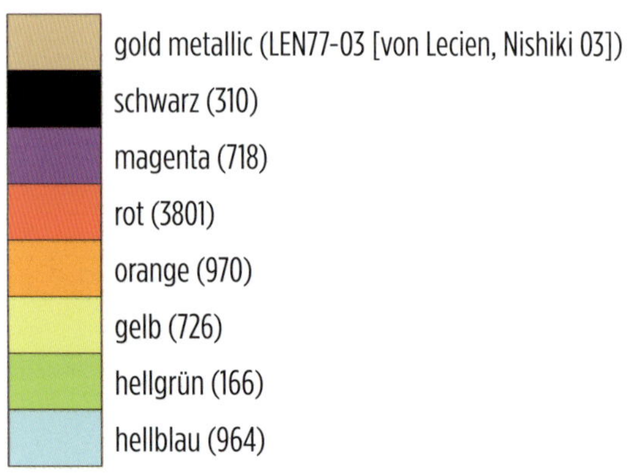

MATERIAL

- Stickrahmen Ø 13 cm
- Weißer Baumwollstoff 20 × 20 cm
- Feine und gröbere Sticknadeln
- Baumwoll-Sticktwist
- Pinsel
- Aquarellfarbe (blau und schwarz)

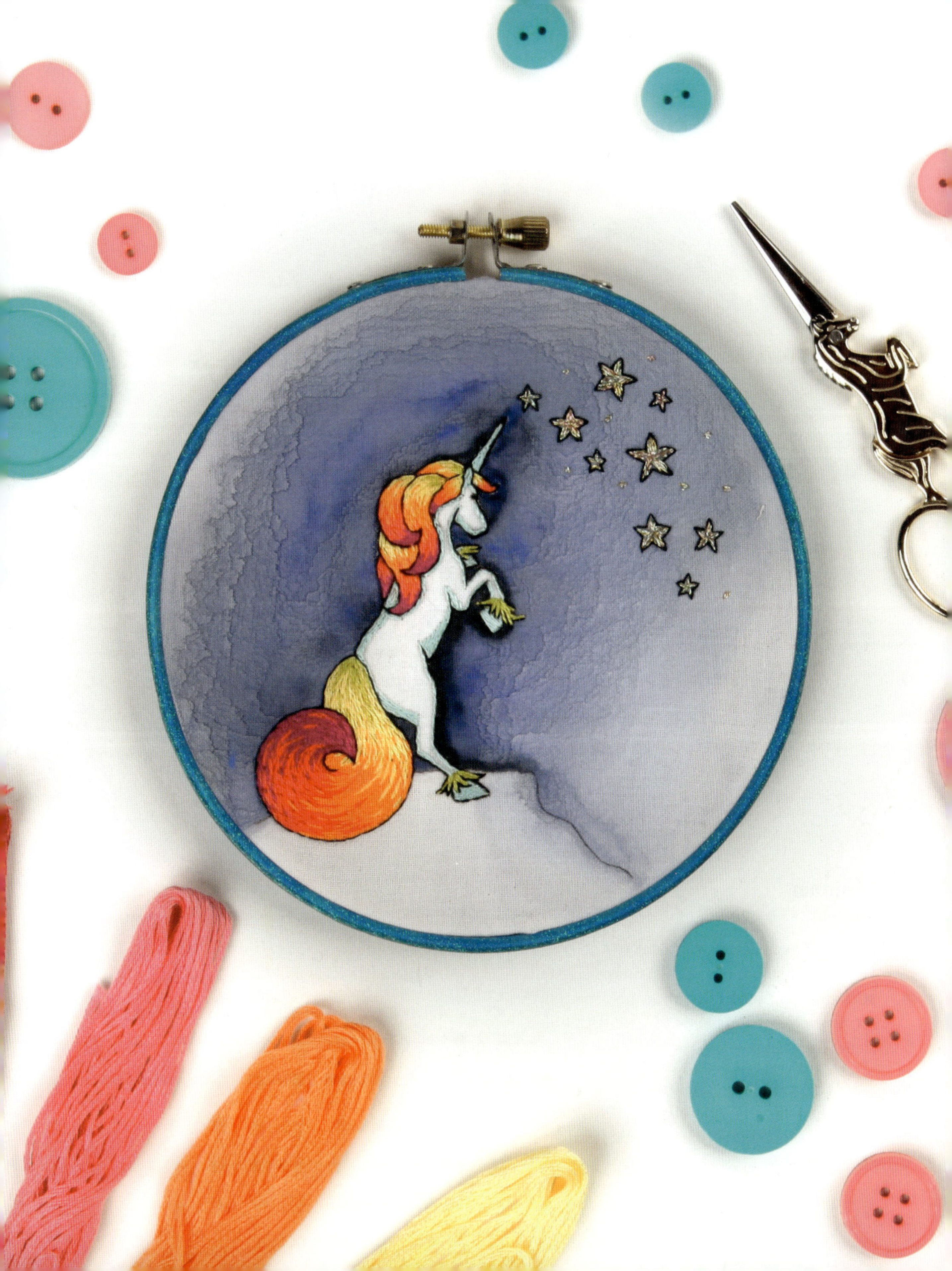

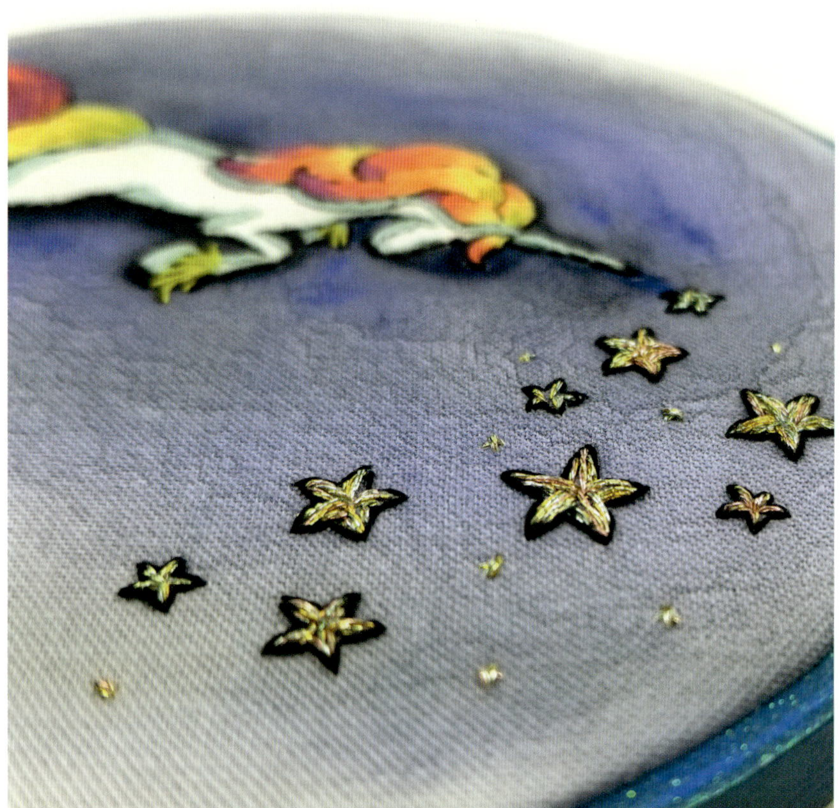

Metallicgarn besteht meist aus Kunstfasern und ist deshalb oft steifer und schwieriger zu verarbeiten als Baumwollgarn. Sticke mit kürzeren Fäden und sichere sie gut. Lass dir Zeit und arbeite ganz in Ruhe.

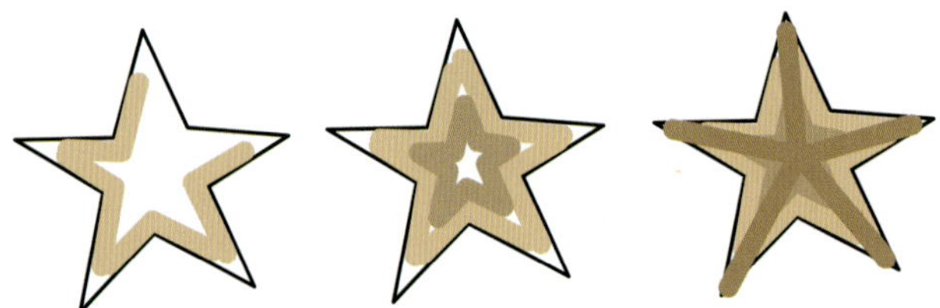

Einhorn

1. Mit vollen 6 Fäden Gold metallic (LEN77-03 [von Lecien, Nishiki 03]) die kleinen Sterne als Kreuzstiche sticken (aus 2 kleinen Geradstichen ein X formen). Die großen Sterne im Plattstich füllen, siehe Abbildung.

2. Mähne und Schweif im versetzten Plattstich füllen, beginnend mit 1 Faden Hellgrün (166). Von dort bis zur Spitze vorarbeiten, Farben und Stichrichtung siehe Grafiken.

3. Den hellblauen (964) Umriss 2-fädig im Spaltstich arbeiten. Die Hufe im Plattstich füllen.

4. Die Haarbüschel oberhalb der Hufe mit 2 Fäden Hellgelb (166) im Spaltstich sticken.

5. Zum Schluss im Rückstich mit 1 Faden Schwarz (310) die Umrisse des Einhorns und der großen Sterne sticken.

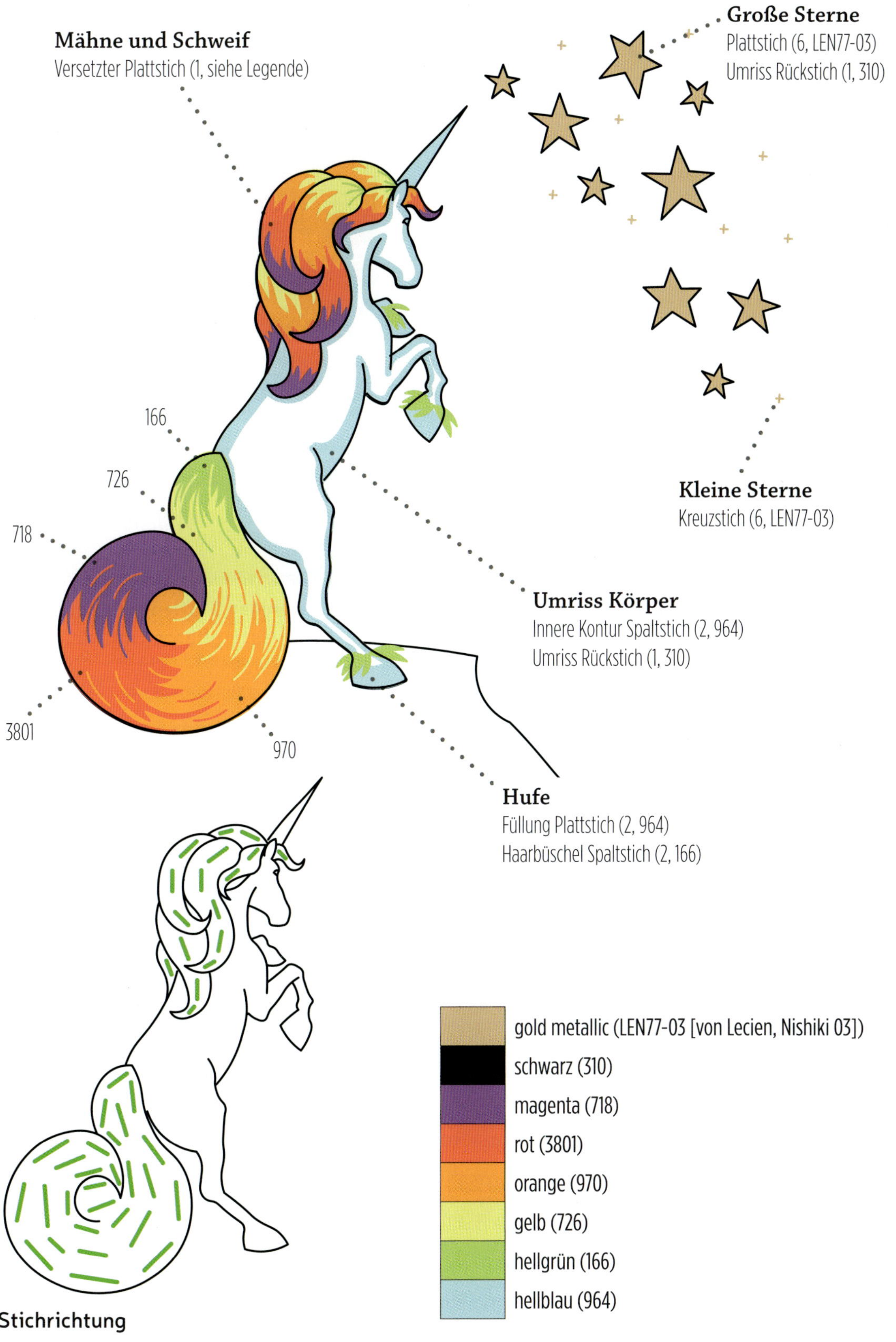
Mähne und Schweif
Versetzter Plattstich (1, siehe Legende)
Große Sterne
Plattstich (6, LEN77-03)
Umriss Rückstich (1, 310)
166
726
718
3801
970
Kleine Sterne
Kreuzstich (6, LEN77-03)
Umriss Körper
Innere Kontur Spaltstich (2, 964)
Umriss Rückstich (1, 310)
Hufe
Füllung Plattstich (2, 964)
Haarbüschel Spaltstich (2, 166)
Stichrichtung
gold metallic (LEN77-03 [von Lecien, Nishiki 03])
schwarz (310)
magenta (718)
rot (3801)
orange (970)
gelb (726)
hellgrün (166)
hellblau (964)

Otter und Ottilie

Wusstest du, dass Seeotter tatsächlich Händchen halten, wenn sie sich im Wasser treiben lassen? Du könntest ihnen als kleines Extra noch Seesterne, Seeigel oder Miniherzen in die Pfoten sticken.

Tipps und Ideen:

- Die Vorlage für den Seetangkranz ist mit ihren vielen verschlungenen Linien etwas unübersichtlich. Mach dir keine Gedanken, wenn dir beim Übertragen Fehler unterlaufen, es ist ja nur Seetang! Der macht auch im Meer, was er will.
- Ohne den Kranz kann ich mir die zwei Süßen gut auf einem T-Shirt oder als Applikation vorstellen.
- In den Kranz aus Meerespflanzen kannst du statt der Otter auch ein maritimes Zitat sticken.

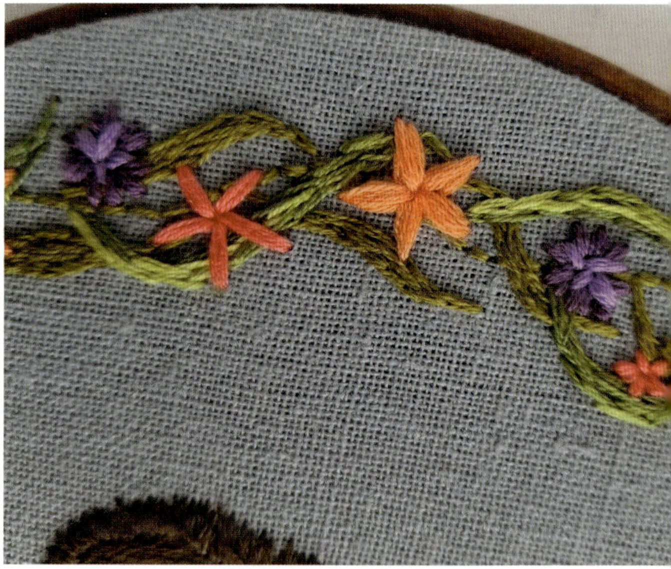

Mit nur wenigen Stichen entsteht ein üppiger Kranz aus Unterwasserpflanzen mit viel Struktur.

Seetangkranz

1. Den Seetangstängel mit 3 Fäden Farngrün (732) im Rückstich sticken.

2. Dann die Seetangblätter im Hintergrund mit 3 Fäden Farngrün (732) im Spaltstich füllen.

3. In Grün mit Farbverlauf (4066) 3-fädig die überlappenden Seetangblätter im Spaltstich füllen.

4. Mit vollen 6 Fäden Orange (3340) oder Koralle (3801) die kleineren Seesterne sticken. Dafür fünf Geradstiche sticken, die sich in der Mitte treffen, dann über jeden Stich noch einmal sticken (wie beim Körnchenstich).

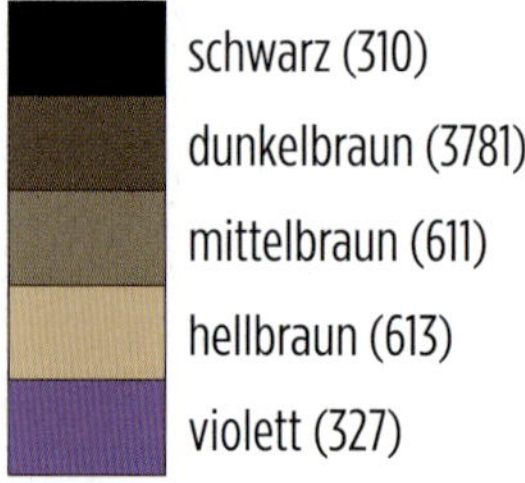

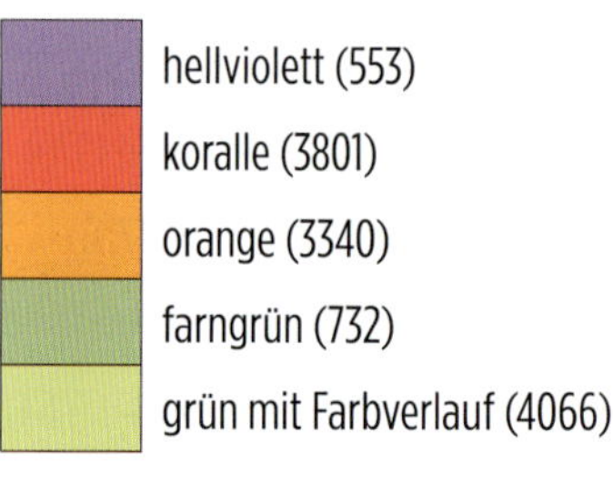

MATERIAL

- Stickrahmen Ø 15 cm
- Leinenmischgewebe 20 × 20 cm in Blaugrau
- Feine und gröbere Sticknadeln
- Baumwoll-Sticktwist

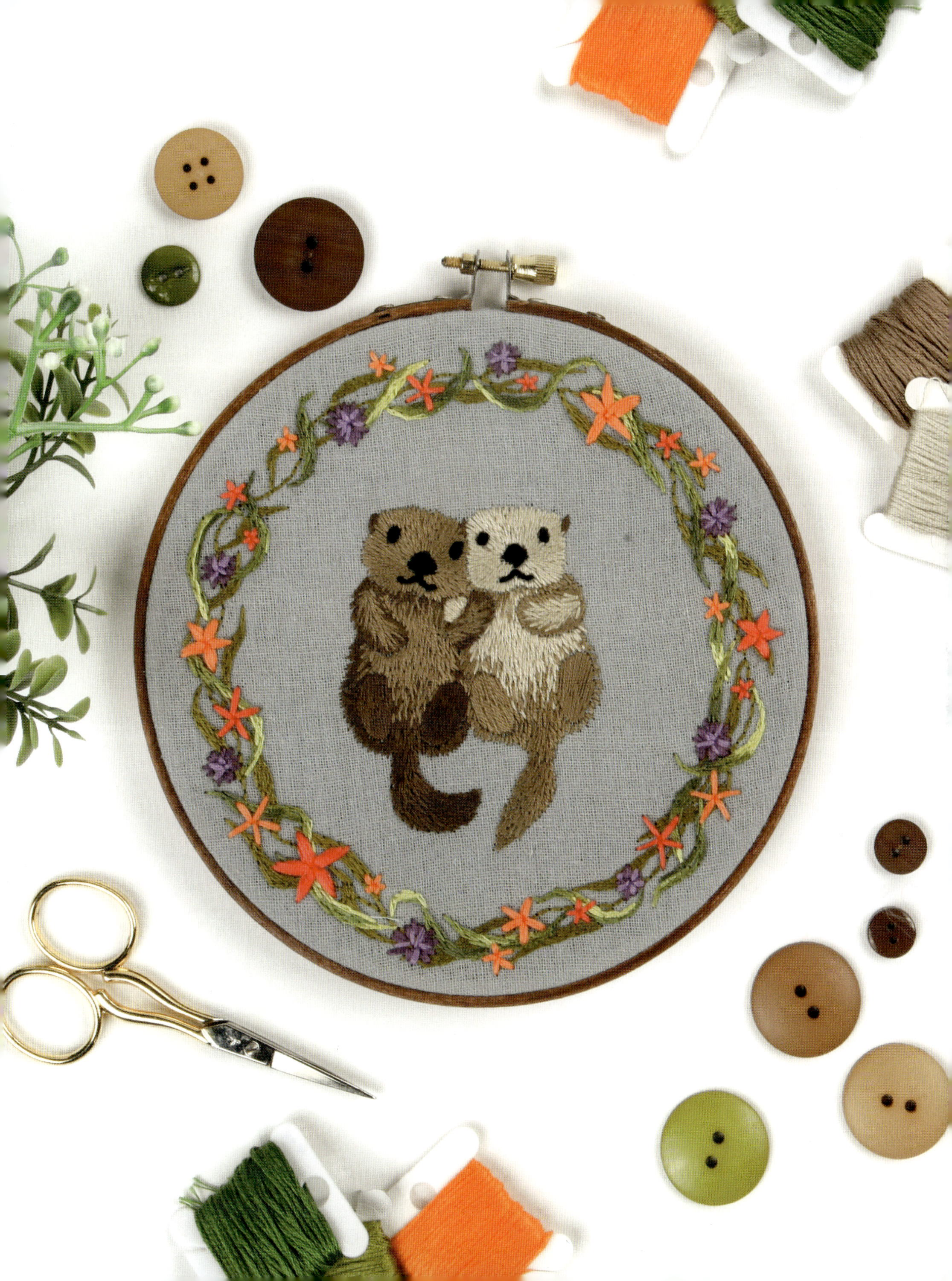

5. Für die größeren Seesterne volle 6 Fäden Orange (3340) oder Koralle (3801) verwenden: Wie abgebildet zuerst im Rückstich innerhalb der Linien eine kleine Sternform sticken, dann eine etwas größere. Zum Schluss einen Stern aus Geradstichen daraufsetzen.

6. Für die Seeigel mit vollen 6 Fäden Violett (327) strahlenförmig um den Mittelpunkt herum Geradstiche setzen. Mit 6 Fäden Hellviolett (553) eine zweite Schicht Geradstiche daraufsetzen, die sich in der Mitte treffen.

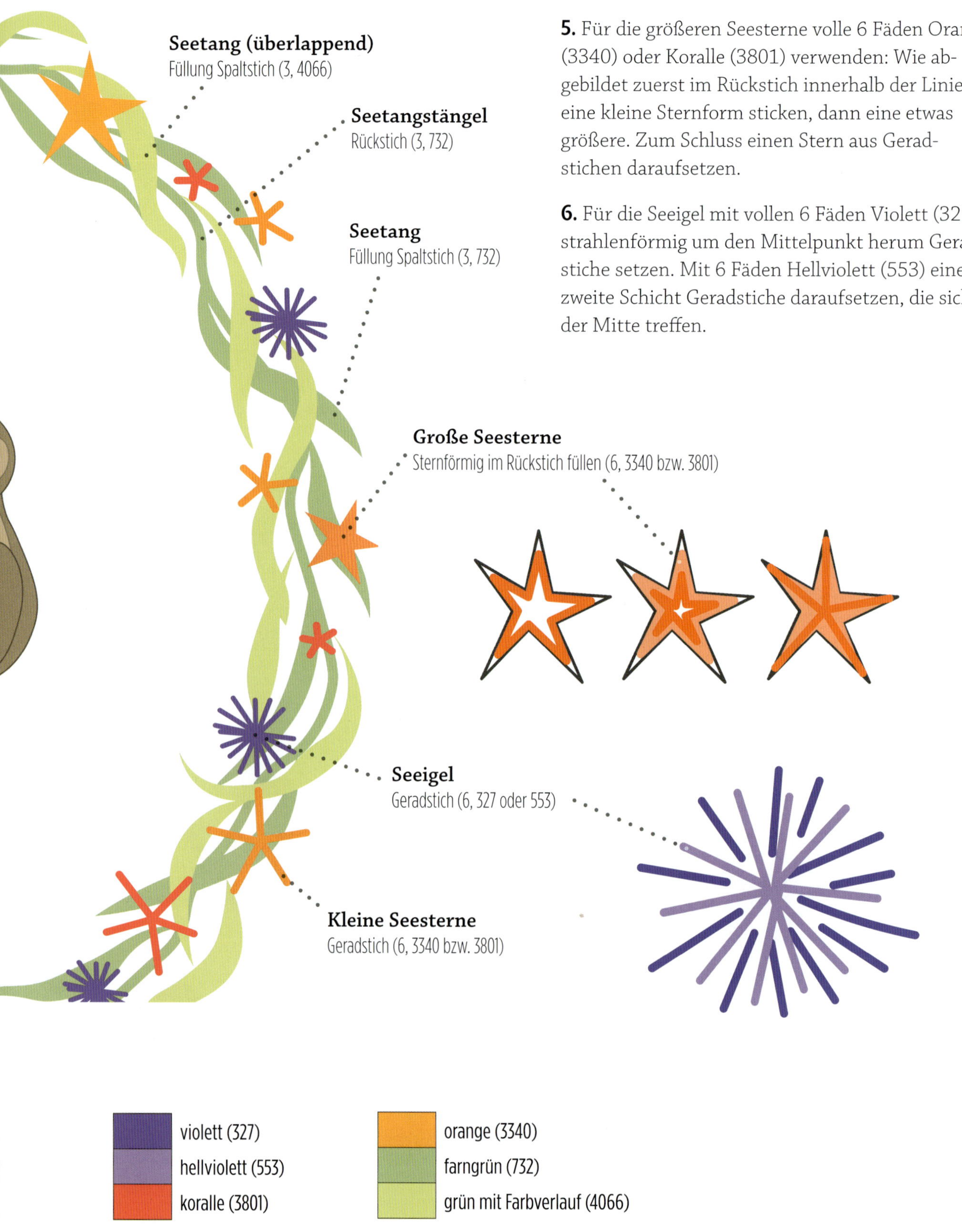

violett (327)
hellviolett (553)
koralle (3801)
orange (3340)
farngrün (732)
grün mit Farbverlauf (4066)

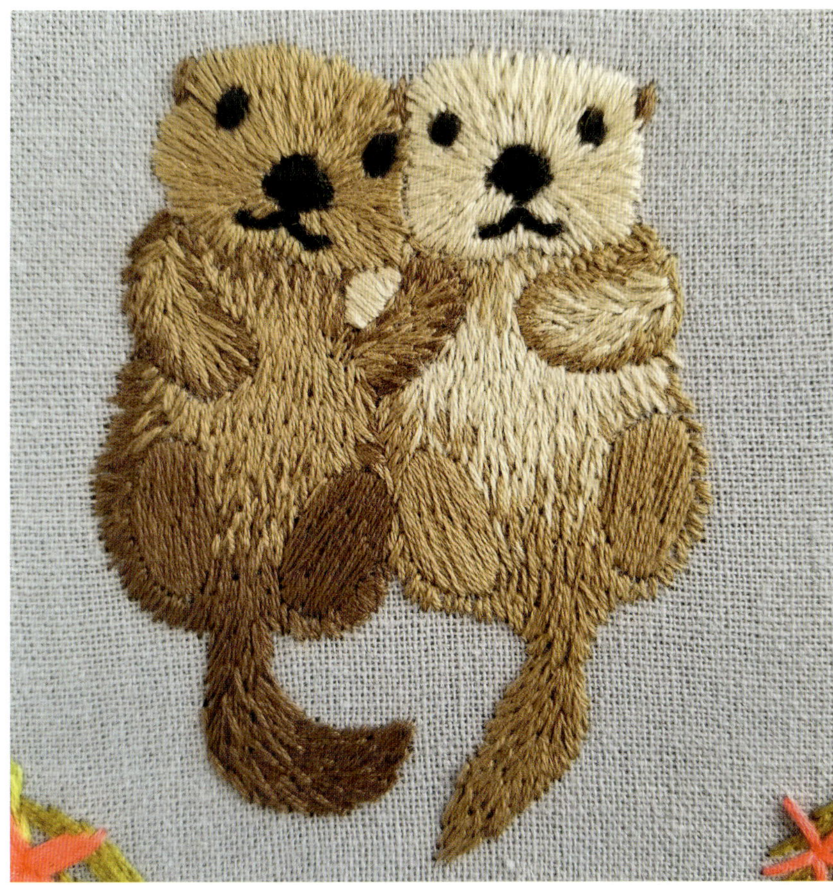

Für jedes Tier werden nur zwei Brauntöne verwendet, also achte darauf, dass sie schön ineinander übergehen.

Otter

Beide Otter werden mit zwei Brauntönen gestickt. In der folgenden Anleitung spreche ich immer vom dunklen und vom hellen Braun. Welche Farben das jeweils genau sind, kannst du der Grafik auf der nächsten Seite entnehmen.

1. Augen und Nasen mit vollen 6 Fäden Schwarz (310) im gehöhten Plattstich füllen. Die Schnäuzchen im Rückstich sticken.

2. Die Unterkante der Köpfe mit 2 Fäden im hellen Braun im Spaltstich vorsticken. Die Gesichter im versetzten Plattstich füllen, dabei an den Nasen beginnen und nach außen vorarbeiten. Die vorgestickte Kontur übersticken, damit sich die Köpfe von der Brust abheben.

3. Umriss der Arme und Füße vorsticken, dann mit 2 Fäden im dunklen Braun im versetzten Plattstich füllen. Die Arme mittig mit dem hellen Braun füllen und zum Rand hin in das dunkle Braun übergehen. Die Füße nur mit dem dunkleren Farbton füllen. Die kleine rechte Pfote des helleren Otters kann im Plattstich gearbeitet werden.

4. Rumpf und Schwanz weiter 2-fädig im versetzten Plattstich füllen, dabei in der Mitte mit dem hellen Braun beginnen und nach außen hin in das dunkle Braun übergehen.

Otter

Versetzter Plattstich (2, siehe Legende), sofern nicht anders angegeben

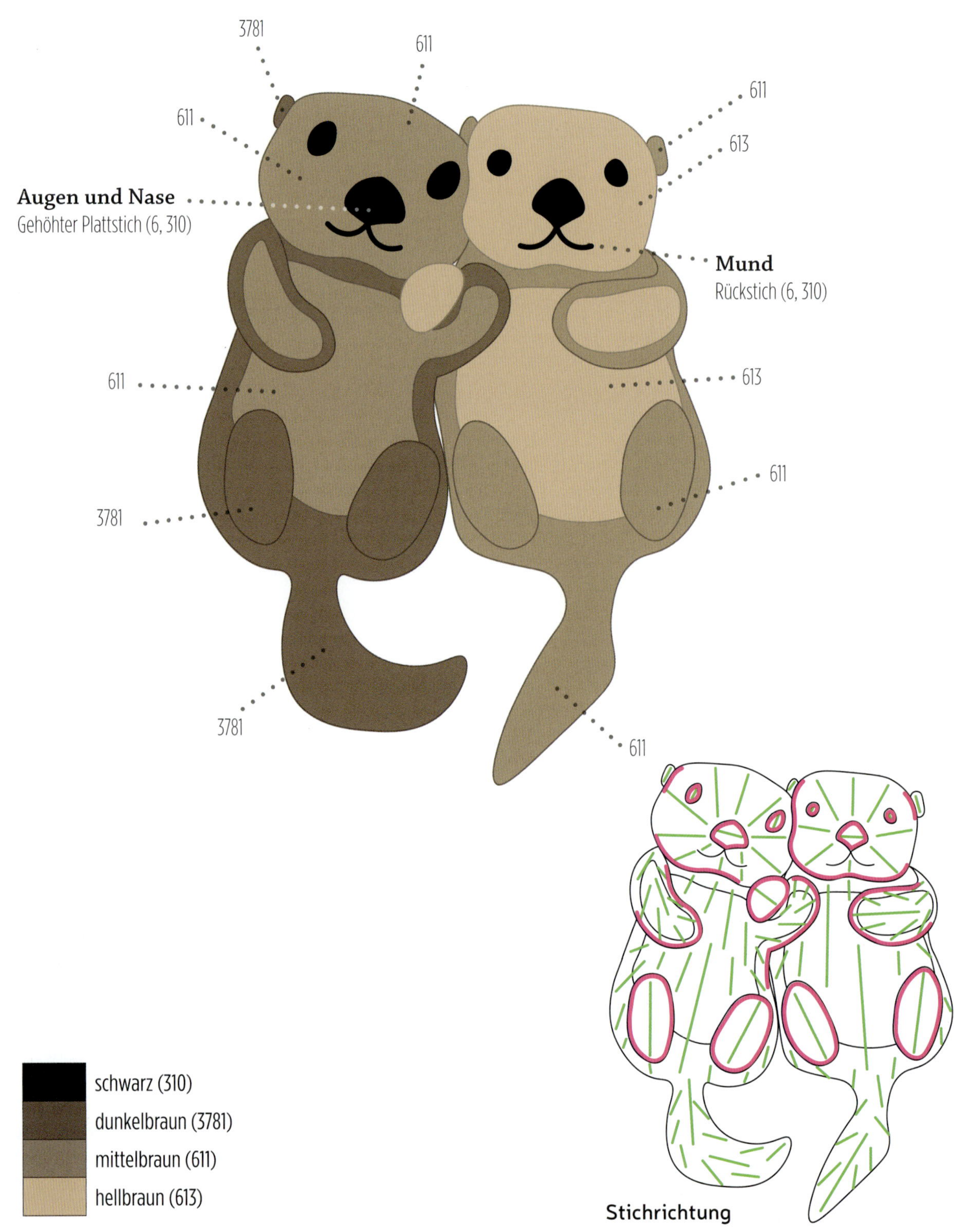

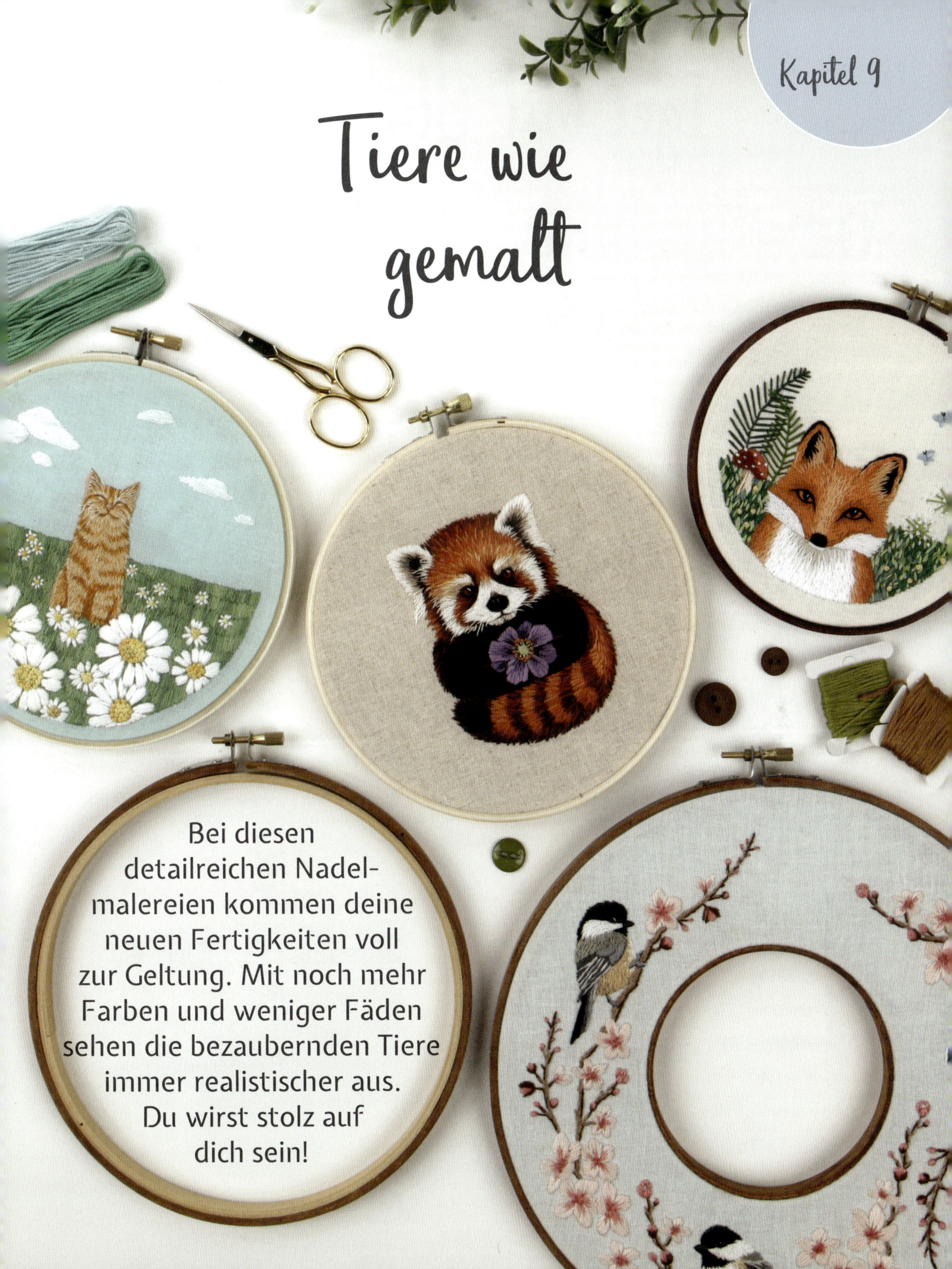

Kapitel 9

Tiere wie gemalt

Bei diesen detailreichen Nadelmalereien kommen deine neuen Fertigkeiten voll zur Geltung. Mit noch mehr Farben und weniger Fäden sehen die bezaubernden Tiere immer realistischer aus. Du wirst stolz auf dich sein!

Igel mit Blümchen

Dieser Igel ist das Niedlichste, was ich je gestickt habe – und du kannst das auch! Er ist wie geschaffen für ein Babyzimmer, besonders, wenn du noch die Daten zum Baby hinzufügst.

Bei diesem Projekt üben wir einfädige Nadelmalerei mit einem größeren Farbspektrum. Mit insgesamt fünf Farben malen wir ein superrealistisches Fell mit sanftem Farbübergang von Weiß zu Braun.

Tipps und Ideen:

- Die Stacheln können eine Herausforderung sein, weil sie etwas Improvisation erfordern. Sieh dir zur Orientierung Fotos von echten Igeln an. Du kannst mit weniger Fäden arbeiten, wenn sie spitzer aussehen sollen, oder auch unterschiedlich dicke Stacheln sticken. Ich habe mit 6 Fäden gearbeitet, um den Kontrast zum feinen einfädigen Fell zu betonen.

- Für eine Miniatur, z. B. für ein Schmuckstück, kannst du die Vorlage verkleinern und vereinfachen, wie ich auf Seite 24.

- Ersetze die Blumen durch einen Pilz oder ein Herz mit dem Namen eines besonderen Menschen darauf – oder sticke die Blüten in deinen Lieblingsfarben.

Igel mit Blümchen

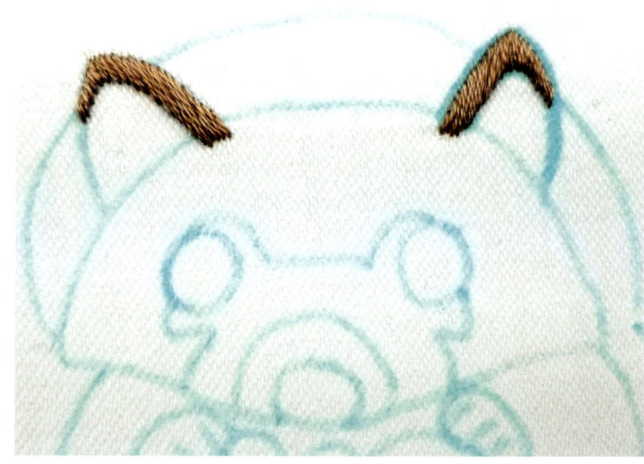

1. Ohren beginnen. Die Oberseite der Ohren mit 2 Fäden Hellbraun (3773) im Plattstich sticken.

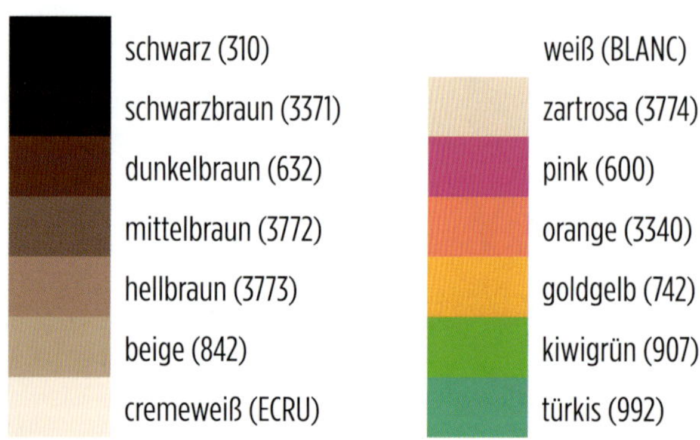

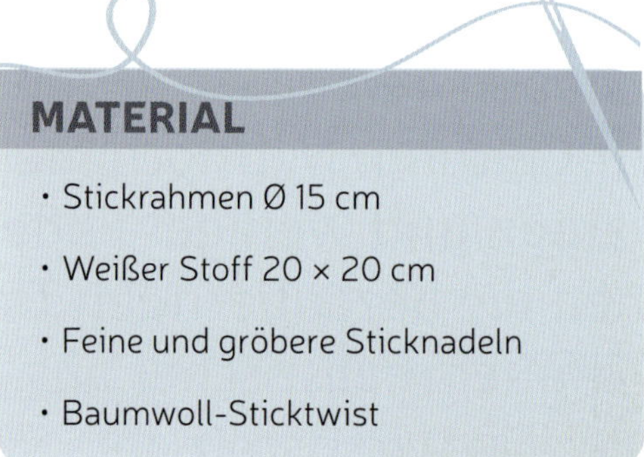

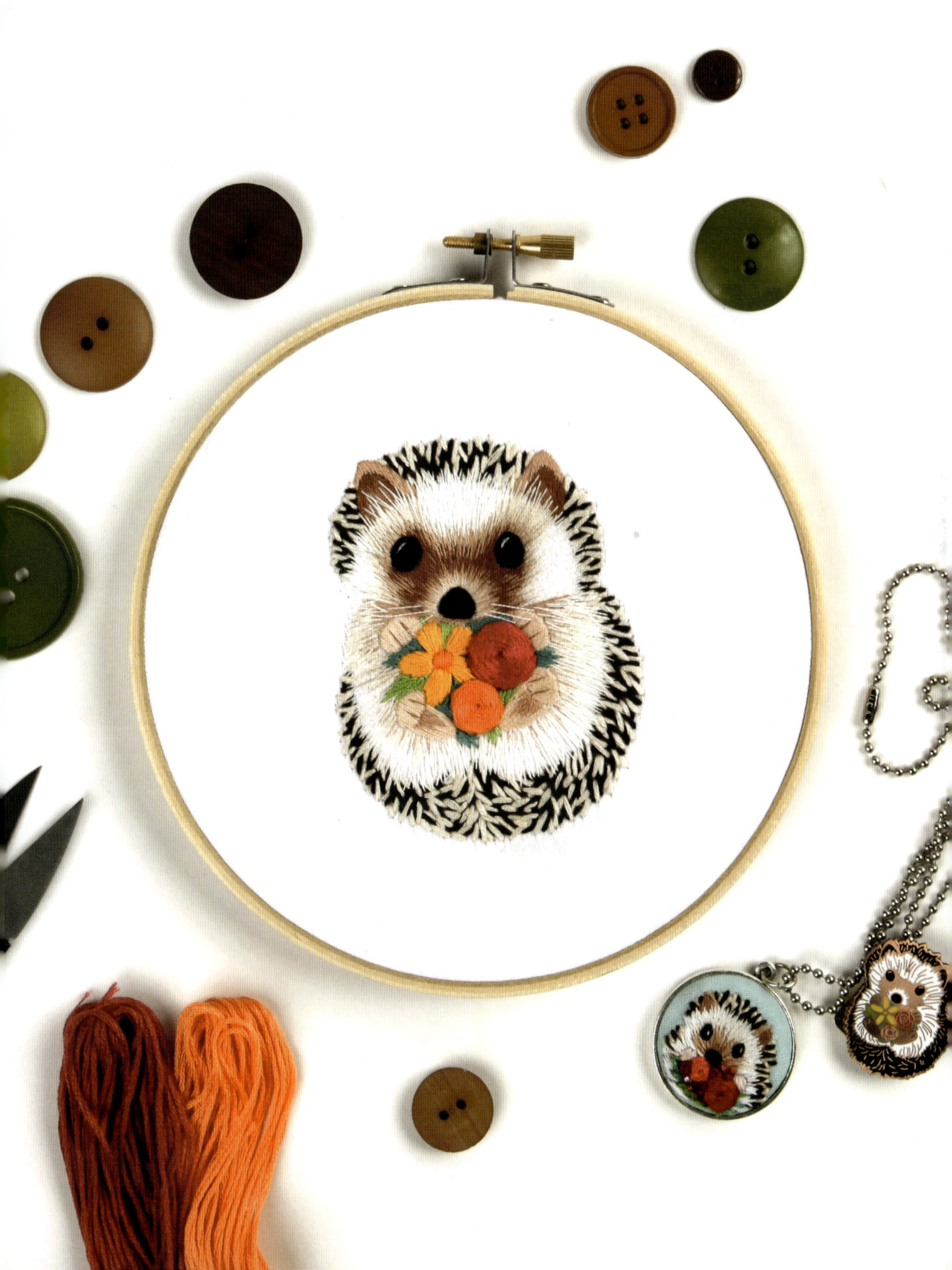

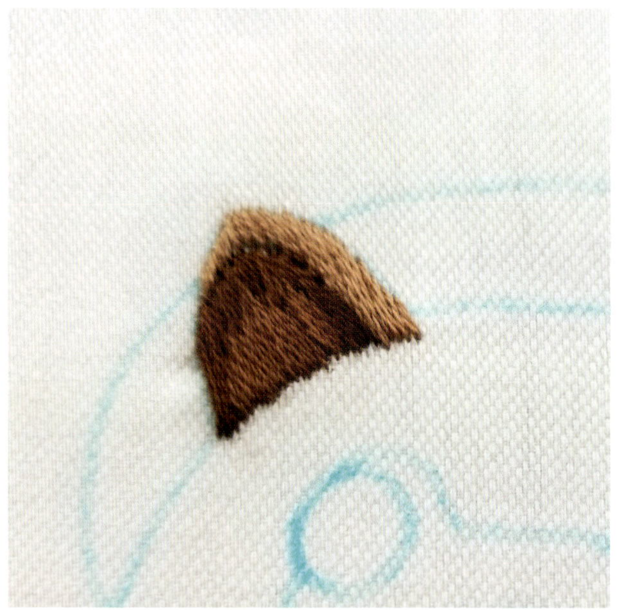

2. Ohrinnenseite. Das Innere der Ohren 1-fädig im versetzten Plattstich füllen, dabei mit Mittelbraun (3772) beginnen und zu Dunkelbraun (632) übergehen.

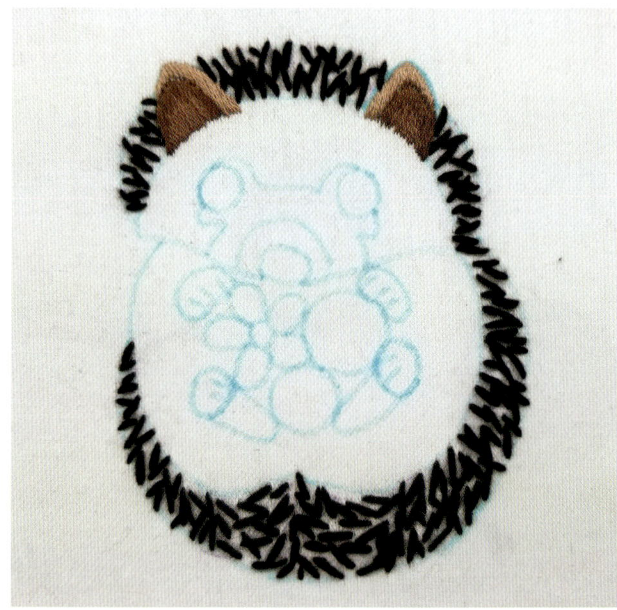

3. Stacheln beginnen. Die Stacheln im Geradstich mit 6 Fäden Schwarzbraun (3371) sticken. Sie zeigen grundsätzlich vom Körper weg, aber manche liegen auch kreuz und quer. Beachte besonders unten, wo die Stacheln zusammentreffen und zur Mitte zeigen, auf die Stichrichtung.

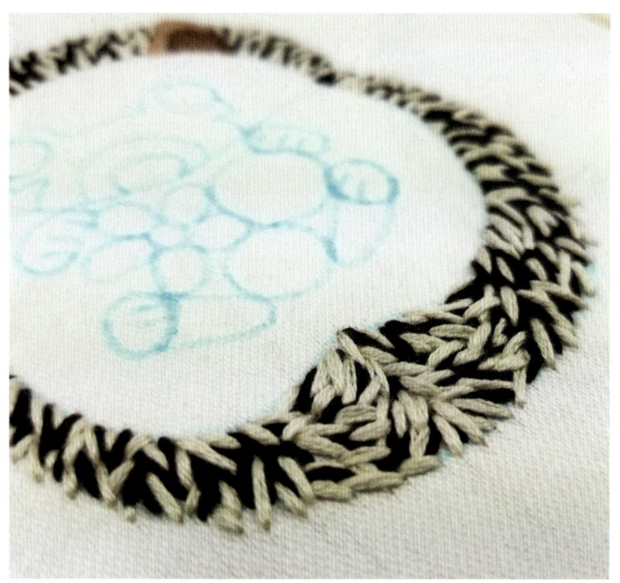

4. Stacheln ausfüllen. Die Lücken mit helleren Stacheln aus 6 Fäden Cremeweiß (ECRU) füllen.

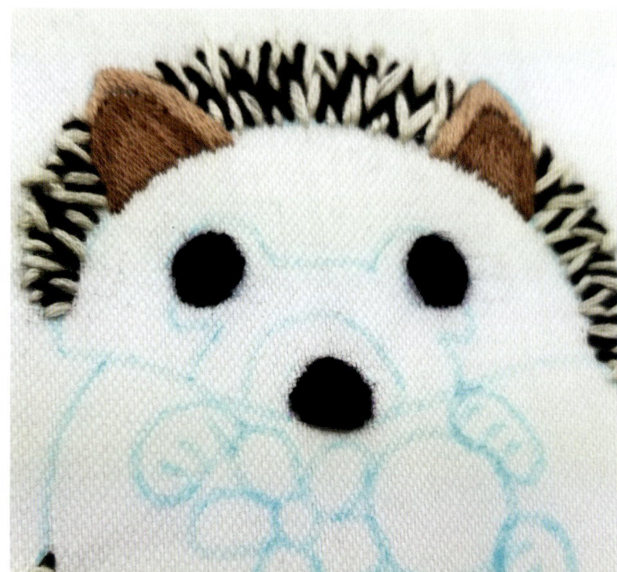

5. Augen und Nase. Augen und Nase mit 2 Fäden Schwarz (310) sticken. Zuerst die Umrisse der Formen vorsticken, dann mit Plattstich ausfüllen.

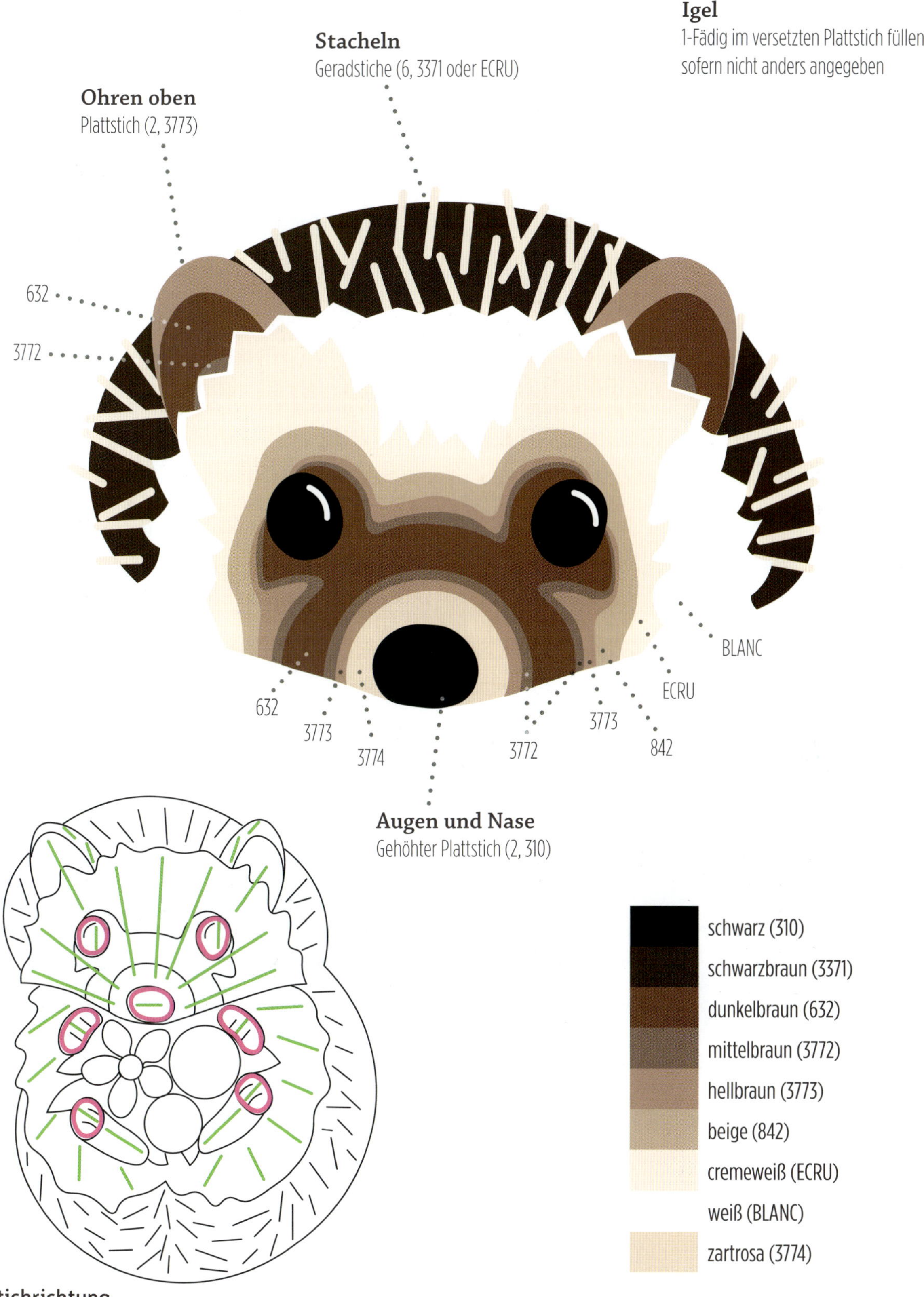

Igel
1-Fädig im versetzten Plattstich füllen, sofern nicht anders angegeben
Stacheln
Geradstiche (6, 3371 oder ECRU)
Ohren oben
Plattstich (2, 3773)
632
3772
BLANC
ECRU
632
3773
3774
3772
3773
842
Augen und Nase
Gehöhter Plattstich (2, 310)
schwarz (310)
schwarzbraun (3371)
dunkelbraun (632)
mittelbraun (3772)
hellbraun (3773)
beige (842)
cremeweiß (ECRU)
weiß (BLANC)
zartrosa (3774)
Stichrichtung

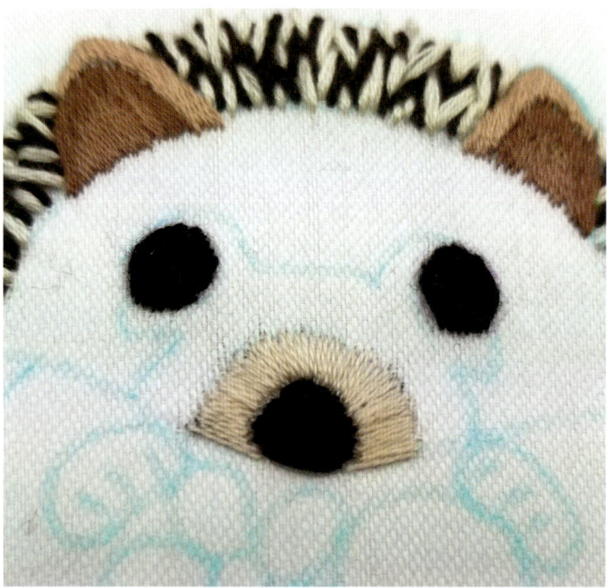
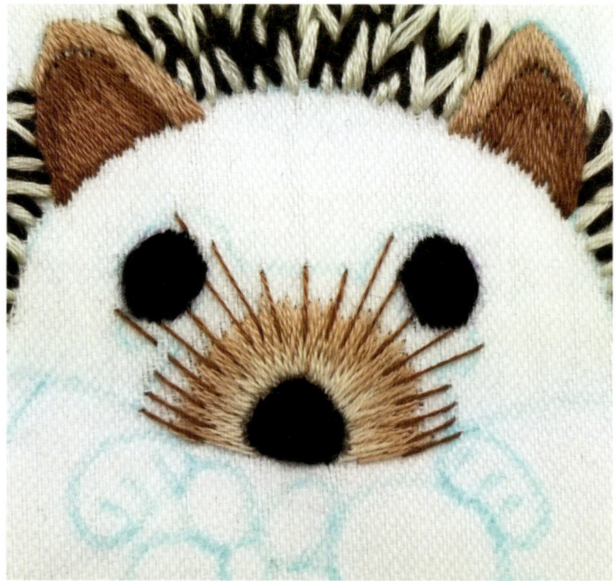

6. Schnauze. Den Bereich um die Nase 1-fädig im versetzten Plattstich füllen. In der Mitte mit Zartrosa (3774) beginnen, dann übergehen zu Hellbraun (3773), Mittelbraun (3772) und Dunkelbraun (632). Um die Augen wie in der Grafik dargestellt Dunkelbraun (632) verwenden.

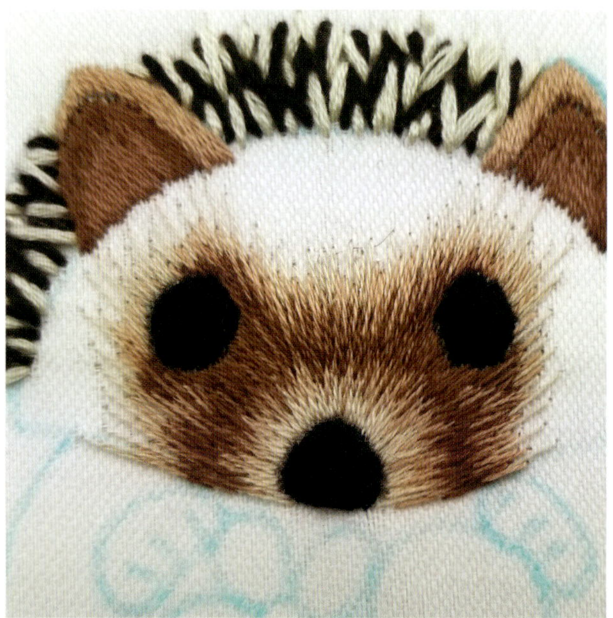
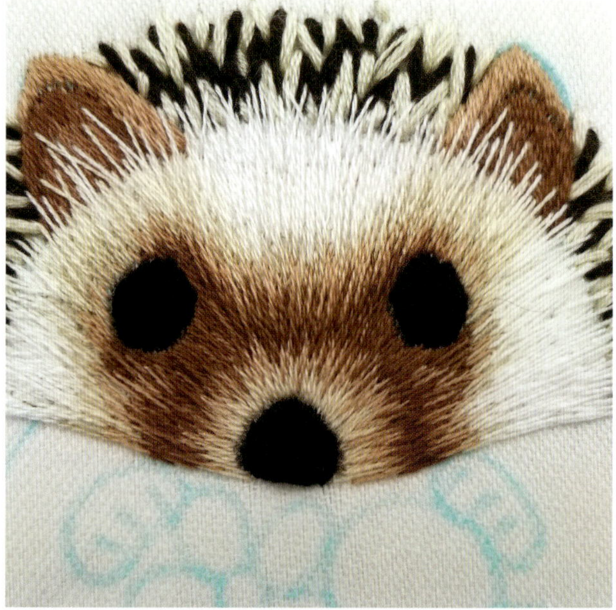

7. Restliches Gesicht. Über Mittelbraun (3772) und Hellbraun (3773) zu den helleren Farben – Beige (842), Cremeweiß (ECRU) und schließlich Weiß (BLANC) – an Wangen und Stirn übergehen. Die Stichrichtung verläuft strahlenförmig von der Nase aus. Am Ende reichlich Weiß (BLANC) und etwas Cremeweiß (ECRU) über die Ohren und Stacheln sticken. Beachte die Stichrichtungsgrafik, aber nicht zu streng, damit das Fell realistisch aussieht.

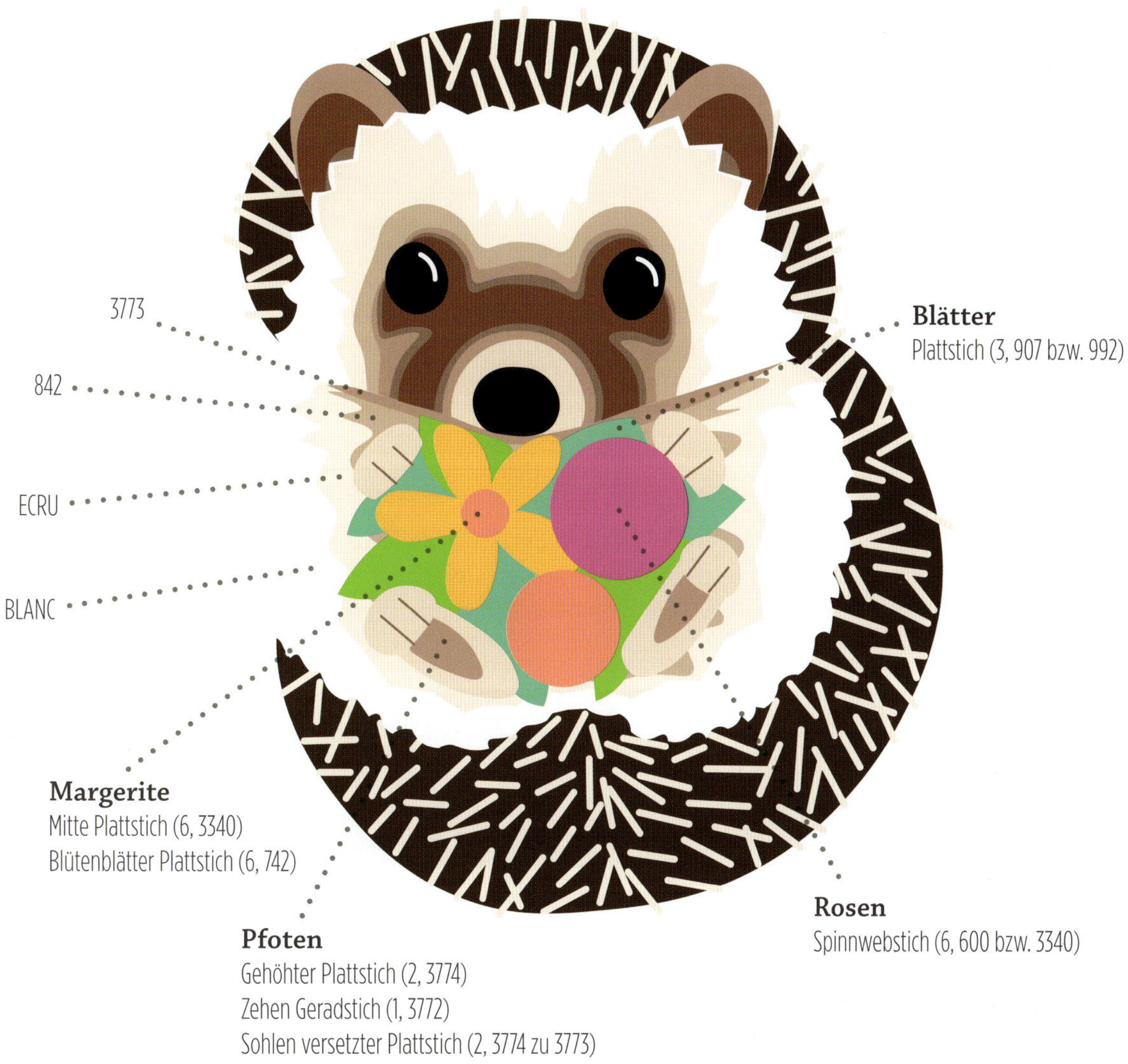

3773

842

ECRU

BLANC

Blätter
Plattstich (3, 907 bzw. 992)

Margerite
Mitte Plattstich (6, 3340)
Blütenblätter Plattstich (6, 742)

Pfoten
Gehöhter Plattstich (2, 3774)
Zehen Geradstich (1, 3772)
Sohlen versetzter Plattstich (2, 3774 zu 3773)

Rosen
Spinnwebstich (6, 600 bzw. 3340)

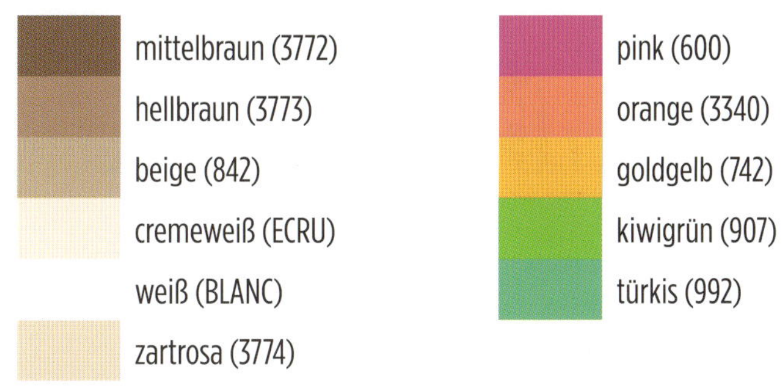

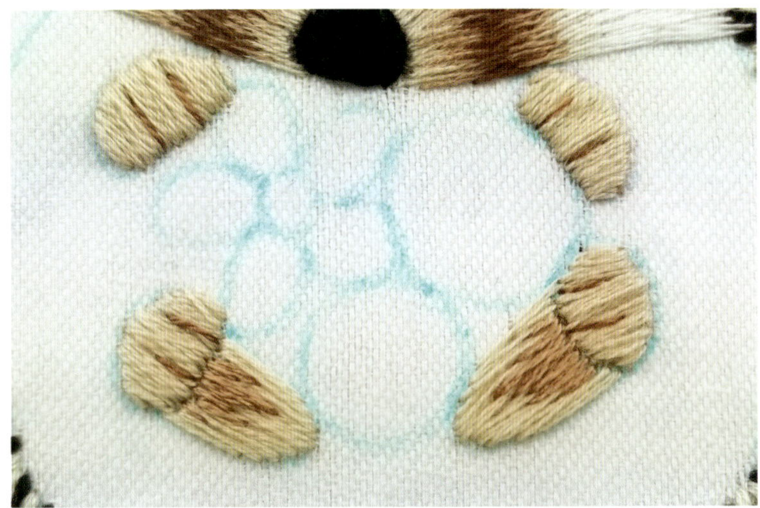

8. Pfoten. Anschließend mit 2 Fäden Zartrosa (3774) den Umriss der Pfoten vorsticken, dann mit Plattstich füllen. Die Fußsohlen werden im versetzten Plattstich gefüllt, dabei in der Mitte zu Hellbraun (3773) übergehen. Mit 1-fädigen Geradstichen in Mittelbraun (3772) die Zehen andeuten.

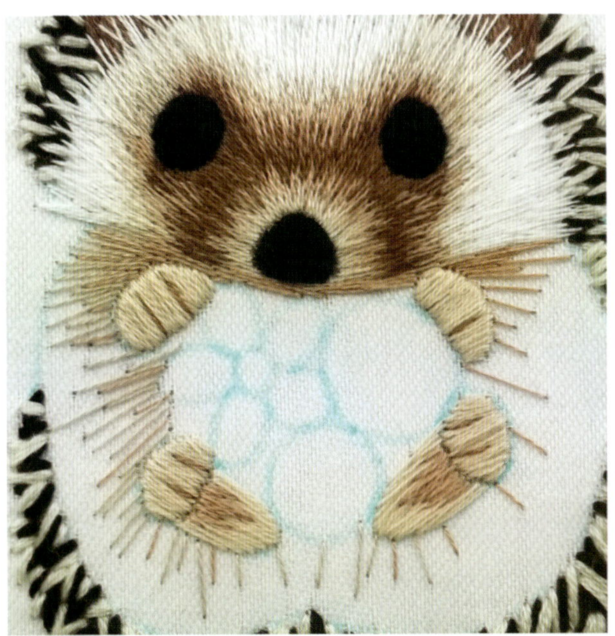

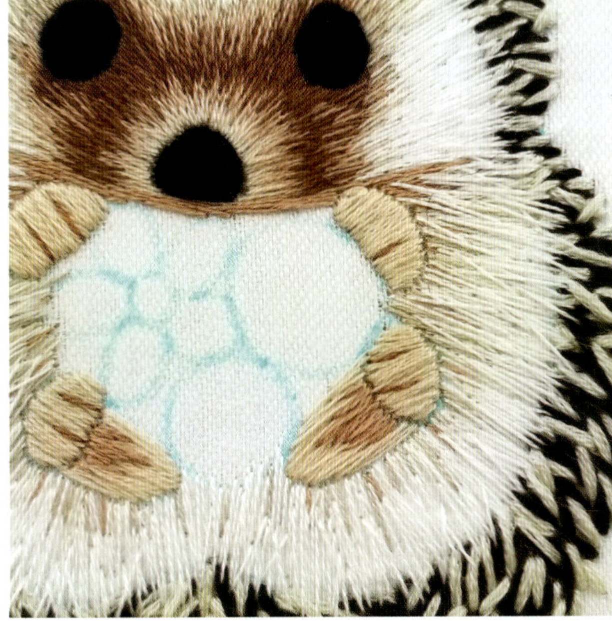

9. Bauchfell. Das Bauchfell wird 1-fädig im versetzten Plattstich gefüllt. Von Cremeweiß (ECRU) an den Pfoten zu Weiß (BLANC) übergehen und auch in die Stacheln hineinsticken. Unter dem Kinn etwas Hellbraun (3773) und Beige (842) verteilen, um den Kopf abzuheben. Auch hier die Stichrichtungsgrafik beachten, aber nicht zu streng.

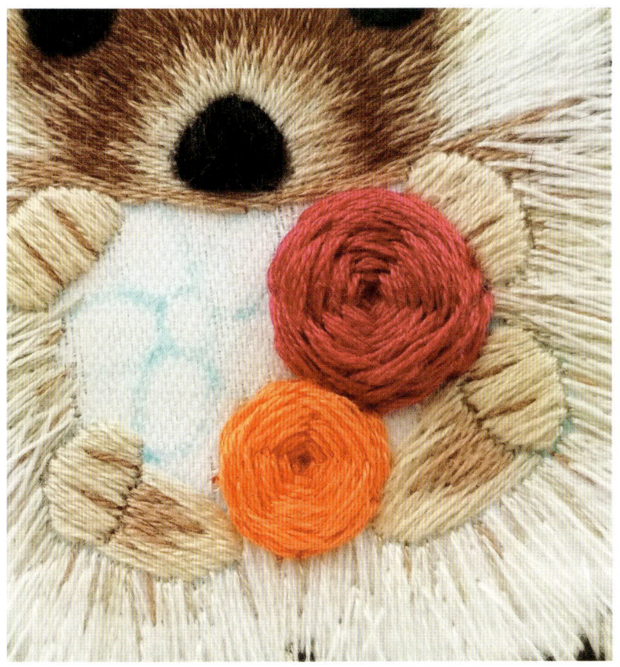

10. Rosen. Die Blumen werden mit vollen 6 Fäden gestickt. Für die Webrosen Pink (600) und Orange (3340) verwenden.

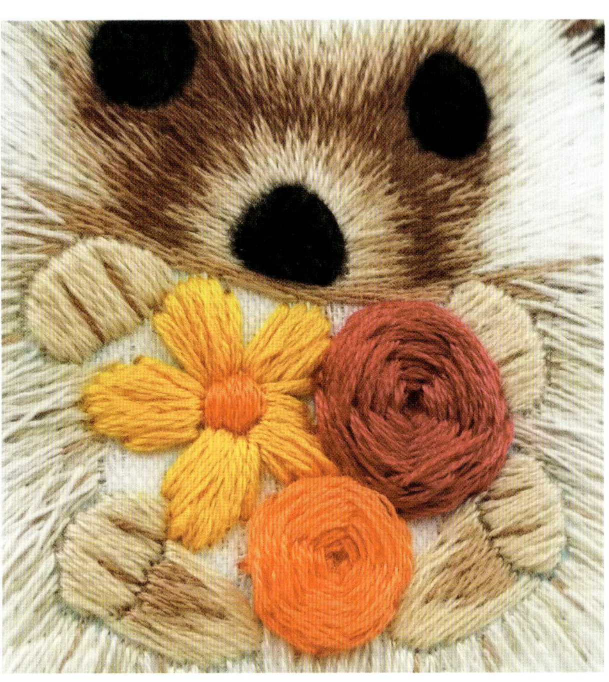

11. Margerite. Die Blume im Plattstich füllen, die Mitte mit Orange (3340), die Blütenblätter mit Goldgelb (742).

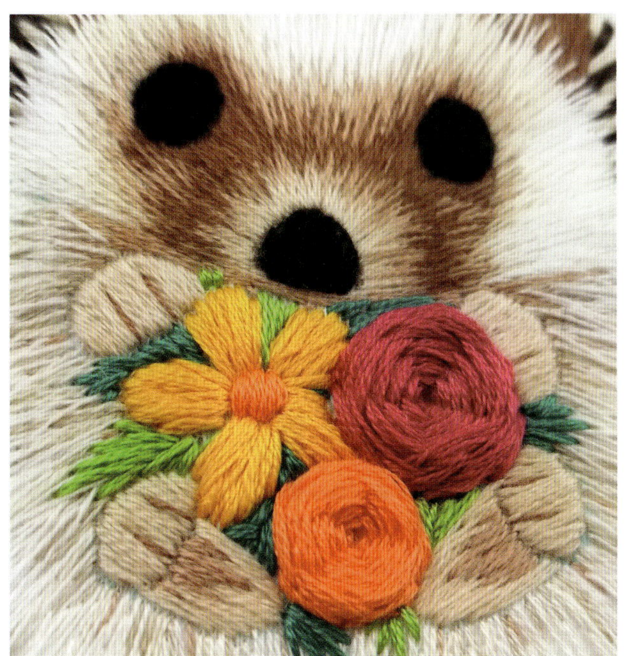

12. Blätter. Die Blätter mit 3 Fäden Kiwigrün (907) bzw. Türkis (992) im Plattstich füllen.

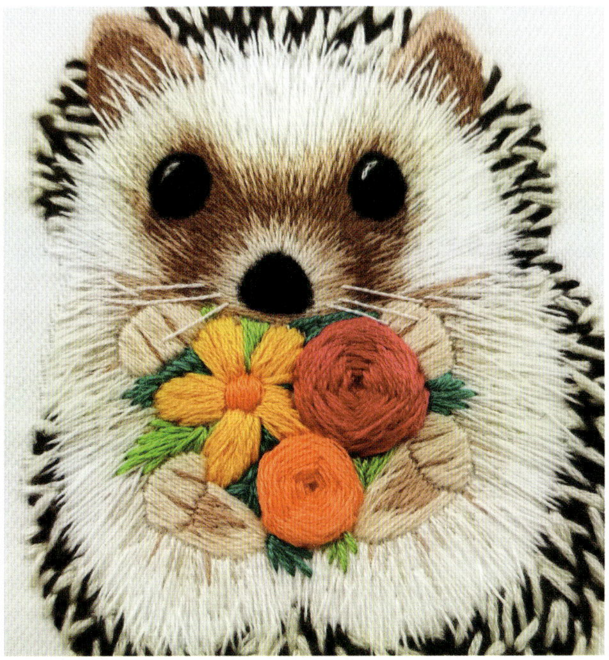

13. Letzte Details. Im Spaltstich mit 1 Faden Weiß (BLANC) die Schnurrhaare und die Highlights in den Augen sticken.

Schnurrekatze

So sieht eine glückliche Katze aus! Statt in Orangetönen wie hier kannst du sie natürlich auch in Grau oder Braun sticken.

Tipps und Ideen:

- Die Katze wird mit vier Orangetönen gestickt. Das meiste Fell ist ein helles Orange mit einem mittleren Orange als Streifen. Die hellste Schattierung wird für Highlights und die Schnurrhaare benutzt. Das dunkelste Orange ist für Schatten und Details im Gesicht. Weil das Tier recht klein ist und nur aus vier Farben besteht, ist es ein guter Einstieg in die Nadelmalerei.

- Mit blauem Stickgrund lernst du, wirklich die gesamte Fläche zu füllen. Wenn du auch nur einen Fleck Blau zwischen deinen Stichen siehst, weißt du, dass du noch nicht fertig bist! Sticke noch einmal darüber und bemühe dich um schöne Übergänge zwischen den Streifen. Je länger und unregelmäßiger deine Stiche sind, desto strubbeliger wirkt die Katze.

- Setze der Katze einen Blumenkranz auf den Kopf oder sticke für etwas mehr Farbe Wildblumen in die Wiese. Für Schmuck wie auf Seite 24 kannst du das Motiv verkleinern und vereinfachen.

- Für dieses Projekt habe ich Farbverlaufsgarn in Gelb für die Mitte der Blumen und in Grün für das Gras benutzt. Du kannst stattdessen auch mehrere Garne in ähnlichen Farben verwenden.

MATERIAL

- Stickrahmen Ø 15 cm
- Blauer Baumwollstoff 20 × 20 cm
- Feine und gröbere Sticknadeln
- Baumwoll-Sticktwist

Wiese

1. Bei den großen und mittelgroßen Margeriten mit vollen 6 Fäden Weiß (BLANC) die Blütenblätter im Plattstich sticken. Mit Knötchen aus 6 Fäden Gelb mit Farbverlauf (4075) füllen.

2. Gras aus 2 Fäden Grün mit Farbverlauf (4066) sticken. Am Horizont anfangen und im versetzten Plattstich nach unten arbeiten. Dabei hin und her springen, damit keine Farbflächen entstehen.

3. Die kleinen Margeriten auf das Gras setzen: Blütenblätter mit 6 Fäden Weiß (BLANC) im Geradstich, Mitte mit je einem Knötchenstich aus 6 Fäden Gelb mit Farbverlauf (4075).

4. Die Wolken mit 3 Fäden Weiß (BLANC) im waagerechten Plattstich füllen.

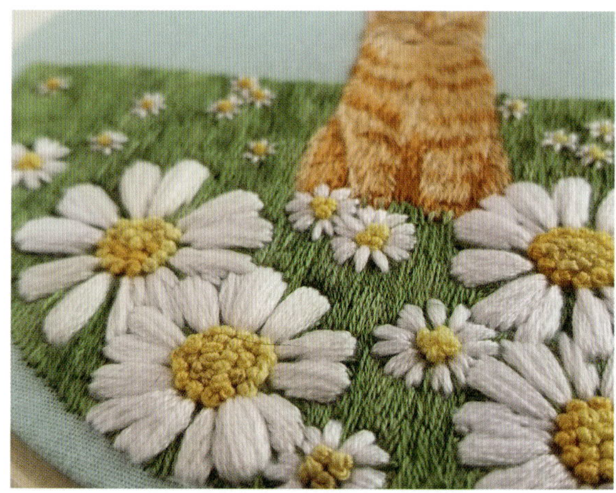

Ist es nicht schön, wie plastisch die Blumen werden, wenn man sie sechsfädig stickt?

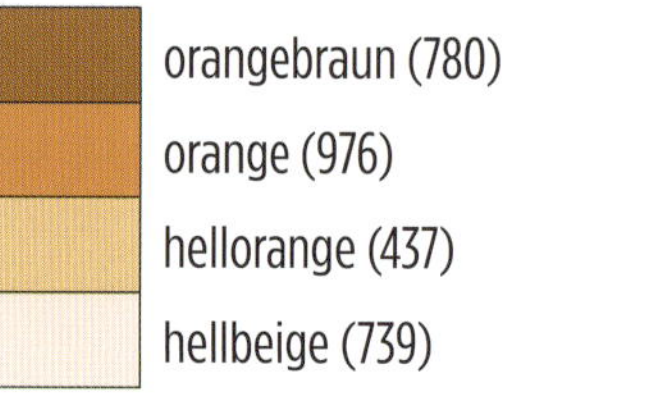

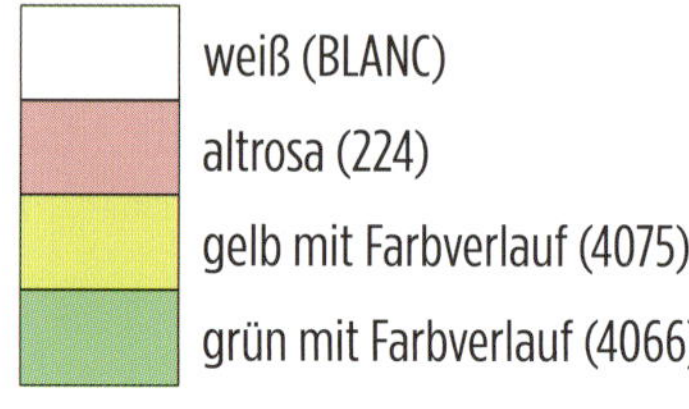

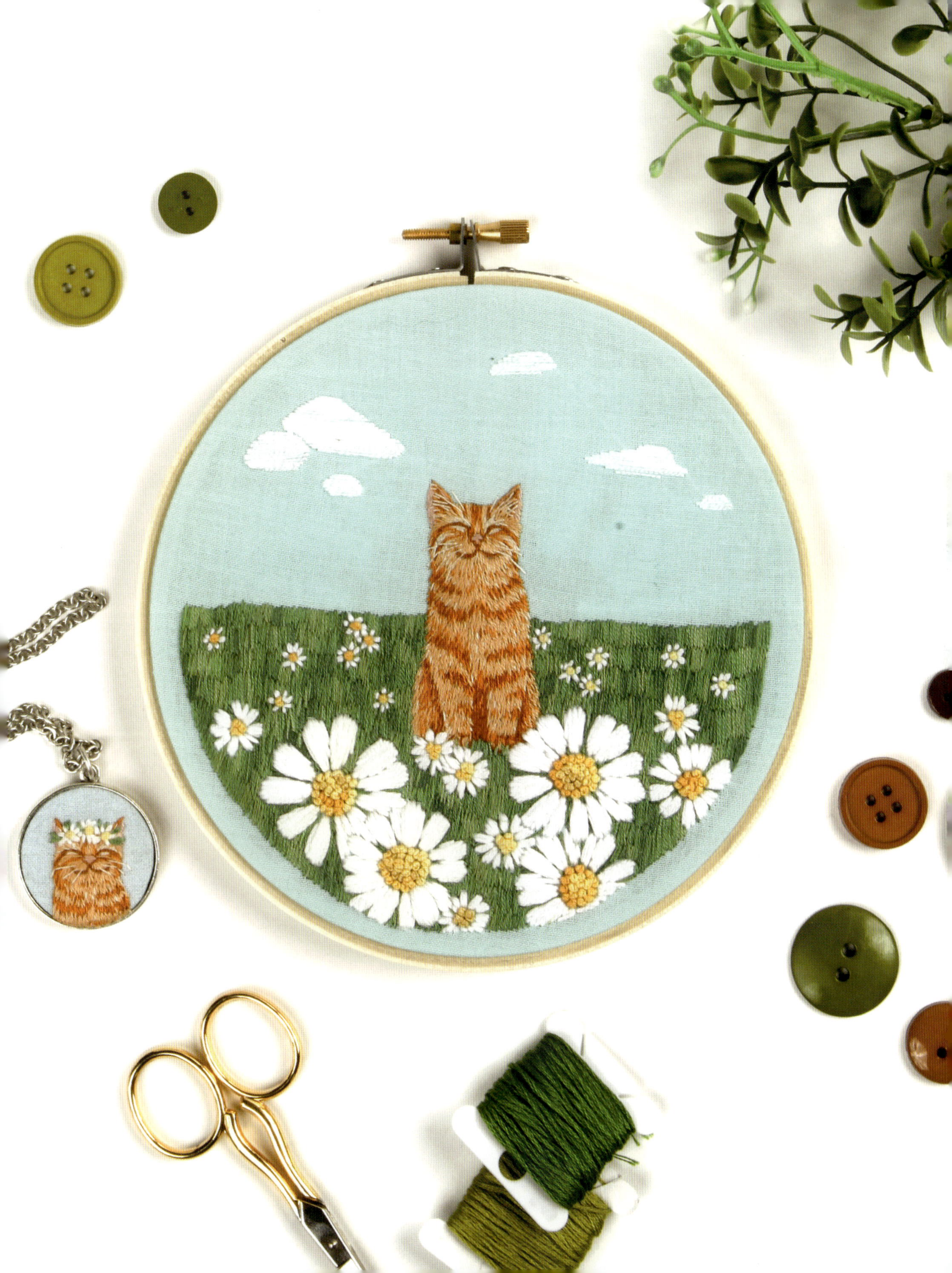

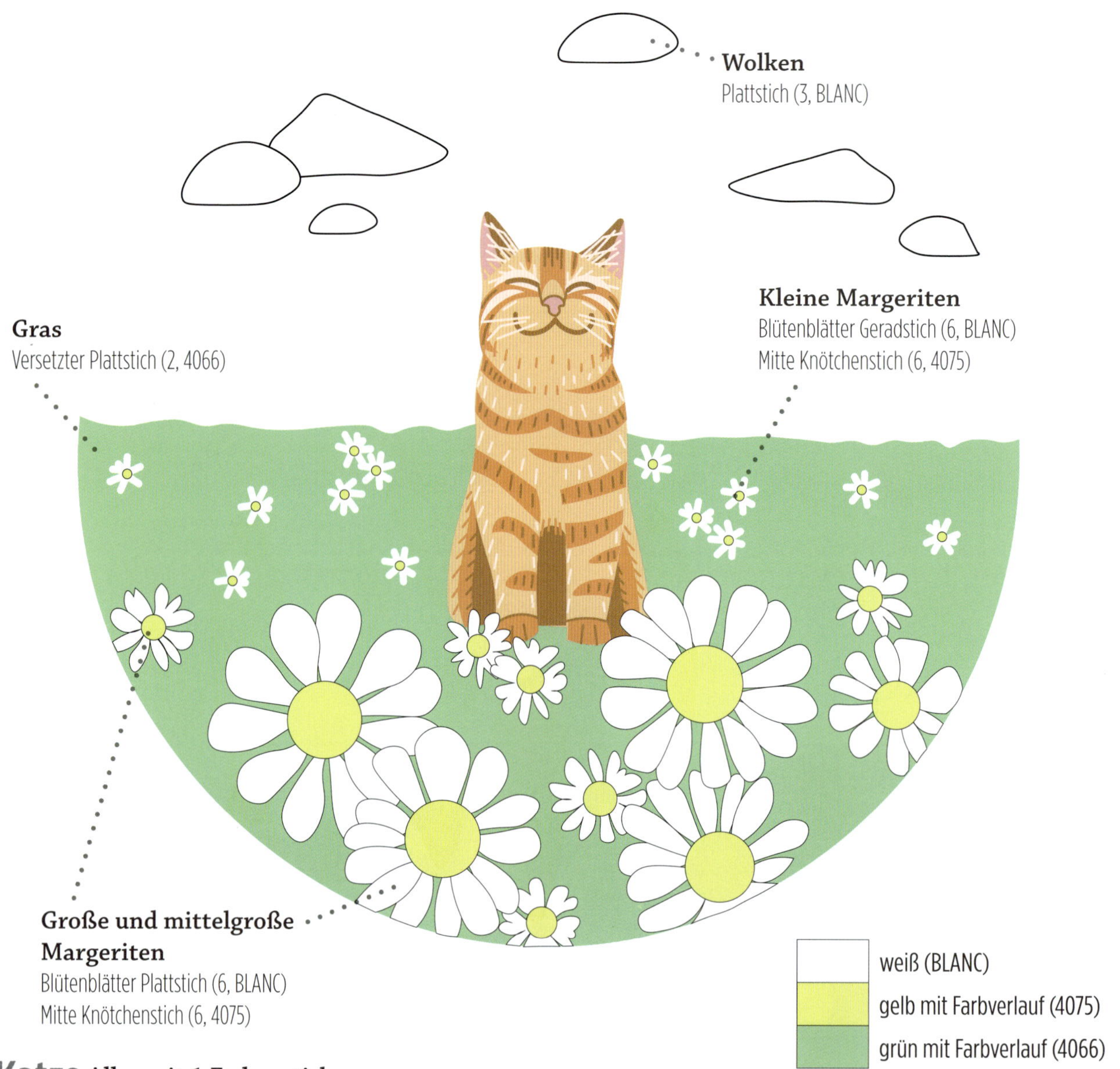

Katze Alles mit 1 Faden sticken

1. In Altrosa (224) das Innere der Ohren und die Nase im Plattstich füllen. Bei der Nase zuerst den Umriss vorsticken.

2. Gesicht und Körper im versetzten Plattstich mit Hellorange (437) füllen, dabei Platz für die dunkleren Streifen lassen. An den Vorderbeinen den Umriss vorsticken, damit sie sich vom Bauch abheben.

3. Dann die Streifen mit Orange (976) im versetzten Plattstich füllen.

4. Mit Orangebraun (780) das dunkle Fell an Hinterbeinen und Bauch sticken, die dunkleren orangefarbenen Streifen auflockern und die Umrisse von Augen, Nase und Mund im Rückstich sticken.

5. Mit Hellbeige (739) die Bereiche um die Augen sticken und die helleren orangefarbenen Streifen auflockern, z. B. an den Rändern der Vorderbeine, damit sie sich besser abheben.

6. Schnurrhaare, Wimpern und Ohrhaare als Geradstiche in Hellbeige (739) sticken.

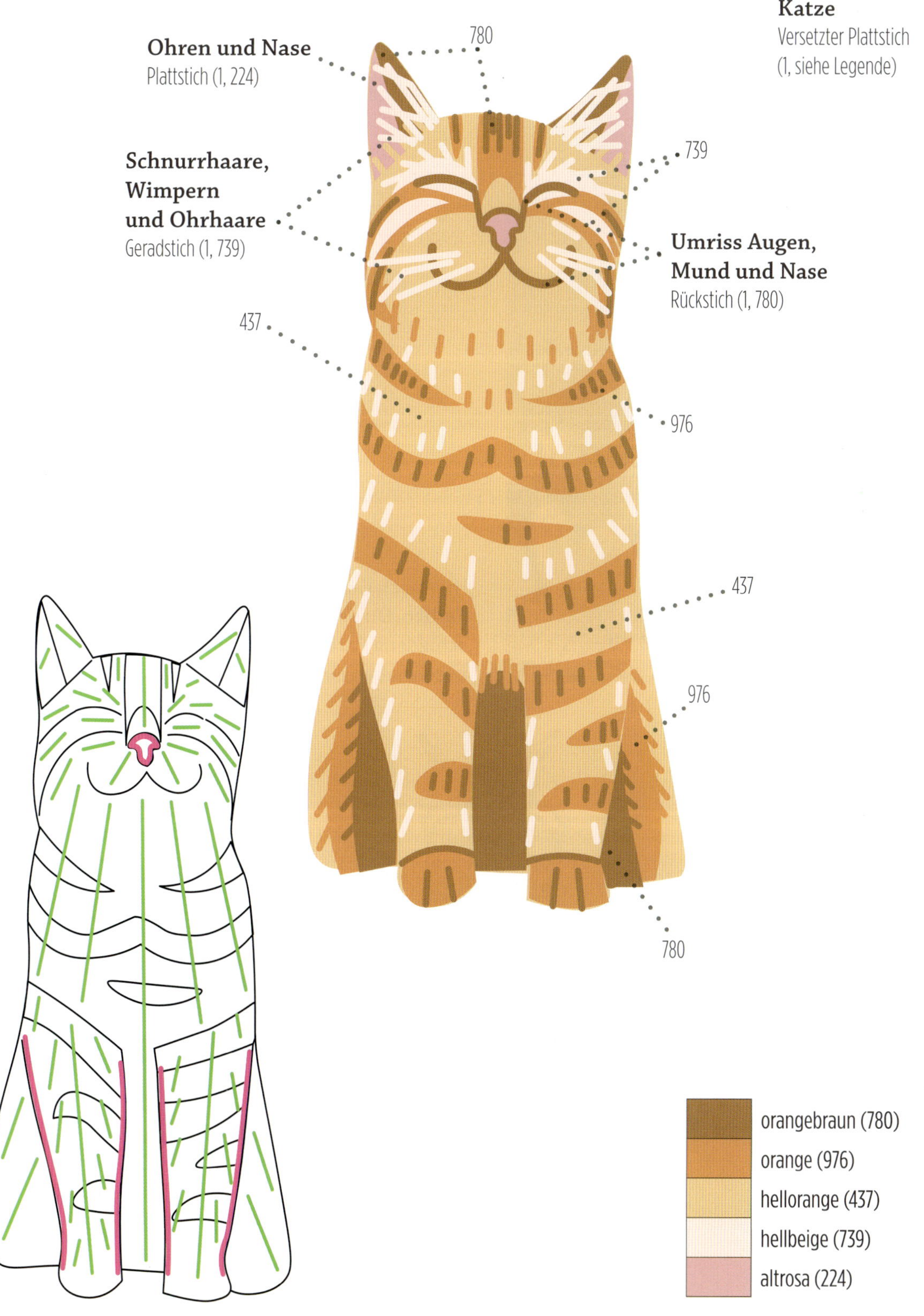

Stichrichtung

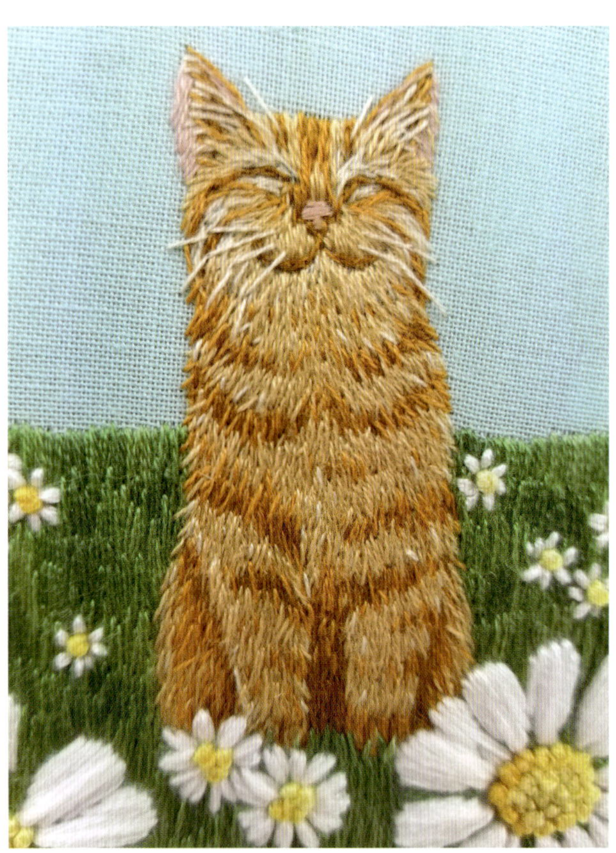

Wenn du die Stichrichtung beim Fell stärker variierst, sieht die Katze etwas zerzauster aus. Eine gleichmäßigere Stichrichtung dagegen ergibt eine frisch gebürstete Katze.

Hier noch Garnvorschläge für Katzen in anderen Farben. Du verwendest dabei ebenfalls vier verschiedene Farben, die du jeweils wie in der Anleitung beschrieben einsetzt.

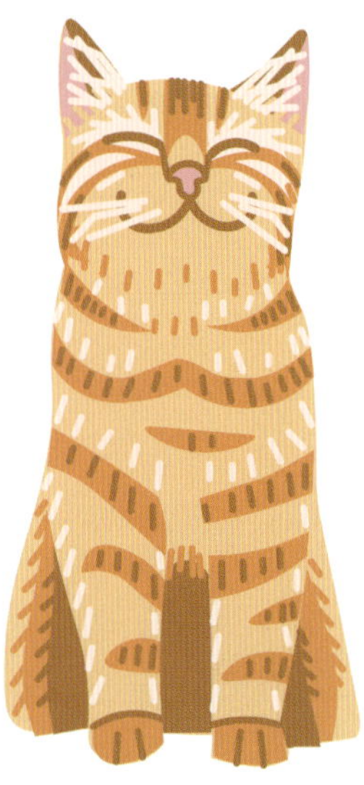

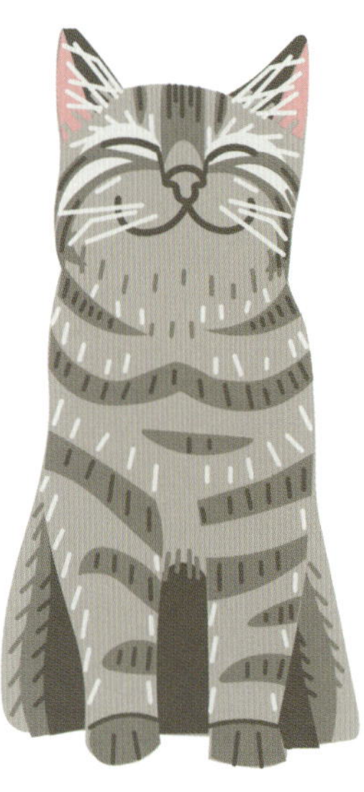

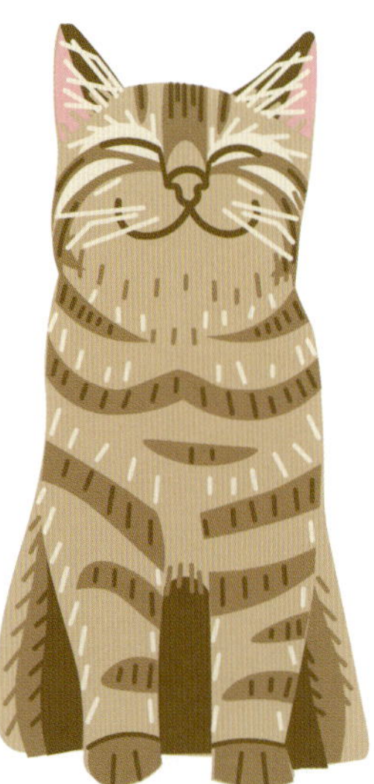

orangebraun (780)	dunkelgrau (413)	dunkelbraun (839)
orange (976)	mittelgrau (414)	braun (840)
hellorange (437)	grau (415)	hellbraun (842)
hellbeige (739)	hellgrau (762)	wollweiß (3866)

Koalas beim Nickerchen

Wenn du kleine Kinder hast, fühlst du bestimmt mit diesen erschöpften Eltern mit. Trotz anstrengender Nächte und langer Tage ist die Familie voller Liebe, die das Herz aus Eukalyptusblättern symbolisiert. Wähle die Anzahl der Koalababys gern so, wie es zu deiner Familie passt!

Tipps und Ideen:

- Arbeite das Eukalyptusherz schichtweise. Die oberste Schicht mit Margeritenstich ist der Übersichtlichkeit halber in der Vorlage nicht eingezeichnet. Sticke zuerst die dunkelgrünen Umrisse und die Ranke, dann die hellgrünen Plattstichblätter. Zum Schluss improvisiert du die Margeritenstich-Blätter so, dass sie über den Herzumriss hinausragen, ausgewogen in unterschiedlichen Längen und Richtungen. Sieh dir dazu auch die Fotos an.
- Die Koalas habe ich ein- und zweifädig gemalt. Zuerst habe ich mit 2 Fäden die drei Grautöne angelegt. Danach habe ich noch einmal 1 Faden jeder Farbe genommen, um die Details zu sticken und die Übergänge zu glätten. Du kannst aber auch alles einfädig sticken, dann sehen die Koalas besonders realistisch aus.
- Koalas haben sehr kurzes, dichtes Fell. Das gibt man am besten mit kurzen Stichen wieder. Bei den Augen sind lange Stiche angebracht.
- Die Farbgrafik für die Koalas ist nur eine ganz grobe Orientierung, tatsächlich werden die Farben sehr gründlich verblendet. Nimm dir dafür ausreichend Zeit!

MATERIAL

- Stickrahmen Ø 18 cm
- Leinenmischgewebe 25 × 25 cm in Hellrosa
- Feine Sticknadeln
- Baumwoll-Sticktwist

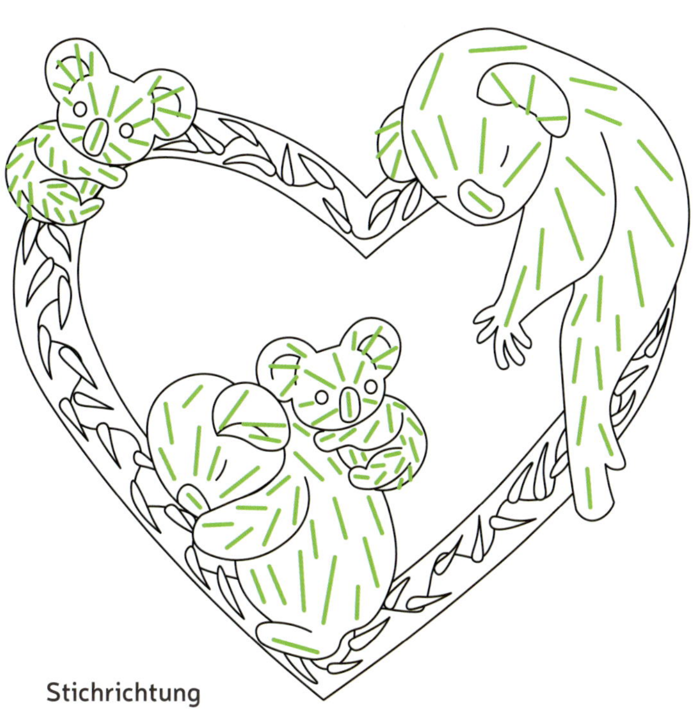

Stichrichtung

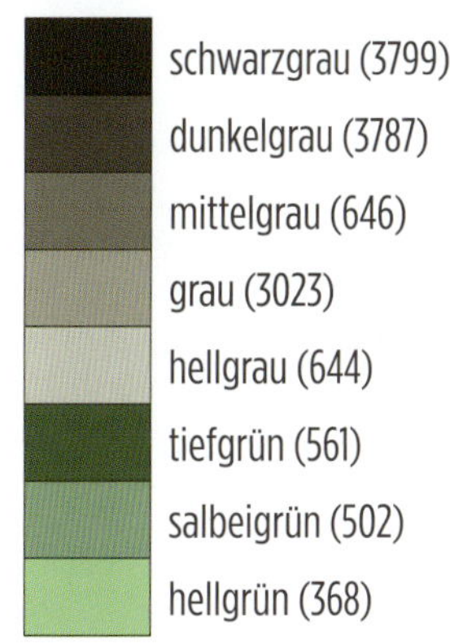

Koalas Nach Belieben mit 1 oder 2 Fäden sticken, sofern nicht anders angegeben

1. Die Augen der Babys und die Nasen mit 2 Fäden Schwarzgrau (3799) im Plattstich füllen. Für die Augen der Eltern Spaltstich verwenden.

2. Die Koalas 1- oder 2-fädig im versetzten Plattstich füllen.

3. Über der Nase beginnen und von Dunkelgrau (3787) zu Mittelgrau (646) übergehen. Am Rand des Gesichts und am Oberkopf Hellgrau (644) verwenden.

4. In und hinter den Ohren der Eltern Dunkelgrau (3787) verwenden. Am Rand der Ohren mit Mittelgrau (646) und Grau (3023) lange Stiche setzen. In den Ohren der Babys oben die dunklere Farbe einsetzen, in der Mitte mit Grau (3023) sticken.

5. Mit 1 Faden Schwarzgrau (3799) die Schatten abdunkeln. Mit 1 Faden Hellgrau (644) Highlights in das Fell und die Augen der Babys setzen.

6. Genauso Rumpf und Beine entsprechend Farb- und Stichrichtungsgrafik im versetzten Plattstich füllen.

7. Optional: Bei allen Koalas den Umriss mit 2 Fäden Schwarzgrau (3799) im Rückstich sticken.

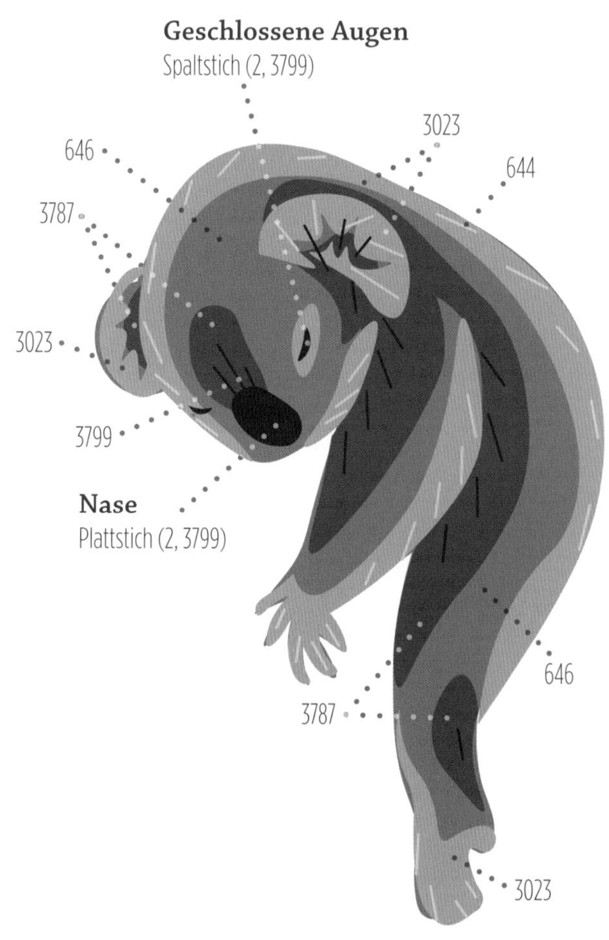

Augen
Plattstich (2, 3799)
Licht (1, 644)

3023
644
3023
3799
646
3787
646
644
3023
644

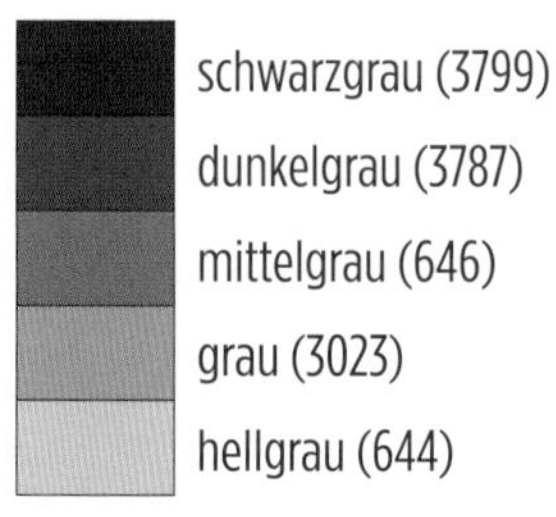

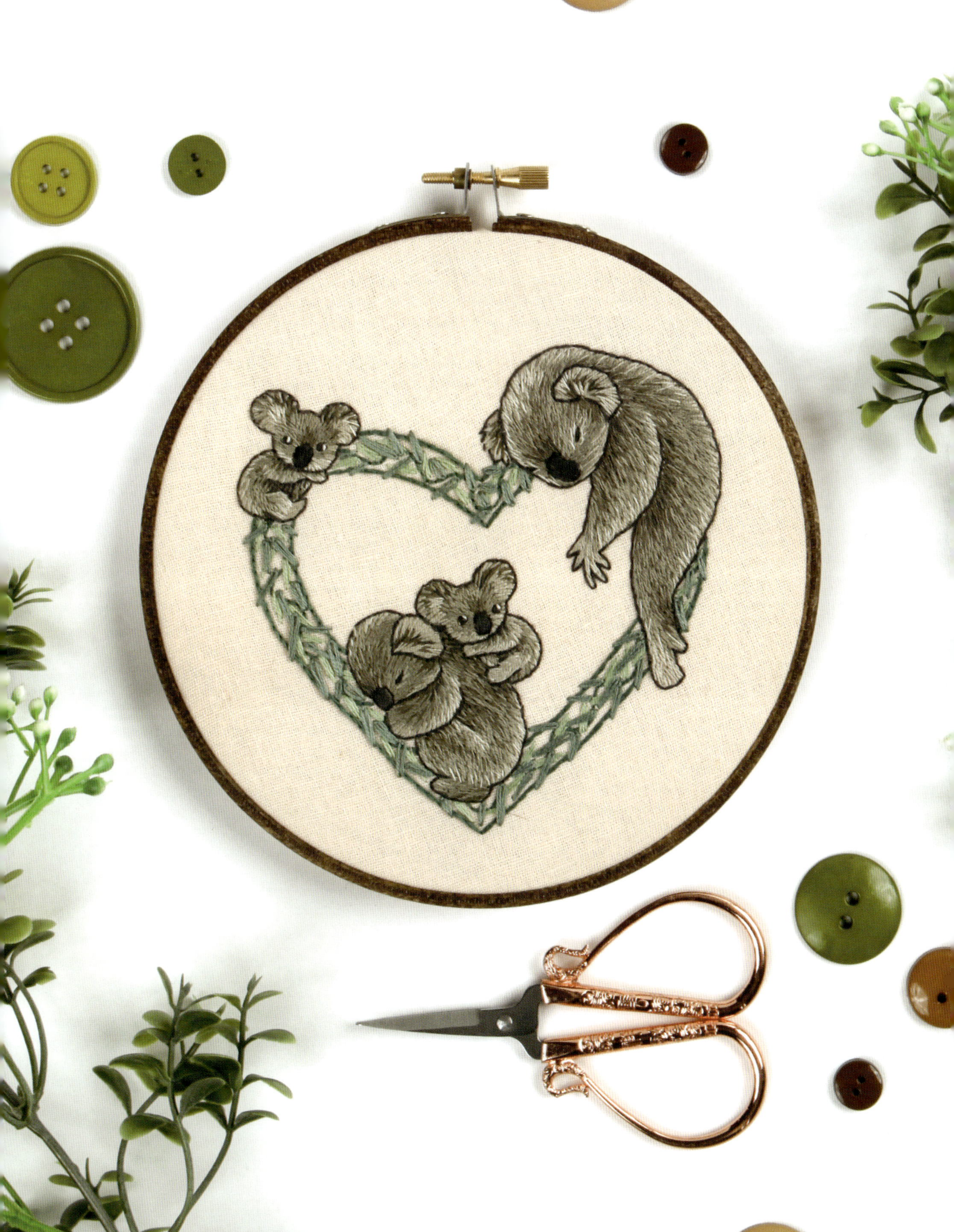

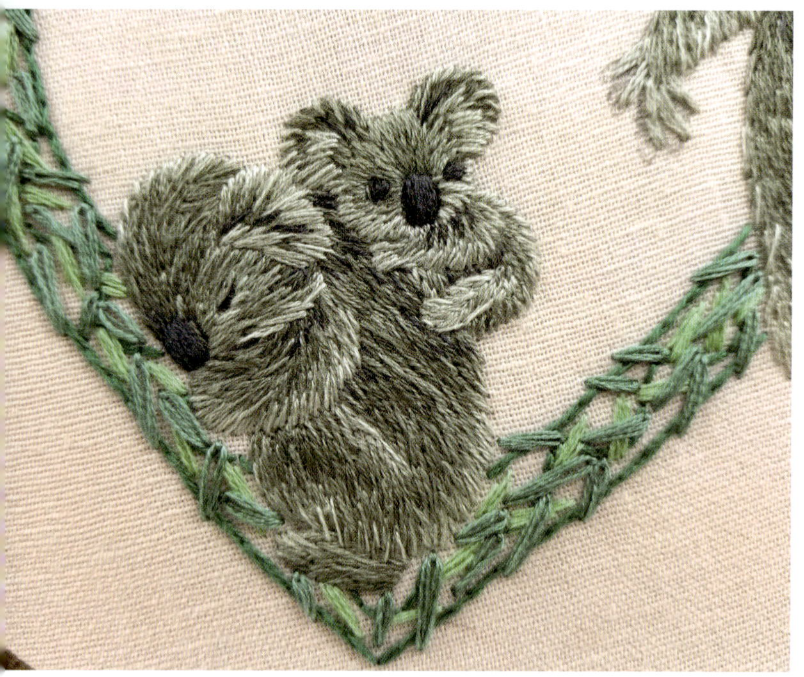

Meine Koalas sahen mir zu zottelig aus, deshalb habe ich ihnen noch einen Rückstich-Umriss verpasst.

Rahmen

1. Mit 3 Fäden Tiefgrün (561) den Herzumriss im Spaltstich sticken. Bei der Ranke zum Rückstich wechseln.

2. Die Blätter mit 2 Fäden Hellgrün (368) im Spaltstich füllen.

3. Zum Schluss mit 3 Fäden Salbeigrün (502) Blätter im Margeritenstich hinzufügen.

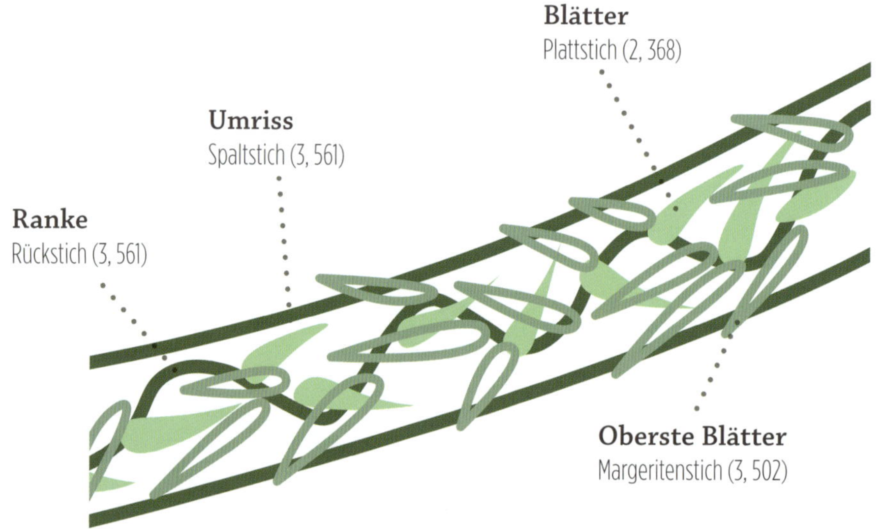

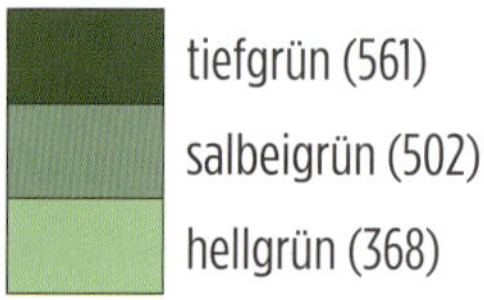

Waldfuchs

Den hübschen Fuchs sticken wir zweifädig, um etwas Zeit zu sparen. Wenn du ein noch realistischeres, zarteres Fell haben möchtest, nimmst du nur einen Faden.

Tipps und Ideen:

- Lass den Hintergrund weg, wenn du es schlichter möchtest.
- Wenn du dich an Nadelmalerei noch nicht herantraust, kannst du den Fuchs wie das Rehkitz auf S. 82 im Rückstich füllen.
- Du hast jede Menge grüne Fadenreste? Her damit. Benutze alle möglichen Grüntöne mit unterschiedlicher Fadenanzahl, damit die Wiese natürlich wirkt.
- Sollten beim Sticken des Gesichts die Augendetails verloren gehen, am Ende noch einmal einfädig darüber gehen.

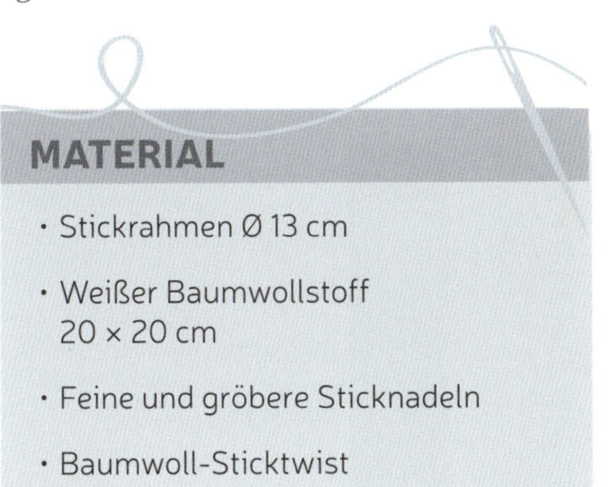

MATERIAL

- Stickrahmen Ø 13 cm
- Weißer Baumwollstoff 20 × 20 cm
- Feine und gröbere Sticknadeln
- Baumwoll-Sticktwist

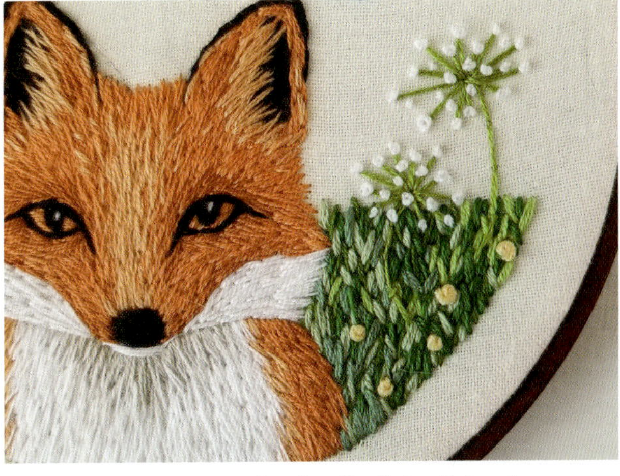

Bei der Wiese kannst (und sollst!) du dich mit verschiedensten Grüntönen und Garnstärken austoben.

Wiese

1. Mit der Wiese anfangen, den Platz für den Fuchs und den Pilz freilassen. Mit variierender Fadenanzahl (1 bis 6) „unordentliches" Gras aus Geradstichen sticken. Oben anfangen und nach unten vorarbeiten, dabei die Grüntöne beliebig mischen.

2. Mit vollen 6 Fäden Gelb (3855) Knötchen als Blumen in die Wiese setzen.

3. Den Farn mit 3 Fäden Tiefgrün (500) bzw. Mittelgrün (904) sticken. Für den Stiel Anlegetechnik verwenden, für die Wedel Geradstich.

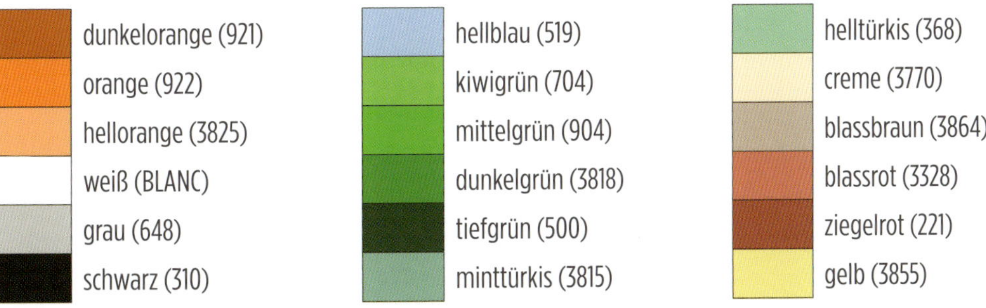

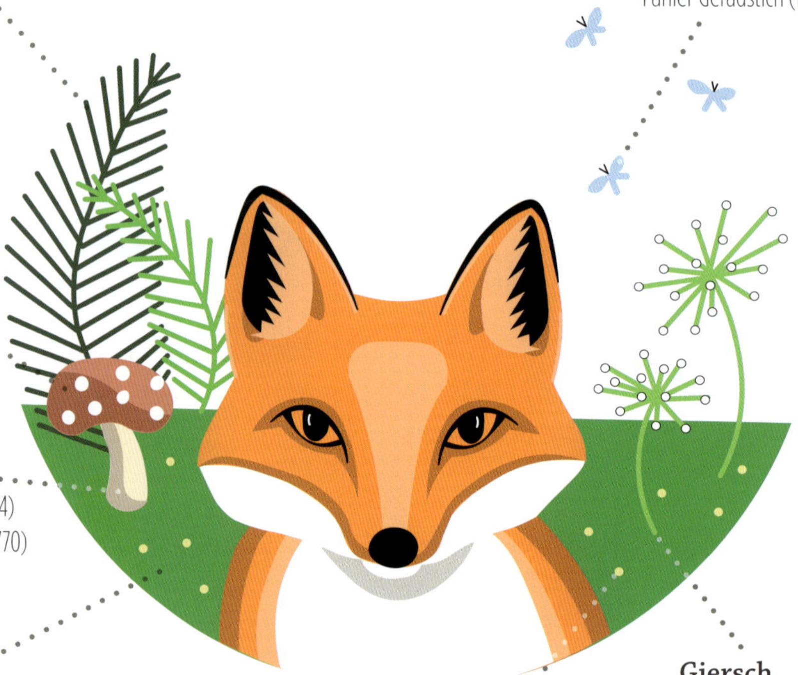

Farn
Stiele Anlegetechnik (6, 500 bzw. 904)
Wedel Geradstich (6, 500 bzw. 904)

Schmetterlinge
Flügel oben Plattstich (6, 519)
Flügel unten Geradstich (6, 519)
Fühler Geradstich (1, 310)

Pilzhut
Schatten Plattstich (3, 221)
Helle Seite Plattstich (3, 3328)
Punkte Knötchenstich (3, BLANC)

Pilzstiel
Schatten Plattstich (3, 3864)
Helle Seite Plattstich (3, 3770)

Gras
Geradstich (divers, beliebige Grüntöne)

Blumen
Knötchenstich (6, 3855)

Giersch
Lange Stiele Anlegetechnik (2, 704)
Doldenstiele Geradstich (2, 704)
Blüten Knötchenstich (2, BLANC)

4. Den Giersch mit 2 Fäden Kiwigrün (704) sticken. Für die langen Stiele Anlegetechnik verwenden, für die kürzeren Doldenstiele Geradstich. Mit 2 Fäden Weiß (BLANC) die Blüten im Knötchenstich daransetzen.

5. Mit 6 Fäden Hellblau (519) den größeren Teil der Schmetterlingsflügel im Plattstich sticken. Die kleineren Flügelteile als einzelne Geradstiche arbeiten. Mit 1 Faden Schwarz (310) die Fühler im Geradstich hinzufügen.

6. Beim Pilz zuerst den Stiel 3-fädig im senkrechten Plattstich sticken. Links mit Blassbraun (3864) anfangen und nach rechts zu Creme (3770) an der hellen Seite übergehen.

7. Den Pilzhut 3-fädig im waagerechten Plattstich füllen: links unten mit Ziegelrot (221), übergehend in Blassrot (3328) oben rechts. Zum Schluss 3-fädige Knötchen in Weiß (BLANC) auf die Kappe setzen. Damit es wirkt, als stehe er in der Wiese, ein paar Grashalme in den Stiel hineinsticken.

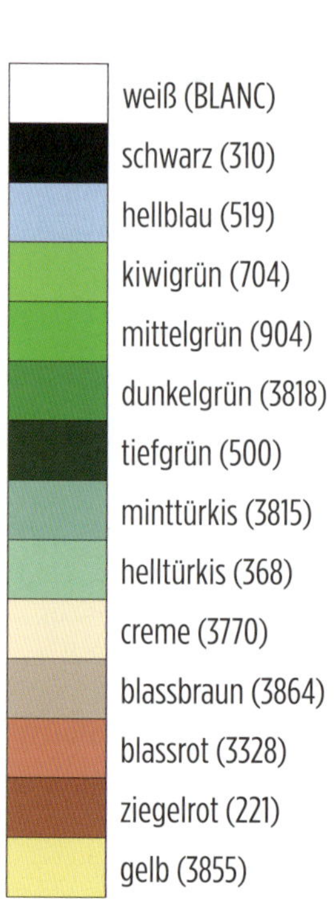

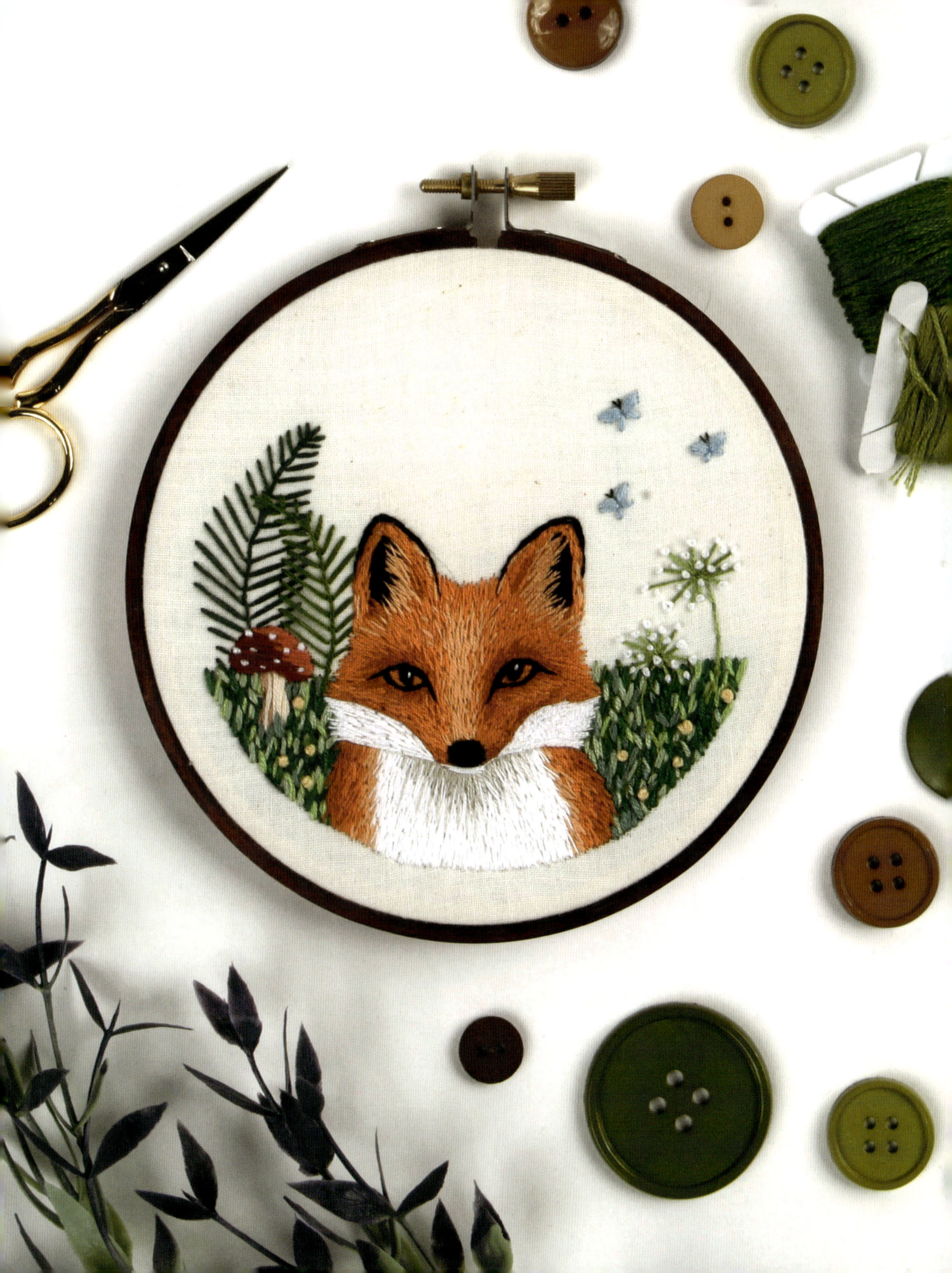

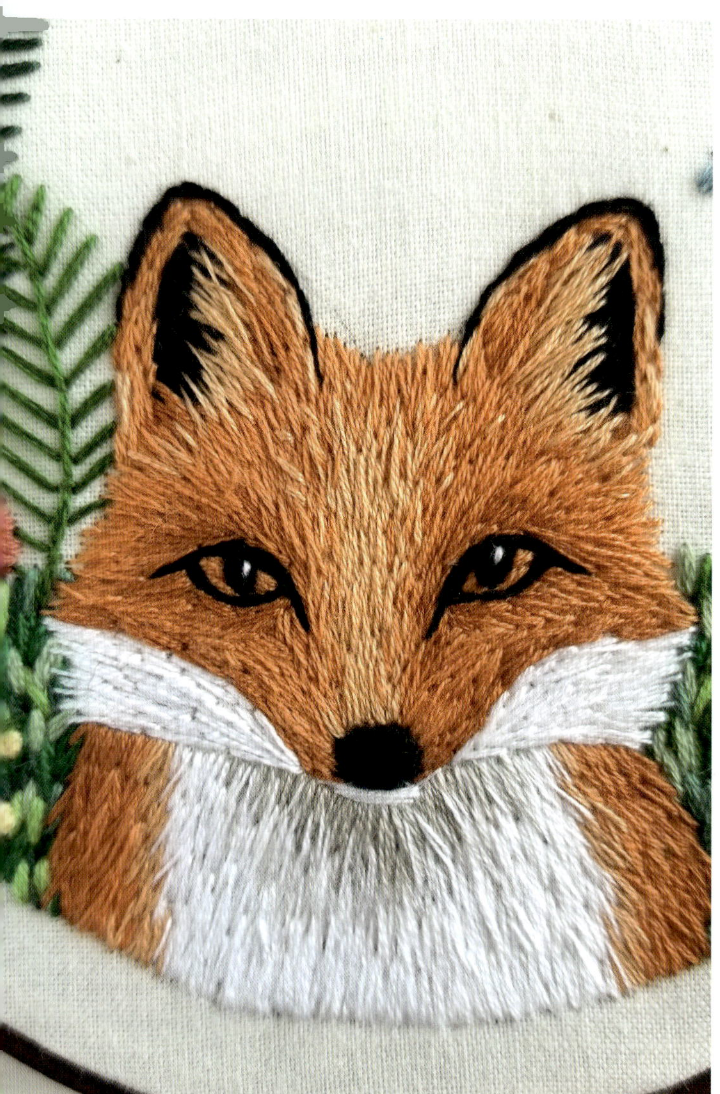

Verwende im Ohr längere Stiche, damit die Ohren richtig flauschig aussehen. Ganz am Ende kannst du mit Schwarz noch einmal die Augen nachziehen.

Fuchs **2-Fädig im versetzten Plattstich, sofern nicht anders angegeben**

1. Zuerst mit Schwarz (310) die Iris und die Nase im gehöhten Plattstich füllen. Den Umriss der Augen im Spaltstich füllen.

2. Weiter mit Schwarz (310) das Innere der Ohren im Plattstich sticken und den oberen Rand der Ohren mit Spaltstichreihen füllen.

3. Mit Dunkelorange (921) die Grenze zwischen Rot und Weiß an den Wangen im Spaltstich vorsticken. Dann die Augen umrahmen, dabei für den Übergang zur nächsten Farbe ein paar Stiche über die Farbgrenze hinaus sticken. Außerdem wie abgebildet ein paar Stiche in die Ecken der Ohren setzen.

4. Im versetzten Plattstich das Gesicht mit Orange (922) füllen, dabei am Nasenrücken Platz für die letzte Farbe lassen. Die Ohrränder entlang der schwarzen Stiche weiter füllen. Die Augen mit ein paar Plattstichen füllen.

5. Den Nasenrücken mit Hellorange (3825) füllen, dabei wie gehabt im versetzten Plattstich die Farben verblenden. An den Außenseiten der Ohren ein paar Highlights setzen und dann die Ohrhaare mit längeren Stichen in das schwarze Ohrinnere hinein sticken.

6. Die Wangen und das Kinn mit Weiß (BLANC) füllen und mit Geradstich Highlights in die Augen setzen.

7. Schultern und Brust im versetzten Plattstich füllen, dabei von Dunkelorange (921) über Orange (922) zu Hellorange (3825) übergehen, bevor die Vorderseite mit Weiß (BLANC) gefüllt wird. Mit Grau (648) einen Schatten unter das Kinn setzen.

8. Noch einmal mit 1 Faden jeder Farbe über das Bild gehen, um die Farbübergänge zu glätten und, falls gewünscht, das Fell flauschiger wirken zu lassen.

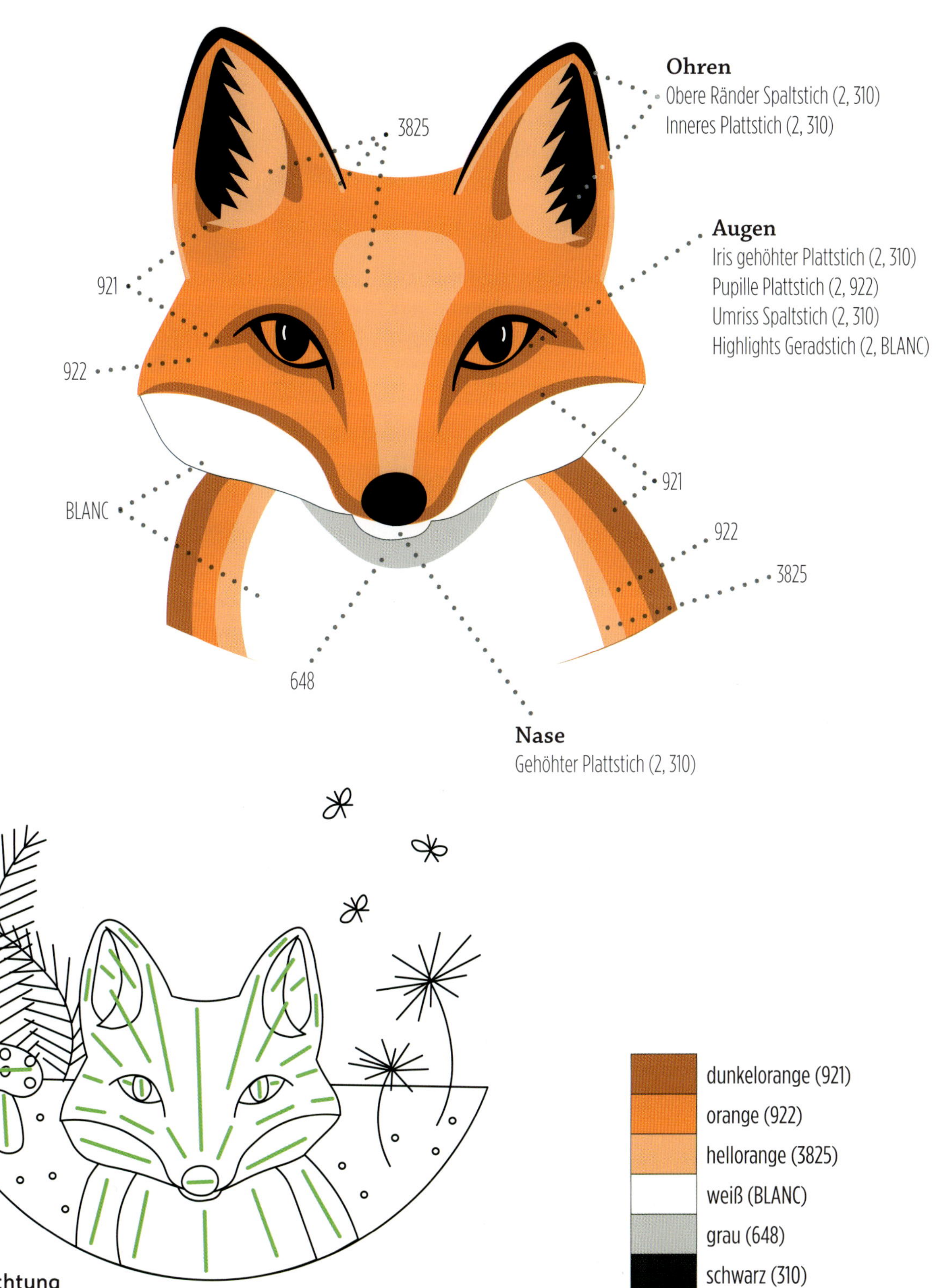
Fuchs
Versetzter Plattstich (2, siehe Legende)
Ohren
Obere Ränder Spaltstich (2, 310)
Inneres Plattstich (2, 310)
3825
Augen
Iris gehöhter Plattstich (2, 310)
Pupille Plattstich (2, 922)
Umriss Spaltstich (2, 310)
Highlights Geradstich (2, BLANC)
921
922
BLANC
921
922
3825
648
Nase
Gehöhter Plattstich (2, 310)
Stichrichtung
dunkelorange (921)
orange (922)
hellorange (3825)
weiß (BLANC)
grau (648)
schwarz (310)

Hallo Giraffe!

Die Nadelmalerei am Kopf der Giraffe ist der schwierigste Teil dieses Projekts. Immer schön gründlich verblenden und, wenn du damit besser zurechtkommst, ein- statt zweifädig arbeiten.

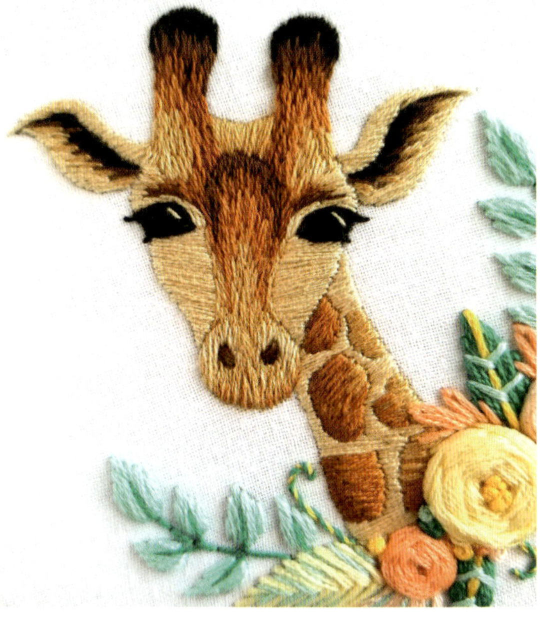

Für einen noch glatteren Farbverlauf kannst du die Giraffe auch ein- statt zweifädig sticken.

Tipps und Ideen:

- Mit der Platzierung der Knötchen und anderen Akzente im Kranz musst du es nicht so genau nehmen. Es kommt nur darauf an, die Farben im Kranz harmonisch zu verteilen.
- Setze der Giraffe eine Blumenkrone auf, wenn du noch etwas mehr Farbe willst.
- Als Geburtsgeschenk kannst du die niedliche Giraffe noch um Namen und Geburtsdatum des Babys ergänzen. Das Blumendekor könnte auch ein anderes Motiv zieren.

Giraffe 2-Fädig im versetzten Plattstich, sofern nicht anders angegeben

1. Den oberen Rand der Ohren und die Wangen mit Hellbraun (738) im Plattstich füllen. Dort, wo das Gesicht den Hals überlappt, für eine plastischere Wirkung zuerst den Umriss im Spaltstich vorsticken.

2. Im versetzten Plattstich das Ohrinnere füllen, dabei innen beginnend von Schwarz (310) über Dunkelbraun (898) und Sandbraun (436) zu Hellbraun (738) übergehen.

3. Die Augen mit Schwarz (310) im Plattstich füllen, nachdem der Umriss im Rückstich vorgestickt wurde. Mit Hellbraun (738) je einen Geradstich als Licht hineinsetzen.

4. Die Hörner von oben nach unten füllen, dabei wie in der Grafik abgebildet von Schwarz (310) zu Sandbraun (436) übergehen.

5. Die Flecken am Hals im versetzten Plattstich füllen, dabei die Farben wie in der Grafik dargestellt platzieren.

6. Hals mit Hellbraun (738) im Plattstich füllen.

MATERIAL

- Stickrahmen Ø 13 cm
- Weißer Baumwollstoff 20 × 20 cm
- Feine und gröbere Sticknadeln
- Baumwoll-Sticktwist

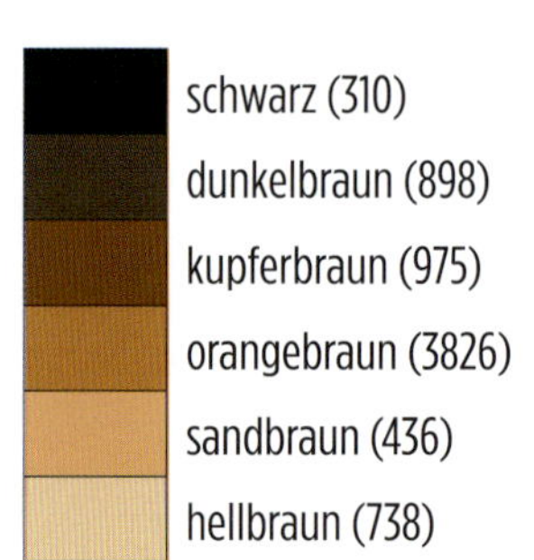

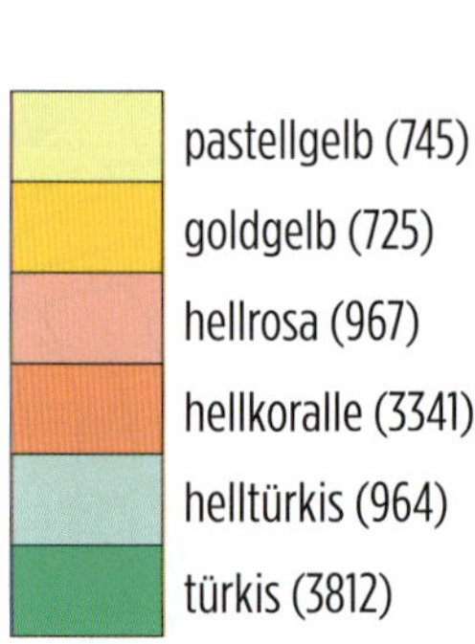

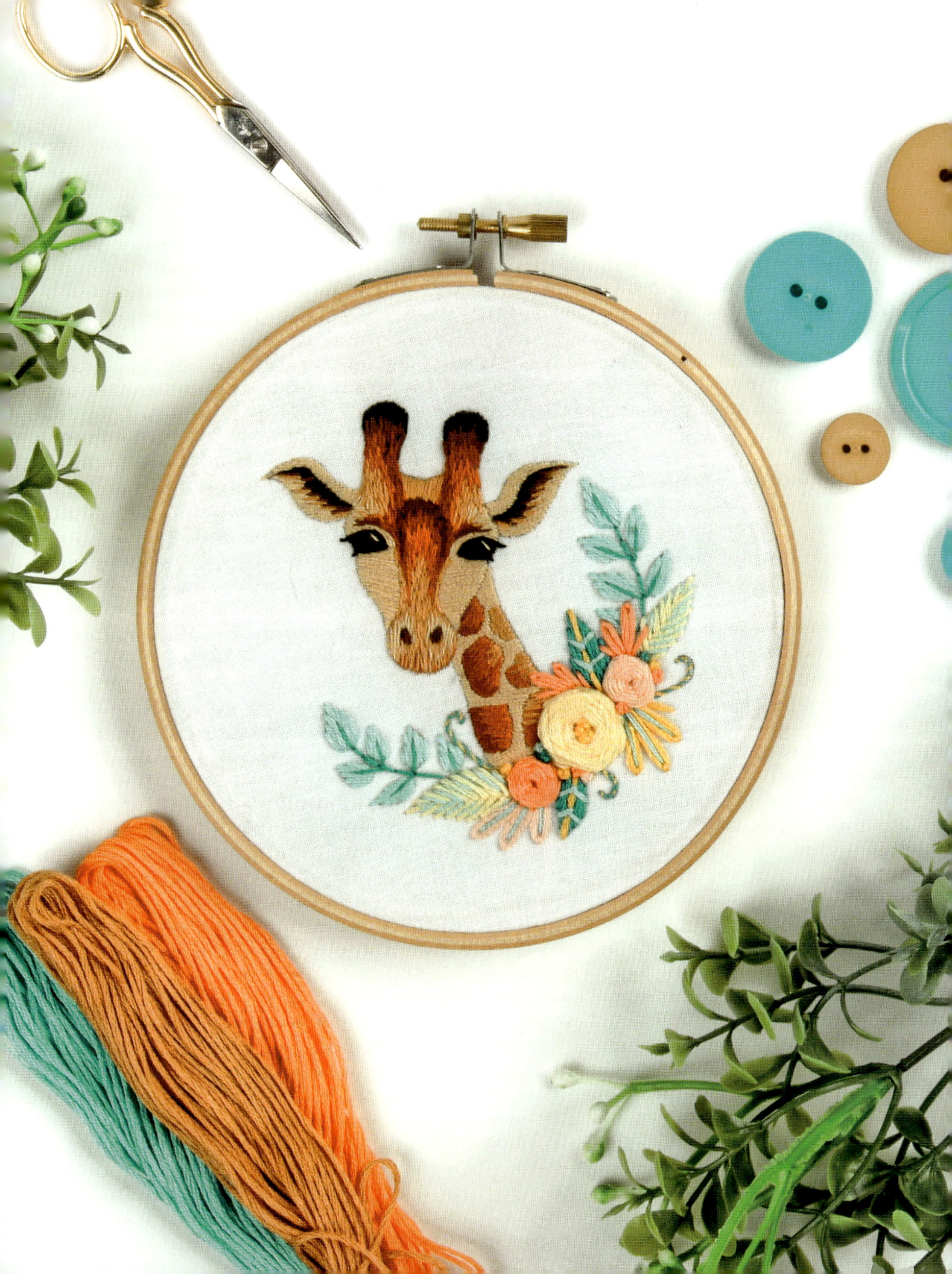

Giraffe
Versetzter Plattstich (2, siehe Legende)

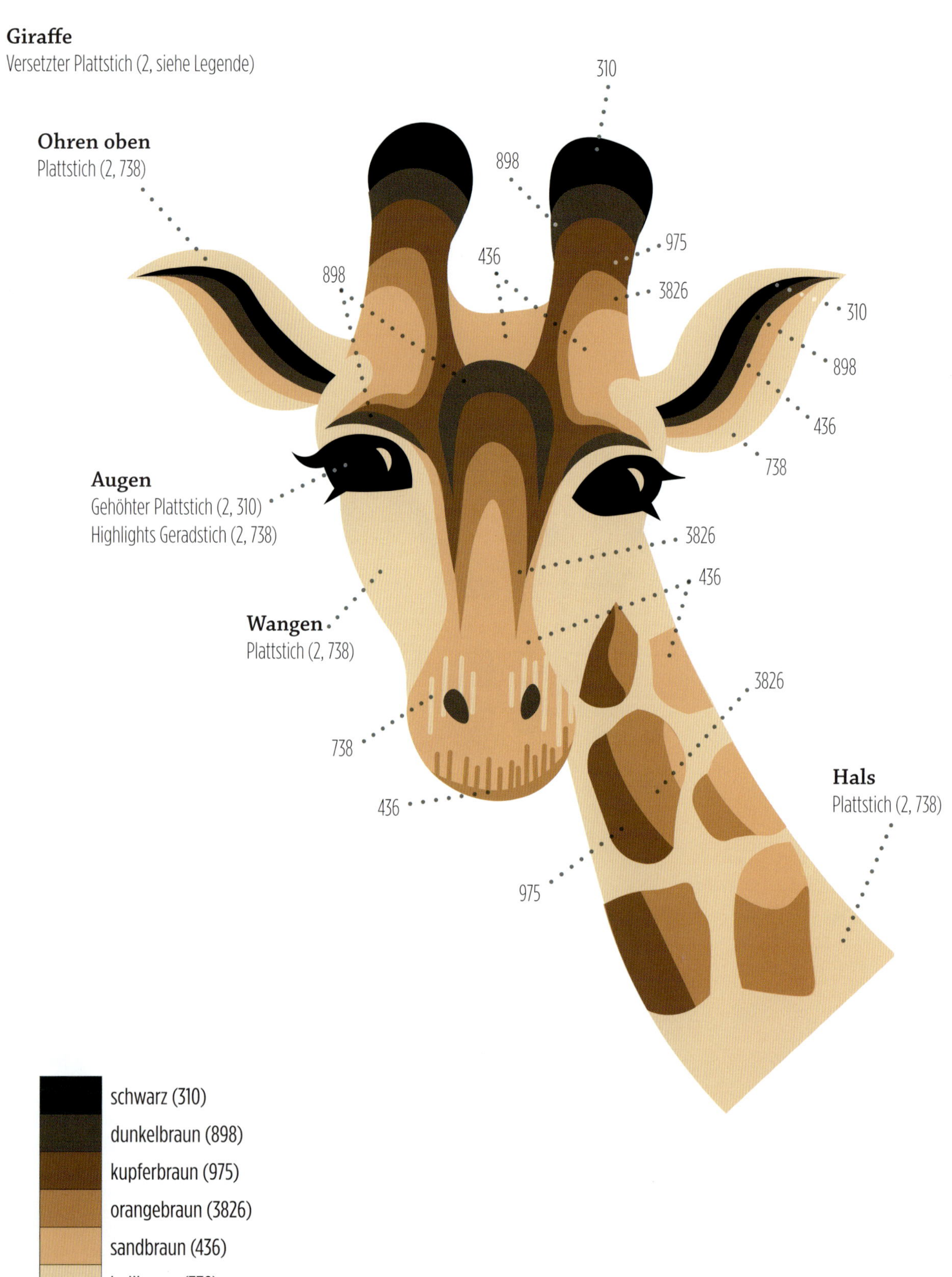

Blumen Mit 6 Fäden sticken, sofern nicht anders angegeben

1. Die kurzen geschwungenen Ranken mit 2 Fäden Goldgelb (725) im Rückstich sticken. Den Rückstich mit 2 Fäden Türkis (3812) umwickeln.

2. Die gefiederten Blätter mit Helltürkis (964) im Plattstich füllen. Den Stiel und die Adern mit 2 Fäden Türkis (3812) im Rückstich hinzufügen.

3. Die großen Blätter mit Pastellgelb (745) im Grätenstich sticken. Zwischen die Grätenstiche 3-fädige Geradstiche in Helltürkis (964) setzen.

4. Die mittelgroßen Blätter mit Türkis (3812) im Plattstich füllen. Die Mittelrippe jeweils als Geradstich mit Goldgelb (725) sticken. Die diagonalen Blattadern mit Helltürkis (964) im Geradstich sticken, dabei die Mittelrippe überkreuzen.

5. Im Spinnwebstich die drei großen Rosen in Hellkoralle (3341), Pastellgelb (745) und Hellrosa (967) hinzufügen.

6. Die Blütenblätterakzente als Margeritenstiche bzw. Geradstiche in Hellrosa (967), Hellkoralle (3341) und Goldgelb (725) sticken, dann in die Mitte der Margeritenstiche jeweils einen Geradstich in Helltürkis (964) setzen.

7. Zum Schluss 6-fädige Knötchen ergänzen, dabei auf eine ausgewogene Verteilung der Farben achten.

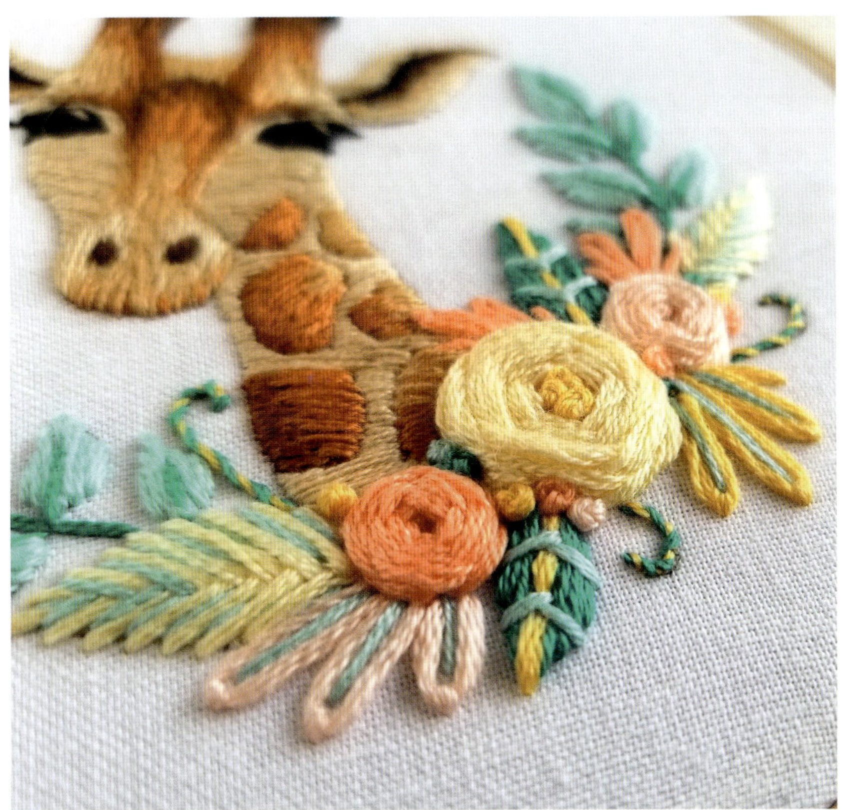

Ich liebe die kleinen Details und Überraschungen in diesen Blumen!

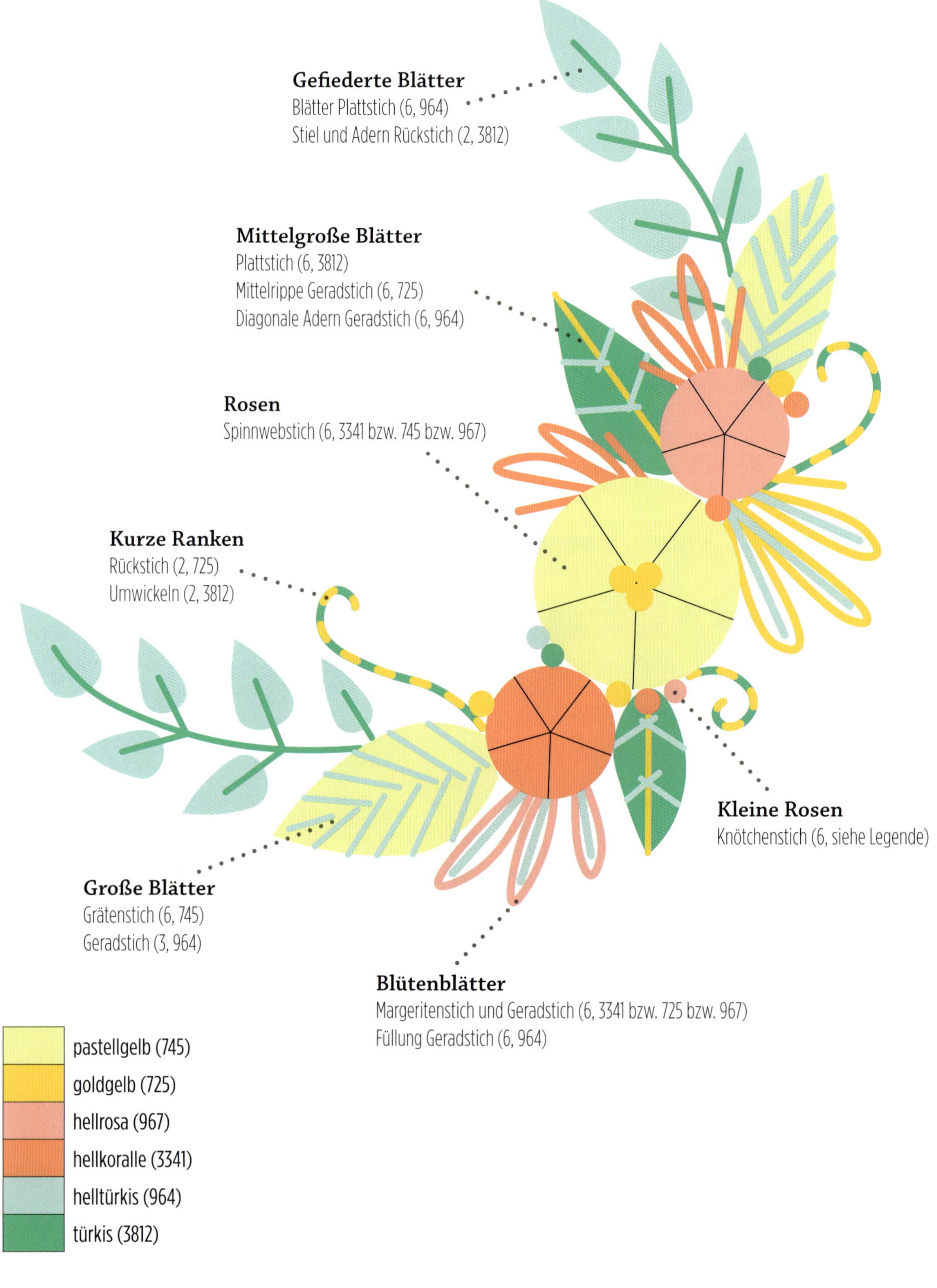

- pastellgelb (745)
- goldgelb (725)
- hellrosa (967)
- hellkoralle (3341)
- helltürkis (964)
- türkis (3812)

Gerahmter Wüstenfuchs

Dieser Wüstenfuchs ist eine gute Übung in einfädiger Nadelmalerei mit vielen Farbtönen. Mit nicht weniger als neun Farben zaubern wir realistische Farbübergänge, Highlights und Schatten. Ich habe den Fuchs klein gehalten, damit das Projekt nicht ganz so lange dauert, aber du kannst die Vorlage natürlich vergrößern. Die Mühe lohnt sich sicher!

Tipps und Ideen:

- Der Blumenkranz ist optional und kann auch als Rahmen für ein anderes Motiv oder Text verwendet werden.
- Das Füchslein eignet sich perfekt für ein Schmuckstück. Verleihe ihm dann noch etwas Farbe in Form einer kleinen Blumenkrone.
- Bei den Knötchen im Kranz kommt es nicht auf eine exakte Platzierung an. Tatsächlich habe ich beim Entwickeln des Motivs damit ursprünglich Fehler versteckt! Achte nur auf eine harmonische Verteilung der Formen und Farben.

MATERIAL

- Stickrahmen Ø 10 cm
- Grauer Baumwollstoff 15 × 15 cm
- Feine und gröbere Sticknadeln
- Baumwoll-Sticktwist

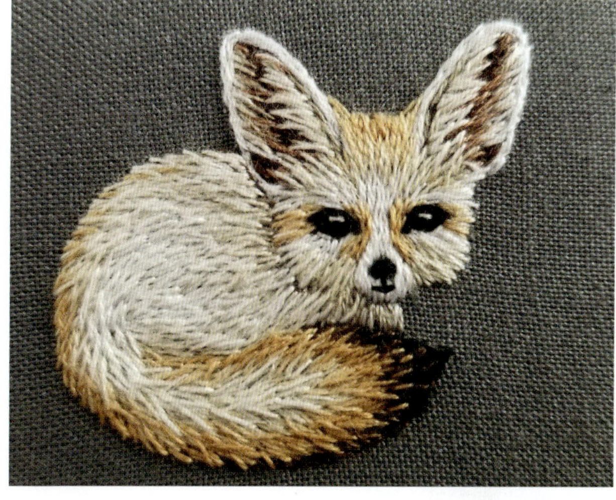

Das Fell in den Ohren wird mit längeren Stichen gearbeitet und ragt in das gestickte Ohrinnere hinein.

Fuchs 1-Fädig im versetzten Plattstich, sofern nicht anders angegeben

1. Den Rumpf am Kopf beginnend füllen. Wenige Stiche in Tiefbraun (838) setzen, dann schnell zu Braungrau (950) und Cremeweiß (ECRU) übergehen. Die Mitte des Rumpfes mit Weiß (BLANC) füllen.

2. Beginnend an der Schwanzspitze von Schwarz (310) über Tiefbraun (838), Orangebraun (436), Blassorange (437), Hellorange (738) und Cremeweiß (ECRU) zu Weiß (BLANC) in der Mitte übergehen. Die hellsten Töne entlang des Rückens auslaufen lassen.

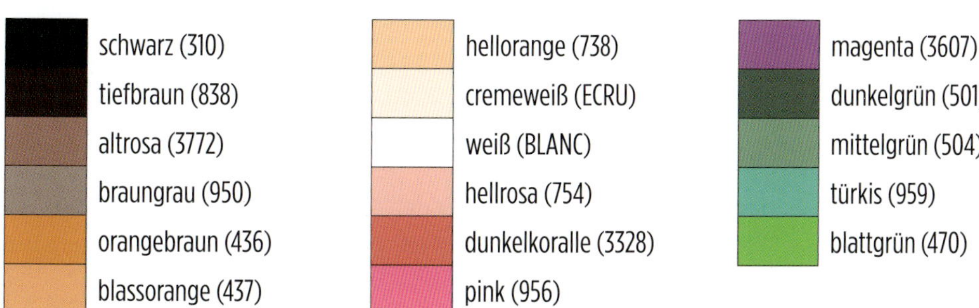

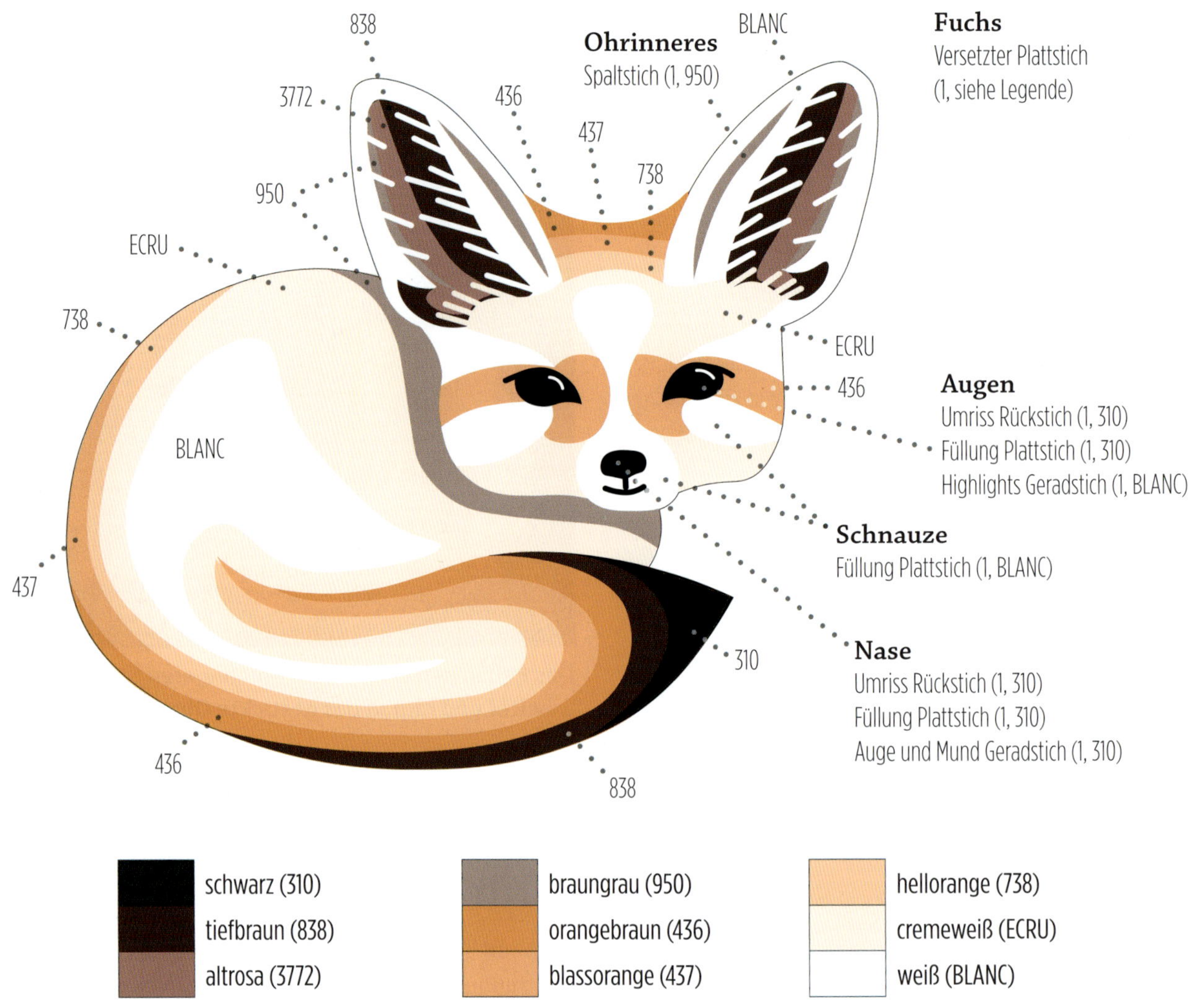

3. Den Umriss von Augen und Nase mit Schwarz (310) im Rückstich vorsticken. Mit Plattstich füllen. Den Mund im Geradstich sticken. Mit Weiß (BLANC) Geradstich-Highlights in die Augen setzen.

4. Die Schnauze mit Weiß (BLANC) im Plattstich füllen. Zur Stirn hin zum versetzten Plattstich wechseln und verblenden. Die weißen Flecken unter und über den Augen füllen.

5. Mit Orangebraun (436) die Streifen an den Augen sticken. Links und rechts neben der Schnauze zu Cremeweiß (ECRU) übergehen.

6. Am Oberkopf von Orangebraun (436) über Blassorange (437) zu Hellorange (738) übergehen. Mit Cremeweiß (ECRU) den Übergang in das weiße Fell verblenden.

7. Das dunkle Ohrinnere mit Tiefbraun (838) füllen, dann nach außen hin zu Altrosa (3772) und Braungrau (950) übergehen. Am inneren Rand der Ohren jeweils eine Reihe Spaltstich in Braungrau (950) sticken.

8. Den Umriss der Ohren mit Weiß (BLANC) füllen. Das flauschige Fell im Ohr mit längeren Geradstichen sticken, die in die dunkleren Bereiche hineinragen.

9. Über den Augen am unteren Ende der Ohren mit Cremeweiß (ECRU) weitere Ohrhaare ergänzen.

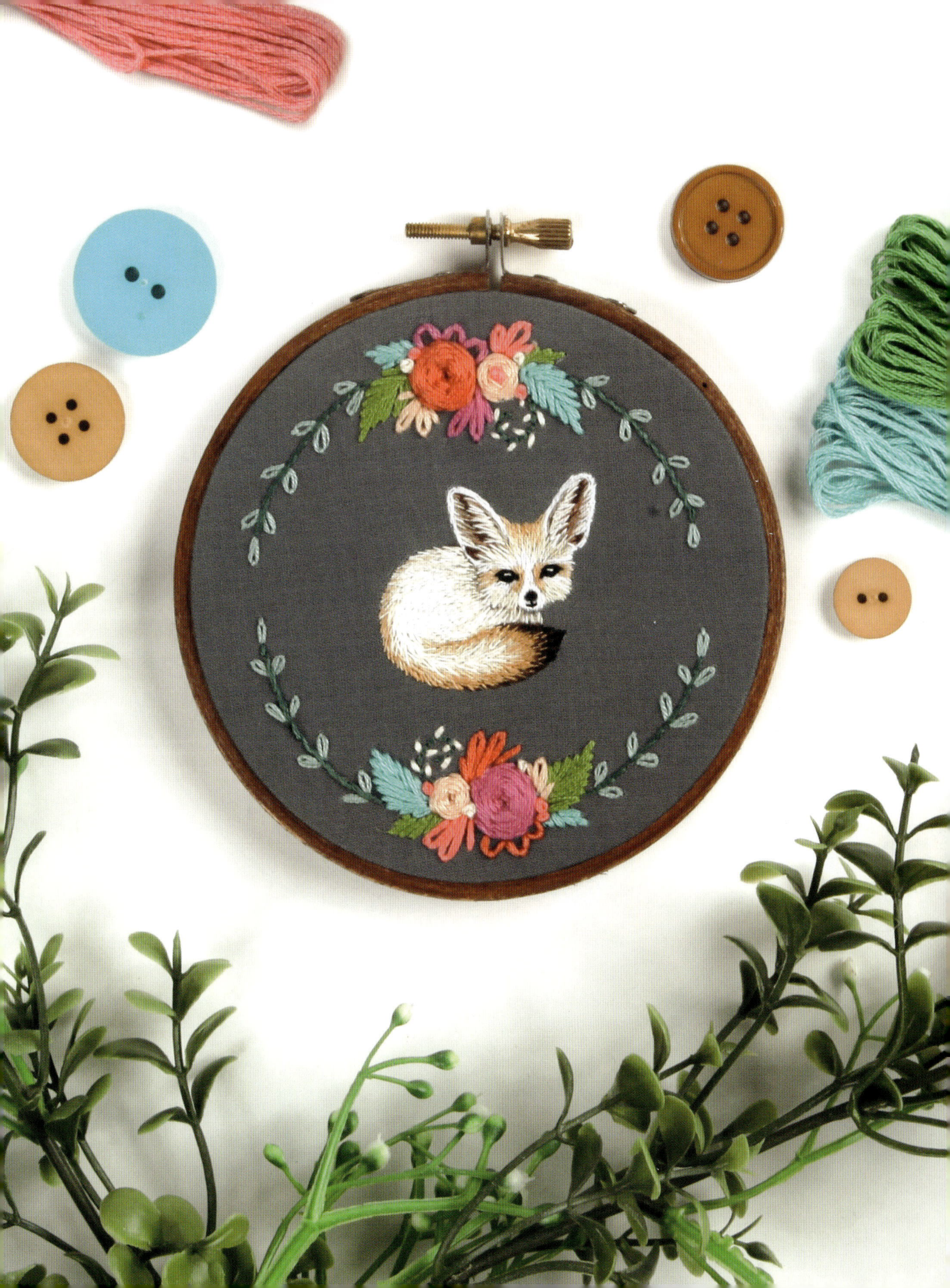

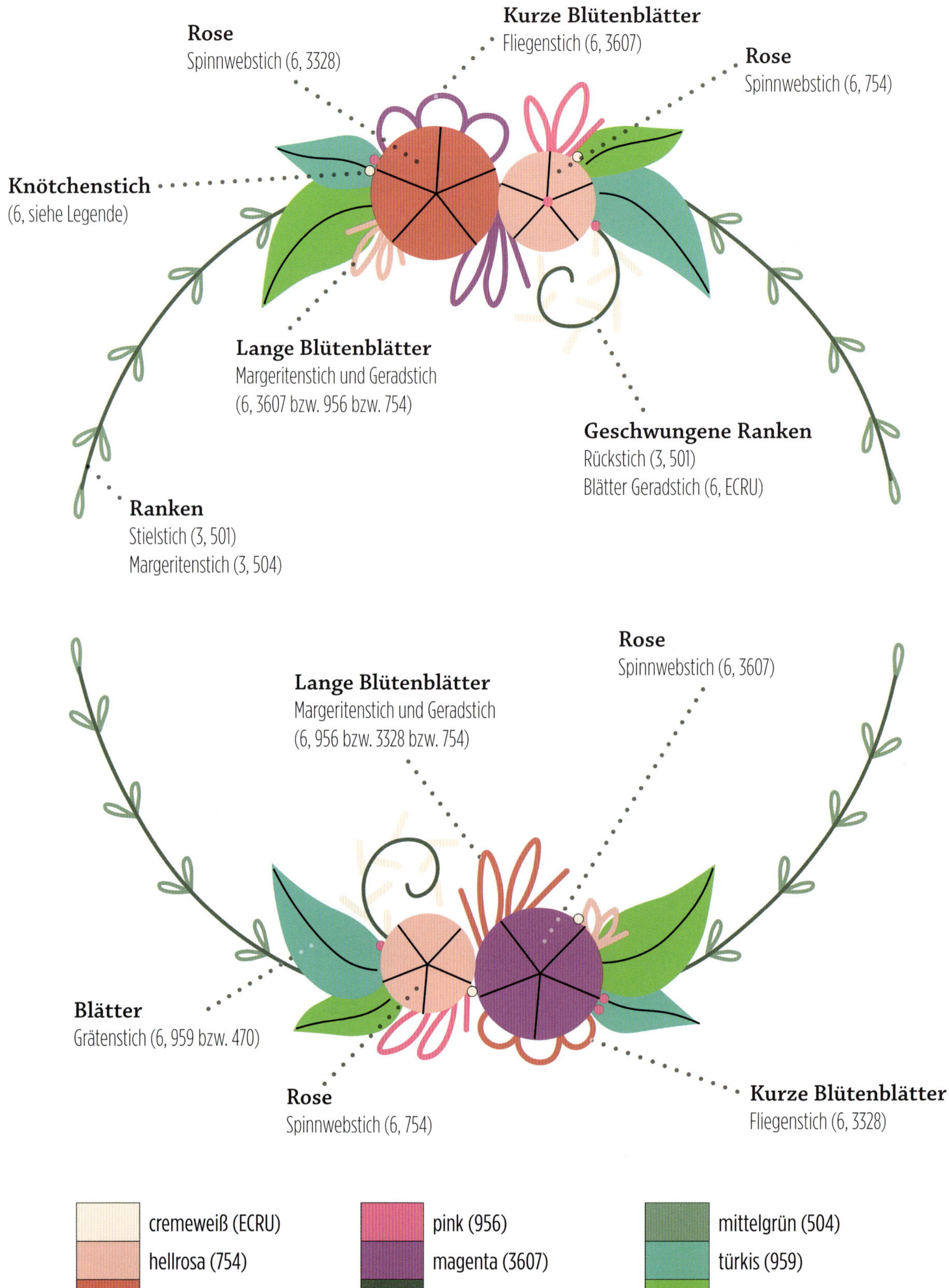

cremeweiß (ECRU)	pink (956)	mittelgrün (504)
hellrosa (754)	magenta (3607)	türkis (959)
dunkelkoralle (3328)	dunkelgrün (501)	blattgrün (470)

Kranz

1. Zuerst die langen Ranken mit 3 Fäden Dunkelgrün (501) im Stielstich sticken.

2. Die Blätter im Margeritenstich mit 3 Fäden Mittelgrün (504) an die Ranken setzen.

3. Dann die Grätenstich-Blätter mit vollen 6 Fäden Türkis (959) oder Blattgrün (470) (siehe Legende) sticken. Immer erst das kleine und dann das überlappende große Blatt füllen.

4. Die kurzen geschwungenen Ranken mit 3 Fäden Dunkelgrün (501) im Rückstich sticken. Geradstich-Blätter aus vollen 6 Fäden Cremeweiß (ECRU) daransetzen.

5. Die Rosen 6-fädig im Spinnwebstich sticken. Farben siehe Legende.

6. Dann die Blütenblätter 6-fädig im Fliegenstich, Margeritenstich bzw. Geradstich hinzufügen. Verteilung der Stiche und Farben siehe Grafik.

7. Zum Schluss 6-fädige Knötchen ergänzen. Vorgeschlagene Farben und Platzierung siehe Grafik.

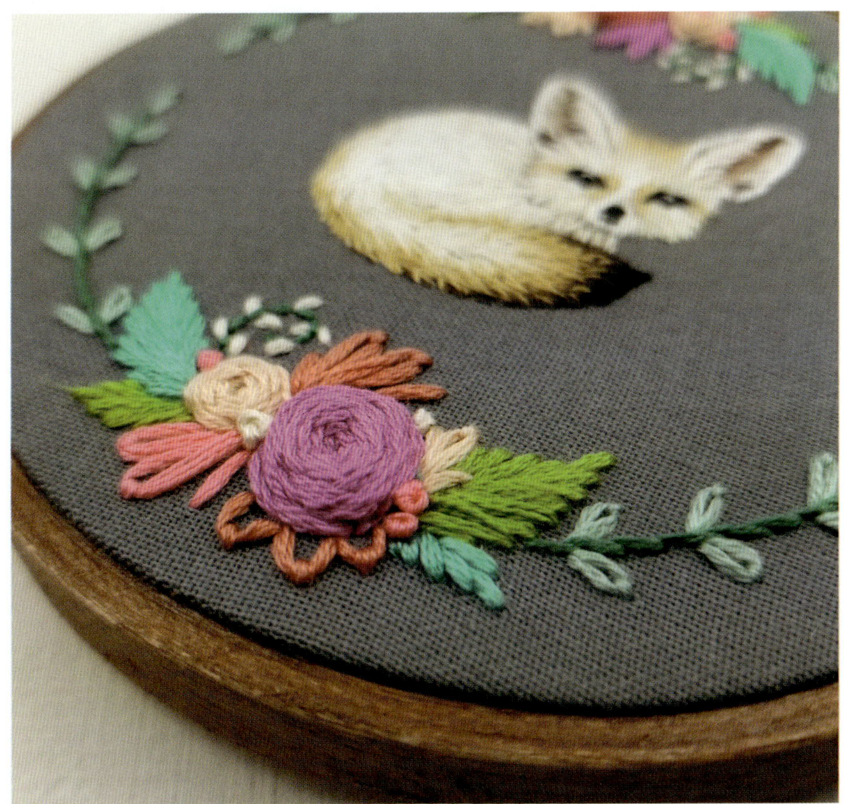

Die voluminösen, in voller Garnstärke gearbeiteten Blumen bilden einen schönen Kontrast zum detaillierten, einfädig gestickten Fuchsfell.

Roter Panda

Zehn Farben verwenden wir für das Fell dieses netten Kerlchens. Lass dir Zeit und achte genau auf die Grafik und die Fotos. Ich habe meinen Panda zweifädig gestickt und dann mit einem einzelnen Faden noch Details hinzugefügt und dem Fell den letzten Schliff gegeben. Noch realistischer wird das Fell, wenn du es von Anfang an einfädig stickst.

Tipps und Ideen:

- Verblende, was das Zeug hält! Und scheue dich dabei nicht, auch unerwartete Farben zu verwenden. Beispielsweise habe ich oben am Kopf ein paar Stiche in Orange (3776) gestickt, die den dunkelsten Rotton berühren. Die Grafik dient nur als grobe Orientierung, bitte nicht streng befolgen!
- Statt der Anemone kannst du jede andere Blume oder einen ganzen Strauß sticken.
- Setze den Panda in den Wald, indem du den Hintergrund begrünst.

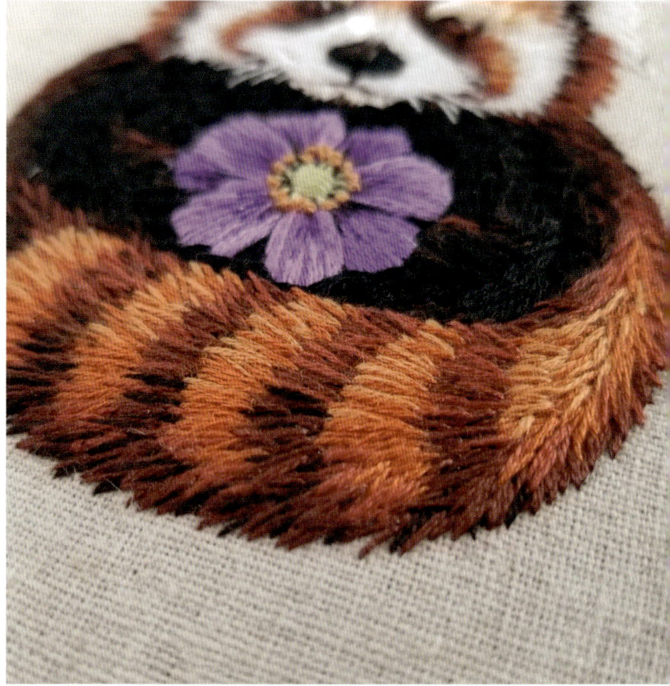

Ich finde es toll, wie echt der gestreifte Schwanz aussieht.

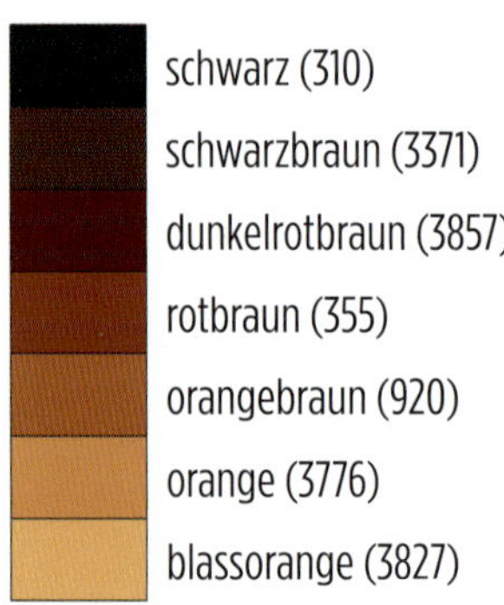

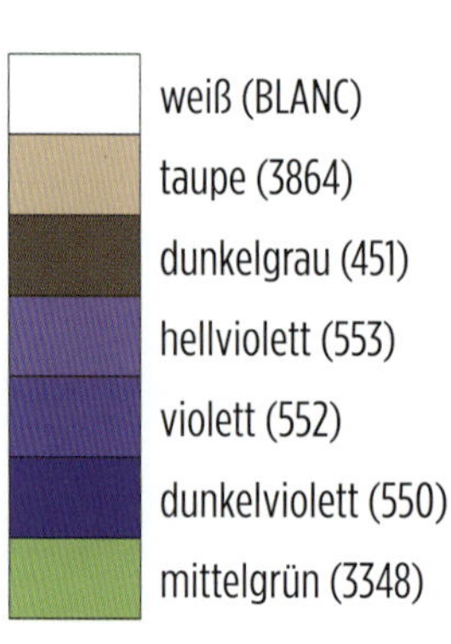

MATERIAL

- Stickrahmen Ø 15 cm
- Ungebleichter Baumwollstoff 20 × 20 cm
- Feine Sticknadeln
- Baumwoll-Sticktwist

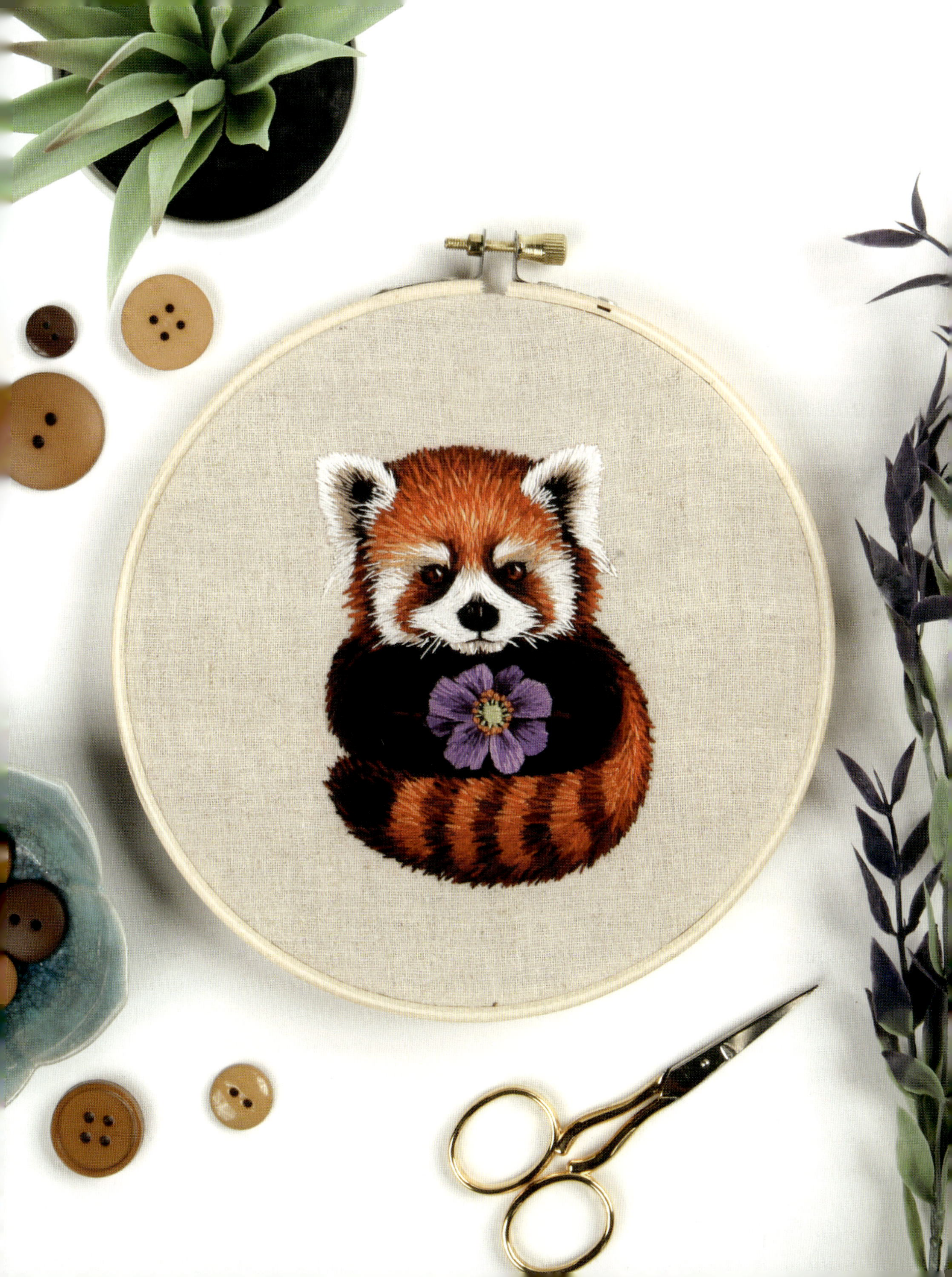

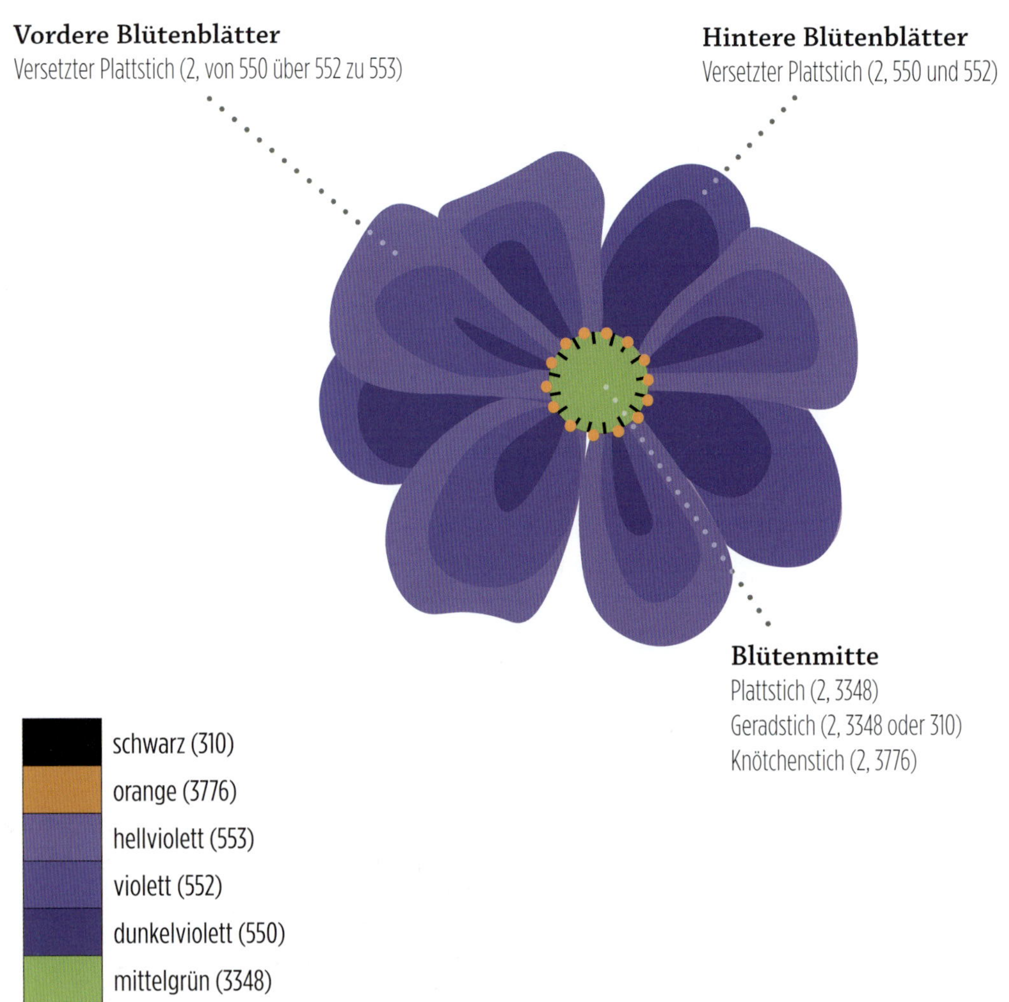

Blume 2-Fädig im versetzten Plattstich, sofern nicht anders angegeben

1. Die Blütenblätter von innen nach außen füllen, dabei von Dunkelviolett (550) zu Violett (552) übergehen. Bei den vorderen Blütenblättern folgt noch Hellviolett (553) an den Rändern.

2. Ganz in der Mitte die Blüte im Plattstich mit Mittelgrün (3348) füllen.

3. Von der Mitte ausgehend strahlenförmig die Staubfäden als Geradstiche sticken, abwechselnd in Mittelgrün (3348) und Schwarz (310).

4. Zum Schluss in Orange (3776) die Staubbeutel als 2-fädige Knötchen an die Staubfäden setzen.

Roter Panda
Versetzter Plattstich
(1 oder 2, siehe Legende)

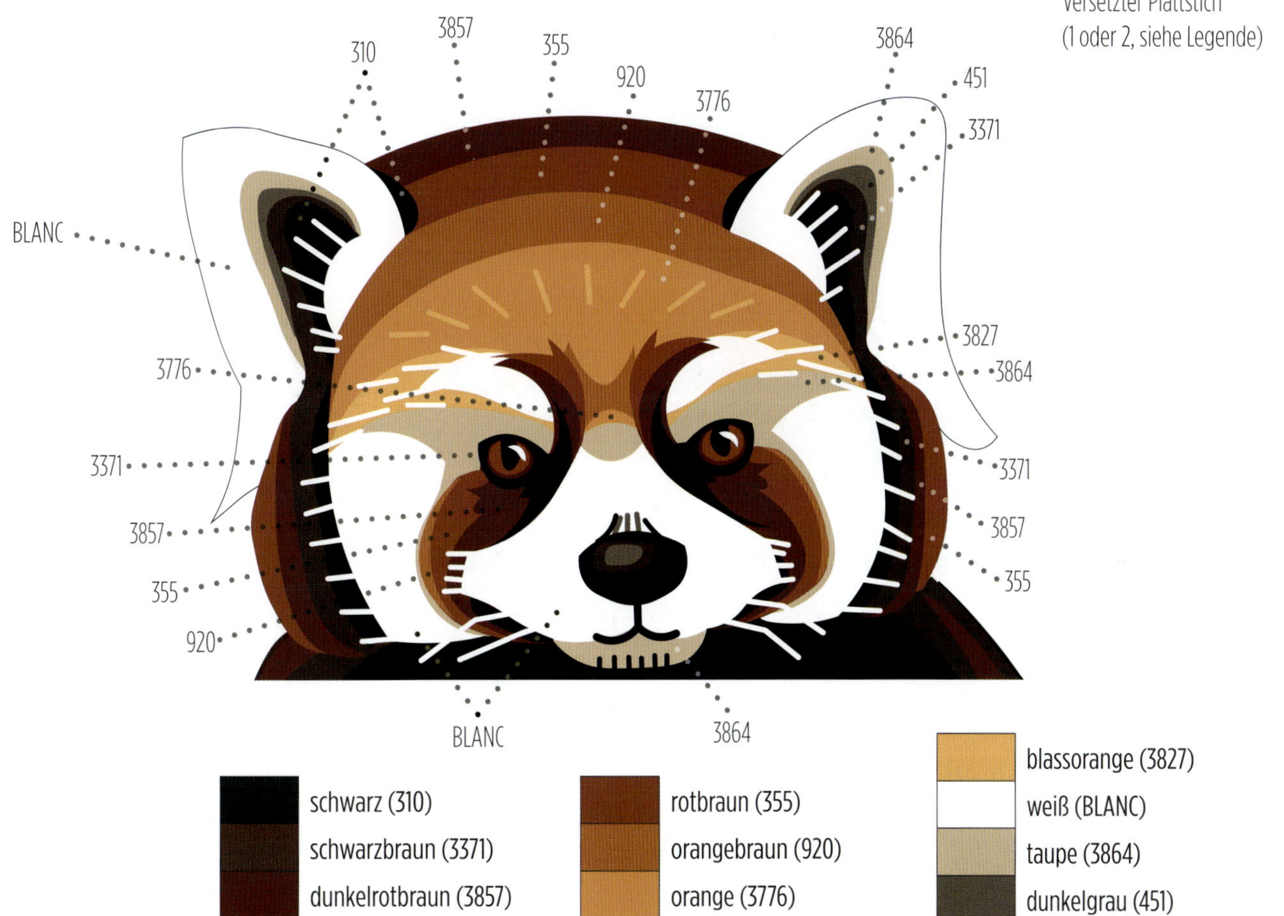

Roter Panda 2-Fädig im versetzten Plattstich, sofern nicht anders angegeben

1. Iris mit Dunkelrotbraun (3857) füllen, zur Mitte hin zu Rotbraun (355) übergehen. Pupillen mit Schwarz (310) im Plattstich füllen, mit 1 Faden Weiß (BLANC) Highlights im Geradstich setzen. Augenumriss im Spaltstich mit Schwarz (310) sticken, danach folgt ein Ring in Schwarzbraun (3371).

2. Nase mit Schwarz (310) im Plattstich füllen. 1-Fädig mit Schwarzbraun (3371) und Dunkelgrau (451) das Licht auf der Nase arbeiten. Mit den gleichen Farben in den Nasenrücken hinein verblenden.

3. Den Bereich um Nase und Mund mit Weiß (BLANC) füllen. Am Kinn Taupe (3864) verwenden. 1-Fädig weiße (BLANC) Highlights auf das Kinn setzen und mit Schwarzbraun (3371) Schatten andeuten. 1-Fädig mit Schwarz (310) den Mund im Spaltstich sticken.

4. Die dunklen Stellen zwischen den Augen mit Schwarzbraun (3371) sticken, unter den Augen zu Dunkelrotbraun (3857), Rotbraun (355), Orangebraun (920) und Orange (3776) übergehen. Farbverlauf zwischen den Brauen wiederholen. Zum Verblenden mit dem weißen Fell über der Nase ein paar Stiche in Taupe (3864) und Blassorange (3827) setzen.

5. Über den Augen von Taupe (3864) über Blassorange (3827) zu den weißen Brauen übergehen. Den gleichen Farbverlauf zwischen den weißen Brauen und den weißen Wangen umsetzen. Zwischen den Wangen

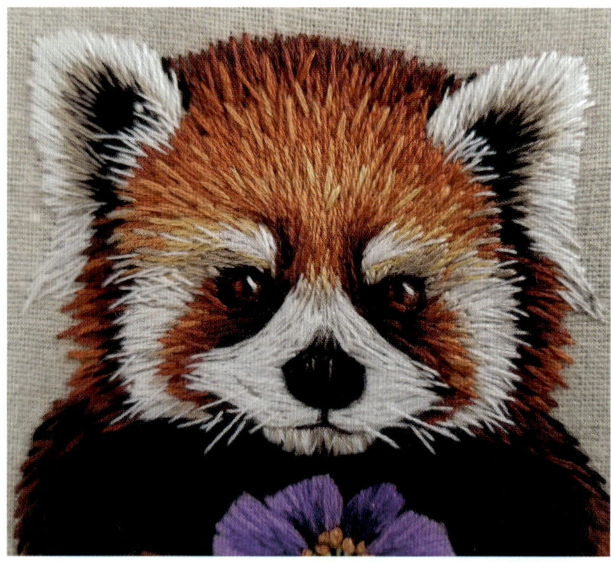

Der Farbverlauf wird hier und da von Stichen in anderen Farben aufgelockert. Diese sind in der Grafik nicht abgebildet.

und dem Streifen unter den Augen ein paar Stiche Taupe (3864) setzen.

6. Die Mitte der Ohren in Schwarz (310) füllen und über Schwarzbraun (3371), Dunkelgrau (451) und Taupe (3864) zu Weiß übergehen. Am Rand und ganz innen extralange 1-fädige Stiche in Weiß (BLANC) setzen. Je fluffiger, desto niedlicher!

7. Von der Braue aus Richtung Oberkopf von Orange (3776) über Orangebraun (920) und Rotbraun (355) zu Dunkelrotbraun (3857) übergehen. Für einen besseren Übergang an der Braue und den weißen Wangen hier und da ein paar Stiche in Blassorange (3827), Taupe (3864) und Weiß (BLANC) setzen. Am Oberkopf neben den Ohren kleine schwarze (310) Flecken sticken.

8. Mit Schwarzbraun (3371) und Schwarz (310) vom schwarzen Ohrinneren nach unten sticken. Zur Gesichtskontur hin über Dunkelrotbraun (3857) und Rotbraun (355) zu Orangebraun (920) übergehen.

9. Körper mit Schwarz (310) füllen. Oben an den Schultern und Vorderbeinen mit Schwarzbraun (3371) und Dunkelrotbraun (3857) Highlights setzen und die Form herausarbeiten.

10. Am Übergang zum Schwanz mit Schwarzbraun (3371) und Dunkelrotbraun (3857) die Schwanzkontur entlang bis zum ersten dunklen Streifen sticken. Diesen Schatten bis zur Schwanzspitze ziehen. Den Schwanzansatz mit einem Farbverlauf von Rotbraun (355) über Orangebraun (920) zu Orange (3776) füllen.

11. Die dunklen Streifen mit einem Farbverlauf von Schwarzbraun (3371) ganz unten über Dunkelrotbraun (3857) und Rotbraun (355) füllen.

12. Die hellen Streifen genauso füllen, von Rotbraun (355) über Orangebraun (920) zu Orange (3776).

13. Die Schwanzspitze mit Schwarz (310) füllen und nach außen hin über Schwarzbraun (3371) zu Dunkelrotbraun (3857) übergehen.

14. Zum Schluss mit 1 Faden Weiß (BLANC) den Übergang vom weißen Bereich um den Mund zum dunklen Streifen unter den Augen sowie von den weißen Wangen zur Brust und zum Streifen unter den Ohren sticken. Die Schnurrhaare mit Weiß (BLANC) 1-fädig im Spaltstich sticken.

15. Bei Bedarf Farbübergänge im Fell 1-fädig glätten.

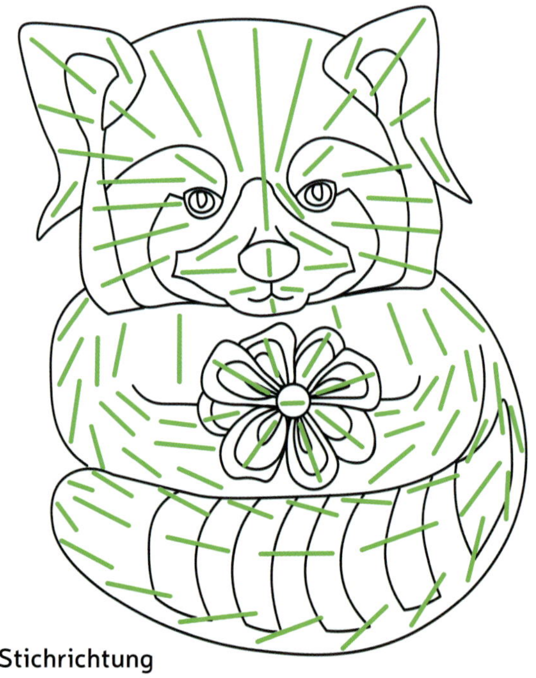

Stichrichtung

Roter Panda
Versetzter Plattstich
(1 oder 2, siehe Legende)

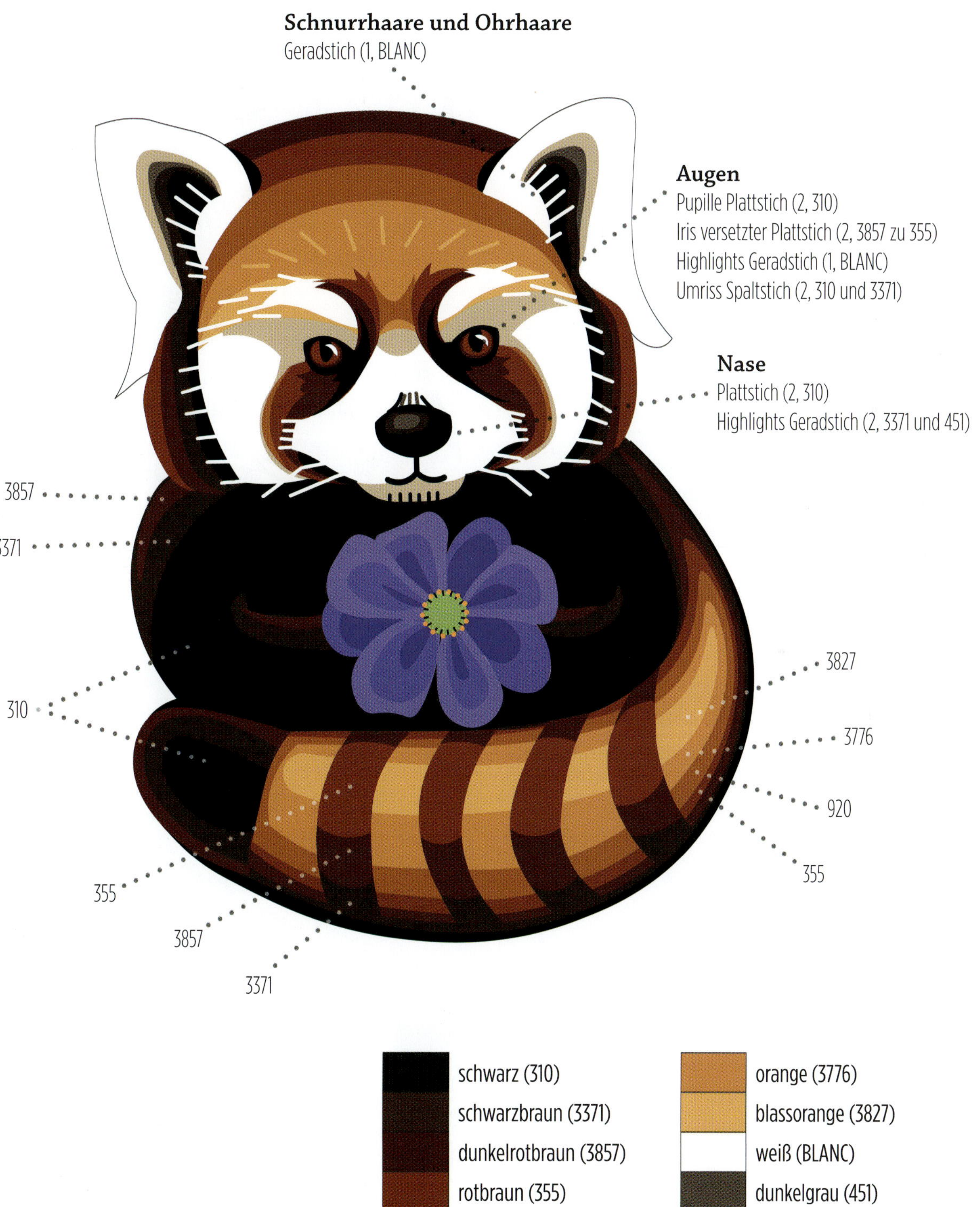

schwarz (310)	orange (3776)
schwarzbraun (3371)	blassorange (3827)
dunkelrotbraun (3857)	weiß (BLANC)
rotbraun (355)	dunkelgrau (451)
orangebraun (920)	

Meisen im Kirschblütenkranz

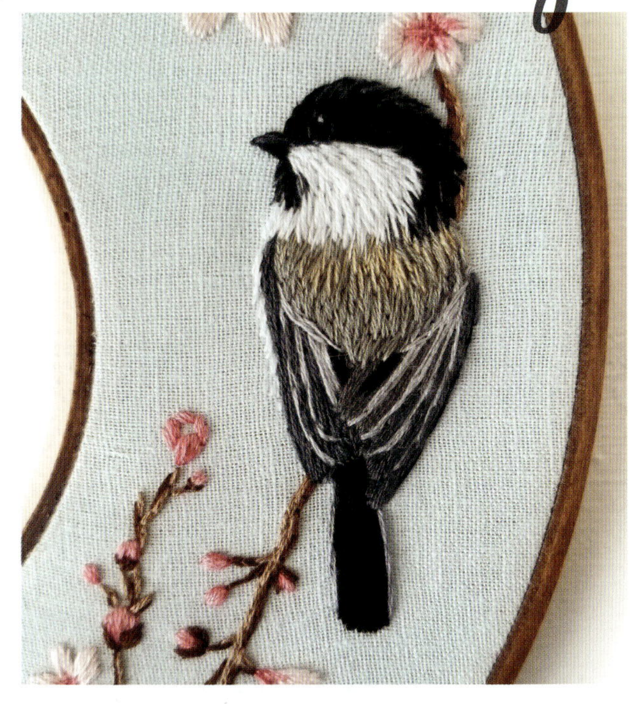

Dieser Kranz aus Kirschblüten und mit drei Schwarzkopfmeisen verbreitet Frühlingsstimmung. Du kannst ihn in einem Doppelrahmen wie hier oder ganz klassisch in einem großen Rahmen sticken. Wie man einen Kranz aus zwei Stickrahmen fertigt und die Vorlage überträgt, kannst du auf Seite 26–27 nachlesen.

Tipps und Ideen:

- Um Zeit zu sparen, kannst du die Blüten auch im Plattstich füllen.
- Wenn du beim 23-cm-Rahmen Probleme mit der Spannung hast, kannst du den Innenring mit Köper-/Schrägband oder einfachen Stoffstreifen umwickeln. Nach dem Sticken entfernen!
- Die drei Motive können als Kranz oder einzeln gestickt werden. Sie machen sich auch schön als Rahmen für einen Text.
- Ich habe das Motiv zum Großteil dreifädig gestickt, du kannst aber auch weniger oder mehr Fäden verwenden, je nachdem, wie zart oder plastisch das Ergebnis werden soll. Ein paar Details an den Konturen der Vögel und an überlappenden Stellen habe ich einfädig gestickt.

MATERIAL

- Stickrahmen Ø 10 cm
- Stickrahmen Ø 23 cm
- Leinenmischgewebe 30 × 30 cm in Hellblau
- Feine Sticknadeln
- Baumwoll-Sticktwist

- schwarz (310)
- dunkelgrau (413)
- mittelgrau (414)
- hellgrau (415)
- weiß (BLANC)
- beige (739)
- sand (437)
- grüngrau (646)
- braun (3863)
- dunkelbraun (898)
- pink (601)
- mittelrosa (899)
- hellrosa (225)

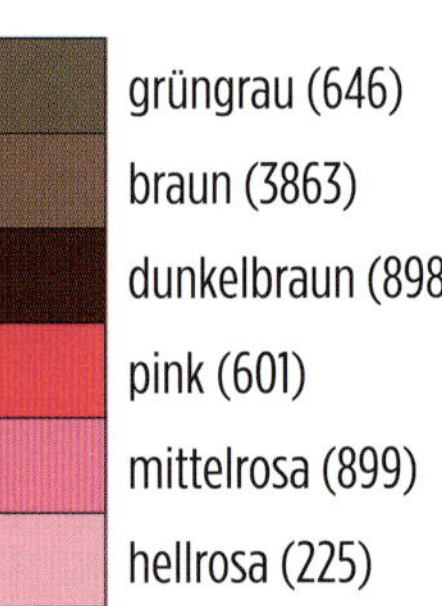

Kirschblütenzweige **Mit 3 Fäden sticken, sofern nicht anders angegeben**

1. Die Blütenblätter im versetzten Plattstich füllen, am Rand beginnend mit Hellrosa (225). Die Stichrichtung läuft auf die Mitte zu.

2. In der Mitte der Blütenblätter zu Mittelrosa (899) wechseln und beim Sticken die äußeren hellrosa Stiche spalten. Wo genau die Farbe von Hell- zu Mittelrosa wechselt, ist variabel. Entscheide selbst, wie hell

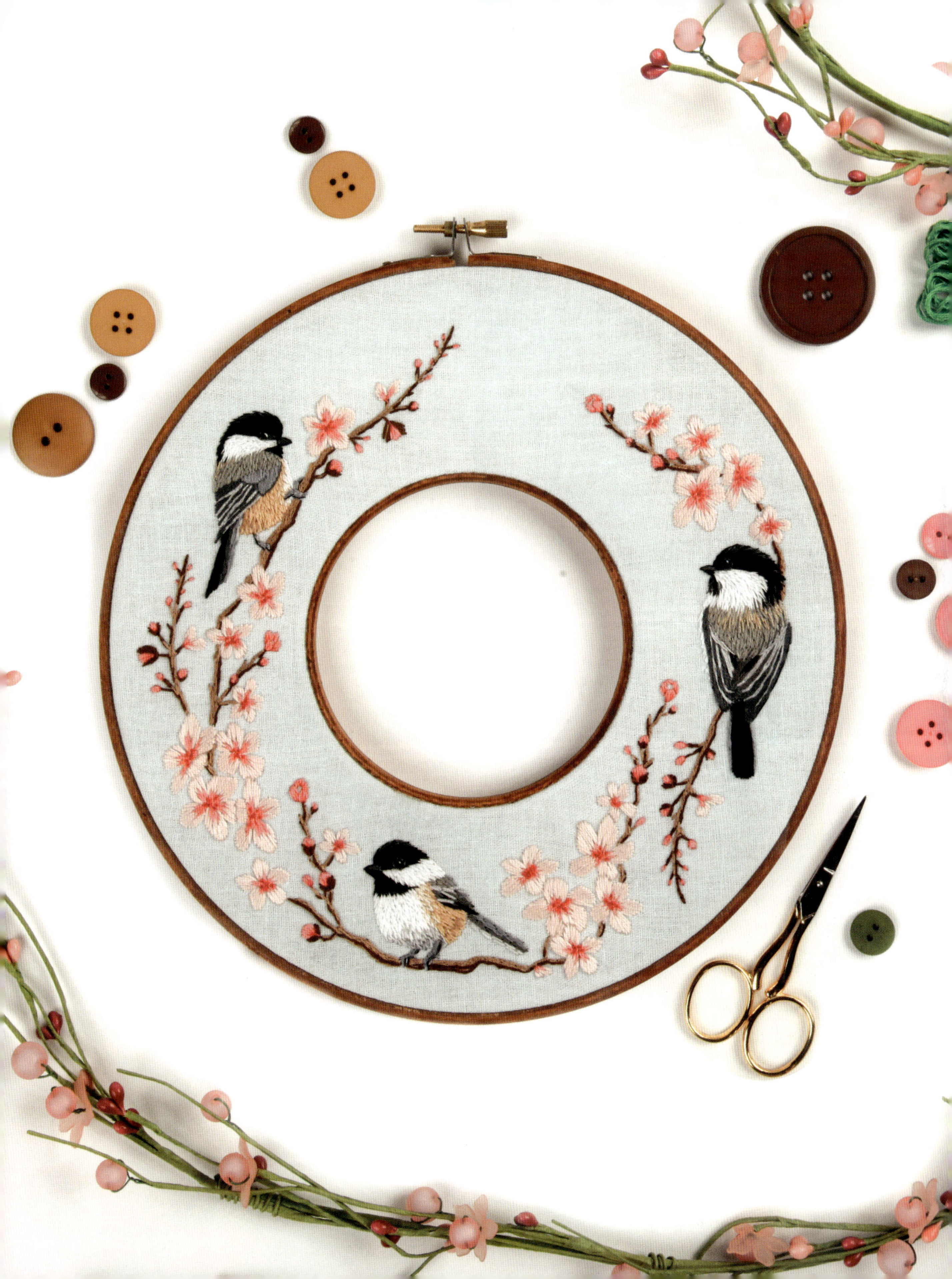

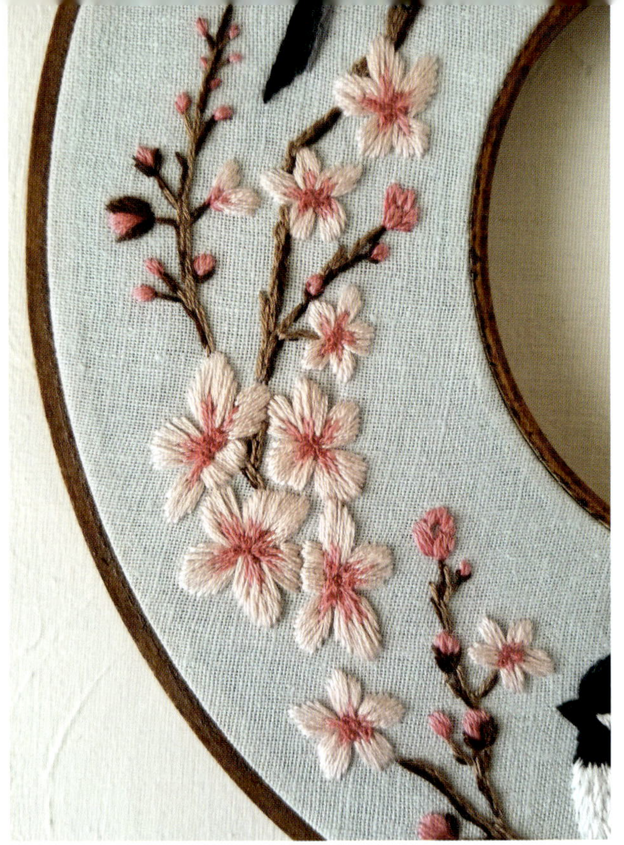

Kirschblütenzweige

oder dunkel du deine Blüten möchtest. Mit längeren hellrosa Stichen (225) werden sie heller, mit längeren mittelrosa Stichen (899) dunkler.

3. Die kleinen Knospen mit Mittelrosa (899) im Plattstich füllen.

4. Mit 1 Faden Pink (601) Knötchen in die Mitte der Blüten setzen (5 bis 9 pro Blüte).

4. Mit 1 Faden Pink (601) ein paar Geradstiche als Schatten auf die Knospen setzen.

6. Mit Dunkelbraun (898) die schützenden Knospenschuppen im Plattstich füllen.

7. Die Zweige mit Spaltstichreihen in Braun (3863) füllen. Das dunklere Braun für die Knospenstiele und als Schatten unter den Zweigen verwenden.

Blüten
Versetzter Plattstich (3, 225 und 899)
Knötchenstich (1, 601)

Knospen
Plattstich (3, 899)
Schatten Geradstich (3, 601)
Schuppenblätter Plattstich (3, 898)

braun (3863)
dunkelbraun (898)
pink (601)
mittelrosa (899)
hellrosa (225)

Ast
Füllung Spaltstich (3, 3863)
Schatten Spaltstich (3, 898)

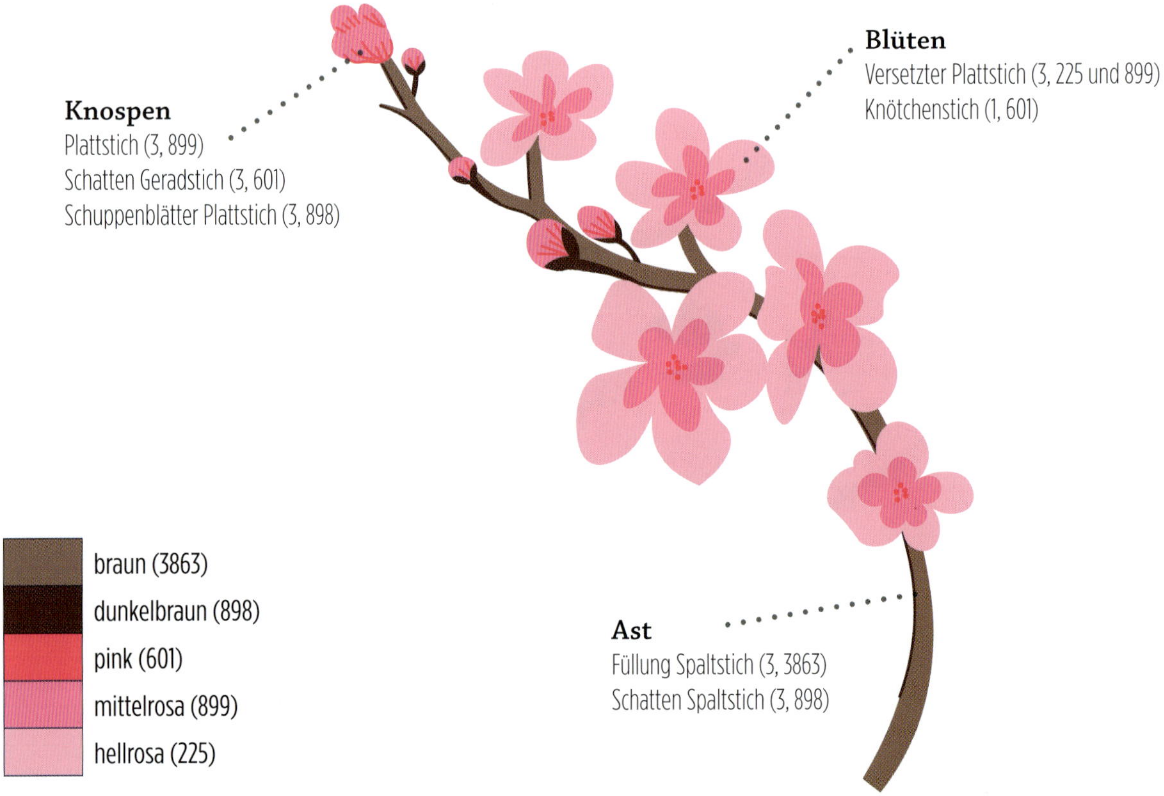

Meise 1 3-Fädig im versetzten Plattstich, sofern nicht anders angegeben

1. Zuerst den Schwanz mit Schwarz (310, ganz links), Dunkelgrau (413, Mitte) und Mittelgrau (414, rechts) füllen.

2. Dann die Streifen auf dem Flügel mit Spaltstichreihen in Hellgrau (415) anlegen. Lücken mit Dunkelgrau (413) füllen.

3. Den oberen Flügelteil mit Mittelgrau (414) im Plattstich füllen.

4. Krallen mit Dunkelgrau (413) im Spaltstich sticken.

5. Den Rumpf in der Mitte mit Sand (437) füllen, für den Schatten unter dem Schwanz zu Braun (3863) übergehen. Den hellen Bauch mit Beige (739) und Weiß (BLANC) füllen.

6. Die Rückenfedern mit Grüngrau (646) füllen. Dann 2 Fäden Grüngrau (646) und 1 Faden Sand (437) einfädeln, um ein Licht auf die oberen Rückenfedern zu setzen.

7. Mit Schwarz (310) Auge und Schnabel sticken. Für das Auge gehöhten Plattstich verwenden, für den Schnabel Plattstich.

8. Oberkopf, Nacken und Kehle mit Schwarz (310) füllen, Wangen mit Weiß (BLANC).

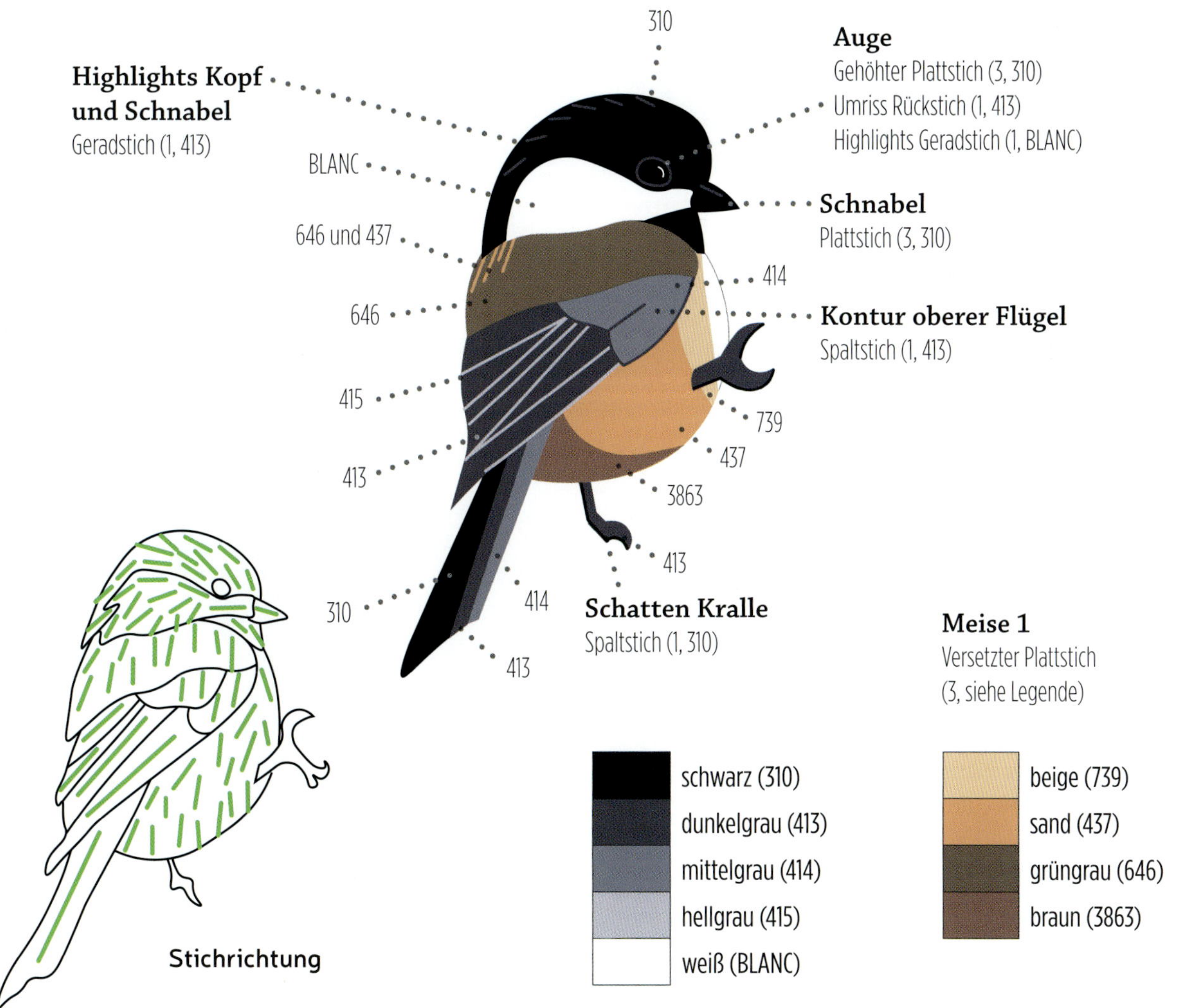

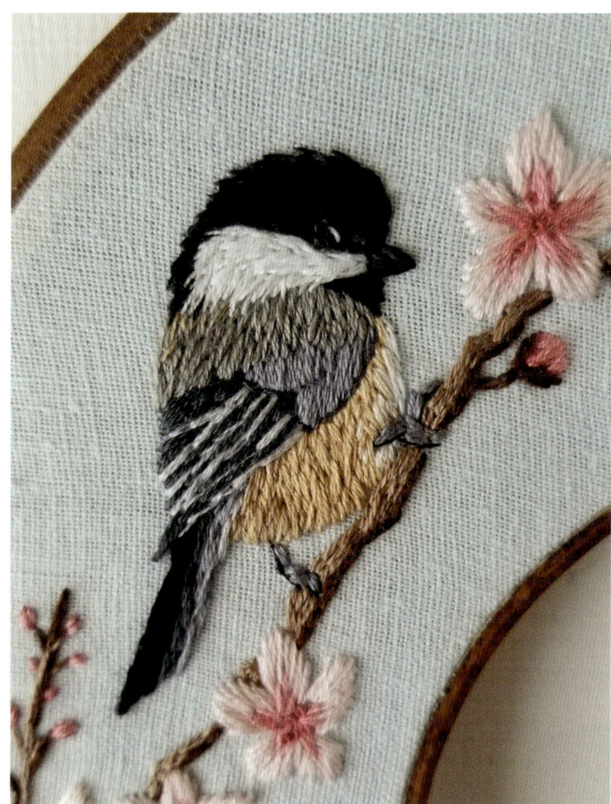

Meise 1

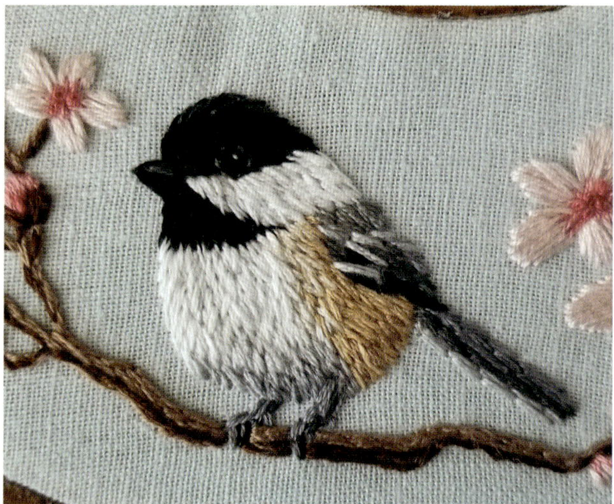

Meise 2

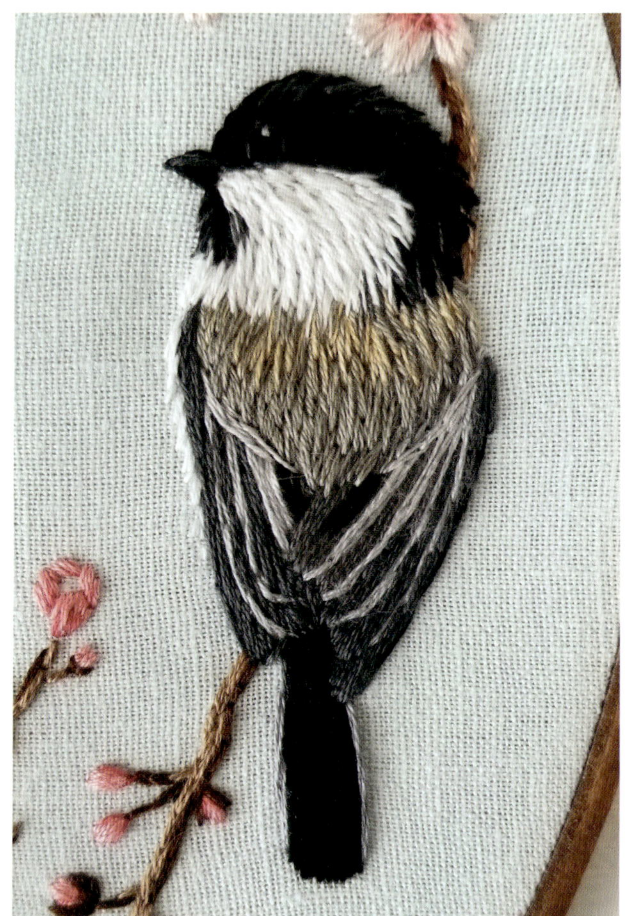

Meise 3

Letzte Details (gilt für alle drei Meisen) mit 1 Faden:

9. Mit Dunkelgrau (413) den Umriss der Augen im Rückstich sticken. Ein paar Geradstiche als Highlights an Oberkopf und Schnabel setzen.

10. Mit Weiß (BLANC) einen Geradstich als Licht in die Augen setzen. An den Wangen versetzte Plattstiche ergänzen, die in das Rückengefieder hineinragen.

11. Mit Schwarz (310) die Krallenkontur an der Schattenseite im Spaltstich sticken (nicht bei Meise 3). Für mehr Flauschigkeit lockere versetzte Plattstiche an die Kopfkontur und die Kehle setzen.

Detail nur für Meise 1:

12. Mit Dunkelgrau (413) die untere Kante des oberen Flügelteils im Spaltstich sticken.

Meise 2 3-Fädig im versetzten Plattstich, sofern nicht anders angegeben

1. Zuerst den Schwanz oben mit Mittelgrau (414) füllen, dann zu Dunkelgrau (413) und Hellgrau (415) übergehen.

2. Dann die Streifen auf dem Flügel mit Hellgrau (415) anlegen. Die Lücken unten am Flügel mit Schwarz (310) füllen und nach oben hin zu Dunkelgrau (413) übergehen.

3. Die oberen Rückenfedern mit Grüngrau (646) füllen.

4. Die Krallen mit Dunkelgrau (413) im Spaltstich sticken.

5. Brust und Bauch mit Weiß (BLANC) füllen. Den Schatten bei den Füßen mit Hellgrau (415) und Mittelgrau (414) sticken.

6. Auf der rechten Körperseite über Beige (739) zu Sand (437) übergehen. Für den Schatten unter dem Flügel Braun (3863) hinzufügen.

7. Das Auge mit Schwarz (310) im gehöhten Plattstich arbeiten. Den Schnabel im Plattstich füllen.

8. Oberkopf, Nacken und Kehle mit Schwarz (310) füllen, Wangen mit Weiß (BLANC). Mit Schritt 9 von Meise 1 auf Seite 184 fortfahren.

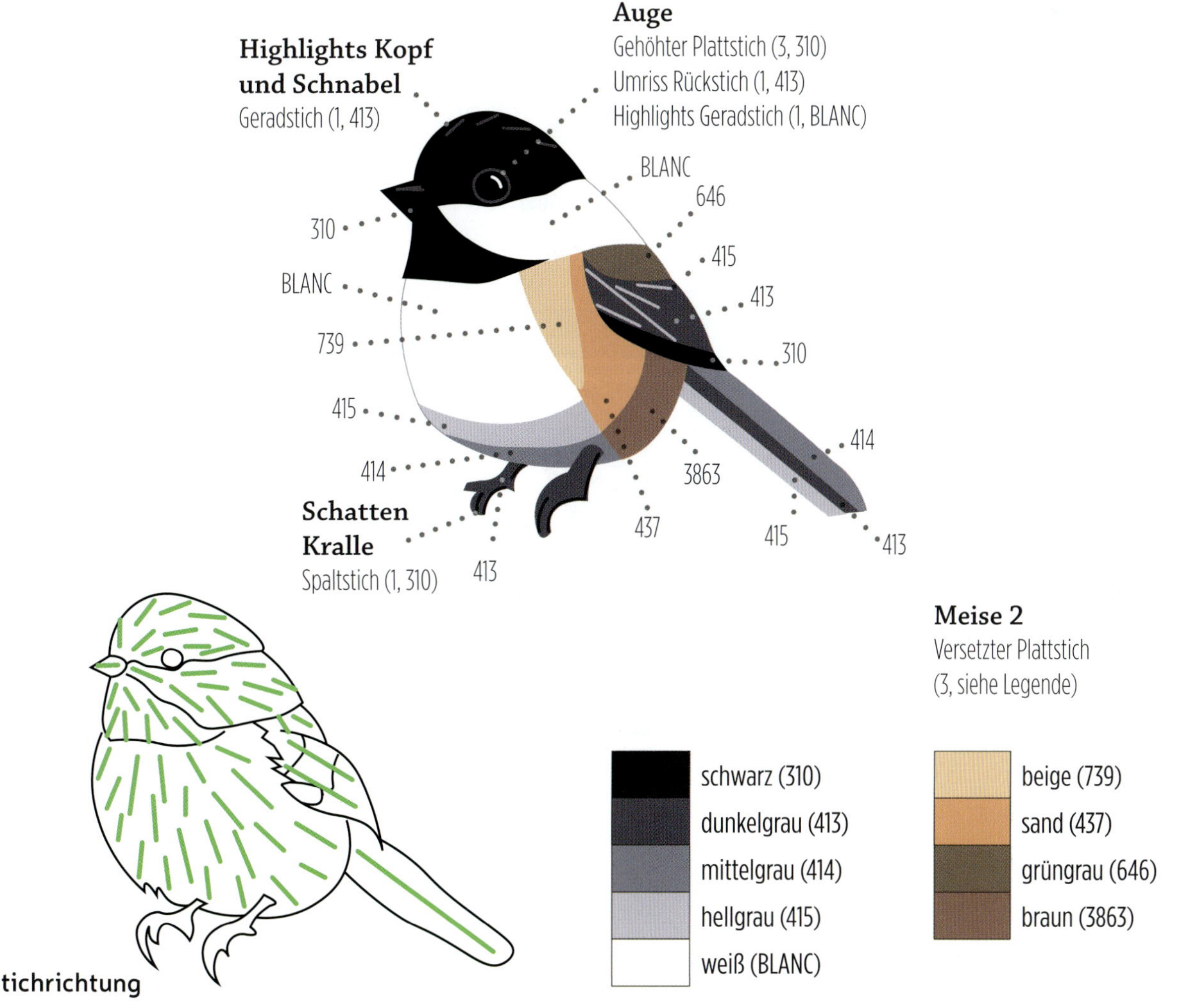

Meise 3 **3-fädig im versetzten Plattstich, sofern nicht anders angegeben**

1. Zuerst den Schwanz in der Mitte mit Schwarz (310) füllen. Am Rand Mittelgrau (414) verwenden.

2. Dann die Streifen auf den Flügeln mit Hellgrau (415) anlegen. Die Lücken mit Dunkelgrau (413) füllen und die Flecken innen an den Flügeln mit Schwarz (310) füllen.

3. Die Rückenfedern mit Grüngrau (646) füllen. Mit 2 Fäden Grüngrau (646) und 1 Faden Sand (437) Highlights an den Kragen setzen.

4. Das Auge mit Schwarz (310) im gehöhten Plattstich arbeiten. Den Schnabel im Plattstich füllen.

5. Oberkopf, Nacken und Kehle mit Schwarz (310) füllen, Wangen mit Weiß (BLANC). Mit Schritt 9 von Meise 1 auf Seite 184 fortfahren.

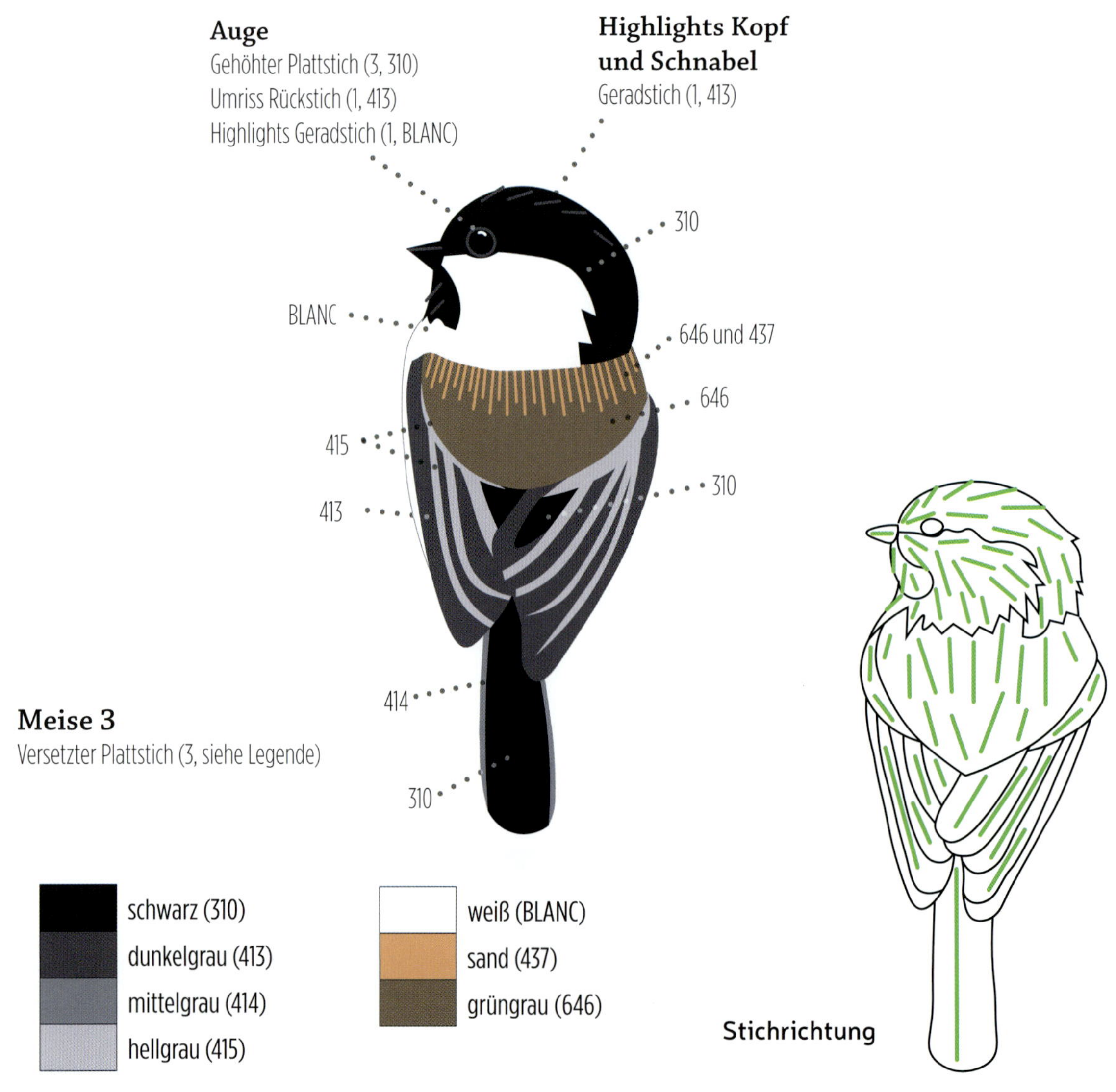

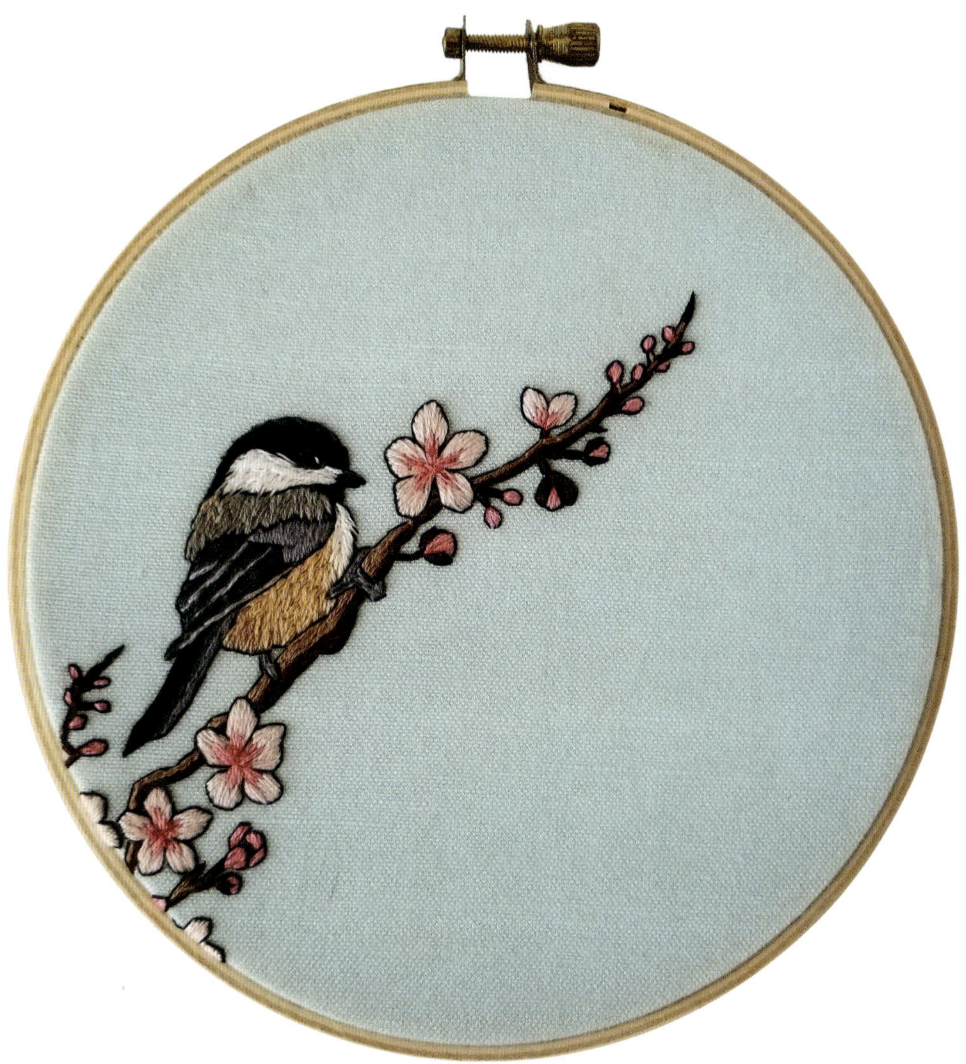

Für ein kleineres Projekt kannst du dich auch auf einen Zweig beschränken. Ich habe das Motiv hier noch mit Schwarz im Rückstich umstickt, damit es richtig kräftig wirkt.

Vorlagen

Alle Vorlagen sind in der Größe abgebildet, in der sie für die in diesem Buch gezeigten Arbeiten verwendet wurden. Hinweise zum Vergrößern bzw. Verkleinern findest du auf Seite 42.

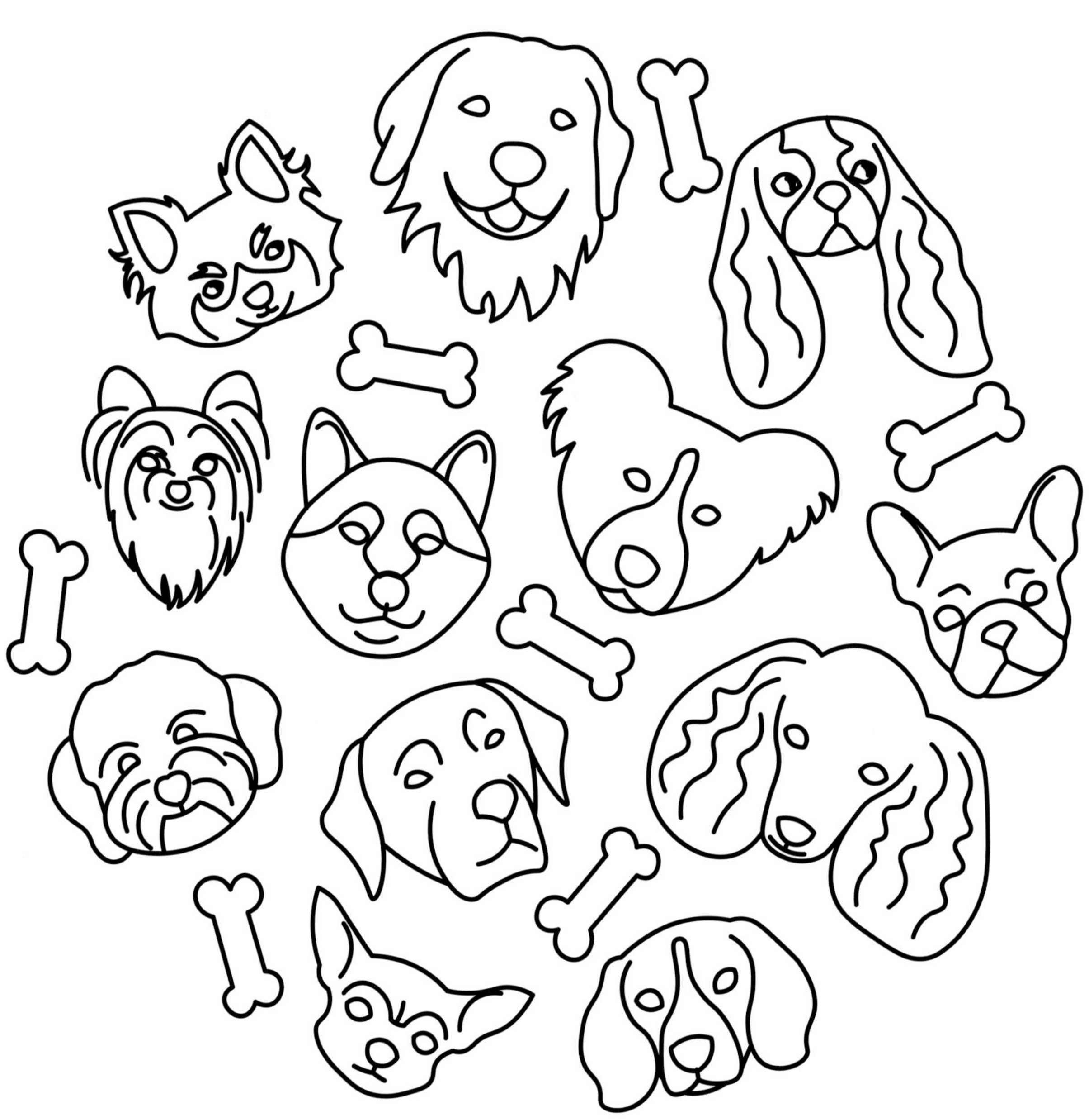

Hundebande (Seite 50)

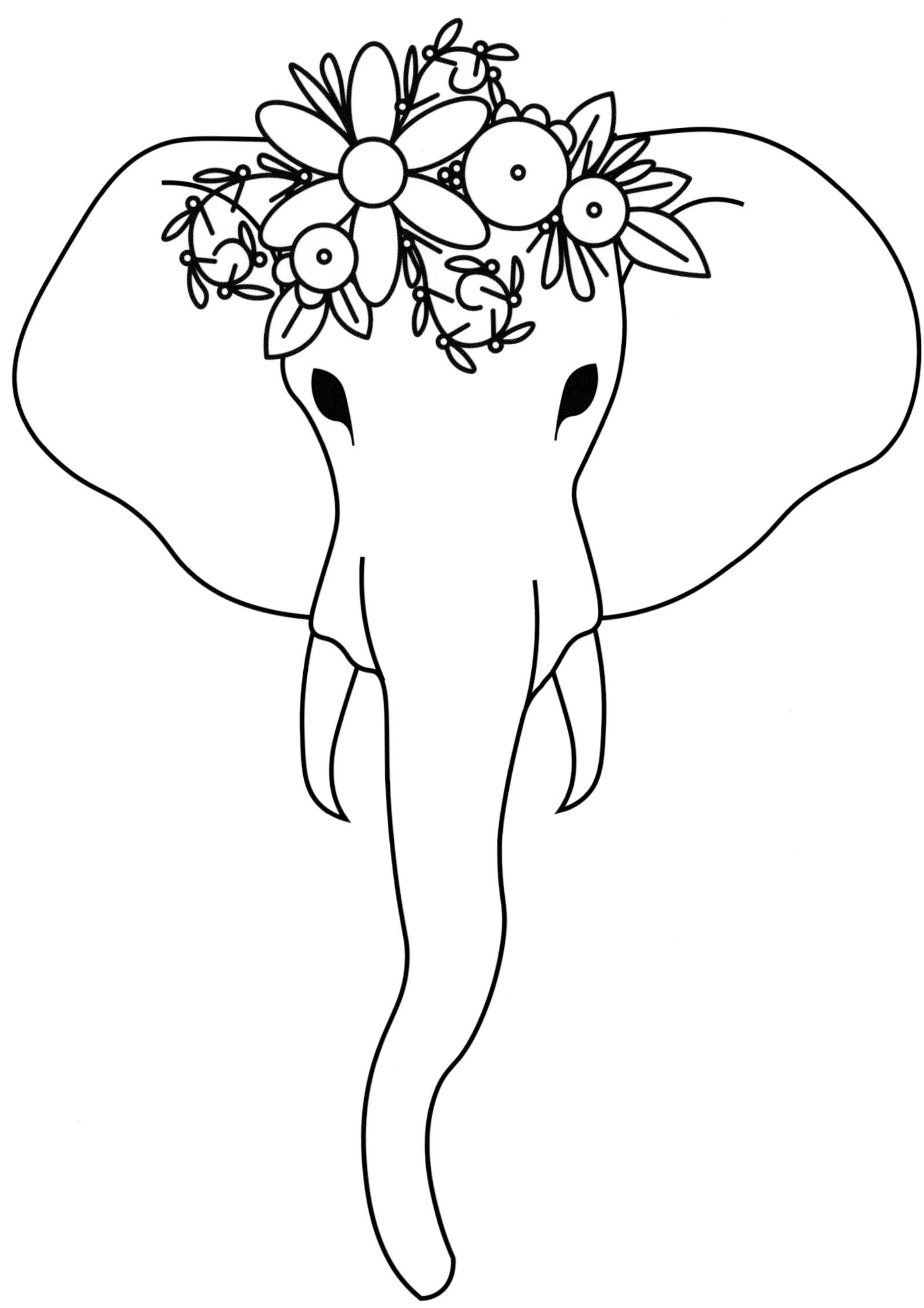

Elefant mit Blumenkrone (Seite 44)

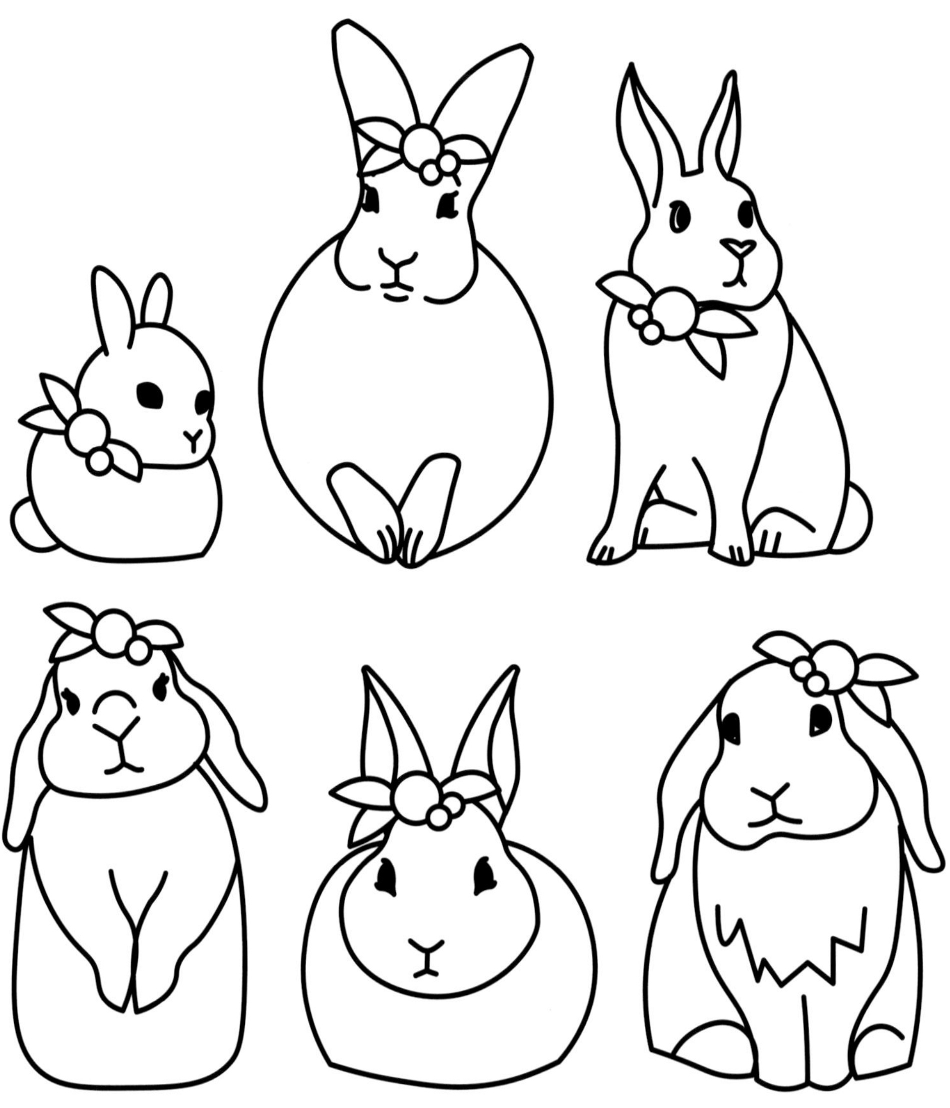

Häschen mit Blumen (Seite 54)

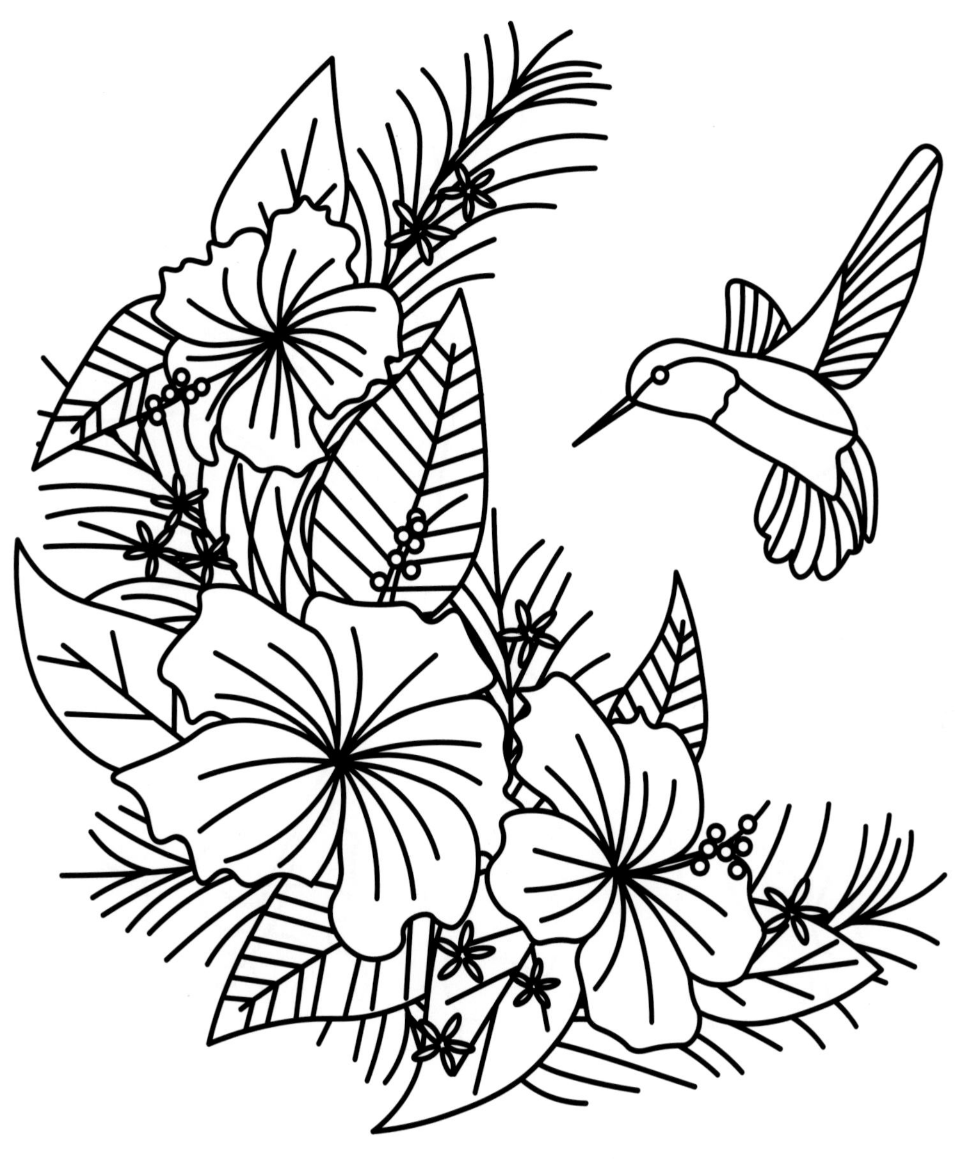

Kolibri mit Hibiskus (Seite 67)

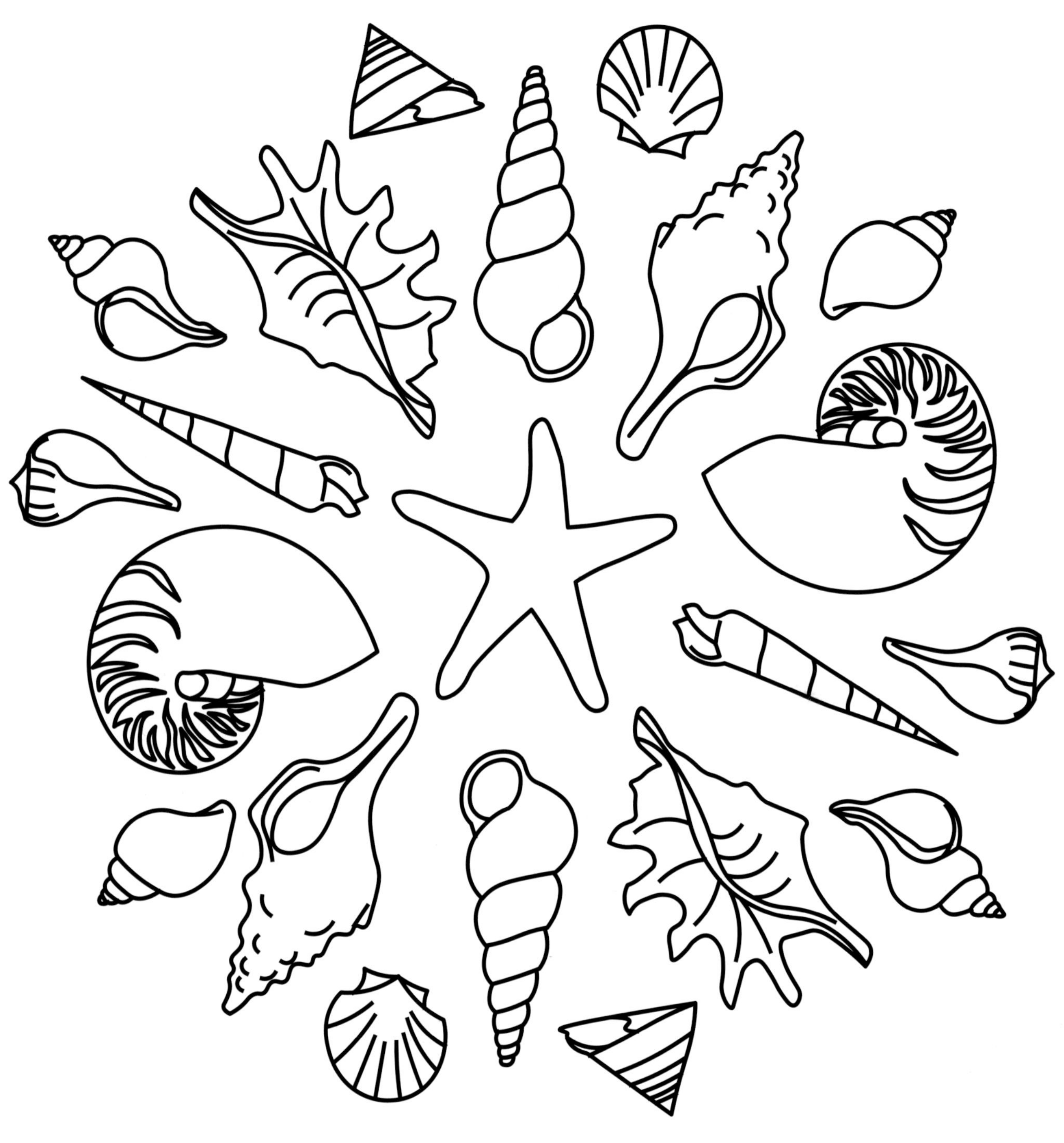

Muschelreigen (Seite 90)

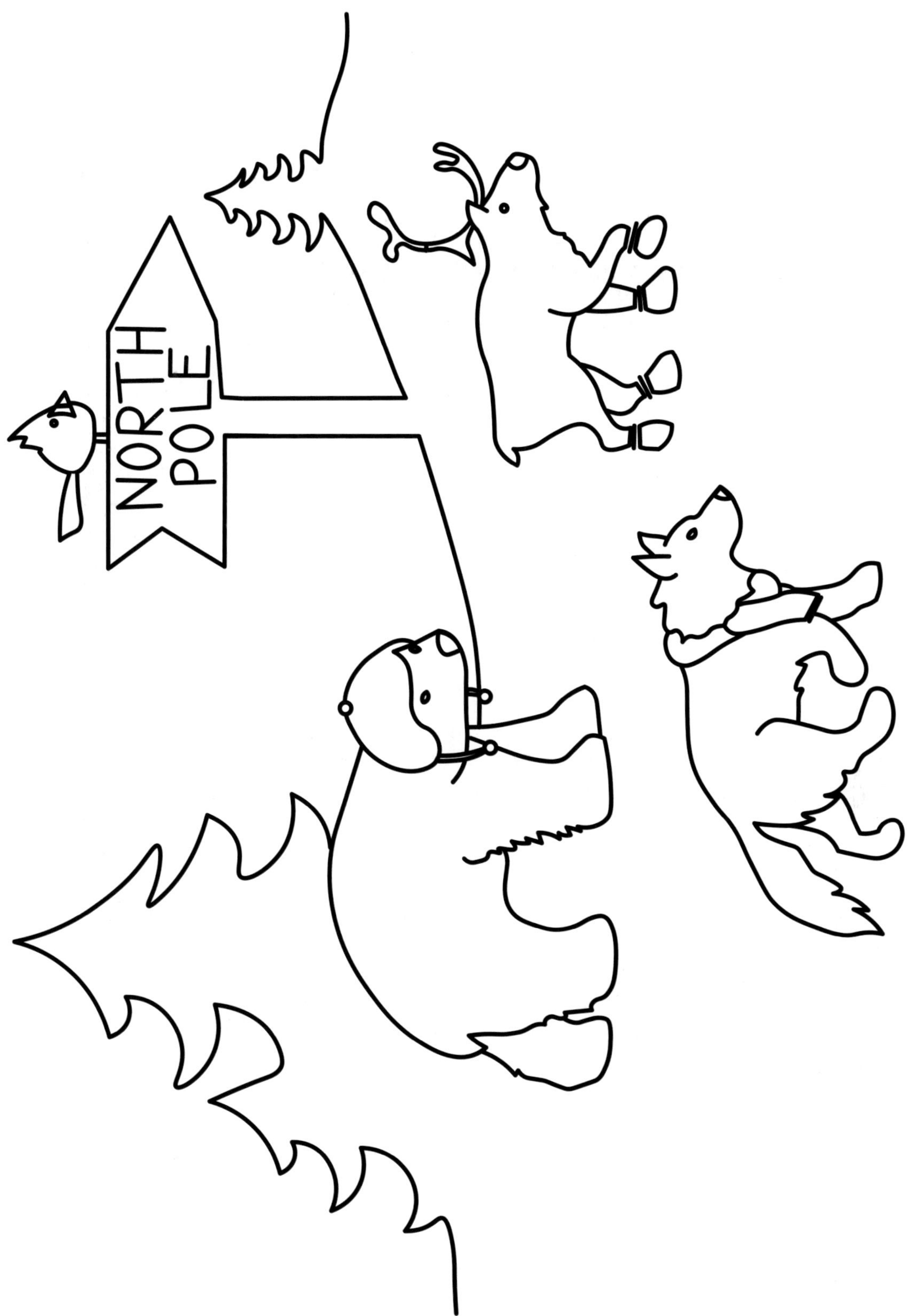

Polarkreiskumpel (Seite 111)

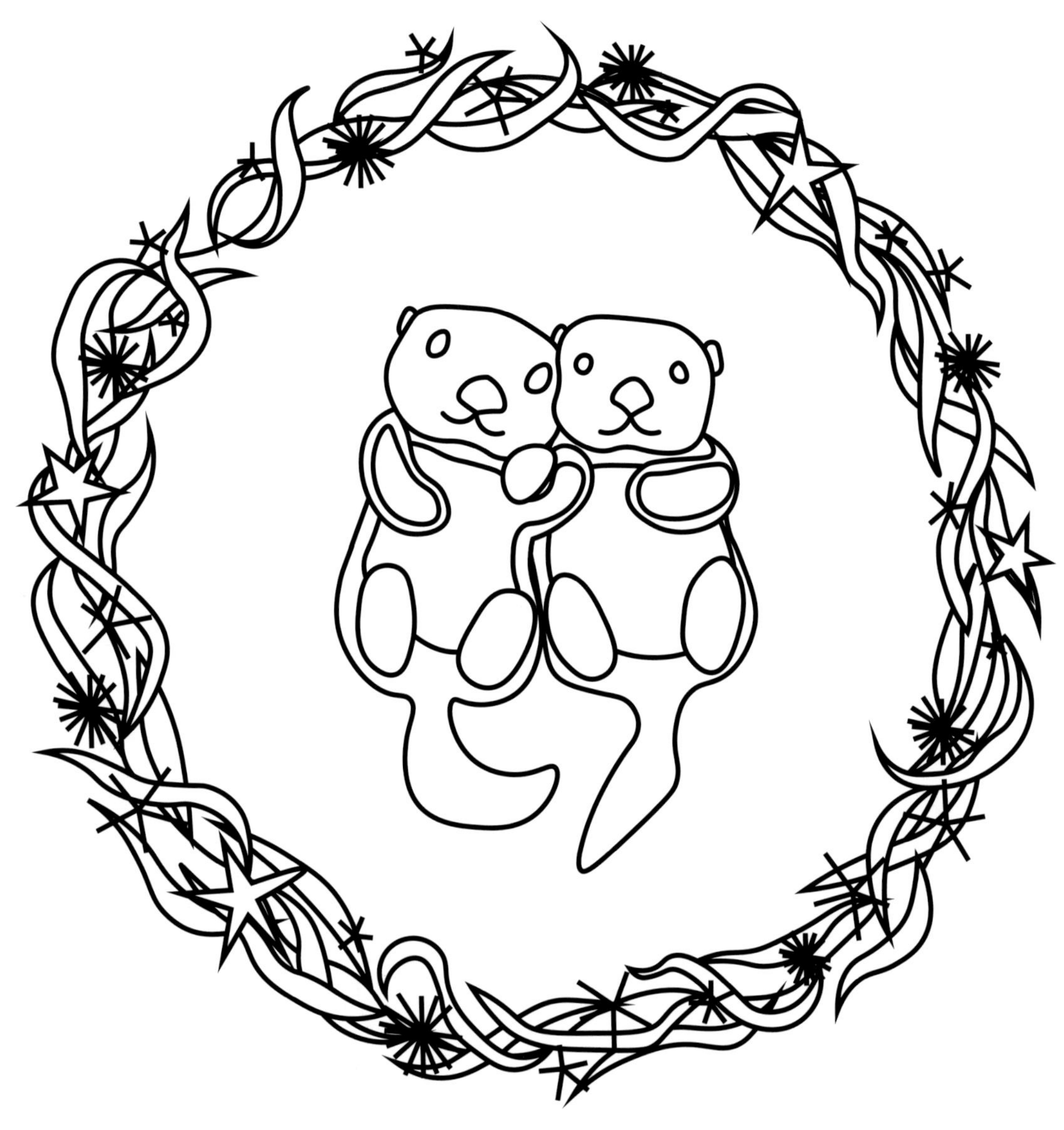

Otter und Ottilie (Seite 136)

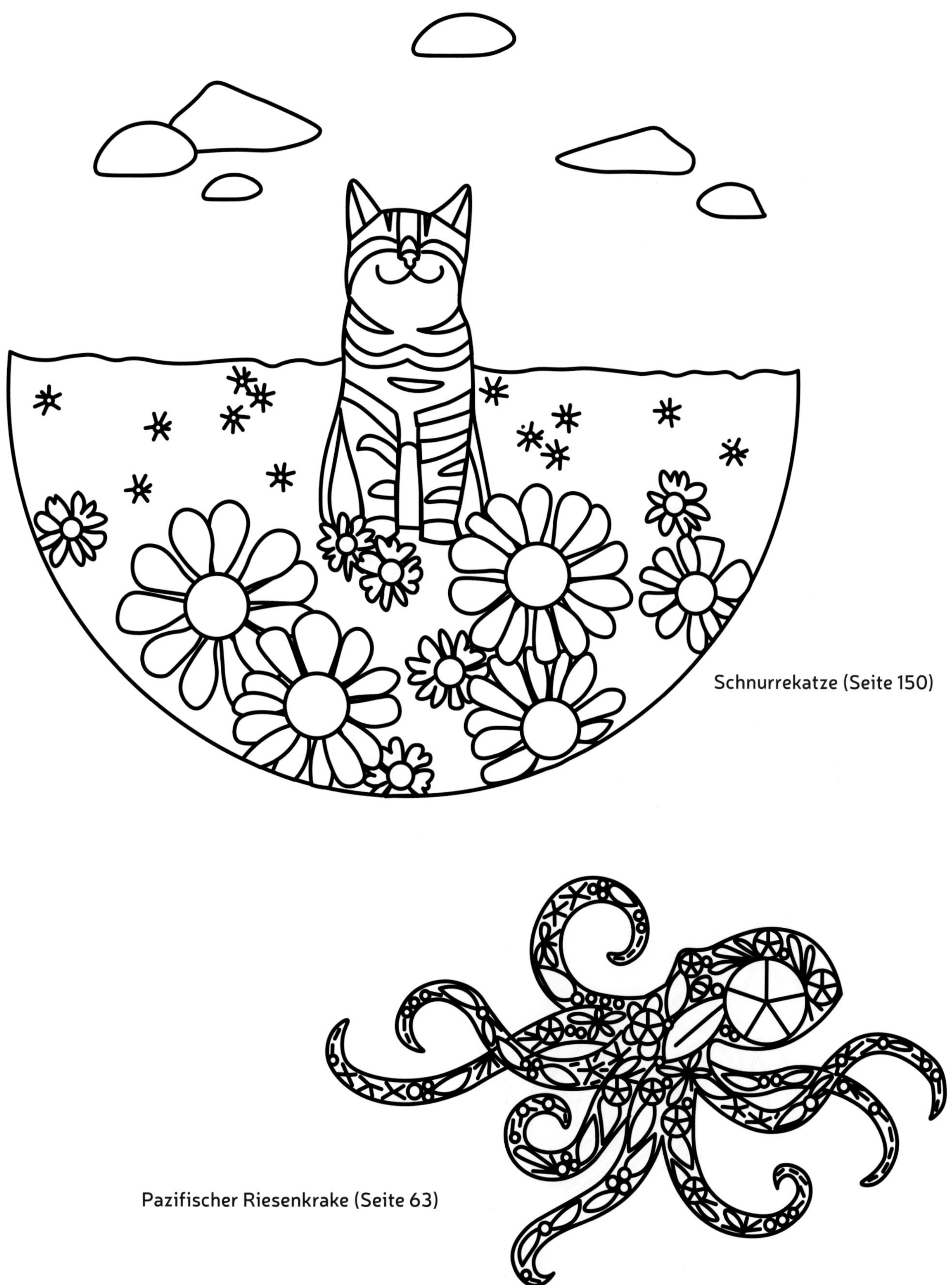

Schnurrekatze (Seite 150)

Pazifischer Riesenkrake (Seite 63)

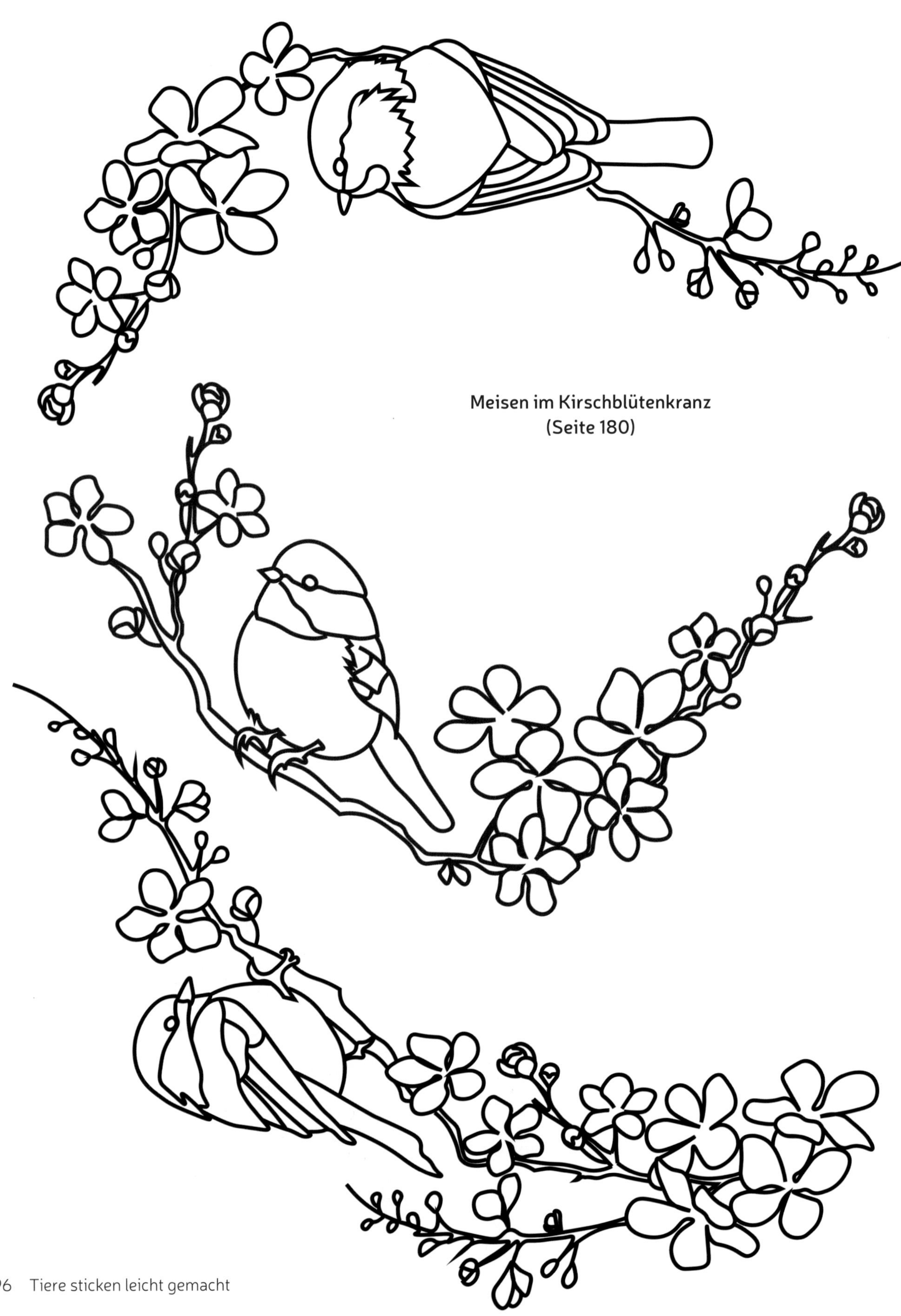

Meisen im Kirschblütenkranz
(Seite 180)

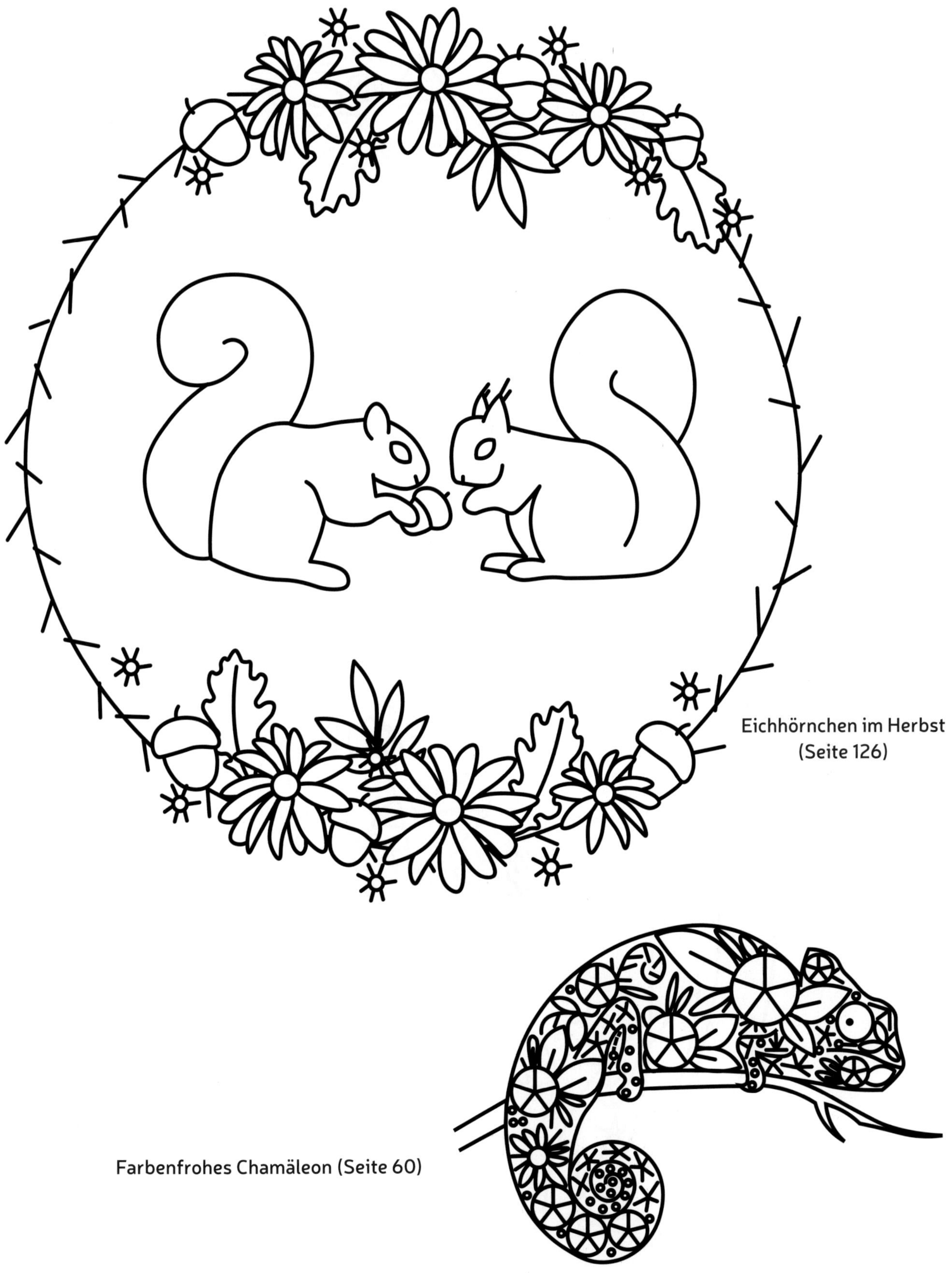

Eichhörnchen im Herbst
(Seite 126)

Farbenfrohes Chamäleon (Seite 60)

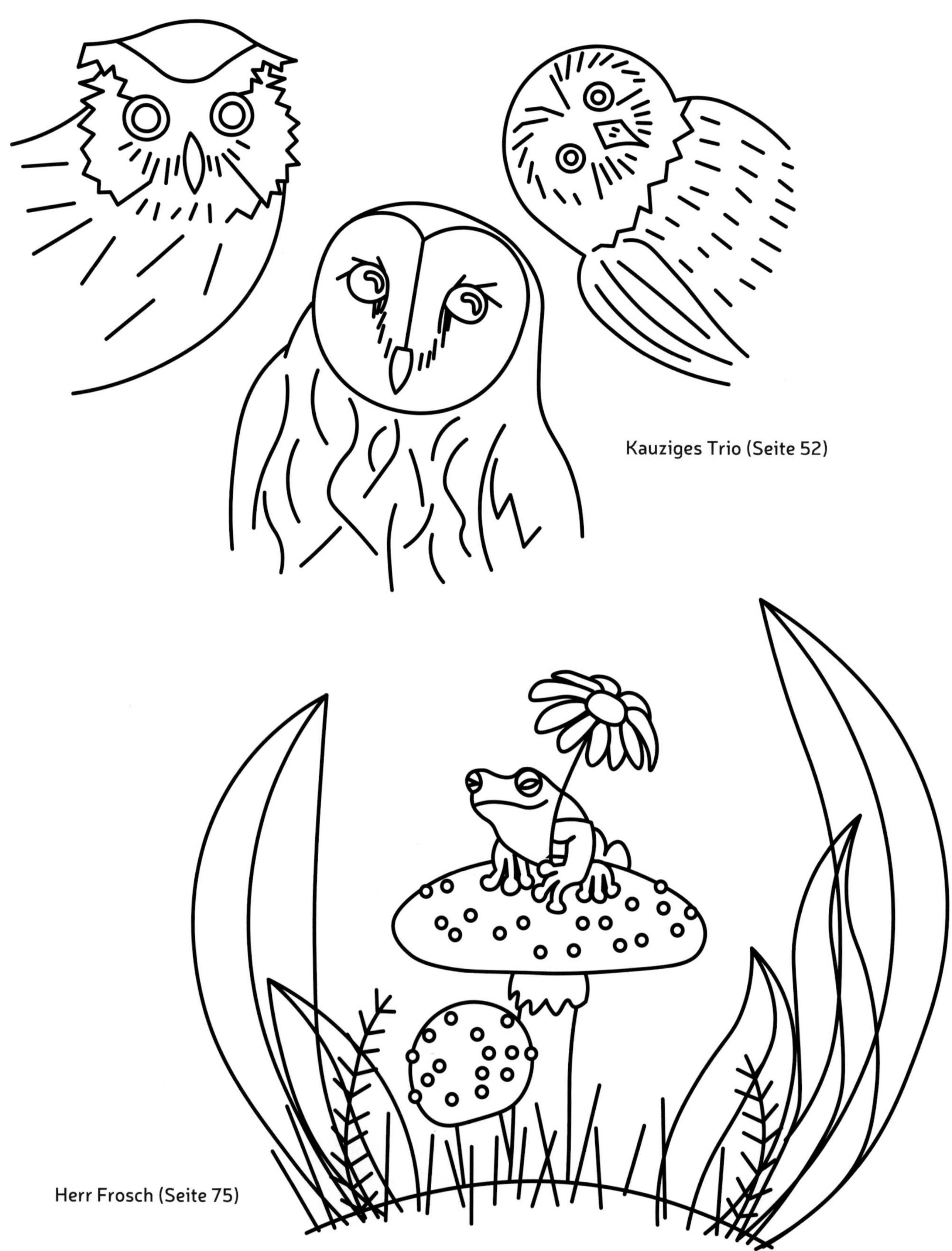

Kauziges Trio (Seite 52)

Herr Frosch (Seite 75)

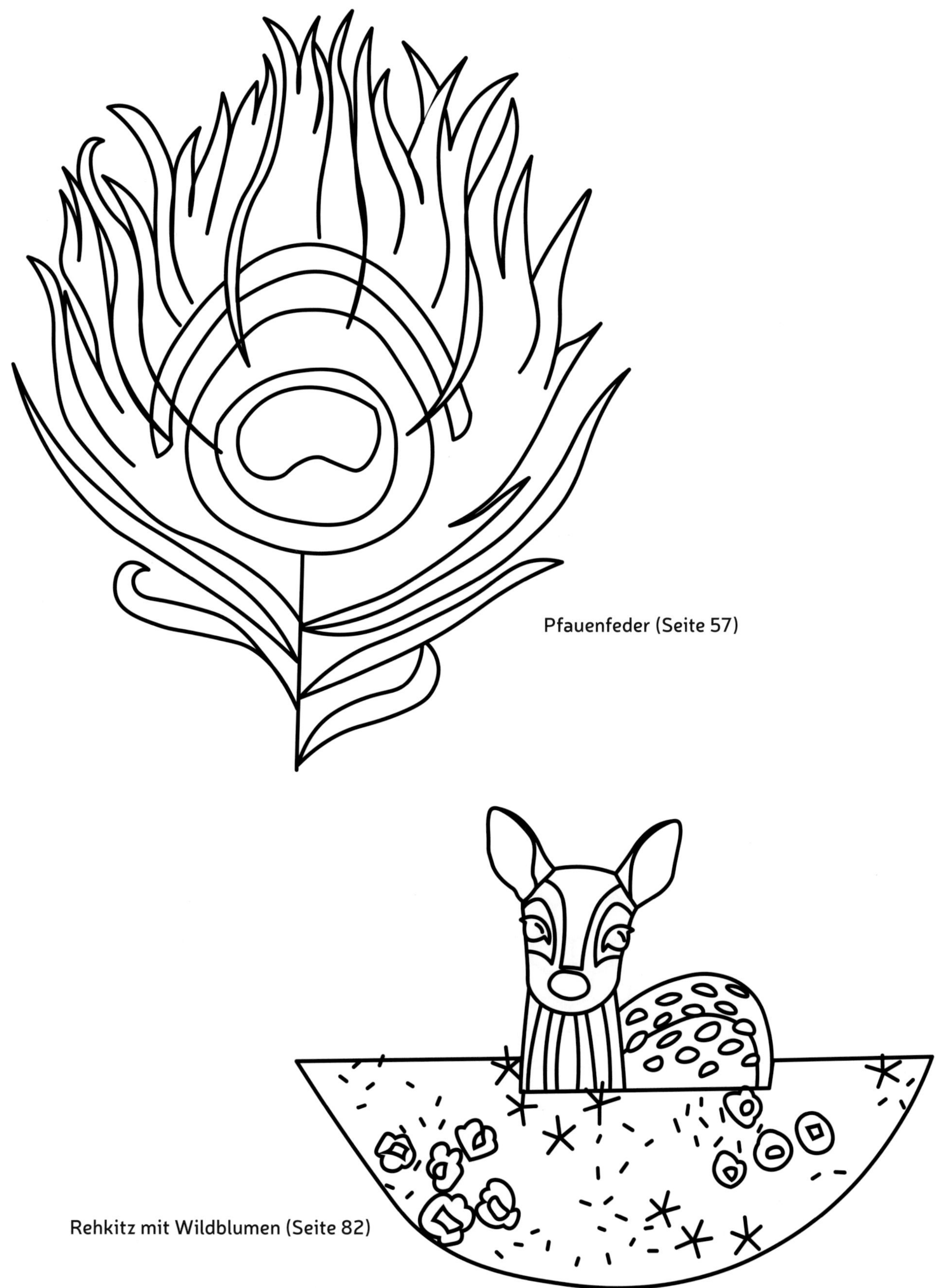

Pfauenfeder (Seite 57)

Rehkitz mit Wildblumen (Seite 82)

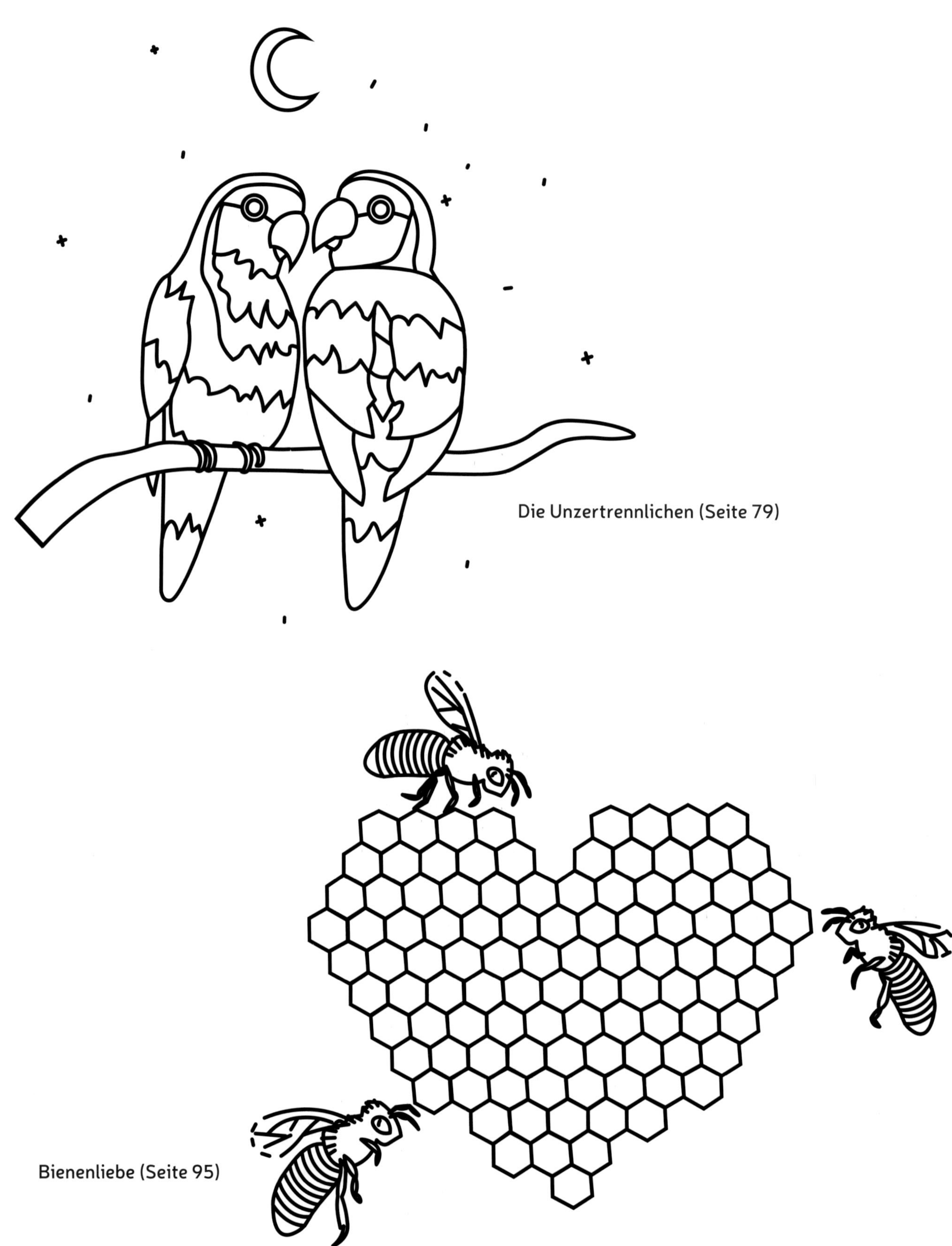

Die Unzertrennlichen (Seite 79)

Bienenliebe (Seite 95)

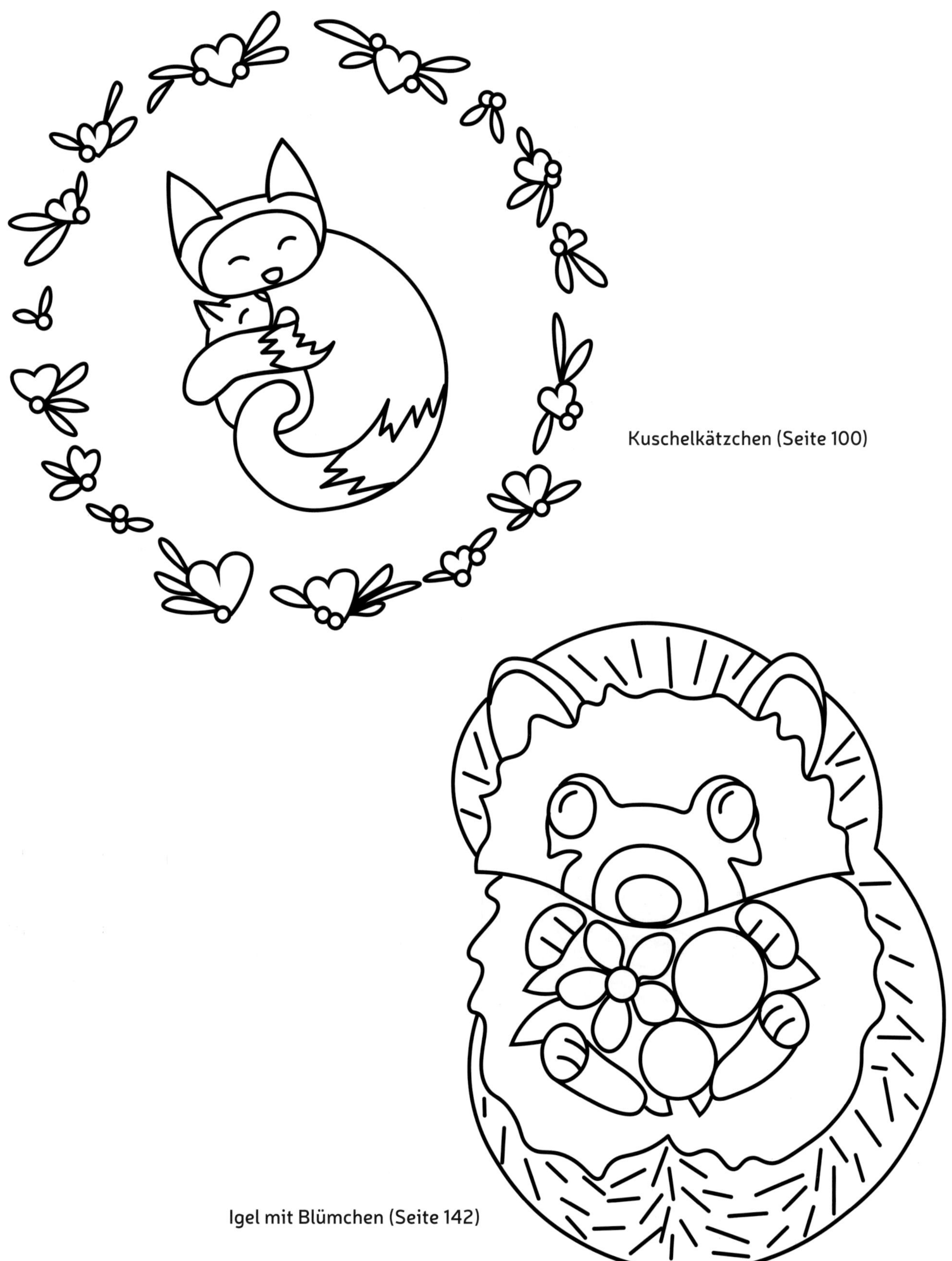

Kuschelkätzchen (Seite 100)

Igel mit Blümchen (Seite 142)

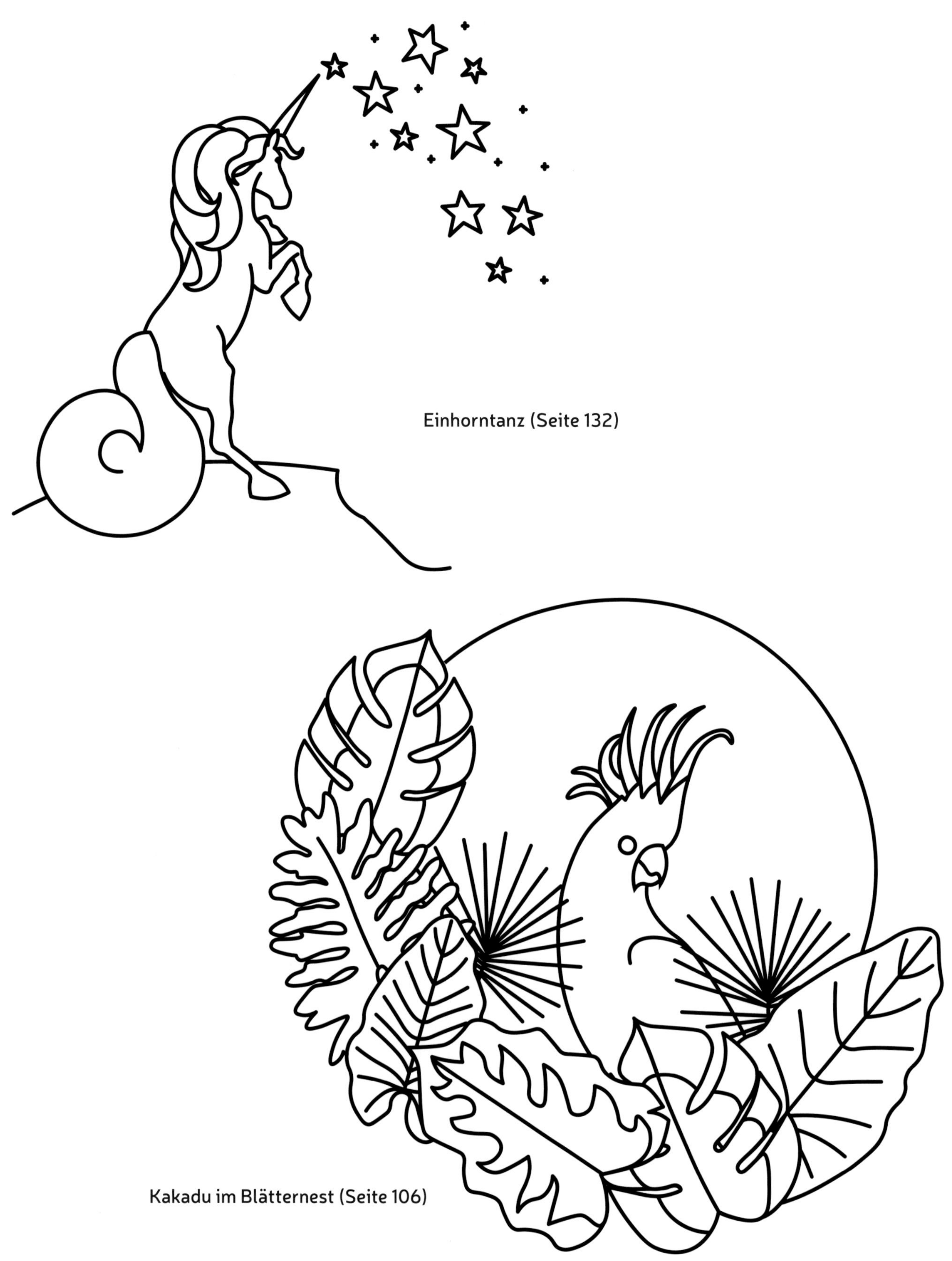

Einhorntanz (Seite 132)

Kakadu im Blätternest (Seite 106)

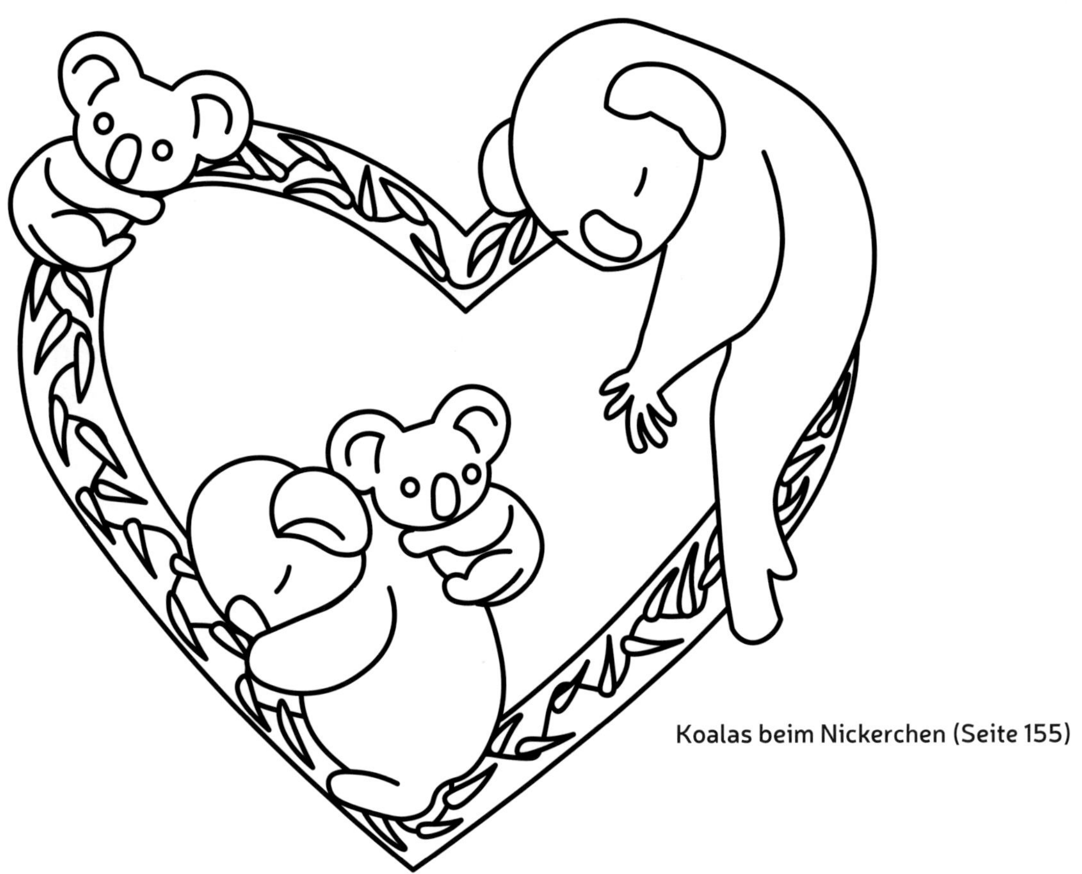

Koalas beim Nickerchen (Seite 155)

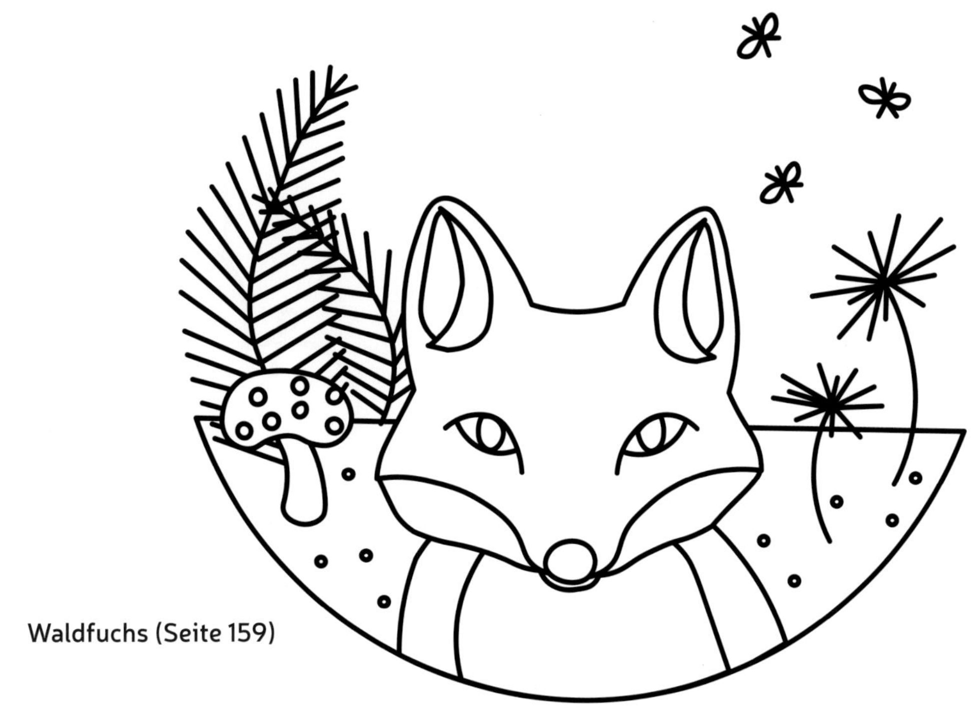

Waldfuchs (Seite 159)

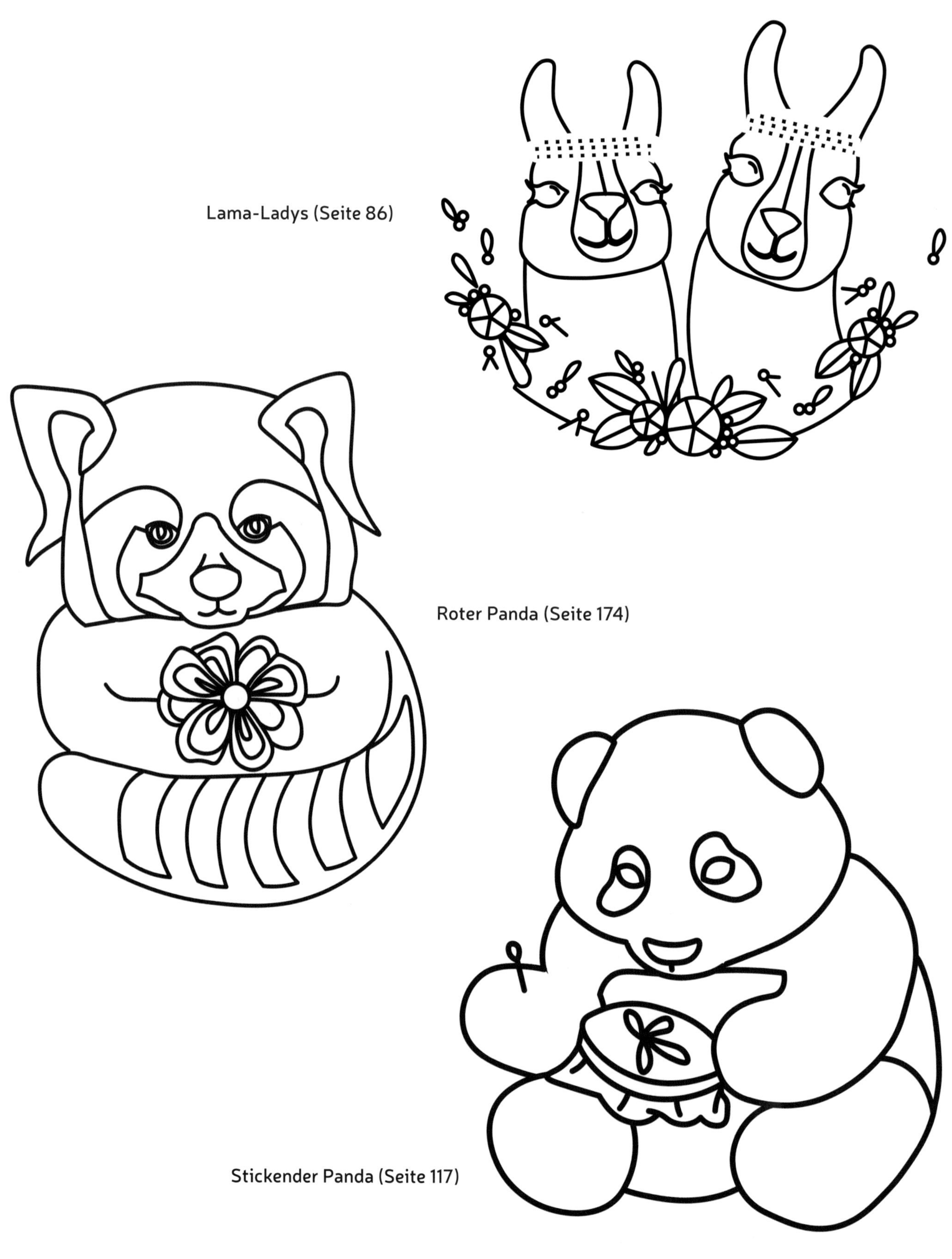

Lama-Ladys (Seite 86)

Roter Panda (Seite 174)

Stickender Panda (Seite 117)

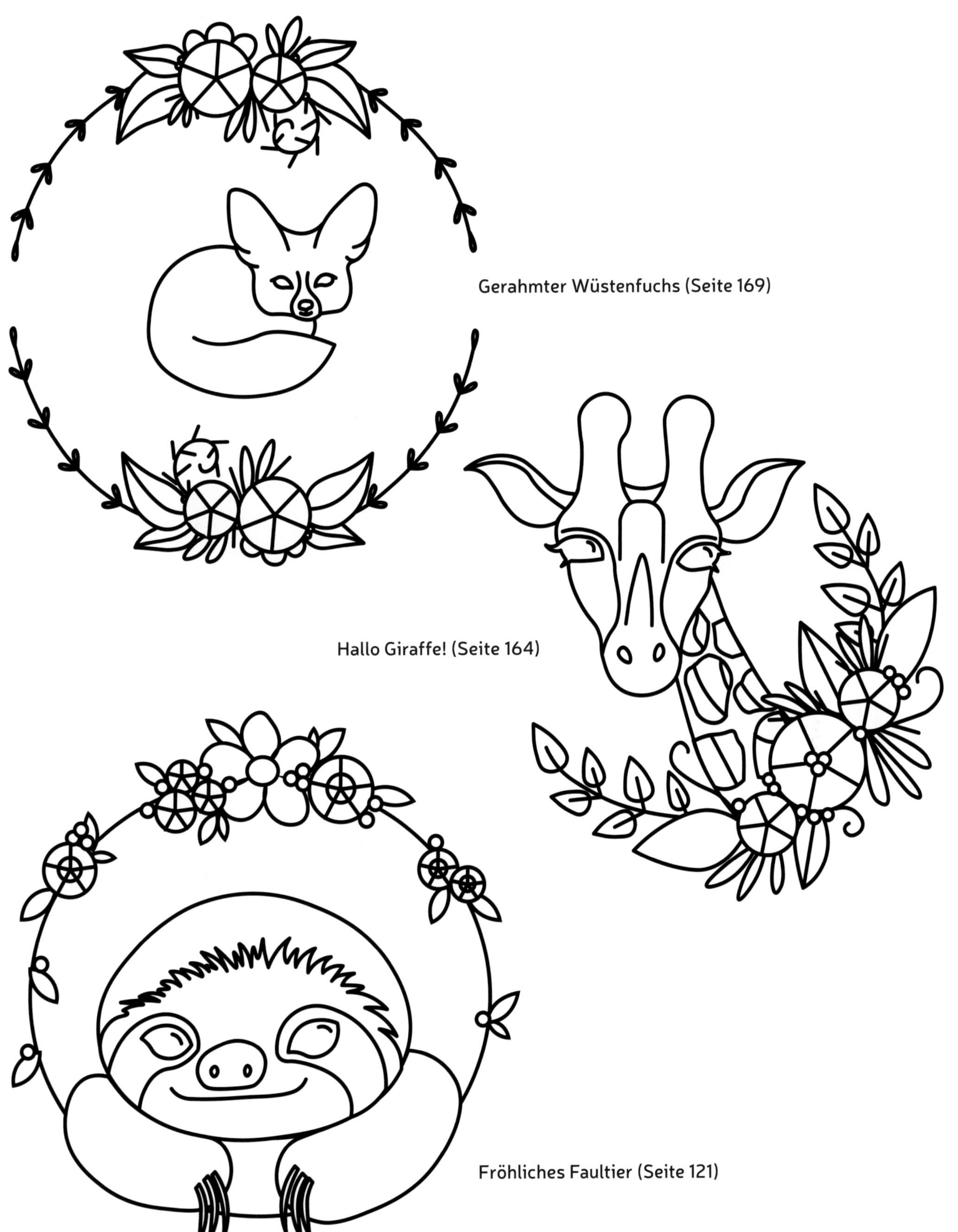

Gerahmter Wüstenfuchs (Seite 169)

Hallo Giraffe! (Seite 164)

Fröhliches Faultier (Seite 121)

Über die Autorin

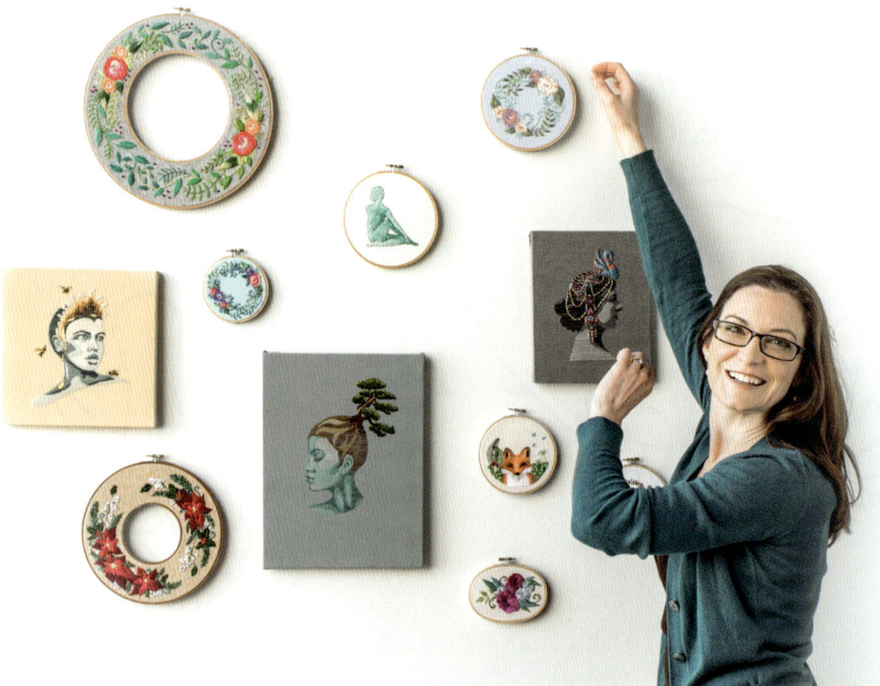

Mit dem Handsticken fing ich an, als ich 2015 in Elternzeit war. Vor der Geburt meines Kindes arbeitete ich als wissenschaftliche Mitarbeiterin in einem Fermentationslabor und konnte meiner Leidenschaft für das Malen nur am Wochenende nachgehen. Nachdem ich die Säuglingszeit überlebt hatte, stellte ich fest, dass meine Hände rastlos geworden waren und meine Kreativität gefordert werden wollte. Ich sah meine alten Bilder und Zeichnungen und dachte mir: Die würden sich auch gut als Stickerei umsetzen lassen. Das neue Medium erwies sich als kostengünstig, gut transportierbar und schnell aus der Hand zu legen – enorm praktisch, gerade mit Kleinkind.

Ermuntert von wunderbaren Menschen in den sozialen Medien fing ich an, meine Originaldesigns als Vorlagen und Sets zu verkaufen. Auch Kurse gebe ich sehr gern – in Form von Workshops, aber auch online auf YouTube und Bluprint. Ich wünsche mir, dass meine Schülerinnen und Schüler beim Handsticken genauso viel Freude und Entspannung finden wie ich.

Ich bin unglaublich dankbar, dass ich inzwischen von meiner Kunst leben kann. Vielen Dank, liebe Leserin, lieber Leser, dass du zu meinem Buch gegriffen hast. Mit Fragen und Feedback kannst du dich jederzeit an mich wenden.

Jessica

Auf meiner Website *www.JessicaLongEmbroidery.com*
findest du zahlreiche Videos und Anleitungen.

Register

Hinweis: *Kursiv* gedruckte Seitenzahlen verweisen auf Projekte und (Vorlagen).

Bildnachweis

Schritt-für-Schritt- und Materialfotografie: Jessica Long
Grafiken und Illustrationen: Jessica Long
Projektfotografie: Mike Mihalo
Autorenfoto Seite 206: Bluprint.com
Die Rechte an folgenden Bildern liegen bei Shutterstock.com und ihren jeweiligen Urhebern: Hintergrundstruktur Rückseite: F16-ISO100; Nadelillustration Rückseite: Elyutina Polina; Garn S. 6: savva_25; Stickrahmen S. 15: Ndanko; Nadel und Faden S. 28: cosma; Buchform S. 40: Ilya Masha; Garn und Kurzwaren S. 40: Davizro Photography